Peter Höh

Rügen, Hiddensee, Stralsund

„Das Meer ist doch eine Verschönerung aller Landschaften,
und in so origineller Art, wie es sich von Rügen zeigt,
wüßte ich es nirgendwo anders gesehen zu haben.“

Karl Friedrich Schinkel am 1.9.1821

Impressum

Peter Höh
Reise Know-How Rügen, Hiddensee, Stralsund

erschienen im
Reise Know-How Verlag Peter Rump GmbH
Osnabrücker Str. 79, 33649 Bielefeld

8., neu bearbeitete und komplett aktualisierte Auflage 2016

Gestaltung
Umschlag: G. Pawlak, P. Rump (Layout); Barbara Bossinger (Realisierung)
Inhalt: G. Pawlak (Layout), B. Bossinger (Realisierung)
Karten: Catherine Raisin, Bernhard Spachmüller
Fotonachweis: der Autor (ph), Ralf Wallkötter (rw, S. 175 und vordere Umschlagklappe)
Titelfoto: der Autor (Motiv: Landmarke für Seefahrer und Ausguck mit Fernsicht – der Leuchtturm auf Hiddensee

Lektorat: Caroline Tiemann
Lektorat (Aktualisierung): André Pentzien

Druck und Bindung: MediaPrint, Paderborn

Anzeigenvertrieb:
KV Kommunalverlag, GmbH & Co. KG,
Alte Landstraße 23, 85521 Ottobrunn,
Tel. 089 928096-0, info@kommunal-verlag.de

ISBN 978-3-8317-2751-3
Printed in Germany

Dieses Buch ist erhältlich in jeder Buchhandlung Deutschlands, der Schweiz, Österreichs, Belgiens und der Niederlande.
Bitte informieren Sie Ihren Buchhändler über folgende Bezugsadressen:

Deutschland
Prolit GmbH, Postfach 9, D-35461 Fernwald (Annerod) sowie alle Barsortimente

Schweiz
AVA Verlagsauslieferung AG, Postfach 27, CH-8910 Affoltern

Österreich
Mohr Morawa Buchvertrieb GmbH
Sulzengasse 2, A-1230 Wien

Niederlande, Belgien
Willems Adventure, www.willemsadventure.nl

Wer im Buchhandel trotzdem kein Glück hat, bekommt unsere Bücher auch über unseren **Büchershop im Internet: www.reise-know-how.de**

291rh ph

Wir freuen uns über Kritik, Kommentare und Verbesserungsvorschläge, gern auch per E-Mail an info@reise-know-how.de.

Alle Informationen in diesem Buch sind vom Autor mit größter Sorgfalt gesammelt und vom Lektorat des Verlages gewissenhaft bearbeitet und überprüft worden.

Da inhaltliche und sachliche Fehler nicht ausgeschlossen werden können, erklärt der Verlag, dass alle Angaben im Sinne der Produkthaftung ohne Garantie erfolgen und dass Verlag wie Autor keinerlei Verantwortung und Haftung für inhaltliche und sachliche Fehler übernehmen.

Die Nennung von Firmen und ihren Produkten und ihre Reihenfolge sind als Beispiel ohne Wertung gegenüber anderen anzusehen. Qualitäts- und Quantitätsangaben sind rein subjektive Einschätzungen des Autors und dienen keinesfalls der Bewerbung von Firmen oder Produkten.

Peter Höh

RÜGEN HIDDENSEE STRALSUND

Vorwort

„Als uns der liebe Herrgott gab / Das holde Heimatglück, / Ward uns vom schönen deutschen Land / Das allerschönste Stück!", lautet die erste Strophe des „Rügenlieds". Auch wenn Heimatlieder ihrem Daseinsgrund entsprechend stets zur lyrischen Überhöhung der heimatlichen Scholle neigen, dem „Rügenlied" sind Übertreibungen nur schwerlich zu unterstellen. Denn wer die nordische See, ihre Natur und ihre Menschen schätzt und liebt, der findet in, auf und um Deutschlands größte Insel herum tatsächlich mit „das allerschönste Stück". Dass an der vorpommerschen Küste Wasser, Wind und Wellen ein ganz besonderes Kleinod von Küstenlandschaft geschaffen haben, bezeugt der große Baumeister *Karl Friedrich Schinkel:* „Das Meer ist doch eine Verschönerung aller Landschaften, und in so origineller Art, wie es sich von Rügen zeigt, wüsste ich es nirgendwo anders gesehen zu haben".

Seit der Rügener Privatgelehrte *Johann Jacob Grümbke* 1805 seine „Streifzüge durch das Rügenland" niederschrieb und wenig später der Greifswalder Maler *Caspar David Friedrich* Impressionen seiner Rügenwanderungen in Landschaftsbildern festhielt, verbreitete sich die Kunde von der mannigfaltigen Insel ebenso schnell, wie die Zahl ihrer Besucher und Bewunderer anwuchs.

Mit seinen verschiedenen Inselteilen ist Rügen eigentlich eine ganze Inselwelt. Denn kein Teil gleicht dem anderen, jeder hat seinen ganz individuellen Charakter und Charme. Ist Rügen allein schon mehr als nur eine Insel, wird es durch die beiden seiner Küste vorgelagerten Inselchen Hiddensee und Vilm zu einem einmaligen Archipel. Das „söte Länneken", die autofreie Insel Hiddensee, ist nicht von ungefähr Bestandteil des Nationalparks Vorpommersche Boddenlandschaft. Und auf dem winzigen Vilm, in den Jahren der DDR die hermetisch abgeschottete Privatinsel von Honecker und Co., wurde seit 1527 kein Holz mehr eingeschlagen!

Trotz nunmehr 200 Jahren Fremdenverkehr sind Rügens und Hiddensees Natur und ihre Bewohner zwar nicht unberührt, aber in höchst erstaunlichem Maße unbeschädigt geblieben. Die insgesamt zum Naturpark Rügen erklärte Insel umfasst gleich zwei Nationalparks, ein Biosphärenreservat und viele größere und kleinere Natur- und Landschaftsschutzzonen, die die einmalige Inselwelt für die kommenden Generationen bewahren. Die großartigen Buchenwälder des Nationalparks Jasmund wurden 2011 von der UNESCO in die Liste des Weltnaturerbes aufgenommen.

Und was der Mensch dem „allerschönsten Stück" im Laufe der Zeit an Bauwerken und Kultur beigefügt hat, ist, abgesehen von der architektonisch kaum als stilbildend zu bezeichnenden Zeit der DDR, meist ebenso verlockend wie die Küste. In Feldern, Wäldern und Wiesen ragen in großer Zahl steinzeitliche Großsteingräber, bronzezeitliche Grabhügel und slawische Wallburgen auf. In kleinen Dörfchen und winzigen Weilern finden sich mittelalterliche Dorfkirchlein aus Backstein, in den mondänen Seebädern prachtvolle Bäderarchitektur aus vergangenen Epochen. Alter Landadel ließ imposante Herrenhäuser und Schlösser zurück, arme Fischer geduckte Reetkaten, die heute das maritime Postkartenidyll perfekt machen.

Schon am Eingang zu Rügens Inselwelt wartet ein kulturhistorisches Kleinod: Die altehrwürdige Hansestadt Stralsund mit ihrer fast geschlossenen mittelalterlichen Altstadt, die mit ihren mächtigen Stadtkirchen, prachtvollen Patrizierhäusern, schmucküberladenen Schaufassaden, Speichern, Kontoren, Klöstern und Hospizen vom einstigen Reichtum der Hafenstadt zeugt. 2002 wurde Stralsund von der UNESCO zum „Weltkulturerbe der Menschheit" erklärt.

Rügen ist immer eine Reise wert. Nicht nur zur Sommerzeit, wenn sattes Grün, blauer Himmel und türkis schimmerndes Meer zum sonnigen Vergnügen an seine Strände locken. Wunderschön ist der Frühling, wenn die linden Lüfte die Natur zu neuem Leben erwecken und sich die Wiesen in endlose Blütenmeere verwandeln. Ebenso der Herbst, wenn Stürme über Kap Arkona einfallen und die aufgewühlte See wütend gegen die steilen Kliffe anrennt. Schließlich der Winter, wenn glitzernder Schneekristall und klirrendes Eis die Natur bedecken und das wogende Schilf wie helle gläserne Glöckchen erklingen lässt.

„Ein Bild soll nicht erfunden, sondern empfunden werden", war der Grundsatz *C. D. Friedrichs.* Nicht anders ist es mit der Insel Rügen. Wer mit offenen Sinnen das Rügenland durchstreift, der wird die letzte Strophe des „Rügenliedes" sicher bestätigen können. „Fürwahr, als Gott uns zugewandt / Der Heimat heilig Glück, / Gab er mit Dir uns, Rügenland, / Das allerbeste Stück."

Peter Höh

Inhalt

Vorwort 4
Exkursverzeichnis 8
Kartenverzeichnis 9
Die Regionen im Überblick 10–13

1 Rügen 14

1a Südrügen 16

Überblick 16
Der Rügendamm und Rügenbrücke 19
Altefähr 20
Rambin 21
Samtens 22
Gustow 22
Halbinseln Drigge und Prosnitz 23
Poseritz 23
Garz 24
Groß Schoritz 26
Halbinsel Zudar 26
Schloss Karnitz 29

1b Putbus 30

Geschichte 30
Sehenswertes 32
Praktische Tipps 37
Lauterbach 38
Vilmnitz 41

1c Insel Vilm 42

Die geheime Vergangenheit 42
Naturschutz 43
Landschaft 44
Geschichte 45
Exkursionen 47

1d Bergen 48

Überblick 48
Geschichte 49
Sehenswertes 52
Praktische Tipps 58

1e Die Granitz 60

Überblick 60
Zirkow 63
Groß Stresow 63
Lancken-Granitz 64
Jagdschloss Granitz 66
Seebad Sellin 68

1f Seebad Binz 74

Überblick 74
Praktische Tipps 77

1g Schmale Heide 82

Prora 83
Naturschutzgebiet Feuersteinfelder 89

1h Das Mönchgut 90

Überblick 91
Seebad Baabe 93

Seebad Göhren 96
Middelhagen 100
Reddevitzer Höft 103
Lobbe 104
Zickersches Höft 105
Groß Zicker 106
Gager 107
Seebad Thiessow 108
Klein Zicker 111

1i Halbinsel Jasmund 112

Überblick 112
Fährhafen Sassnitz in Neu Mukran 115
Sassnitz 117
Wanderung über den Hochuferweg 124
Direkt zum Königsstuhl 129
Herthaburg 131
Nipmerow 132
Lohme 133
Bobbin 135
Sagard 138
Lietzow 139
Glowe 140
Die Schaabe 141

1j Halbinsel Wittow 142

Überblick 142
Seebad Juliusruh 145
Breege 146
Altenkirchen 147
Putgarten 149
Vitt 151
Kap Arkona 154
Bakenberg 156
Dranske 158
Wiek 159
Wittower Fähre 161

1k Westrügen 162

Überblick 162
Trent 165
Schaprode 165
Gingst 168

1l Insel Ummanz 170

Überblick 170
Waase 172
Lieschow 174

1m Der Jasmunder Bodden 176

Lebbin 176
Liddower Haken 179
Rappin 179
Woorker Berge 181
Patzig 181
Ralswiek 181

2 Hiddensee 184

Perle der Ostsee 186

Überblick 186
Praktische Reisetipps 190
Geschichte 193

Orte auf Hiddensee 196

Grieben 196
Kloster 198
Vitte 206
Neuendorf 212

Exkurse

Südrügen
Ernst Moritz Arndt 27

Bergen
„Die Minute von Bergen" 53

Die Granitz
Der Rasende Roland – mit 30 km/h durch Granitz und Mönchgut 64

Seebad Binz
Deutsche Badekultur – vom Badekarren zum FKK-Strand 78

Schmale Heide
Prora – der Koloss von Rügen 86

Halbinsel Jasmund
Kreide – das weiße Gold Jasmunds 116

Halbinsel Wittow
Ludwig Theobul Kosegarten – ein Pastor von Altenkirchen 150
Die vier Vitten auf Wittow 152

Insel Ummanz
Der Zug der Kraniche 175

Der Jasmunder Bodden
Klaus Störtebeker 182

Hiddensee
Der Ursprung des Namens – eine Legende 193
Alexander Ettenburg – der „Entdecker Hiddensees" 194
Bernstein – das Gold der Ostsee 208
Hiddenseer Hausmarken 213

Stralsund
Ferdinand Baptista von Schill 222
Die Schiffercompagnie 226

Land und Leute
Naturschonung und Naturschutz 290
Frisch vom Bauern – regionale Esskultur auf Rügen 299

3 Stralsund 216

Das Tor nach Rügen 218

Überblick 218
Geschichte 221
Sehenswertes 224
Museen 233
Praktische Tipps 236

4 Praktische Reisetipps 240

Informationsstellen 242
Anreise 244
Unterwegs auf Rügen 248
Unterkunft 254
Camping 258
Kurtaxe 263

Karten

Rügen Umschlag vorn
Die Regionen im Überblick 10–13

Stadtpläne

Bergen 50
Seebad Binz 76
Putbus 32
Seebad Sassnitz 118
Seebad Sellin 70
Stralsund Umschlag hinten

Regionalkarten

Granitz 62
Hiddensee 198
Jasmund 114
NP Jasmund/Hochuferweg 125
Jasmunder Bodden 178
Mönchgut 92
Rügen, Wohnmobilstellplätze
und Campingplätze 260
Schmale Heide (Nordteil) 84
Südrügen 18
Ummanz, Insel 172
Vilm, Insel 44
Westrügen 164
Wittow 144

Klima und Reisezeit 264
Kleidung und Reisegepäck 265
Sport und Erholung 266
Tipps für Kinder 275

5 Land und Leute 280

Rügen – ein Überblick 282
Die Ostseeküste
Mecklenburg-Vorpommerns 284
Die Geschichte Rügens 293
Die Inselbewohner 296
Die Küche
der vorpommerschen Küste 298

6 Anhang 302

Literaturtipps 304
Register 307
Der Autor 312

Der Schmetterling ...
... zeigt an, wo man besonders gut Natur erleben kann oder Angebote im Bereich des nachhaltigen Tourismus findet.

MEIN TIPP: ...
... steht für spezielle Empfehlungen des Autor: abseits der Hauptpfade, persönlicher Geschmack.

Nicht verpassen!

Die Highlights der Region erkennt man an der **gelben Hinterlegung.**

Ostsee
1 Rügen | 14
Kap Arkona
Putgarten
Vitt
WITTOW
Starrvitz
1j
Altenkirchen
Dranske
Wieker Bodden
Wiek
Juliusruh
Breege
Tromper Wiek
Schaabe
BUG
Grieben
Kloster
Vitte
Glowe
Dinosaurierland
Schloss Spyker
Bobbin
Breezer Bodden
Fähre
Neuenkirchen
Großer Jasmunder Bodden
2
Neuendorf
Trent
1m
Sagard
Schaprode
Rappin
HIDDENSEE
ÖHE
1k
Naturpark
Lietzow
Ralswiek
1l
UMMANZ
Patzig
Kleiner Jasmunder Bodden
Waase
Gingst
BOCK
Nonnensee
1d
Lieschow
RÜGEN
Bergen
Kubitzer Bodden
Zirkow
Dreschvitz
1b
Sehlen
Prohn
Strelasund
Vilmnitz
Rambin
Putbus
Karnitz
Samtens
Kasnevitz
Neuendorf
Lauterbach
Altefähr
Wreechen
1a
Garz
3 Stralsund
VILM
Gustow
1c
Poseritz
DRIGGE
Groß Schoritz
Rügischer
Brandshagen
Losentitz
Zarrendorf
Glewitz
ZUDAR
Wendorf
Stahlbrode
Fährverkehr (saisonal)

1a Südrügen | 16

Weite Blicke, wogende Felder, aus denen die Kirchtürme abgeschiedener Dörfchen und die steinzeitlichen Großsteingräber ragen. „Unbekanntes Mesoboddamien" nannte einst der DDR-Volksmund jenes stille Stück Rügens, das an den Strelasund grenzt. Das „Muttland" ist Bauernland, an dem der große Besuchertreck in die Seebäder achtlos vorüberzieht. Das macht Südrügen für all diejenigen, die Ruhe und Entspannung suchen, zum idealen Ausflugsziel. Ob zu Fuß oder mit dem Fahrrad – man begegnet einem vom Tourismus bislang noch unverfälschtes Stück der Insel. Größter Ort ist **Garz** (S. 24), in dem man mit dem **E.M. Arndt-Museum** (S. 25) die wichtigste kulturelle Einrichtung der Region findet.

1b Putbus | 30

Putbus, die „Weiße Stadt am Meer", ist eine der Sehenswürdigkeiten Rügens, die Fürst Malte von Putbus hinterließ. Die von ihm mitten im Nirgendwo errichtete klassizistische Residenzstadt ist mit ihrem repräsentativen **Marktplatz** (S. 35) und dem **„Circus"** (S. 32) eine einzige Sehenswürdigkeit. Herausragend im Kulturleben Rügens ist das **historische Theater** (S. 35). Wichtigstes Ausflugsziel ist der weitläufige **Schlosspark** (S. 33), in dem man u.a. den Marstall oder das Mausoleum sowie die **Schlosskirche** (S. 33) findet.

1c Insel Vilm | 42

Vom Fischerhafen Lauterbach startet das Ausflugsboot hinüber zur kleinen Insel Vilm. Der urwüchsige Vilm ist ein einzigartiges Naturjuwel, in dem seit 1527 kein Baum mehr gefällt wurde und das schon seit 1936 unter Naturschutz steht. Einst Privatinsel für den DDR-Ministerrat hat heute die europäische Naturschutzakademie auf der Insel ihren Sitz. Vilm darf nur im Rahmen einer geführten **Exkursion** (S. 47) betreten werden.

1d Bergen | 48

Das wirtschaftliche Zentrum von Rügen ist die 800 Jahre alte Stadt Bergen. Hier erhebt sich mit der **Marienkirche** (S. 52) Rügens älteste Kirche. Ihr schließt sich das ehemalige **Zisterzienserkloster** (S. 53) an, das mit dem Stadtmuseum und Schauwerkstätten ein wichtiger Anziehungspunkt für Besucher ist. Der wichtigste ist jedoch der **Rugard** (S. 55). Auf dem Hügel wartet neben Sommerrodelbahn, Klettergarten und Freilichtbühne der **E.M. Arndt-Turm** (S. 55), von dessen gläserner Aussichtskuppel sich ein einzigartiger Rundumblick über Rügen von Sassnitz bis Stralsund eröffnet.

1e Die Granitz | 60

Die waldreichen Hügel der Granitz sind fraglos eines der herausragendsten Ziele für Rügenbesucher. Wälder und Wiesentäler laden zu Wanderungen ein. Hauptziel ist allerdings das **Jagdschloss Granitz** (S. 66), das auf dem Tempelberg aus den Wäldern ragt. Von seinem Zentralturm kann man einen der schönsten Blicke über die Insel genießen. Quer durch die Granitz schnauft seit 1895 das historische Schmalspurbähnlein **„Rasender Roland"** (S. 64). Eine Fahrt mit der Puppenstubenbahn ist ein Muss für jeden Rügenbesucher.

1f Seebad Binz | 74

Binz ist Rügens größtes Seebad und touristisches Epizentrum und zeigt mit seiner historischen Bäderarchitektur und seinen zahlreichen Cafés, Bars, Galerien, Shops, gastronomischen Einrichtungen und Vergnügungsstätten nicht nur im Sommer ein fast städtisches Gesicht. Sehen und gesehen werden heißt es auf der kilometerlangen meist stark belebten Strandpromenade. Doch Binz kann auch anders. Am stillen Ufer des Schmachter Sees wartet der **Park der Sinne** (S. 77) mit Themengärten, Teehaus und anderen Attraktionen auf Besucher.

1g Schmale Heide | 82

Seine Popularität hat das Seebad Binz vor allem der Schmalen Heide zu verdanken, denn die fast 10 km lange Nehrung, die sich von Binz bis zur Halbinsel Jasmund erstreckt, schmückt sich mit einem superbreiten superschönen Sandstrand. Diesem schließt sich landeinwärts ein breiter, bewaldeter Dünengürtel an, in dem sich gleich zwei Superlative verstecken: das **längste Haus der Welt,** das 4½ km lange Gebäude des 1936 aus dem Sand gestampften **„Seebad Prora"** (S. 86). In seinen Gebäuden finden sich Museen sowie Deutschlands größte Jugendherberge. Ein neuer Anziehungspunkt der Prora ist das **Naturerbezentrum** mit seinem spektakulären **Baumwipfelpfad** (S. 85). Ein in Europa einzigartiges Naturerbe der Nehrung sind die sogenannten **Feuersteinfelder** (S. 89).

1h Das Mönchgut | 90

Der Südosten Rügens ist in mehrfacher Hinsicht außergewöhnlich. Zum einen sind in der „Mönchsrepublik" Kultur und Traditionen besonders gut erhalten. Die **Mönchgut-Museen** (S. 97) erzählen davon. Mit seinen endlosen Bilderbuch-Stränden an der Außenküste, seiner malerisch zerlappten Binnenküste und den **Zicker Alpen** (S. 105) ist es landschaftlich besonders reizvoll. In diese eingestreut liegen malerische Dörfchen wie **Groß Zicker** mit seinem **Pfarrwitwenhaus** (S. 106).

1i Halbinsel Jasmund | 112

Sie ist der Hochaltar Rügens, jene gewaltige Kreideplatte, der der Jasmund seine weltberühmten Kreidefelsen mit dem **Königsstuhl** (S. 129) verdankt. Der schönste Weg, um zu Rügens Wahrzeichen zu gelangen, ist eine Wanderung auf dem **Hochuferweg** (S. 124). In den Wäldern verstecken sich zahlreiche vor- und frühgeschichtliche Stätten wie die slawische **Herthaburg** (S. 131) am romantischen Herthasee. Ein herrlicher Badestrand ist das 10 km lange Sandband der **Schaabe** (S. 141), das die Halbinseln Wittow und Jasmund verbindet.

1j Halbinsel Wittow | 142

Ungebremst weht der Wind um das Nordkap Rügens, des **Kap Arkona** (S. 154). Es zählt zu Rügens herausragendsten Ausflugszielen. Das verdankt die Halbinsel nicht nur ihrer grandiosen Steilküste und der slawischen **Jaromarsburg** (S. 155), sondern auch dem als Weltkulturerbe geschützten Heringsdörfchen **Vitt** (S. 151).

1k Westrügen | 162

Rügens Westküste besitzt keine Badestrände und keine Seebäder, dafür aber viel Echtes und Bodenständiges. Sehenswert ist z.B. die **Dorfkirche von Trent** (S. 165) oder die von **Schaprode** (S. 165). Immer einen Besuch wert sind auch die **historischen Handwerkerstuben** in **Gingst** (S. 168).

1l Insel Ummanz | 170

Wertvollstes kulturhistorisches Erbe ist der berühmte **„Waaser Schnitzaltar"** (S. 172) in dem winzigen Weiler Waase am Eingang zur flunderflachen Vogelinsel Ummanz. Ein einzigartiges Erlebnis bietet sich hier im Herbst, wenn sich in den flachen Gewässern der Küste zehntausende von Kranichen, Enten und anderen Zugvögeln versammeln.

1m Der Jasmunder Bodden | 176

Meist nur gepflasterte, aber von herrlichen Alleen gesäumte Sträßlein führen durch die kaum bekannte Region zwischen Neuenkirchen und Ralswiek. Bei Woorke ragen aus den Feldern die **„Woorker Berge"** (S. 181) auf, 13 bis zu 8 m hohe bronzezeitliche Hügelgräber. **Ralswiek** (S. 181) mit seinem prachtvollen **Schloss Ralswiek** (S. 183) ist der bekannteste Ort. Im Sommer locken auf der Freilichtbühne die spektakulären **„Störtebeker-Festspiele"** (S. 182).

2 Hiddensee | 184

Die Insel ist seit dem 19. Jh. Treffpunkt für Künstler und Kreative. Besonders anziehend ist nicht nur Hiddensees wunderschöne wildromantische Natur: Steilküste erwartet den Besucher am windzerzausten Dornbusch, auf dessen höchstem Gipfel der besteigbare **Leuchtturm** (S. 204) aufragt. Bei **Kloster** (S. 198) beginnt der lange feine Sandstand, der sich bis zur **Luchte** (S. 213), dem Leuchtturm ganz am anderen Inselende, hinzieht. Zwischen den Dörfchen **Vitte** (S. 206) und **Neuendorf** (S. 212) dehnt sich die herrliche **Dünenheide** (S. 209) aus. Exklusiv ist Hiddensee auch deshalb, weil es autofrei ist.

3 Stralsund | 216

Die Hanse- und Hafenstadt Stralsund ist ein Perle der mittelalterlichen Backsteinkunst und **UNESCO-Weltkulturerbe.** Da praktisch jeder, der nach Rügen reist, von Stralsund aus über den alten Rügendamm oder die neue spektakuläre Rügenbrücke die Insel erreicht, sollte man einen Halt einplanen. Stralsunds Altstadt glänzt mit **Backsteinarchitektur** sowie einer breiten Palette von Kulturangeboten. Herausragend sind das **Meeresmuseum** (S. 235) und das neue **Ozeaneum** (S. 233). Im Alten Hafen liegt der historische **Großsegler Gorch Fock 1** (S. 233) vor Anker. Wer die wunderschöne Skyline der Stadt in ihrer ganzen Pracht betrachten möchte, der sollte mit der kleinen Personenfähre über den Strelasund hinüber nach Altefähr fahren.

Bergen | 48
Die Granitz | 60
- Groß Stresow | 63
- Lancken-Granitz | 64
- Seebad Sellin | 68
- Zirkow | 63

Halbinsel Jasmund | 112
- Bobbin | 135
- Glowe | 140
- Lietzow | 139
- Lohme | 133
- Nipmerow | 132
- Sagard | 138
- Sassnitz | 117
- Die Schaabe | 141

Halbinsel Wittow | 142
- Altenkirchen | 147
- Bakenberg | 156
- Breege | 146
- Dranske | 158
- Seebad Juliusruh | 145
- Kap Arkona | 154
- Putgarten | 149
- Vitt | 151
- Wiek | 159

Insel Ummanz | 170
- Lieschow | 174
- Waase | 172

Insel Vilm | 42
Der Jasmunder Bodden | 176
- Lebbin | 176
- Liddower Haken | 179
- Patzig | 181
- Ralswiek | 181
- Rappin | 179
- Woorker Berge | 181

Das Mönchgut | 90
- Seebad Baabe | 93
- Gager | 107
- Seebad Göhren | 96
- Groß Zicker | 106
- Klein Zicker | 111
- Lobbe | 104
- Middelhagen | 100
- Reddevitzer Höft | 103
- Seebad Thiessow | 108
- Zickersches Höft | 105

Putbus | 30
- Lauterbach | 38
- Vilmnitz | 41

Schmale Heide | 82
- Naturschutzgebiet Feuersteinfelder | 89
- Prora | 83

Seebad Binz | 74
Südrügen | 16
- Altefähr | 20
- Garz | 24
- Groß Schoritz | 26
- Gustow | 22
- Halbinseln Drigge und Prosnitz | 23
- Halbinsel Zudar | 26
- Poseritz | 23
- Rambin | 21
- Rügendamm und Rügenbrücke | 19
- Samtens | 22

Westrügen | 162
- Gingst | 168
- Schaprode | 165
- Trent | 165

367rh ph

Rügen –

auf den Spuren der deutschen Romantik

1 Rügen

zu den berühmten Kreidefelsen, mondänen

Seebädern und Bilderbuch-Badeparadiesen.

< Rügen für Romantiker –
das Fischerdorf Groß Zicker im Mönchgut

1a SÜDRÜGEN

382rh ph

Der Süden Rügens ist stilles, vom Tourismus noch kaum berührtes Bauernland. Weite Wiesen und wogende Felder, eingesprenkelt darin kleine Moore und steinzeitliche Hügelgräber und eine handvoll kleiner Dörfchen, die sich mit ebenso alten wie malerischen Backsteinkirchen schmücken. Auch sein Küstenstrich am Strelasund kann nicht mit Strandparadiesen aufwarten, dafür mit Aussichten auf den Sund und die großen und kleinen Schiffe, die auf ihm der Hansestadt Stralsund entgegen streben. Südrügen ist ein Land für Freunde der Muße und Ruhe, der Angler, Naturfreunde, Wanderer und Radler.

Überblick

„Unbekanntes Mesoboddamien“ nennen Spötter oft das Land zwischen den Bodden. Der südliche Teil der Insel, der vom Kubitzer und vom Rügischen Bodden begrenzt wird, nimmt rund ein Viertel des **Muttlandes,** wie die Einwohner den Hauptinselkern nennen, ein. Das Gebiet wird weitgehend landwirtschaftlich genutzt, besitzt keine anziehenden Badestrände und hat relativ wenige klassische Sehenswürdigkeiten vorzuweisen. Deshalb ist der Südteil Rügens auch praktisch **unberührt vom Besucherstrom,**

der über den Rügendamm und die Glewitzer Fähre herüberkommt und schnell zu den Seebädern Richtung Außenküste weitereilt. So sind die einzigen größeren Straßen auch die beiden Rennpisten, die über Putbus bzw. Bergen an die Süd- und Ostküste führen.

Südrügens Reize sind stiller Natur. Wogende Felder und bunte Wiesen, aus denen Hügelgräber wie bewaldete Inseln aufragen, wellige Hügel, pappelgesäumte Weiden mit brombeerumrankten klei-

Ländliches Südrügen

NICHT VERPASSEN!

- Der **Panoramablick** von Altefähr auf die Stralsunder Altstadt | 20
- Eine **Spazier- oder Radtour** entlang des Strelasunds | 23
- Eine Tour zu den malerischen mittelalterlichen **Backsteinkirchen** der Region | 21 und 25
- Im **Ernst-Moritz-Arndt-Museum** in Garz Leben und Werk von Rügens großem Sohn kennenlernen | 25
- Ein **Strandpicknick** am „Gelben Ufer" auf Zudar | 29

Diese Tipps erkennt man im Buch an der gelben Hinterlegung im Kapitel.

Südrügen

nen Teichen und kleine träge Bäche, die sich durch torfige Niederungen schlängeln, prägen sein Gesicht. Die paar kleinen Dörfchen, winzigen Weiler und verstreuten einzelnen Gehöfte sind mit der Außenwelt größtenteils durch miserable Holper- und Betonpisten verbunden.

Ursprünglich und kaum berührt zeigt sich auch die abgeschiedene, nur schwerlich zu erreichende **Küste am Strelasund** mit ihren Halbinseln Drigge, Prosnitzer Schanze und Zudar. Kein Hotel oder Strandrummel stört hier die ländliche Ruhe. Außer einheimischen Bauern wird man hier auch im Sommer kaum jemandem begegnen.

Südrügen ist das bescheidene und unspektakuläre, das übersehene Rügen. Wer aber beim Gesang der Lerche durch die blühenden Felder wandert, zur Brotzeit in eine ruhige Dorfschänke einkehrt oder vom einsamen Ufer aus die großen

und kleinen Schiffe beobachtet, die den Strelasund durchfahren, wird die unaufdringliche Schönheit dieses Teils von Rügen schnell entdecken.

Einige **Attraktionen** gibt es aber doch: Da ist Garz, die älteste Stadt der Insel mit ihrer Slawenburg Charenza und dem Ernst-Moritz-Arndt-Museum. Und da ist vor allem das Kuriosum Putbus, die **Weiße Stadt am Meer,** die sich Fürst *Malte* planmäßig auf die Wiese stellte.

Der Rügendamm und Rügenbrücke

1936 wurde die unsichere und zeitraubende Fährverbindung zwischen Stralsund und Altefähr mit der Eröffnung des Rügendamms überflüssig.

Über 70 Jahre lang war der Rügendamm, der an einer besonders schmalen Stelle des Strelasunds das Festland mit Südrügen verbindet, die einzige Verbindung der Insel zum Festland. Ideal war diese Stelle schon von alters her, weil hier in der Mitte des Sundes die kleine schützende **Insel Dänholm** liegt, die beim Bau des Rügendamms in die Querung mit einbezogen werden konnte. Einst trug sie den Namen *Strela*. Das änderte sich im Jahr 1429, als hier die dänische Flotte vor Anker lag, um sich auf den Angriff auf die mächtige Hansestadt vorzubereiten. Den eigentlich weit unterlegenen Stralsundern gelang es jedoch, die Dänen im überraschenden Handstreich zu besiegen. Zum Gedenken an diesen Sieg wurde das Eiland von Strela in *Dänholm* (Däneninsel) umbenannt.

Um den chronischen Engpass Rügendamm endlich aufzulösen und dem Verkehr und der Entwicklung Rügens freie Fahrt zu geben, wurde nach der Rekordbauzeit von lediglich drei Jahren im Oktober 2007 die insgesamt 4,2 km lange **neue Rügenbrücke** dem Verkehr übergeben, die parallel zum Rügendamm in einem eleganten Bogen den Sund überspannt und täglich bis zu 23.000 Fahrzeuge von und nach Rügen bringt.

Altefähr

Stralsund genau gegenüber liegt „Ollfähr", wie der einstmals blühende Fährort früher genannt wurde. Erstmals 1240 schriftlich erwähnt, gehörte der Ort bis ins 17. Jh. zu Stralsund. Mit der Eröffnung des Rügendamms geriet das Dorf völlig ins Abseits und verharrt dort selbst bis heute, denn es liegt etwas abseits des Dammes und der Hauptstraße. Kaum ein Rügenfahrer biegt in die holprige Pflasterstraße ein, die zur „Alten Fähre" führt.

Dabei gibt es wenigstens zwei gute Gründe, dies zu tun. Von Altefähr eröffnet sich ein **grandioser Panoramablick** über den Strelasund auf die Altstadt von Stralsund. Eine bessere und schönere Sicht auf die historische Stadtsilhouette gibt es von keinem anderen Platz. „Jeder, der nur einmal jenseits des Strelasunds gestanden und dies Bild in sich aufgenommen", so der Stralsunder Heimatforscher *Otto Dankwart*, „wird sich hieran immer wieder erinnern müssen".

Der zweite Grund ist die **Dorfkirche St. Nikolai** aus dem 15. Jh. Sie fällt durch

☒ Die Dorfkirche in Altefähr

ihre **seltsame Turmuhr** auf, deren zwei Zifferblätter nicht, wie gewöhnlich, in des Turmes Mitte sitzen, sondern ganz auf die Ecken geschoben sind, so dass sie sich berühren. Der Vorläufer des Turms – die heutige Form stammt von 1912 – war im Jahre 1803, just als der schwedische König *Gustav IV.* in Altefähr zu Besuch weilte, vom Sturm beschädigt vor dessen Augen zusammengebrochen.

Ein kleiner Ausflug von Stralsund nach Altefähr organisiert sich leicht, da in der Saison eine kleine **Personenfähre** über den Sund verkehrt (s.u.).

Berühmtester Wahl-Altefährer war der exzentrische **Schauspieler** und „Entdecker" Hiddensees **Alexander Ettenburg,** der hier zwölf Jahre lang wohnte, bevor er nach Hiddensee übersiedelte. Ettenburg kam aus gesundheitlichen Gründen an die See und errichtete mit seinem Erbe das Pensionat *Villa Alexander.* In die Annalen Altefährs ging Ettenburg ein, als man ihm anfänglich die Schankkonzession verweigerte und er daraufhin alles gratis ausschenkte. Da er häufig das ganze Dorf zu sich einlud und noch dazu von seinen Angestellten skrupellos betrogen wurde, musste er, schließlich bankrott, die Villa Alexander zum Spottpreis verkaufen, wobei er sein Vermögen verlor (siehe auch Exkurs Alexander Ettenburg – der „Entdecker Hiddensees").

Info

- **Vorwahl:** 038306
- **Fremdenverkehrsverwaltung,** Am Fährberg 5, 18573 Altefähr, Tel. 7 50 37, www.altefaehr.de. Okt.–März Mo–Fr 8–16 Uhr, April–Sept. Mo–Fr 8–19 Uhr, Sa/So 8–10 und 17–19 Uhr.

Unterkunft

■ **Hotel Sundblick②**, Fährberg 8b, Tel. 71 30, www.hotel-sundblick.de. Kleine Herberge mit 10 Zi., ruhige Lage nahe Hafen, Blick auf Stralsund, schöne Dachterrasse.

■ **Sund-Camp,** Am Kurpark 1, Tel. 7 54 83, www.sund-camp.de. Ganzjährig geöffnet, Lage am Ortsrand neben Kurpark, Fahrradverleih, eigene Fischräucherei.

Gastronomie

■ **Strandhaus Altefähr,** Strandpromenade 10, Tel. 6 24 50, www.strandhaus-altefähr.de. Tolle Lage direkt am Badestrand mit hauseigenen Strandkörben. Von der windgeschützten Sonnenterrasse zauberhafter Blick über den Sund auf die Kulisse der Altstadt von Stralsund. Gute und preiswerte Hausmannskost.

■ **Gaststätte Grahlerfähre,** Grahlerfähre 1, Tel. 7 50 13, www.grahlerfaehre.de. Seit über 90 Jahren wird hier direkt am Strelasund gegenüber von Stralsund Familientradition gepflegt. In ruhiger Lage und abseits der Verkehrswege laden Liegewiese und flaches Ufer besonders Familien zum längeren Verweilen ein. Zwei FeWos werden vermietet.

054rh ph

Aktivitäten

■ **Surf- und Segelschule:** *Sail & Surf,* Am Fährberg 8, Tel. 2 32 53, www.segelschule-ruegen.de.

■ **Personenfähre Stralsund–Altefähr:** Info-Tel. (03831) 26 81 38. Mitte Mai–Ende Sept. täglich 7x, Fahrtdauer 15 Minuten.

Rambin

Fährt man von Altefähr auf der B 96 Richtung Bergen/Sassnitz, kommt man durch das Dorf Rambin. Es besitzt eine sehenswerte **mittelalterliche Dorfkirche.** Ältester Bauteil ist der Chor aus dem 13. Jahrhundert, in dessen Fußboden eine Grabplatte von 1355 eingelassen ist. Das Schiff wurde Mitte des 14. Jahrhunderts, das hölzerne Tonnengewölbe um 1700 errichtet.

Bemerkenswert ist auch die **Kapelle** des ehemaligen Klosters und Hospitals St. Jürgen am östlichen Ortsausgang. Das Spital wurde im Jahr 1799 zu einem Altersheim umgebaut. Den ehemaligen Klostergarten zieren heute einige Skulpturen, die sehenswerte **Backsteinkapelle** wird vom Rügener Kunstverein oft für wechselnde Ausstellungen genutzt.

Anziehungspunkt ist der große **Rügener Bauernmarkt** in der Alten Pommernkate an der Durchgangstraße, in dem man vielerlei regionale Produkte kaufen und danach im Café entspannen kann.

1a

Südöstlich von Rambin liegen nahe der B 96 in den Feldern die sogenannten **Neunberge.** Hierbei handelt es sich um neun sagenumwobene Hügelgräber aus der Bronzezeit, denen *Ernst Moritz Arndt* in seinem Märchen „Unter den neun Bergen bei Rambin“ ein literarisches Denkmal gesetzt hat.

Unterkunft

■ **Die Insel auf Rügen**②, im OT Götemitz 27, Tel. (038306) 61 10, www.die-insel-auf-ruegen.de. Ein Geheimtipp für Genießer! Das kleinste Hotel Rügens des Berliner Architekten und Künstlers *Yadegar Asisi* bietet nicht nur „7 weltferne Doppelzimmer“ im malerischen Reetdachkaten, sondern neben Ruhe, Stille und Sonnenterrassenidylle auch eine kleine, aber feine Speisekarte und einen bemerkenswerten Weinkeller, der auch gehobeneren Ansprüchen gerecht wird.

Gastronomie

■ Sicher eines der ungewöhnlichsten Lokale auf Rügen war das in einem alten, ehemaligen Katen und Schweinekoben beheimatete **Zur Kaffeetasse.** Wegen eines Todesfalls ist es leider dauerhaft geschlossen.

Einkaufen

■ **Rügener Fayencen**②, im OT Götemitz, Tel. (038306) 13 61, www.dolacinski.de. Von Meister *Dolacinski* handgefertigte Fayencen (Keramiken) mit kobaltblauer Bemalung, täglich 9–19 Uhr (mit 4 FeWo für 2–5 Pers.).

■ **Rügener Bauernmarkt,** Hauptstr. 2, Tel. (038306) 6 26 30, täglich 8–19 Uhr, www.altepommernkate.de.

Samtens

Der nächste Ort an der B 96 Richtung Bergen ist Samtens. Das Dorf ist heute das **landwirtschaftliche Zentrum** Südrügens. Die **Dorfkirche** aus dem 15. Jh. birgt drei aufwendig gestaltete Epitaphien. Sie stammen von der Familie *Von der Osten* aus der Zeit des 15.–17. Jhs.

Ein Besuch lohnt auch das erste **Technik-Modell-Museum** in Deutschland, das im alten Gutshaus Modelle von Autos, Flugzeugen, Schiffen, Eisenbahnen u.a. zeigt.

■ **Technik-Modell-Museum,** Muhlitzer Str. 3, mobil: (0172) 3 83 89 86, www.technik-modell-museum.de, April–Okt. täglich 14–17 Uhr, Nov.–März auf Anfrage.

Unterkunft

■ **Hotel Jagdhof**②, in Negast, Hauptstr. 60, Tel. (038327) 6 06 40, www.jagdhof-negast.de. Sehr ruhig am Borgwallsee gelegener Neubau, mit Landgasthof, Frühstück 9,50 €.

■ **Störtebeker Sporthotel Rügen**②, Bergener Str. 1, Tel. (038306) 22 20, www.stoertebeker-sporthotel.de. Kegeln, Tennis, Squash, Sauna, Billard, Wellness in modernem Stahl-Glaskomplex.

Gustow

Biegt man hinter dem Rügendamm rechts in Richtung Putbus/Binz ab, erreicht man über eine schmale, von Alleebäumen gesäumte Straße (sie ist Teil der

Deutschen Alleenstraße) den kleinen 650-Seelen-Ort Gustow.

Das 1314 erstmals erwähnte Dörfchen hat eine sehenswerte **gotische Dorfkirche.** Ihr Chor stammt aus dem 14. Jahrhundert. Die 1935 bei Renovierungsarbeiten freigelegten figürlichen Wandmalereien datieren um 1420. Erwähnenswert ist sicher auch die Triumphkreuzgruppe aus dem 15. Jahrhundert und die Mordwange von 1510, die auf dem angrenzenden kleinen Friedhof steht.

Unterkunft

■ **Gasthof/Pension Zum Milchhäuschen**①-②, Dorfstr. 13, Tel. (038307) 4 01 04. Hübsches Häuschen mit nur vier Zimmern in ruhiger Lage; Gasthof mit schöner Terrasse.

Halbinseln Drigge und Prosnitz

Historisch interessant ist die **Halbinsel Prosnitz** im Strelasund (kurz vor Gustow rechts abbiegen, schlechte Straße). Weit in den Strelasund hinausreichend, war die Landzunge strategisch ideal gelegen, um die Durchfahrt von und nach Stralsund zu kontrollieren und gegebenenfalls abzuriegeln. Auf einer schon von *Wallenstein* angelegten **Schanze** ließ *Napoleon* 1812 von zur Zwangsarbeit genötigten Insulanern das **Fort Napoleon** anlegen. Die viereckige Redoute war durch dreifache, bis zu 10 m hohe Erdwälle gesichert.

Noch miserabler ist die Zufahrt zur **Halbinsel Drigge,** die zusammen mit der Prosnitzer und dem zwischen beiden liegenden Gustower Wiek als **Landschaftsschutzgebiet Mittlerer Strelasund** unter Schutz steht. Von jeweils einem abgeschiedenen Weiler abgesehen, sind die beiden Halbinseln unbesiedelt und laden zu ausgedehnten **Spaziergängen oder Radtouren** ein.

Unterkunft

■ **Hotel Gutshaus Kajahn**②, Prosnitz 1, Tel. (038307) 4 01 50, www.gutshaus-kajahn.de. Historisches Gutshaus in absolut idyllischer Alleinlage auf 30.000 m² parkartigem Grundstück, Minigolf, Fahrradverleih, organisierte Wanderungen, 1 km bis zu malerischem kleinen Sandstrand.

Poseritz

Zwischen Gustow und Garz an der Deutschen Alleenstraße liegt das Dorf Poseritz. Das 1313 erstmals urkundlich erwähnte Dorf besitzt ebenfalls eine **mittelalterliche Dorfkirche.** Das sehr reizvoll auf einer kleinen Anhöhe gelegene gotische Bauwerk stammt aus dem 14. Jh. Der Turm wurde Ende des 15. Jh. hinzugefügt. Die im bäuerlichen Stil gearbeitete Rokokokanzel entstand 1755. Bemerkenswert sind noch zwei Kreuzigungsgruppen aus dem 15. Jh.

Schloss Üselitz

Nahe Poseritz liegt auf einer flachen Insel in einer Niederung das Schloss Üselitz. Um die Mitte des 16. Jh. war der

Ort landesherrlicher Besitz und ging 1562 an die Familie *von Zuhme* über. 1664 erhielt das Haus Putbus das Gut als Gnadenlehen von der schwedischen Regierung. Ende des 17. Jh. ging Üselitz an die Familie *von Normann,* 1706 an die Familie *von Langen.* Heute ist das Renaissance-Schloss eine romantisch in einen verwilderten Park eingebettete Ruine, die seit der Flutung des Üselitzer Wieks 2011 nun wieder vollständig von Wasser umgeben ist. Info: www.ueselitz.de.

Praktische Tipps

Unterkunft

- **Hotel Lindenkrug**②, Lindenstr. 27, Tel. (038307) 2 51, www.lindenkrug-poseritz.de. Zweckbau in ruhiger Lage, im Restaurant mit Sommergarten gute „regionale Esskultur".
- **Hof Wiersbin,** Datsow Nr. 11, Tel. (038307) 4 01 14. Malerischer rohrgedeckter Bauernhof in stiller Einzellage, umgeben von Wiesen und Bäumen; viele Tiere, Reitpferde und Spielplatz, toll für Kinder.

Aktivitäten

- **Reiten:** *Reiterhof Groß Stubben,* im OT Groß Stubben, Haus Nr. 3, Tel. (038307) 2 62, www.reiterurlaub-auf-ruegen.de.

Einkaufen

- **Molkerei, Naturprodukte:** Poseritz Hof 15, Tel. (038307) 4 04 29, www.ruegener-inselfrische.de, täglich Quark, Frischkäse, Joghurt u.a. aus frischer Milch von kleinen Höfen der Umgebung. Mit Café und Hofladen, Mo–Sa 10–18 Uhr.
- **Kunsthandwerk:** Keramikwerkstatt *E. Zürn,* Poseritz, Mellnitz 4, Tel. (038307) 3 68.

Garz

Auf halbem Wege zwischen Altefähr und Putbus liegt die **älteste Stadt Rügens.** Bereits im Jahr 1319 wurde Garz das Stadtrecht verliehen. Etwas, das gemeinhin als städtisch bezeichnet wird, lässt sich in der Stadt jedoch nicht entdecken. Sie hat einen ausgesprochen **ländlichen Charakter.** Man kann auch sagen, Garz ist eines der großen Dörfer Rügens, das den Bewohnern der umliegenden Dörfer und Weiler Einkaufsgelegenheit bietet. So beschränkt sich das Städtische an Garz auf seine Durchgangsstraße, an der eine Reihe von kleinen Landhandels- und Lebensmittelgeschäften für gemächliches Leben sorgen.

„Garz ist Rügens älteste Stadt, / Garz vor Alter zittert. / Garz auch einst ein Pflaster hat' / Garz – jetzt ist's verwittert!" (Rügener Knittelvers). Das war nicht immer so. Früher spielte Garz die zentrale Rolle auf Rügen. Während der **Slawenzeit** war die Wallburg das Verwaltungszentrum der Insel, und der Ort hat regen Handel betrieben. So stellte einst *Witzlaw I.* auf der Garzer Burg 1234 die Urkunde aus, die Stralsund das Stadtrecht verlieh.

Einst soll die Stadt sogar einen Hafen besessen haben, vermuten manche. Früher habe es einen schiffbaren Wasserarm zum Puddeminer Wiek gegeben, dessen letzter Rest der stark verlandende Garzer See sei. Das Aus für Garz kam mit dem

Dreißigjährigen Krieg. Durch Brandschatzungen kam es „gänzlich in Verfall, die Einwohner verarmten, und so sank die Stadt zu ihrer jetzigen Unbedeutendheit herab" *(Grümbke)*.

Burgwall Charenza

Ein paar Spuren aus glanzvolleren Zeiten haben sich erhalten. Die bedeutendste ist der mächtige Burgwall am Südrand des Ortes. Die Festung diente den Ranenfürsten hauptsächlich als Verwaltungszentrum. Aber in ihr standen auch Tempel dreier, wenn auch zweitrangiger, so doch nicht unbedeutender Götter. Auf Charenza wurden Rugiavit (siebenköpfig, mit sieben Schwertern im Gürtel und für Krieg zuständig), Porevit (fünfköpfig und für das Wetter verantwortlich) und Porenut (viergesichtig und für die Unterabteilung Donner eingeteilt) verehrt. 1168 ergab sich die Burg mit seinem Svantevit-Tempel kampflos den Dänen. 1199 wurde sie von den Pommernherzögen Bogislaw/Casimir zerstört.

Ernst-Moritz-Arndt-Museum

Durch eine kleine Grünanlage vom Burgwall getrennt, steht ein kleines hübsches Backsteinhaus. Es ist das **alte Schulhaus,** in dem das älteste Rügener Museum, das Ernst-Moritz-Arndt-Museum untergebracht ist. Es zeigt Leben und Werk des in Groß Schoritz bei Garz geborenen Dichters, Politikers und Patrioten.

- **Ernst-Moritz-Arndt-Museum,** In den Anlagen 1, Tel. (038304) 1 22 12, Mai–Okt. Di–Sa 10–16 Uhr, Nov.–April Mo–Fr 11–15 Uhr.

St.-Petri-Kirche

Erwähnenswert ist auch der spätgotische **Backsteinbau der St. Petri Kirche** aus dem 14. Jh. Ältestes Ausstattungsstück ist ein Granittaufbecken aus dem 13. Jh. Die Kanzel stammt von 1707, die Ausmalung der Innenräume aus dem Jahre 1956.

Praktische Tipps

Unterkunft

- **Hotel Am Wiesengrund**②, Am Wiesengrund 23, Tel. (038304) 3 47, www.ruegen-hotel-am-wiesengrund.de. Neubau in ruhiger Lage, im Restaurant mit Terrasse wird gutbürgerliche Küche serviert.
- **Pension Forsthaus**②, ca. 2 km westlich in Klein Stubben 1, Tel. (038304) 4 09 21, www.forsthaus-garz.de. Paradiesisch stille Alleinlage mit Wald und klarem Waldsee, Liegewiese, Spiel- und Grillplatz.
- **Gasthaus & Pension Zur Post**②, Lange Straße 12, Tel. (038304) 3 33, www.ruegen-gasthaus-zur-post.de. Gastfreundliches Haus mit preiswerten Zimmern in zentraler Ortslage. In der Bauernstube serviert Frau *Schultz* handfeste Bauernküche.

Aktivitäten

- **Fahrradverleih:** *Gehrke,* Bergener Str. 30, Tel. (038304) 4 18.
- **Kunsthandwerk:** *Keramik R. Putbrese,* Poltenbusch 2, Tel. (038304) 1 20 17.

Groß Schoritz

Fährt man von Garz, vorbei am Garzer See, Richtung Zudar, kommt man nach wenigen Kilometern an eine Kreuzung, an der ein schmucker Wegweiser Groß Schoritz anzeigt, das Dorf, in dem Rügens berühmtester Sohn, *Ernst Moritz Arndt,* geboren wurde.

Ernst-Moritz-Arndt-Geburtshaus

Am Ende der Dorfstraße trifft man auf ein Gutshaus mit Freitreppe. Es ist das Geburtshaus E.M. Arndts, der hier am 26.12.1769 das Licht der Welt erblickte. Das frisch renovierte, weiß getünchte Herrenhaus hebt sich heute noch krass von den Behausungen ringsum ab, in denen zu Arndts Zeit die Leibeigenen ihr Dasein fristeten. In dem Geburtshaus hat heute die Ernst-Moritz-Arndt-Gesellschaft ihren Sitz, die sich der Bewahrung des Erbes und Erforschung des Lebens und Wirkens von *Ernst Moritz Arndt* verdient macht. Sie veranstaltet in dem Haus, das eine kleine **Arndt-Bibliothek mit Lesecafé** beherbergt, monatlich (meist Sa 15 Uhr) „Begegnungen mit Arndt". Darüber hinaus kümmert sie sich um die aufwendige, möglichst originalgetreue Restaurierung des Guts und des historischen Gutsparks.

■ **Ernst-Moritz-Arndt-Gesellschaft,** Dorfstraße 22, 18574 Groß Schoritz, Tel. (038304) 5 15, www.ernst-moritz-arndt-gesellschaft.de. Mo–Fr 10–16 Uhr.

Praktische Tipps

Einkaufen

■ **Kunsthandwerk:** *Emaille-Gestaltung S. Tolk-Ninnemann,* Silmenitz 2, Tel. (038304) 5 56, www.email-kunst-ruegen.de. Mit charmanter Ferienwohnung①-② über drei Etagen im Reetkaten. Mal- und Kreativkurse für Kinder.

Halbinsel Zudar

Weit ins Land hinein drängen sich Schoritzer und Puddeminer Wiek und schnüren die 18 km² große Halbinsel Zudar bis auf einen schmalen Landstreifen vom Festland ab. Auf diesem Streifen, der früher bei Sturmflut oft überschwemmt wurde, liegt das Dorf Zudar.

Die Halbinsel Zudar ist flach, weitgehend waldlos und wird hauptsächlich landwirtschaftlich genutzt. In den weiten Feldern liegen eine Reihe von **Hügelgräbern,** deren Namen wie *Hexen-* oder *Düwelsberg* zeigen, was die Menschen von diesen Erdhügeln hielten.

Zudar

Es war die Dorfkirche St. Laurentius aus dem 14. Jh., die den Ort Zudar für kurze Zeit aus seiner Bedeutungslosigkeit erlöste und zum vielbesuchten **Wallfahrtsort,** ja zu einer Art rügenschem Lourdes, erhoben hat. Ganze Schiffsladungen von Besuchern pilgerten zu dem hübschen Kirchlein, in dem ein **Marienbild** aufbewahrt wurde, das angeblich

Ernst Moritz Arndt

„Versuch einer Geschichte der Leibeigenschaft in Pommern und Rügen" war der Titel des Buches, das *Arndt* schlagartig bekannt machte. Die verheerenden Auswirkungen dieses unmenschlichen Systems konnte der junge Arndt täglich vor seiner Haustür studieren. **1769 geboren,** wuchs er zwischen den **leibeigenen Bauern** in Groß Schoritz und den umliegenden Weilern auf, die in elendsten Verhältnissen vegetierten. Sein Vater war kurz vor seiner Geburt aus der Leibeigenschaft des Fürsten Malte von Putbus entlassen worden.

Nach seinem Studium in Stralsund, Jena und Greifswald, wo er sein **theologisches Examen** ablegt, wird er Hauslehrer im Pfarrhaus Altenkirchen auf Wittow bei der Familie Kosegarten (s. auch „Altenkirchen"). Mehrere Bildungsreisen führen ihn nach Österreich, Ungarn, Italien und Frankreich, wo gerade der 10. Jahrestag des Sturmes auf die Bastille (1789) begangen wird.

Tief beeindruckt und geprägt von den **Idealen der französischen Revolution** und den Schriften des Philosophen Rousseau, kehrt er zurück und lehrt an der Universität Greifswald. Nach der Veröffentlichung von „Versuch über die Leibeigenschaft" 1803, der bei Fürsten und Landadel wenig Begeisterung auslöst, weicht er für ein Jahr nach Schweden aus.

Nach der Niederlage Preußens bei Jena und Auerstedt und der Besetzung des Landes durch die siegreichen napoleonischen Truppen kämpft er mit patriotischen Reden und Schriften **gegen das Joch der Fremdherrschaft.** Erneut muss er sich nach Schweden absetzen. Nach seiner Rückkehr feiert ihn das preußische Militär als „die neue Stimme Preußens".

Als Napoleon nach der verlorenen Völkerschlacht bei Leipzig aus den befreiten Königreichen, Fürsten- und Herzogtümern gejagt wird, engagiert sich Arndt vehement dafür, diese vielen kleinen Staaten zu einem Staat zu vereinen. „Was ist des Deutschen Vaterland? Das ganze Deutschland soll es sein". Unter diesem Motto Arndts sammelt sich die fortschrittliche **Einigungsbewegung.**

1817 geht er nach Bonn und lehrt an der dortigen Universität. Nach der Revolution 1848 zieht er als **Abgeordneter der Deutschen Nationalversammlung** in die Paulskirche in Frankfurt am Main ein.

Neben seinem politischen Leben betätigt sich Arndt auch als **Schriftsteller und Dichter.** Er schreibt und sammelt Märchen seiner Heimat Rügen, nach der er sich zeitlebens sehnt.

91-jährig stirbt Arndt am 29.1.1860 in Bonn und wird dort beigesetzt.

122rh ph

wundertätige Kräfte besaß. Zudar war nicht so weit weg wie das päpstliche Rom und zweimal Zudar wog als Sündenerlass ebenso schwer wie eine Wallfahrt in die heilige Stadt.

Die Karriere Zudars als Pilgerort fand jedoch ebenso abrupt ihr Ende wie sie begonnen hatte. Als 1372 eines der Pilgerschiffe bei „wedder und groth storm" im Sund kenterte und dabei alle 90 Passagiere ertranken, fielen die Menschen vom Glauben an die wunderwirkende Heilige ab. Man nahm ihr einfach übel, dass sie nicht schnell ein Wunder getan hatte und die armen Menschen, die ja schließlich ihretwegen überhaupt nur die gefährliche Reise angetreten hatten, errettete.

Unterkunft

■ **Herrenhaus Poppelvitz**①-②, Poppelvitz 8, Tel. (038304) 62 98 06, www.natururlaub-ruegen.de. 4 Fewo in einem charmanten Gutshaus, das 1894 von der Familie *von Normann* errichtet und in einen weitläufigen, parkähnlichen Garten eingebettet ist.

Losentitz

Dort, wo die Straße von einer schönen Lindenallee gesäumt ist, liegt der Ort Losentitz. Das **Gut Losentitz** gehörte einst einem Freund und Gesinnungsgenossen *Arndts,* dem Rügener **Moritz Carl Ulrich von Dycke.** Als Rittmeister hatte dieser in Schweden freie Bauern kennen gelernt, während auf seiner Heimatinsel noch die Leibeigenschaft herrschte. Zurück in Losentitz, **entließ** er 1802 seine **Untertanen in die Freiheit** und versuchte, mit seinen „Ratschlägen für vernünftige Bauern und Einliegerfrauen" aus ihnen selbstständige, eigenverantwortliche Menschen zu machen. Das Gut wurde zum Teil in Einzelhöfe zerlegt und die Dienste der Bauern in Geldpacht umgewandelt. Von Dycke ließ darauf eine Schule, ein Armenhaus und eine Weberei bauen.

Für sich selbst legte er an seinem Herrenhaus einen **Park** an, in dem er mehr als 130 verschiedene Baumarten anpflanzte. Der über Jahrzehnte verwahrloste und verwilderte Landschaftspark des alten Gutshauses wurde rekonstruiert und ist zu begehen – ein Fleckchen, an dem sich ein Stopp lohnt. Das renovierte Gutshaus beherbergt nun Ferienwohnungen.

Unterkunft

■ **Altes Gutshaus Losentitz**②, in Losentitz, Dorfstr. 11, mobil: (0160) 90 56 25 58, www.ruegenresidenz.de. 6 Maisonettewohnungen über 2 Ebenen für 3–5 Pers. (4-Sterne-Qualität) in idyllisch ruhiger Lage und parkartiger Umgebung. Mit Terrasse und Liegewiese.

Glewitz

Das einzige, was auf Zudar den Namen Straße verdient, führt quer durch die Halbinsel nach Glewitz. Ihren für diese einsame und verlassene Gegend überraschend guten, weil neu ausgebauten Zustand verdankt sie der **Fährverbindung,** die bis 1936 zwischen Glewitz und Stahlbrode auf dem Festland existierte und jetzt wieder aufgenommen wurde.

■ **Glewitzer Fähre:** täglich ab 6 Uhr, Mai–14. Sept. bis 21.40 Uhr, April sowie 15. Sept.–26. Okt. bis 20.10 Uhr jeweils im 20–30 Min.-Takt, bei Bedarf Pendelverkehr, Info-Tel: (0172) 7 52 68 36.

Badestrände

Einen kleinen, aber schönen Sandstrand findet man am **Gelben Ufer** beim Campingplatz. Einen weiteren, stillen Badeplatz gibt es bei Grabow am **Palmer Ort.** Zufahrt über eine miserable Betonplattenpiste.

Praktische Tipps

Unterkunft

■ **Gut Zicker**②-③, Dorfstr. 14, in Zicker, Tel. (038304) 62 98 12, www.gutshaus-zicker.de. Acht luxuriös und gediegen eingerichtete 5-Sterne-Fewo in herrschaftlichem, von einem weitläufigen Park umgebenen Landschloss; Haustiere nicht erwünscht, Frühstück 9 €.

■ **Camping Pritzwald,** Zudar, Tel. (038304) 82 91 14, www.ruegen-campingplatz-pritzwald.de, April–Okt.; kleiner sehr stiller Naturplatz im Kiefernwäldchen mit 700 m Strand, Gaststätte, besonders bei Anglern beliebt.

■ **Camping Stahlbrode,** Küstenweg 8, Tel. (038328) 48 99 08, www.naturcamping-stahlbrode.m-vp.de; Mai–Okt.; naturbelassener Campingplatz, idyllisch zwischen zwei Küstenwäldchen auf dem Festland nahe Fähranleger; Ferienhausvermietung, Boots-, Fahrradverleih.

Schloss Karnitz

So berühmt das Jagdschloss Granitz ist, so unbekannt ist das Schloss Karnitz einige Kilometer **nördlich von Garz.** Es wurde zur gleichen Zeit wie jenes und ebenfalls als Jagdschloss errichtet, aber nicht von Fürst *Malte von Putbus,* sondern von Graf *Guido von Usedom,* dessen Familie das Gut Karnitz seit Mitte des 18. Jh. besaß.

Das bildschöne **neogotische Schlösschen** mit den beiden achteckigen, zinnengekrönten Ecktürmen und seinem spitzbogigen Eingangsportal wurde in der DDR-Zeit als Gaststätte und Wohnhaus genutzt. 2006 kaufte die Heilpraktikerin und Psychotherapeutin *Gertraud Strotkamp* das Schloss und nutzt es nun privat und als Praxis.

Die benachbarte 106 ha große **Golfanlage Schloss Karnitz** hat außer dem Namen nichts mit dem Schloss gemeinsam.

Besonders reizvoll ist die Landschaft um Karnitz mit ihren stillen Gewässern, von denen der unter Naturschutz stehende **Kniepower See** mit 12 ha der Größte ist. Um den See führt ein ca. 7 km langer **Wanderweg,** der mehrere Bäche quert, und den Schwarzen See und den Katharinensee berührt, die ebenfalls zum Naturschutzgebiet gehören.

Aktivitäten

■ **Golfclub Rügen,** Schloss Karnitz e.V., Tel. (038304) 8 24 70, www.golfcentrum-schloss-karnitz.de. 18-Loch-Turnierplatz, Par 72 mit einer Länge von 6 km, und 9-Loch-Platz mit Par 6.

1b PUTBUS

Auf halbem Wege zwischen Garz und Binz liegt Putbus, die **„Weiße Stadt am Meer“.** Wer einen typisch rügenschen Ort erwartet, sieht sich gründlich getäuscht. Nicht geduckte, schilfrohrgedeckte Backsteinhäuschen bestimmen das Bild, sondern hochherrschaftliche **klassizistische Villen** leuchten aus der grünen Landschaft, geometrisch geordnet und ausgerichtet. Rechteckig der Marktplatz, kreisrund der Circus, miteinander verbunden durch eine schnurgerade, von Linden gesäumte Straße. Ein wahrlich irritierender Anblick.

Schöpfer dieser Anlage war **Fürst Malte von Putbus.** Der Adelsmann war ein wahrer Tausendsassa, an dessen Hinterlassenschaften kein Besucher vorbeikommt. Sei es die „Weiße Stadt“, oder das Seebad Binz, der Arndt-Turm in Bergen oder das Jagdschloss Granitz, das Badehaus Goor oder der Rasende Roland, all diese Attraktionen sind entweder das Werk von Malte oder er hatte seine Finger entscheidend im Spiel.

124rh ph

Geschichte

Hervorgegangen ist der Name der Stadt wie der des bedeutendsten rügenschen Adelsgeschlechts aus der slawischen Bezeichnung *pod buss* (beim Walde). Durch einen Erbvergleich fiel Rügen 1239 an die Freiherren von Putbus. 1727 wird der Freiherr von Kaiser *Karl* in den Grafenstand erhoben. 1807 geht es erneut eine gesellschaftliche Stufe nach oben, als *Gustav Adolf von Schweden* den Grafen *Malte von Putbus* in den Fürstenstand versetzt.

Ein Fürst braucht einen **repräsentativen Sitz,** hat sich der so geehrte Malte gedacht und denselben höchstpersönlich

auf dem Reißbrett entworfen. Mit einem Aufruf in der Zeitung suchte er Bewohner für seine neue Stadt. „Sollten einige Handwerker und andere Genüge haben, sich hierselbst niederzulassen, so können ihnen Hausplätze unter annehmlichen Bedingungen zugewiesen werden", so die Anzeige. Nicht einer meldete sich – wohl der Einschränkung wegen, dass nur „Personen unterhandelt werden können, die hinlängliche Beweise eines ordentlichen und stillen Betragens beybringen können".

⌃ Schlospark Putbus – Die Treppenanlage am Schlossteich sind die letzten Spuren von Fürst Maltes Residenz

NICHT VERPASSEN!

- Für Kulturfans – eine Aufführung in Rügens Musentempel, dem prachtvollen klassizistischen **Theater der „Weißen Stadt"** | 35
- Auf dem **„Pfad der Muße und Erkenntniss"** um den Goor spazieren und die Natur genießen | 40
- Vom Hafen **Lauterbach** mit dem Boot auf die kleine Insel **Vilm** | 40
- Für Leckermäuler – frischer **(Räucher-)Fisch** mit Bier im Hafen Lauterbach | 40
- **Abendmusiken** in der Hof- und Begräbniskirche des Fürstengeschlechts von Putbus in Vilmnitz | 41

Diese Tipps erkennt man im Buch an der gelben Hinterlegung im Kapitel.

Nach mehreren Aufenthalten Maltes und seiner Gemahlin im ersten deutschen Seebad Doberan/Heiligendamm entschloss sich der unternehmungslustige Fürst, auch auf Rügen ein solches zu eröffnen. 1808 wurde mit dem Bau der Anlage begonnen, und die „Weiße Stadt" **Heiligendamm** diente **als Vorbild.**

Putbus wurde zum „Fürstenbad" und zur **Sommerfrische der Schönen und Reichen.** Da es den geschützten Ufern des Rügischen Boddens jedoch „ganz und gar an Wellenschlag" mangelte und „die Oberfläche des Wassers so glatt ist wie ein Teich", fehlte es dem Fürstenbad an „diesem geheimnisvollen, über alles gesuchten Etwas eines Seebades", woraufhin Fürst Malte auf seinen Besitzungen an der Außenküste, am Strand von Binz, die ersten Badekarren aufstellen ließ.

Sehenswertes

Heutiger zentraler Punkt der Anlage ist der weiträumige kreisrunde **Circus,** auf dem sternförmig alle Durchgangsstraßen zusammenlaufen. In seiner Mitte erhebt sich ein 19 m hoher **Obelisk,** auf den wiederum acht von Eichen gesäumte Wege zulaufen. Eingefasst wird der Rundplatz von zwei- oder dreigeschossigen klassizistischen Gebäuden. Platz wie Gebäude machen jedoch einen eigentümlich unbelebten, verlorenen Eindruck, was einfach daran liegt, dass der imposanten Anlage sozusagen das „Hinterland“ fehlt. Das Ganze wirkt tatsächlich wie auf die grüne Wiese gestellt, unvollendet und vergessen. Von diesem viel zu groß geratenen „Zentrum“ geht die schnurgerade Alleestraße zum etwa 500 m entfernten Marktplatz ab.

Schlosspark

Auf ihrer unbebauten Seite dehnt sich der 75 ha große Schlosspark aus. Auch wenn der Name des 1810–25 nach dem Vorbild englischer Landschaftsgärten angelegten Parks es verspricht, ein Schloss ist dort nicht zu finden. Das ideologisch störende Gebäude wurde 1962 wegen angeblicher Baufälligkeit abgetragen. An die einstige Größe und Pracht erinnert heute nur noch die in der Alten Schmiede direkt neben dem Marstall beheimatete **Ausstellung „Das verschwundene Schloss“.** Allein die **Treppenanlage** am Schlossteich vermittelt einen Eindruck von der einstigen Lage und Größe des fürstlichen Schlosses.

Doch auch ohne Schloss ist der Schlosspark eine wunderbare Oase der Ruhe, in der sich beim Spaziergang allerhand entdecken lässt. Er ist einer der schönsten und abwechslungsreichsten Gärten Mecklenburg-Vorpommerns und birgt eine Vielzahl der unterschiedlichsten **Bäume und Sträucher,** die Malte von allen Ecken der Welt herbeischaffen ließ. Von sibirischer Goldesche, japanischer Stachelfichte, Zedern aus dem Libanon über Mammut- und Tulpenbäume bis zur Sumpfzypresse aus Missouri ist hier alles versammelt.

In der ausgedehnten Anlage findet sich eine Anzahl von erhalten gebliebenen Gebäuden. An der Straße vom Circus zum Markt erblickt man die **Orangerie** (1816–18). Sie dient heute als Ausstellungszentrum, das Werke und Produkte rügenscher Künstler und Kunsthandwerker sowie Ausstellungen historischer Herkunft zeigt. Und ein reizvolles Orangerie-Café lädt vor oder nach dem Parkspaziergang zum erholsamen Verweilen ein.

Nur wenige Meter östlich der Orangerie liegt etwas verborgen das **Mausoleum,** ein gotischer Zentralbau von 1829. Ein kurzer Fußweg führt von der Orangerie sanft abfallend zum großen **Schwanenteich,** an dem sich einst das Schloss erhob. Eine Terrasse zeigt den alten Standort an. Von ihr erblickt man in östlicher Richtung das **Fürst-Malte-Denkmal,** dem jeder Rügenliebhaber eigentlich seine Aufwartung machen sollte. Spaziert man am See entlang, kommt man am neu sanierten **Marstall** (1821–24) vorbei. Er dient dem u.a. Putbus-Festival, das seit 2000 regelmäßig stattfindet, als Spielstätte.

Nur ein wenig vom Marstall entfernt liegt am Südufer des Schwanenteichs an der Kastanienallee das **Affenhaus,** das nun das **Rügener Spielzeug- und Puppenmuseum** und ein sehr hübsches Café beherbergt. Weiter auf dem Weg um den See herum erreicht man die **Schlosskirche.** 1844–46 als Kurhaus errichtet, wurde der spätklassizistische Bau 1892 zur Kirche umgestaltet.

Dahinter schließt sich ein 8 ha großer **Tierpark** an den Landschaftspark an, „wo schöne Hirsche in bequemer Gefangenschaft ihr Leben verträumen“, wie bereits 1837 *Heinrich Laube* feststellte. Mit

055 rh ph

dem Gaumen kann man dieselben in der **Jägerhütte** genießen, welche man auf der seeabgewandten Seite des Wildgeheges findet. Das Restaurant ist ganz im Forsthausstil gehalten. Geweihe und ausgestopfte Tiere, ein offener Kamin und Fenster mit Motiven aus Wald und Flur schmücken sein Inneres und sollen waidmännische Atmosphäre vermitteln.

Jüngstes Glied von Putbus als Kulturzentrum Rügens ist das **Historium,** das 2010 zur 200-Jahr-Feier der Stadt eröffnet wurde und mit seinen Ausstellungen die Zeitspanne anschaulich illustriert. Ihm angeschlossen ist das ursprüngliche „Museum zum Anfassen" der ehemaligen Museumsmeile Prora, das nun als **Welt der Experimente** in Putbus einen neuen Standort gefunden hat.

- **Rügener Puppen- und Spielzeugmuseum,** im Affenhaus, Kastanienallee, Tel. (038301) 6 09 59, www.puppenmuseum-putbus.de, tägl. 10–18 Uhr.
- **Galerie,** in der Orangerie, Alleestr. 35, Tel. (038301) 88 97 97, Mai–Okt. täglich 10–17 Uhr, Nov.–April Di–Fr 10–16 Uhr, Sa 10–17 Uhr.
- **Stadt- und Parkführungen:** 1.6.–30.9., Di, Mi, Do, 4,-€ p./P. (Ermäßigung auf Kurkarte Rügen), Treff: 11 Uhr Orangerie, Dauer ca. 2 Std., Tel. 4 31.
- **Spaziergang zu alten Bäumen im Schlosspark,** 1.4.–31.10., jeden 2. Sa. des Monats ab Rosengarten 16 Uhr, Dauer 1½ Std., mobil: (0152) 04 55 82 28.
- **Museum Putbus: Welt der Experimente und Historisches Museum Putbus,** Lauterbacher Straße 9a, Tel. (038301) 89 83 36, www.museum-prora.de. Ein Jahrhundert des Wissens mit den Sinnen erleben. Anfassen ist ausdrücklich erwünscht. Multivisionsschau zu „200 Jahren Putbus". April–Okt. täglich 10–18 Uhr, Nov.–März 10–16.30 Uhr.

☐ Das Malte-Denkmal im Schlosspark

Villa Löwenstein

Jenseits der schnurgeraden Kastanienallee, die den Park durchschneidet, liegt nahe der Bahnhofstraße die Villa Löwenstein (heute besser bekannt als **Rosencafé**). In dieser einst als Gärtnerhaus errichteten Villa weilte 1866 *Bismarck*, um die Verfassung des Norddeutschen Bundes auszuarbeiten. Der denkmalgeschützte, lange Jahre leer stehende Bau empfängt nun unter altem Namen wieder Gäste.

Theater

Der Orangerie schräg gegenüber erstreckt sich am Marktplatz das klassizistische Theater, dessen Eingang ein Säulenportikus mit einem Fries ziert, der den Gott *Apoll* im Kreise der Musen zeigt. Dem Theater verdankt Putbus seinen Ruf als kulturelles Zentrum Rügens. Das Theater verdankt Putbus wiederum dem Maltefreund Graf *von Hahn,* der auf seinem Mecklenburger Gutsschloss eine eigene Theatergruppe unterhielt. Auf sein Drängen ließ Meister Malte 1819 das Theater errichten, in dem *von Hahns* Ensemble dann zur Sommerzeit spielte.

Zu DDR-Zeiten fühlte sich das Haus besonders dem Werk *G. Hauptmanns* verpflichtet, der es von seinem Wohnsitz Hiddensee aus immer wieder besuchte und in seinem Roman „Im Wirbel der Berufung" aus dem Putbuser Theaterleben erzählt. Heute werden u.a. auch mehrmals täglich Führungen durch das prachtvoll restaurierte Haus angeboten.

Dem Theater schließt sich der **Marktplatz** an, der mit seiner Weitläufigkeit

ähnlich überdimensioniert und verloren wirkt wie der Circus.

■ **Theater Putbus,** Markt 13, Theaterkasse Tel. (038301) 80 83 30, Di–Fr 10–13 und 16–18 Uhr, www.theater-putbus.org.

Führungen: *Förderverein Theater Putbus e.V.*, Tel. (038301) 80 80, Dauer ca. 45 Min.

⌃ Rügens Musentempel – das klassizisische Theater in Putbus

Uhren- und Musikgeräte-Museum

Wenige Schritte vom Marktplatz hat das **Historische Uhren- und Musikgeräte-Museum** seinen Sitz. In dem Privatmuseum kann man unter kundiger Führung des Besitzers *Franz Sklorz* in sieben Räumen über 1000 Exponate bestaunen.

■ **Historisches Uhren- und Musikgeräte-Museum,** Alleestr. 13, Tel. 6 09 88, www.uhrenmuseum-putbus.de, Nov.–April täglich 11–16 Uhr, Mai–Okt. täglich 10–18 Uhr.

061rh ph

Rasender Roland

Auch eine der bekanntesten und beliebtesten Attraktionen Rügens gäbe es ohne Fürst Malte wohl nicht. Die unter Denkmalschutz stehende **Schmalspurbahn** verkehrt, von niedlichen historischen Dampfloks gezogen, regelmäßig **zwischen Lauterbach und Göhren** (siehe auch Exkurs „Der Rasende Roland"). Maltes Idee war es, Gäste mit der Bahn bequem und schnell in sein verkehrstechnisch abgelegenes Seebad Binz bringen zu lassen. Die Einweihung der Bahn erlebte er allerdings nicht mehr.

Praktische Tipps

Info

- **Vorwahl:** 038301
- **Kurverwaltung,** Orangerie/Alleestr. 35, 18581 Putbus, Tel. 4 31, www.ruegen-putbus.de. Jan.–März und Okt.–Dez. Mo–Fr 10–16 Uhr, April/Sept. Mo–Sa 10–16 Uhr, Mai–Aug. tägl. 10–17 Uhr.
- **Kurabgabe:** HS 1,50 €, NS 1 €.

Unterkunft

- **Hotel Koos**②, Bahnhofstr. 9, Tel. 81 10, www.hotel-auf-ruegen.de. Mit Sauna, Kegelbahn und Restaurant.
- **Hotel Wreecher Hof**②-④, im OT Wreechen, Kastanienallee 1, Tel. 8 50, www.wreecher-hof.de. Sieben rohrgedeckte Häuser, Restaurant, Terrasse, Schwimmbad, Sauna, Solarium, Motorradfahrer willkommen.
- **Gutshaus Krimvitz**②, in Krimvitz, Dorfstr. 4, Tel. 64 12 64, www.krimvitz.de. Geburtshaus des Fürsten Franz zu Putbus in stiller, idyllischer Lage, Reitmöglichkeit.

Gastronomie

- **Orangerie Café,** in der Orangerie, Tel. 8 86 53. Vom Wintergarten aus hat man einen schönen Blick auf den Schlosspark.
- **Jägerhütte,** am Wildgehege, Tel. 5 10, www.jaegerhuette-ruegen.de. Wildspezialitäten, schöner Sommergarten.
- **Am Zuckerhut,** in Kasnevitz, Dorfstraße 25, Tel. (038301) 89 80 47. Einladende Kneipe mit handfester Küche, gelegentlich finden Tanzveranstaltungen statt.

Aktivitäten

■ **Putbus-Festspiele,** Dorfstr. 6, 18581 Lauterbach, Tel. 8 81 81, www.putbus-festspiele.com.
■ **Fahrradverleih:** *Albert,* Bahnhofstr. 7, Tel. 4 29.
■ **Pirateninsel,** Lauterbacher Straße 10, Tel. 89 83 66, www.pirateninsel-ruegen.de. Mo–Fr 13–19 Uhr, Sa/So 10–19 Uhr, Juni–Aug. tägl. 10–19 Uhr. 24.12.–1.1. geschlossen. Indoorspielplatz auf 2000 m² mit Funpark, Trampolinanlagen, E-Karts, Kletterberg, Kleinkindbereich, Gastronomie, u.s.w.
■ **Malkurse:** *Alte Schmiede,* im Schlosspark neben Orangerie, Tel. (038301) 63 00 45, mit Zi-Vermietung.

Lauterbach

Von Putbus führt eine wunderschöne Lindenallee zur Küste in den Hafenort Lauterbach am Rügischen Bodden. Vater des 3 km von der Residenzstadt entfernten Ortes ist ebenfalls Fürst *Malte,* der zu seinem Aushängestädtchen auch ein Ostseebad haben wollte, wie das damals gerade in Mode kam. Der Ort selbst besteht hauptsächlich aus einem großen Hafenbecken, um das sich eine Handvoll Häuser gruppiert.

Der **Hafen** ist Stützpunkt einer Fischereigenossenschaft. Das verschafft dem Besucher die Möglichkeit, an der Mole malerische Kutter aus der Nähe zu betrachten, den Fischern bei der Arbeit zuzusehen und vor allem frischen, marinierten und geräucherten **Ostseefisch zu erwerben** oder einen Imbiss zu nehmen.

Vom Hafen aus fährt das Boot hinüber zu dem in Sichtweite liegenden Naturjuwel **Insel Vilm.** Hier startet auch ein Ausflugsboot, welches das unter strengem Naturschutz stehende Vilm umrundet. Anlegen und Betreten auf eigene Faust sind streng verboten!

An der Straße, die zum Badehaus Goor hinausführt, weist ein Schild auf den *Semkors* hin. Das gut erhaltene

125rh ph

Einst Fürst Maltes Badetempel, jetzt ein elegantes Vier-Sterne-Hotel – das Badehaus Goor

Großsteingrab aus der Jungsteinzeit liegt ca. 300 m von der Straße entfernt im Buschwerk an der Bahnlinie.

Einen Abstecher sollte man auch in die reizenden **Nachbarorte** Neuendorf, Wreechen und Neukamp machen, alles malerische alte Fischerdörfchen. Hinter Neukamp ragte bis 1990 eine 17 m hohe **Granitsäule** in den Himmel. Das Denkmal, das derzeit in Putbus auf seine Restaurierung wartet, erinnert an die Landung preußischer Truppen 1678, die die Schweden erfolgreich aus ihren dortigen Schanzen vertrieben.

Badehaus Goor

Fürst Maltes beeindruckender Badeort liegt außerhalb des Ortes an der Goor am Rande eines Buchenwaldes, der die Ufer der kleinen Steilküste bedeckt. Zu Ehren des Königs ließ er an dessen Geburtstag am 3.8.1817 den Grundstein legen und taufte es *Friedrich-Wilhelm-Bad*. Das repräsentative, klassizistische Bauwerk ist 50 m lang. Seine Front wird von 18 dorischen Säulen getragen.

Das Badehaus brauchte man deshalb, weil zu Maltes Zeiten die Badesitten noch etwas anders geartet waren. Man sprang nicht einfach ins Wasser – das wäre wohl zu obszön gewesen – sondern pumpte das Meerwasser mittels hölzerner Leitungen in **Badewannen,** die im Badehaus standen. In den Wannen aus Carrara-Marmor wurde das Wasser auf die gewünschte Temperatur gebracht, und los ging der Badespaß. Nach jahrzehntelangem Verfall wurde der Prachtbau von Raulff Hotels, die auch das Schlosshotel Ralswiek betreiben, umfassend restauriert und 2007 als Luxushotel wiedereröffnet.

Nicht entgehen lassen sollte man sich einen Spaziergang auf dem überaus schönen **„Pfad der Muße und Erkenntnis"** rings um die zauberhafte Goor hinter dem Badehaus mit seinem uralten Buchenwald. Dies ist wahrlich eine Ecke zum besinnlichen Lustwandeln. Von ihrem Hochufer aus eröffnen sich reizvollste Aussichten über den Bodden hinüber zur Insel Vilm und zum Mönchgut.

Praktische Tipps

Unterkunft

■ **Hotel Badehaus Goor**②-③, Fürst-Malte-Allee 1, Tel. 8 82 60, www.hotel-badehaus-goor.de. Exklusives 4-Sternehotel im historischen Badehaus in großartiger Alleinlage. Die Zimmer sind jedoch einem modernen Anbau, der sich hinter dem Badetempel versteckt.

■ **Hotel Nautilus**②, Dorfstr. 17, in Neukamp, Tel. 8 30, www.ruegen-nautilus.de. Hotelneubau; sein Clou: Das Restaurant ist Käpt'n Nemos U-Boot Nautilus aus dem Roman von *Jules Verne* originalgetreu nachgebaut. Serviert werden Spezialitäten aus Nemos Kombüse.

■ **Hotel Viktoria**②, Dorfstraße 1, Tel. 64 60, www.hotels-auf-ruegen.de. Direkt am Hafenbecken gelegenes Hotel.

Gastronomie

■ **The Four Seasons,** Dorfstrasse 14, Tel. (038301) 88 99 70, www.hotel-lauterbach.net. Hotel-Restaurant mit exquisiter Küche zu erschwinglichem Preis (3-Gänge-Menü 26,50 €), schöne Terrasse mit Blick auf die Insel Vilm. Sehr (kinder)freundlicher Service.

Aktivitäten

■ **Vilm-Rundfahrt/-Exkursion:** *Reederei Lenz,* Chausseestraße 9a, Tel. 6 18 96, www.vilmexkursion.de. Von März bis Okt. 10 Uhr mit *MS Julchen* Exkursionen auf der Insel Vilm (nur nach Voranmeldung, max. 30 Pers./Tag, Erw. 18 €, Kind 4–12 J. 9 €, Dauer ca 3 Std, keine Mitnahme von Haustieren!), mit *MS Lamara* (Tel. 909951, www.ms-lamara.de) Rundfahrten um die Insel Vilm (ohne Landgang!).

■ **Wassersport:** *Im-Jaich Wasserferienwelt,* am Jachthafen, Tel. 80 90, www.im-jaich.de, Surfen, Segelboote, Segelschule, Jachtcharter, Seekajak, Angeln, schwimmende Ferienhäuser.

■ **Segeln:** *Segelschule Goor,* Vilmnitzerweg 16, Tel. 88 27 80, www.segelschule-goor.de.

■ **Reiten:** *Pferdehof Prehl,* Dorfstr. 3 in Altkamp, Tel. 6 17 30, www.pferdehof-altkamp.de.

■ **Frisch-/Räucherfisch:** Fischereigenossenschaft, Am Hafen, Tel. 5 80. Mo–Fr 8–18 Uhr, Sa 8–12 Uhr. Im kleinen Laden der Fischer gibt es hausgemachte

Köstlichkeiten wie geräucherten Rollmops, süßsauer eingelegten Aal, Fischsuppe oder verschiedene Heringssalate nach Hausrezepten und mit die besten Fischbrötchen auf Rügen!

Vilmnitz

Etwa 2 km östlich von Putbus liegt das Dörfchen Vilmnitz. Überaus malerisch steht die kleine mittelalterliche **Kirche Maria Magdalena** auf einem Hügel. Sie wurde im 13. Jh. als **Hof- und Begräbniskirche** für die Fürstenfamilie *Putbus* errichtet. In der Familiengruft unter ihrem Chor liegt nicht nur Rügens Wirbelwind Fürst *Wilhelm Malte I.* begraben, dem eigentlich jeder Rügenfahrer seine Ehre erweisen sollte, sondern weitere 26 Familienmitglieder in Prunksärgen. Wer sich näher für Kirche und Dorf interessiert: Im Pfarramt von Vilmnitz gibt es die „Chronik zu Vilmnitz 1249–1999". Gottesdienst So 10 Uhr.

Besonders lohnend ist ein Besuch der **Abendmusiken,** die in dem Kirchlein seit vielen Jahren im Sommer (von Ende Juni bis Anfang Sept.) veranstaltet werden (Do um 19.30 Uhr). Im Programm sind auch Orchester und Chöre, die nicht nur sakrale Musik aufführen. Näheres in der Putbus-Information oder unter Tel. (038301) 4 36, **www.kirche-putbus.de.**

Unterkunft

■ **Landhotel Ulmenhof**②, Chausseestr. 5, Tel. 8 82 80, www.landhotel-ulmenhof.de. Ruhige Lage, Fahrradverleih, spezielle Radlerangebote.

Robben-Watching auf Rügen

Die Robben sind zurück! Früher gab es sie in großer Zahl, dann waren sie fast 100 Jahre durch Jagd und zunehmende Wasserverschmutzung am Rande der Ausrottung – nun haben sich vor Rügen wieder Kegelrobben angesiedelt. Einst betrachtete man sie als Plage, und der Deutsche Seefischerei-Verein zahlte für jede erlegte Robbe eine Prämie von 5 Mark; heute sind die bis zu drei Meter langen und 320 Kilogramm schweren Tiere eine Sensation und stehen unter strengem Schutz. Um auch Rügenbesucher an dieser erfreulichen Entwicklung teilhaben zu lassen, startet zwischen Mai und Oktober jeweils Mo und Do ab Hafen Lauterbach ein Schiff der Weißen Flotte zu den Robbenbänken. Ein Biologe informiert dabei über die Tiere und die historische Entwicklung der Kegelrobben in der Ostsee. Während der Fahrt wird mittels Multimediatechnik viel Interessantes aus dem Leben dieser possierlichen kugelköpfigen Meeresbewohner vermittelt. Die Robbenbeobachtungsschiffe bieten max. 150 Passagieren Platz. Voranmeldung ist deshalb zu empfehlen. Unbedingt ein gutes Fernglas mitnehmen. Auf dem Schiff werden auch Ferngläser ausgeliehen.

■ **Anmeldung/Tickets:** bei der *Weissen Flotte*, Tel. (03831) 2 68 10, www.weisse-flotte.de oder direkt am Schiff im Hafen Lauterbach bzw. Zubringer Baabe Bollwerk. Preis: Erw. 22 €, Kind 4–12 J. 13,50 €.

14.5.–29.10. Mo und Do mit der *MS Sundevit* ab Hafen Lauterbach, Abfahrt 9.30 Uhr, Dauer 2½ Std.

1c INSEL VILM

390rh ph

Vor der Küste von Lauterbach bei Putbus liegt in Sichtweite die kleine Insel Vilm im Rügischen Bodden. Auf Karten ist sie mit der Anmerkung „NSG: Anlegen und Betreten Verboten" versehen. Seit Jahrzehnten schon ist das Eiland völlig gesperrt.

Die geheime Vergangenheit

Der Vilm war bis zur Wende **Privatinsel von Honecker und Co.,** die man als Naturschutzgebiet tarnte. Niemand durfte sich dem Eiland nähern. Selbst die Putbuser Offiziellen, deren Verwaltung die Insel eigentlich unterstand, durften sie nicht betreten. Nur einem Verwalter und dem Stasi-Servicepersonal wie Gärtnern, Köchen und Putzfrauen war der Zugang gestattet.

Eine derartige Totalabschottung ist natürlich enorm fantasieanregend. So war es nicht verwunderlich, dass gleich nach dem Sturz der Herren 1989 eine wahre Völkerwanderung zum Vilm einsetzte. Jeder wollte das Allerheiligste und die darin vermuteten Schätze mit eigenen Augen sehen, einmal auf dem Strand stehen, an dem Erich, der jedoch insgesamt nur fünf Tage auf Vilm weilte, seinen Bauch in die Sonne gestreckt hatte.

Naturschutz

Diese Öffnung war nur von kurzer Dauer. Das NSG Vilm bleibt weiterhin **nicht frei zugänglich.** Es kann nur nach vorheriger Anmeldung und mit Führung betreten werden. Der heutige Grund: die Natur des Vilms ist tatsächlich von so einzigartiger Schönheit und Ursprünglichkeit, dass sie bei einem unkontrollierten Zugang schlicht totgetrampelt würde. Keine Privilegien oder Böswillig-

Wild und unberührt – Naturufer auf dem Vilm

NICHT VERPASSEN!

- Ein **geführter Rundgang** um die seit 1936 unter Naturschutz stehende wildromantische Insel (nur nach Anmeldung möglich!) | 47

Diese Tipps erkennt man im Buch an der gelben Hinterlegung im Kapitel.

keiten stecken also hinter dem Verbot, sondern verantwortliches Handeln für den Erhalt dieses zauberhaften kleinen Paradieses. Auch wenn es schwer fällt, die Reglementierung zu akzeptieren, man sollte Verständnis und Einsicht haben. Wer den Vilm einmal mit eigenen Augen gesehen hat, wird es verstehen.

Landschaft

Die Insel ist nur knapp 100 ha groß und besteht aus dem **Großen** und dem **Kleinen Vilm.** Die beiden Moränenhügel sind durch einen schmalen Streifen

Schwemmland verbunden. Die Hügel sind bewaldet, ihre Hochufer fallen steil ins Meer ab. Das Material, das das Meer an den Kliffen abnagt, wird am Großen und Kleinen Haken angelandet und lässt diese ständig wachsen.

Das kleine Eiland besitzt einfach alles, was sich an Landschafts- und Küstenformen in der Ostseeregion finden lässt. Wie bei einem Modell, an dem der Schöpfer alle denkbaren Möglichkeiten *en miniature* ausprobiert hat, sind hier auf engstem Raum die verschiedensten Naturausprägungen auf das Harmonischste vereint.

Es ist unmöglich, die **urwüchsige Natur** auch nur annähernd zu beschreiben. Damit dieses Paradies, das die Jahrhunderte unbeschadet überstanden hat, auch weiterhin erhalten werden kann, sind die **strengen Schutzregelungen** für den Vilm unbedingt nötig.

Geschichte

Der **Name Vilm** leitet sich entweder vom slawischen Wort ilium (Ulme) ab oder von vilime, was soviel bedeutet wie „Holm mit altem Holzbestande". Letztere Erklärung erscheint angesichts der sagenhaft alten Bäume des Vilms einleuchtender.

Anfang des 14. Jh. errichteten die Fürsten von Putbus, denen der Vilm damals gehörte, eine **Kapelle** auf dem Eiland und siedelten drei Brüder an, die ein Gehöft betrieben. Der Hof war das einzige Haus und diente den wenigen Besuchern als Anlaufpunkt.

Ende des letzten Jahrhunderts, als Künstler die Ostseeküste für sich entdeckten, kamen die **ersten Landschaftsmaler** auf das paradiesische Eiland und waren angesichts seiner fantastisch wilden und unberührten Natur völlig hingerissen.

Damit begann auch für den Vilm die **Ära des Fremdenverkehrs.** 1886 errichtete man ein Logierhaus. Schnell zeigte sich aber, dass die einzigartige Flora und Fauna solch eine Nutzung nicht unbeschadet verkraftete. Auf Betreiben der Greifswalder Professoren *Leik* und *Mattik* wurde der Vilm schließlich am 2.12.1936 unter Naturschutz gestellt.

Baumriesen aus dem Mittelalter

Besonders beeindruckend ist die einmalige **Bewaldung** der Insel – wahrlich ein „Holm mit altem Baumbestande". Bis zu **700 Jahre alt** sind die fantastischen Knorren. **Seit 1527** wird auf dem Vilm kein Holz mehr eingeschlagen. Damals hatte die Gräfin von Putbus, die „edle Frau Agatha", für 400 Mark zum letzten Mal dem „bescheidenen Achim Monßlick, zum Sunde wohnend" das Holzschlagrecht verkauft – mit der Einschränkung: „an Holz sollen sie stehen lassen 60 alte Hegebäume". Die meisten davon stehen heute noch.

Anfang des 19. Jh., als die Franzosen und *Wallenstein* die Wälder auf Rügen niedermachten, sollte auch der märchenhafte Wald auf dem Vilm den Soldaten zum Opfer fallen. Nur mit Mühe gelang es damals dem Fürsten von Putbus, das drohende Unheil abzuwenden. Wie so vieles andere auf Rügen hat man *Malte* also auch diese uralten Baumriesen zu verdanken.

1c

Nach dem 2. Weltkrieg nahm die Gemeinde Putbus das Tourismusgeschäft wieder auf. Auf den Vilm wurde eine Gaststätte eröffnet und eine regelmäßige Fährverbindung eingerichtet. Im Sommer 1959, nach einem Besuch *Otto Grotewohls,* wurde Putbus die Zuständigkeit für die Insel entzogen und zum angeblichen Schutz der Vogelwelt nur noch einer begrenzten Zahl von Erholungssuchenden der Zutritt erlaubt. Die schützenswerten Vögel und die begrenzte Zahl war in Personalunion der **Ministerrat der DDR.**

„Die Naturschutzforderungen werden vom Büro des Ministerpräsidenten akzeptiert", hieß es im alten offiziellen Sprachgebrauch. Die Herren taten es mitnichten. Man baute ein ganzes Rohrdachdörfchen als **ministerliches Feriendomizil.** Weithin sichtbar überragte ein Antennenmast die Insel, damit die Herren auch all die schönen, scharfen Westprogramme gucken konnten. Sumpfige Niederungen erhielten Entwässerungsgräben, damit da keine Stechfliegen herauskriechen und die Herrschaften pieken könnten. Der kleine Sandstrand wurde mit Strandtoilette und Strandtelefon versorgt und täglich geharkt. Das, was man „unaufdringlich den Naturgegebenheiten angepasste Ruhehütten" nannte, waren Schutzhütten für die Stasiwachen, die Tag und Nacht an den Ufern nach Eindringlingen Ausschau hielten.

Im Herbst 1989 protestierte die Gemeinde Putbus gegen ihre Aussperrung und forderte in einem offenen Brief an den Genossen *Modrow* die Öffnung der Insel und „die Schaffung gleicher Fernsehempfangsbedingungen für die Stadt Putbus wie auf dem Vilm". Am 27.12. wurde die Insel der Gemeinde Putbus zur Verfügung gestellt. Im Herbst 1990 zog die **Internationale Naturschutzakademie** in die Häuser ein, die als Forschungs- und Begegnungsstätte für Umweltinitiativen der Ostseeanrainerstaaten dient.

Der Vilm ist nur nach Voranmeldung mit dem Boot vom Hafen Lauterbach zu erreichen

Exkursionen

Die Besichtigung der Insel ist nur im Rahmen einer fachkundigen Führung nach vorheriger Anmeldung möglich. Um die Natur zu schonen, gibt es nur einmal am Tag eine Führung für eine Gruppe von höchstens 30 Personen. Die Exkursion dauert rund drei Stunden und schließt einen ca. 3 km langen Rundwanderweg um die Insel ein. Festes Schuhwerk ist erforderlich, Voranmeldung obligatorisch. Hunde verboten.

Die Putbus-Information kann keine Vilmbesuche vermitteln. Wer auf den Vilm will, sollte den kostenpflichtigen Parkplatz der Insel in der Vilmstraße benutzen (hinter Hotel Viktoria rechts rein). Für die Vilmexkursion muss man einen Parkschein für 4 Std. lösen.

■ **Info und Anmeldung:** *Reederei Lenz,* Chausseestraße 9a, 18581 Putbus, Tel. 6 18 96, www.vilmexkursion.de oder am Infokiosk im Hafen Lauterbach (März–Okt. mit *MS Julchen* ab Hafen Lauterbach, Abfahrt 10 Uhr, Erw. 18 €, Kind 4–12 J. 9 €, nur Barzahlung möglich, Dauer ca 3 Std.). Die Mitnahme von Haustieren ist nicht gestattet.

1d BERGEN

126rh ph

Die **Inselhauptstadt** Bergen liegt ziemlich genau im geografischen Mittelpunkt Rügens am Übergang zwischen dem flachen Süden und der kuppigen Endmoränenlandschaft Ostrügens. Die Stadt ist an den Hang des **Hügels Rugard** gebaut und ist, vielleicht zusammen mit Sassnitz, der einzige Ort auf der Insel, der etwas städtischen Charakter hat.

Überblick

Bergen hat rund 14.000 Einwohner und ist wirtschaftliches und politisches **Zentrum der Insel.** Diese Stellung verdankt es seiner zentralen Lage. Strahlenförmig laufen alle Verkehrswege auf Bergen zu und machen es zum Verkehrsknotenpunkt. Von hier aus fahren die Überlandbusse bis in die letzten Winkel. Und aus allen Ecken Rügens wie auch von Hiddensee kommen die Menschen zum Einkaufen und in die Amtsstuben der Stadt. Nirgends sonst gibt es größere und mehr Supermärkte, Möbelhäuser, Baumärkte, Tankstellen und andere Shoppingzentren als im in den letzten Jahren aus dem Boden gewachsenen „Speckgürtel“ am Stadtrand. Viel mehr Gründe darüber hinaus gibt es allerdings auch für den Besucher nicht, den Weg in die Inselhauptstadt anzutreten.

NICHT VERPASSEN!

- In der Schauwerkstatt im romantischen **Klosterhof** Kunsthandwerkern über die Schulter sehen | 53
- Großartige Aussicht vom **E.M.-Arndt-Turm** über fast ganz Rügen | 55
- Zu Fuß oder mit dem Rad den **Nonnensee** umrunden und dabei von Beobachtungstürmen die bunte Vogelwelt entdecken | 57
- Für Genießer – die Ruhe, die Aussicht und das Essen auf der **Sonnenterrasse des Hotels Sonnenhaken** in Buschvitz | 58
- Auf der 700 m langen **Sommer- und Winterrodelbahn** durch 7 Steilkurven vom Rugard hinabsausen | 59

Diese Tipps erkennt man im Buch an der gelben Hinterlegung im Kapitel.

Geschichte

Nahezu 800 Jahre alt ist die Stadt Bergen schon. *Gora,* (Berg) nannten die slawischen Siedler ihren Ort, der neben der 1170 von *Jaromar I.* erbauten Marienkirche und dem 1193 gegründeten Zister-

Das Benedix-Haus ist Bergens ältestes Profangebäude

Bergen

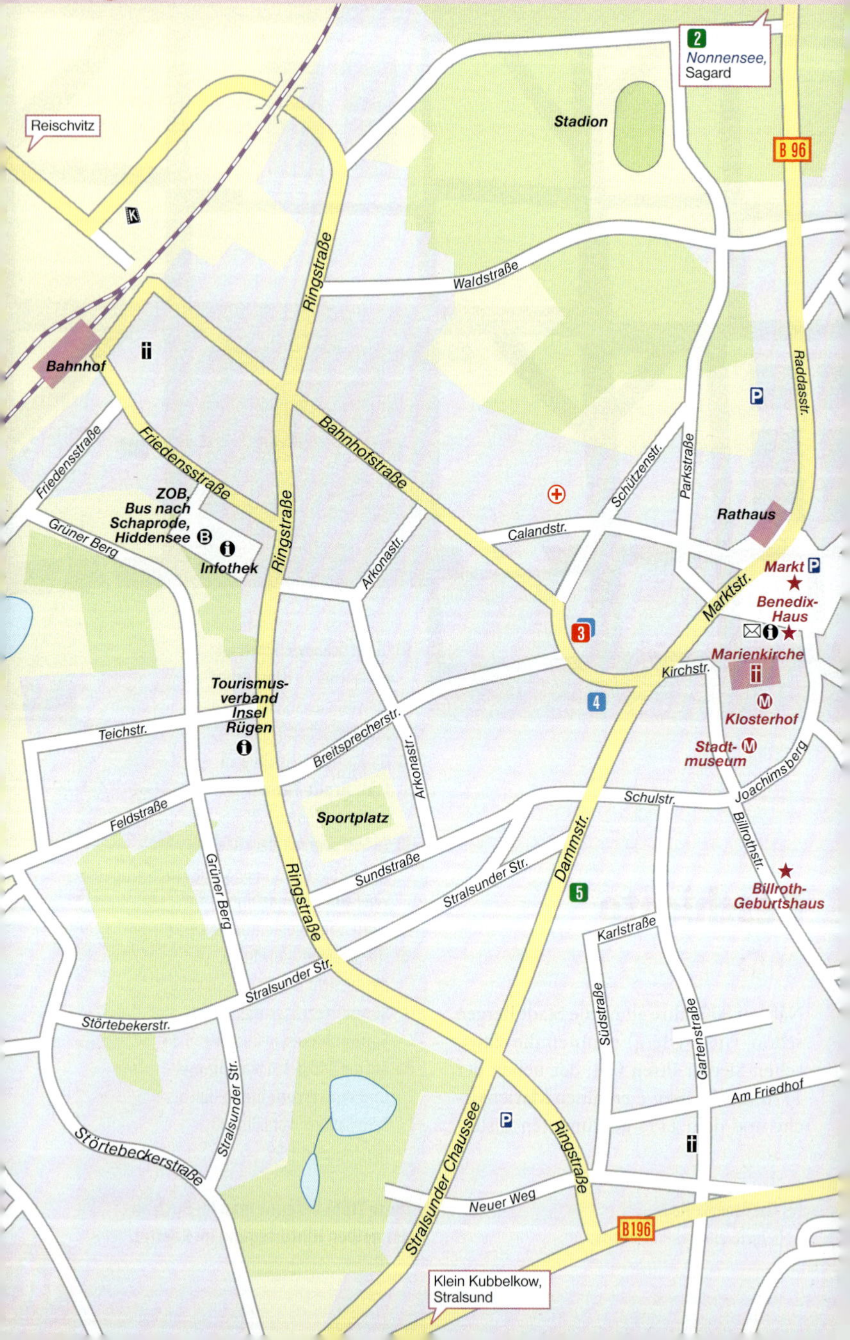

2 Nonnensee, Sagard
Reischvitz
Stadion
B 96
Ringstraße
Waldstraße
Bahnhof
Raddasstr.
Bahnhofstraße
Friedensstraße
Schützenstr.
Parkstraße
ZOB, Bus nach Schaprode, Hiddensee
Infothek
Grüner Berg
Calandstr.
Rathaus
Arkonastr.
Markt
Marktstr.
Benedix-Haus
Marienkirche
Kirchstr.
3
4
Tourismus-verband Insel Rügen
Klosterhof
Teichstr.
Breitsprecherstr.
Stadt-museum
Joachimsberg
Feldstraße
Sportplatz
Schulstr.
Billrothstr.
Sundstraße
Stralsunder Str.
Dammstr.
5
Billroth-Geburtshaus
Karlstraße
Störtebekerstr.
Südstraße
Gartenstraße
Am Friedhof
Störtebeckerstraße
Stralsunder Chaussee
Neuer Weg
B196
Klein Kubbelkow, Stralsund

0 400 m
© Reise Know-How 2016
Ruegen05
RÜ
Freilicht-
bühne
7
6
Ernst-Moritz-
Arndt-Turm
8
Rugard
Rugardstr.
Rugardstraße
Stedaer Weg
Rugardweg
Am Burgwall
Am Burgwall
Vieschstr.
Am Fischersteig
Camper Weg
Mühlenstr.
Am Mühlenheck
Granitzblick
Am Tannengrund
Panoramablick
Königsstraße
Clementstr.
Teteler Landweg
Teteler Landweg
9
Boddenblick
Gadmundstr.
Weidenstr.
Nassestr.
Weidenstr.
Königsstr.
10
Binz, Göhren,
Buschvitz
B196
Übernachtung
3 Romantik Hotel
Kaufmannshof
8 Hotel Am Rugard
10 Hotel Sonnenhaken
Essen und Trinken
3 Kontor
4 Tüffelhus
Sonstiges
2 Haflinger Hof
5 Fahrradverleih
Kresse
6 Inselrodelbahn
7 Kletterwald
9 Go-Kart- und
Buggybahn

zienserkloster entstand. Mit ihrem heutigen Namen wurde die Siedlung erstmals 1232 erwähnt. Der Fürst selbst bewohnte – allerdings nur zeitweise – die **Wallburg Rugard,** die sich damals auf dem Gipfel des gleichnamigen 91 m hohen Hügels befand. Die slawischen Fürsten pflegten nämlich das System der wandernden Hofhaltung. Das heißt, der ganze Hof wanderte zwischen der Wallburg in Garz und der in Bergen hin und her, um die Lasten für die Bewohner, denen der Unterhalt für Burg und Hofstaat abverlangt wurde, zu verteilen. Die unwirtlichen Wintermonate aber verbrachte er in Dänemark, zu dessen Territorium Rügen nach dem Fall der Arkonaburg 1166 gehörte.

Dank seiner zentralen Lage entwickelte sich Bergen schnell. Handwerker, Bauern und Kaufleute zogen zu und machten es zur wirtschaftlichen Drehscheibe. Regelmäßig fanden zentrale **Märkte** statt, auf denen alle Produkte und Waren Rügens feilgeboten wurden. Auf dem Marktplatz wurde bei Verkaufsbeginn eine Fahne aufgestellt und solange sie wehte, durfte kein *Butenberger,* wie die außerhalb der Stadt lebenden Menschen genannt wurden, auf dem Markt einkaufen. Das sollte sicherstellen, „dass der Armoth ere Notdorfft vor dem Fremden bekäme", dass die armen Bergener Bürger vor den Auswärtigen einkaufen können.

Das alte Verwaltungszentrum Garz verlor durch diese Entwicklung nach und nach seine zentrale Bedeutung und musste seine Rolle schließlich ganz an Bergen abgeben. **1613** wurde Bergen von Herzog *Julius II.* das **Stadtrecht** verliehen.

Größtes Problem der aufstrebenden Stadt war ein chronischer **Mangel an Wasser,** das bekanntlich auf einem Berg eher rar ist. Verheerende Stadtbrände in fast gesetzmäßiger Folge waren das Ergebnis. Fünf Mal, 1445, 1538, 1563, 1621 und 1690, wurde sie durch Feuerstürme in Schutt und Asche gelegt.

Sehenswertes

„In Bergen selbst ist nichts merkwürdiges", stellte schon 1769 der bekannte Forscher *Wilhelm von Humboldt* bei einem Besuch fest. Selbst einer ihrer Söhne, der Heimatforscher *Grümbke,* beschrieb seine Heimatstadt 1805 folgendermaßen: „Holprige abschüssige Wege, schiefe, schlecht gedämmte, zum Teil ungepflasterte Straßen und Durchgänge, für Menschen und Vieh gleich unbequem zu passieren, schmutzige Winkel, kleine, mitunter schlechte, höchstens mittelmäßige Häuser, die ohne Ordnung bald hierhin, bald dorthin gesetzt sind ... Selbst der Marktplatz ist ungestaltet und schiefwinklig". Grund für das wenig erfreuliche Stadtbild Bergens waren und sind die großen Brände, deren regelmäßige Wiederkehr die Menschen offensichtlich veranlasste, billig und provisorisch zu bauen, da ja der nächste Brand sowieso alles wieder vernichten würde. Nur einige wenige historische Bauten überstanden die Feuersbrünste.

Marienkirche

Der älteste und wichtigste von ihnen ist die Marienkirche, die schon 1170 der Rügenfürst *Jaromar I.* erbauen ließ. Sie

„Die Minute von Bergen"

Dass in Bergen die Uhr(en) anders gehen als anderswo auf der Welt, beweist die Turmuhr der **Kirche St. Marien.** Denn wer genau hinsieht, stellt erstaunt fest, dass ihr Zifferblatt an der Nordseite in der ersten halben Stunde **31 Minuten** zeigt. Als 1963 bei einem Sturm das Zifferblatt schwer beschädigt wurde und ausgetauscht werden musste, bemerkten die damit betrauten Handwerker beim Bohren der Minutenlöcher, dass sie bis zur 30-Minuten-Marke ein Loch zu viel gebohrt hatten, die halbe Stunde also 31 Minuten zählte. Das Loch war drin, was also tun? Ohne weiter Worte zu verlieren, sparten sie in der nächsten halben Stunde die Sekunde wieder ein. So dass am Ende doch die richtige Zahl von 60 Minuten für die volle Stunde steht. Lange blieb die „Minute von Bergen" das **Geheimnis** von wenigen Eingeweihten, bis bei einer erneuten Wartung der Uhr die überflüssige Minute ans Licht kam.

ist die **älteste Kirche auf Rügen.** Der Bau, im Laufe der Zeit mehrfach erweitert und umgebaut, zählt zu den bedeutendsten Denkmälern der **dänisch-norddeutschen Backsteinarchitektur.**

Das älteste Bauteil des gotischen Hallenbaus ist noch heidnischen Ursprungs: Neben dem Hauptportal zeugt ein in die Außenmauer eingelassener slawischer Grabstein, der sogenannte **Svantevitstein,** von der ranischen Kultur und Religion, die bis zum Fall der Jaromarsburg auf Rügen herrschte. *Jaromar I.* begann danach im Auftrage der siegreichen christlichen Dänen sofort mit der Christianisierung der Insel und ließ Kirchen und Klöster errichten. Die Marienkirche war der erste Sakralbau, der im Zuge dieser Kampagne entstand. In der Kirche ist das Standbild dieses ersten christlichen Slawenfürsten zu sehen.

Bemerkenswert sind auch ein Taufstein aus dem 14. Jh. und die Barockkanzel. Chor und Querhaus zieren romanische Wandmalereien. Jüngeren Datums ist die Bemalung des Gewölbes und der Pfeiler. Sie wurde erst um 1900 angebracht.

■ **Marienkirche,** Tel. 25 35 24, Mai–Okt. Mo–Sa 10–18 Uhr, sonst Schlüssel im Kirchenverwaltungsamt gegenüber holen, Führungen nach Vereinbarung.

Klosterhof/Stadtmuseum

Das **ehemalige Zisterzienserinnen-Kloster** bei der Kirche wurde 1945 aufgelöst. Im Klosterhof hat das **Stadtmuseum** Unterkunft gefunden, das mit seinen Sammlungen aus der Geschichte des Klosters und der Stadt erzählt. Sehr interessant sind die Schautafeln zu den slawischen Gottheiten. Zusammen mit dem historischen **Pfarrhaus** bilden die Marienkirche und das Kloster ein malerisches Ensemble.

Neben dem Museum kann man in einer **Schauwerkstatt** nicht nur den

127rh ph

Handwerkern über die Schultern sehen, sondern im kleinen einladenden Café frisch gebackenen Kuchen essen.

Von April bis Oktober findet an jedem zweiten Mittwoch im Klosterhof ein bunter **Floh- und Handwerkermarkt** statt.

■ **Schauwerkstatt,** Klosterhof/Billrothstr. 20a, Tel. 82 83 56; April–Okt. Mo–Fr 10–18 Uhr, Sa 10–16 Uhr, Nov.–März Mo–Fr 10–16 Uhr, Sa 10–13 Uhr.

■ **Stadtmuseum,** Klosterhof/Billrothstr. 20a, Tel. 25 22 26; Mai–Okt. Di–Sa 10–18 Uhr, Nov.–April Di–Fr 11–15 Uhr, Sa 10–13 Uhr.

Marktplatz

Nur wenige Schritte von der Marienkirche entfernt öffnet sich der Marktplatz. Dort steht das **Benedix-Haus,** das älteste Haus Bergens und ganz Rügens. In dem aufwendig restaurierten Schmuckstück sind heute die Stadt-Information und das Standesamt untergebracht. An einem Querbalken des schönen Fachwerkhauses weist ein eingekerbter Schriftzug darauf hin, dass das Haus nach dem großen Stadtbrand „anno MDXXXVIII" (1538) erbaut wurde. Um den Marktplatz herum stehen das **Rathaus** und einige weitere Bürgerhäuser.

☒ Relikt aus vorchristlicher Zeit – der Svantevitstein in der Marienkirche

Rugard

Geht man an der Oberseite des Marktes die Vieschstraße hinauf, erreicht man nach etwa 10 Minuten den **Gipfel** des Rugard. Diesen kurzen Spaziergang sollte man sich keinesfalls entgehen lassen. „Der Hochaltar des Landes ist allein schon würdig, dass Reisende auf ihm der Natur ein Opfer bringen", meinte auch der Bergener Inselchronist *Grümbke.* Denn: „Man kann keinen besseren Stand finden, um nach allen Richtungen hin die eigentümlichen Herrlichkeiten zu übersehen, womit die Insel ausgestattet ist".

Heute so wahre Worte wie damals, zumal sich auf dem Gipfel inmitten des slawischen Burgwalls der **Ernst-Moritz-Arndt-Turm** erhebt. Vom oberen Kranz des 27 m hohen Gedenkturmes hat man bei gutem Wetter einen einmaligen Panoramablick über ganz Rügen bis nach Sassnitz und Stralsund. Der Grundstein des Gedenkturmes wurde 1868 zu Arndts 100. Geburtstag gelegt. Zur Finanzierung wurde eigens ein „bürgerschaftliches Kollegium" gegründet, das mit einem „Aufruf an das deutsche Volk" Geld sammelte. „Patriotische deutsche Architekten" wurden aufgefordert, Vorschläge einzureichen. Erst plante man, Arndt eine Ruhmeshalle in Form eines überdimensionalen Hünengrabes zu errichten. Schließlich entschied man sich dann aber für den Entwurf des Berliner Architekten *Eggert.* Nachdem Geld und Entwurf vorhanden waren und der umtriebige Fürst *Malte von Putbus* Land und Ziegelsteine zur Verfügung gestellt hatte, konnte mit dem Bau begonnen werden. Die Fertigstellung verzögerte sich mangels Geld je-

310rh ph

doch mehrmals. Schließlich brachte aber eine eigens für den Arndt-Turm initiierte Lotterie genügend Kapital zusammen, so dass er 1877 endlich fertiggestellt werden konnte.

Nach der Turmbesteigung kann man den Rugard auf einem 2,5 km langen **Naturlehrpfad** umrunden, auf dem Schilder die Flora und Fauna erläutern (Dauer ca. 2 Stunden). Der Pfad führt auch an der **Freilichtbühne** vorbei, die auf der stadtabgewandten Hangseite des Rugard liegt.

Einige Schritte entfernt findet man die **Rodelbahn** sowie die **Go-Kart- und Buggybahn.**

Direkt neben der Rodelbahn hat auf 16.000 m^2 Fläche Rügens größter **Kletterwald** eröffnet. Auf mehreren Parcours mit insgesamt 90 Elementen kann man sich so richtig austoben, u.a. mit einem 18-m-Tarzansprung.

Mein Tipp: **Ernst-Moritz-Arndt-Turm,** Tel. 2 01 90, Mai–Okt. täglich 10–18 Uhr, Nov.–April täglich 10 Uhr bis16 Uhr (im Winter Schlüssel an der Rezeption im Hotel Am Rugard nebenan).

Buschvitz

Wer noch weiter spazieren will, dem sei die schöne Route hinunter in das kleine ehemalige **Fischerdorf** Buschvitz am Ufer des Kleinen Jasmunder Bodden empfohlen. Buschvitz war einst der Hafen von Bergen. Dass hier einmal große Segelschiffe anlegten, mag man heute kaum mehr glauben. Der Bau des Straßendamms bei Lietzow, der den Kleinen vom Großen Jasmunder Bodden trennt und die Zufahrt nach Buschvitz unterbrach, bedeutete das Ende des Hafens.

Nonnensee

Unweit der Stadt liegt nahe der Straße Richtung Schaprode/Trent der 75 ha große Nonnensee. Der eiszeitliche Schmelzwassersee ist einer der bedeutendsten Flachwasserseen in Mecklenburg-Vorpommern. 1970 wurde der See künstlich entwässert und ausgetrocknet. Als 1993 das Schöpfwerk abgestellt wurde, entstand der See neu. Vor allem im Spätsommer und Herbst nutzen viele **Vögel** den See als Rast- und Schlafplatz. Der rund um den See angelegte, ca. 5 km lange **(Rad-)Wanderweg** bietet mit seinen zwei Beobachtungstürmen faszinierende Einblicke in diese ständig wechselnde Naturlandschaft.

☒ Panoramablick über die ganze Insel – der Ernst-Moritz-Arndt-Turm

Praktische Tipps

Info

- **Vorwahl:** 03838
- **Touristen-Information,** Markt 23, 18528 Bergen, Tel. 81 12 06, www.stadt-bergen-auf-ruegen.de, Mo–Fr 10–18 Uhr, Juli/Aug. auch Sa 10–13 Uhr.
- **InfoThek am Busbahnhof (RPNV)** (Auskunft, Fahrscheine), Friedensstraße 24, Tel. 20 29 55, www.rpnv.de. Mo–Fr 8.30–12.30 und 13–17 Uhr (u.a. Busse nach Schaprode/Fähre nach Hiddensee).

Unterkunft

- **Romantik Hotel Kaufmannshof**②-③, Bahnhofstr. 6–8, Tel. 80 45 50, www.kaufmannshof.com. Zentral in der Altstadt gelegen, mit historischem Interieur wie das Restaurant *Kontor* mit alter Kaufmannsladeneinrichtung.
- **Hotel Am Rugard**②, Rugardweg 10, Tel. 2 01 90, www.rugard.de. Sehr reizvoll und still nahe dem Arndt-Turm gelegenes Haus mit 18 komfortablen Zimmern, empfehlenswertem Hausrestaurant und idyllischem Biergarten mit alten Eichen und Arndt-Turm-Blick.
- **Hotel Sonnenhaken**②-③, in Buschvitz, Grüner Weg 9, Tel. 82 10, www.sonnenhaken.de. Mit herrlichem Blick auf Jasmunder Bodden, im Restaurant sehr gute regionale Küche.
- **Gutshaus Kubbelkow**③-④, Im Dorfe 8, in Klein Kubbelkow, Tel. (03838) 8 22 77 77, www.kubbelkow.de. Elegantes Schlosshotel. Herrschaftliches, in einen weitläufigen Park eingebettetes Herrenhaus in wundervoll stiller, idyllischer Lage mit Herren- und Kaminzimmer und Bibliothek. Gutsherrenbad mit Bio- u. Finn. Sauna, Sanarium, Erlebnisdusche, Aroma- u. Dampfbad). Das Hausrestaurant offeriert eine kleine aber feine Karte, die im *Gault Millau* 14 Punkte erhielt. Standesgemäßer Shuttleservice mit einem nachtblauen Bentley S2 Standard Saloon.

311rh ph

Gastronomie

- **Kontor,** Bahnhofstr. 6, Tel. 8 04 50. Geschmackvoll mit historischen Interieurs ausgestattetes Hotelrestaurant mit gehobener regionaler Küche, Wintergarten und im Sommer mit Biergarten um die schattenspendende Hoflinde.
- **Tüffelhus,** Dammstr. 1, Tel. 2 23 32, www.tueffelhus.de. Kleines, gemütliches Restaurant mit frisch zubereiteter Hausmannskost zum anständi-

gen Preis mit sehr schöner Sommerterrasse. Vom kundigen Wirt gibt es bei Bedarf allerlei gute Tipps für den Rügenurlaub.

Aktivitäten

- **Fahrradverleih:** *Kresse,* Dammstr. 31, Tel. 25 66 20, www.zweirad-kresse.de.
- **Go-Kart- und Buggybahn:** an der Straße Richtung Buschvitz, Tel. 20 94 85, www.ruegenkartbahn.de. Rennkarts auf Asphaltrundkurs, Buggys auf Geländekurs, Elektroautos für Kleinkinder; mit Gaststätte, Sommer täglich 10–19 Uhr, Herbst und Frühjahr 10–18 Uhr, Winter 10–16 Uhr.
- **Reiten:** *Haflinger Hof,* Stadthof 3 (am Nonnensee), mobil: (0174) 4 52 89 68.
- **Inselrodelbahn:** Rugardweg 7, Tel. 82 82 82, www.inselrodelbahn-bergen.de. 700 m lange Sommer- und Winterrodelbahn, Juli/Aug. tägl. 10–19 Uhr, April–Juni sowie Sept./Okt. 10–18 Uhr, Nov.–März 13 Uhr bis Einbruch der Dunkelheit.
- **Kletterwald Rügen:** Rugardweg 9, mobil: (0176) 62 21 21 70, www.kletterwald-ruegen.eu. April–Juni u. Sept./Okt. Mo–Fr 11–17 Uhr, Sa/So 10–18 Uhr, Juli/Aug. tägl. 10–18 Uhr.

⌃ Der romantische Klosterhof ist das kulturelle Herz der Stadt

1e DIE GRANITZ

129rhcph

Von der Ausdehnung vegleichsweise klein, ist die Granitz dennoch Rügens touristisches Epizentrum. Es lockt das mondäne Seebad Sellin mit seiner wunderhübschen Seebrücke und das bunte Badeleben an seinen Bilderbuchstränden, vor allem aber die herrlichen Wälder und grünen Täler, die das sanfte Hügelland bedecken und durchziehen und die Granitz zum Wanderparadies machen. Häufiges Ziel ist das weithin sichtbar auf dem höchsten Hügel aufragende Jagdschloss Granitz, von dessen Turm der Blick über halb Rügen bis hinüber zum Festland und den Kirchtürmen der Hansestadt Greifswald streift. Die große Attraktion, die wohl kein Rügenreisender auslassen wird, ist der „Rasende Roland", die historische Schmalspurbahn, die dieses bevorzugte Stück Rügen aus seiner Fahrt von Putbus nach Göhren durcheilt.

Überblick

„Ich kann nicht anders, denn mir sind Herrlichkeiten erschienen, die ich nie nach Würden werde preisen können und welche ich allem, was Rügen mir Schönes gezeigt hat, vorziehe, Pulitz und Stubbenkammer ausgenommen".

Dieser Lobgesang *Grümbkes* galt dem herrlichen, sanfthügeligen Waldgebiet der Granitz, das sich **im Osten** Rügens in etwa zwischen Prorer Wiek, Stresower Bucht und dem Kleinen Jasmunder Bod-

den ausdehnt. Ein schmaler, verschilfter Wassergraben zwischen Sellin und Baabe bildet die Grenze zum angrenzenden Mönchgut. Die Granitz ist fraglos eine der landschaftlich schönsten Regionen Rügens – vielseitig und abwechslungsreich, voller Kontraste und Sehenswürdigkeiten.

Rastplatz am Schwarzen See – die Buchenwälder der Granitz sind ein wunderbares Wandergebiet

NICHT VERPASSEN!

- Mit der historischen **Schmalspurbahn „Rasender Roland“** quer durch die Granitz | 64
- Aufstieg auf den **Tempelberg** zum Jagschloss Granitz und auf dessen Turm | 66
- Auf Schusters Rappen entlang der malerischen **Steilküste von Binz nach Sellin** | 69
- In den Kaiserpavillon der **Selliner Seebrücke** einkehren | 69
- Eine Radtour nach **Seedorf** und weiter bis zur **Ausflugsgaststätte Moritzburg** | 69

Diese Tipps erkennt man im Buch an der gelben Hinterlegung im Kapitel.

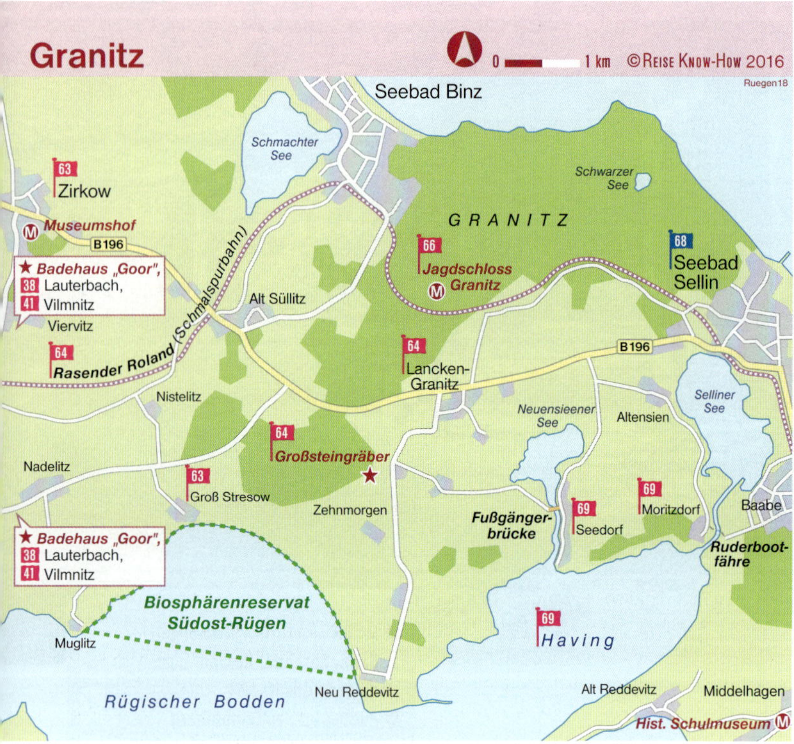

Bis zu 107 Meter steigt das hügelige Moränengebiet an. Die **schattigen Buchenwälder,** die die größte zusammenhängende Bewaldung auf Rügen bilden, werden von Wiesentälern durchbrochen. Ein Wegenetz durchzieht das Gebiet und macht es zum **Wanderparadies.**

Auf ihrem höchsten Gipfel thront herrschaftlich Rügens berühmtestes Schloss, Fürst *Maltes* **Jagdschloss Granitz.**

Zu Füßen des Schlosses schnauft heftig qualmend und tutend der nostalgisch-romantische **Rasende Roland** durch Wälder, Wiesen und Felder.

An der Außenküste, dort, wo das tiefe Grün der Wälder auf das blaugrün schimmernde Meer trifft, liegen die charmanten alten **Seebäder Binz und Sellin,** deren prächtige Villen und Logierhäuser die mondäne Aura der Kaiserzeit ausstrahlen. Damals wie heute locken die puderfeinen, kilometerlangen Sandstrände Sommerfrischler in großer Zahl an und erfüllen die Bilderbuch-Badeparadiese mit buntem, fröhlichem Trubel. Entspannung und Ruhe findet man an den stillen Wassern des Rügischen Boddens.

Zirkow

An der Straße von Lancken-Granitz nach Bergen liegt am Rande des Biosphären-Reservats Südost-Rügen das kleine Dorf Zirkow. Die meisten eilen achtlos daran Dorf vorbei. Doch der Abstecher in die kleine Landoase lohnt.

Optisch ragt die mittelalterliche Backsteinkirche aus dem 15. Jh. heraus. Als Ausflugsziel bedeutend ist aber der wunderhübsche **Museumshof.** Die museale Anlage zeigt ein originalgetreues Gehöft aus der Zeit um 1720. Es umfasst Wohnhaus, Stallungen, Scheune und Geräteschuppen und bietet Einblicke in das bäuerliche Alltagsleben auf Rügen in den vergangenen Jahrhunderten.

■ **Museumshof Zirkow,** Binzer Str. 43, Tel. (038393) 3 28 24, April–Sept. Di u. Do 11–16 Uhr.

Neben dem Museumshof wartet in einem nicht minder musealen, sogenannten Kübbungsdielenhaus, die **Confiserie Schokolat** mit süßen Verführungen auf Kunden. Von der Ingwertafel bis zum Schokotrüffel – gefüllt mit Champagner oder Cointreau, Johannisbeere oder Kirsche, aus Minze oder Marzipan reicht die Produktpalette.

Weitab von der Küste bietet die neue **Wasserskianlage** in Zirkow feuchtes Vergnügen.

Unterkunft

■ **Pension Alte Schule**①-②, Putbuser Straße 15, Tel. (038393) 3 24 70, www.alte-schule-zirkow.de; in der ehemaligen alten Dorfschule.

Einkaufen

■ **Confiserie Schokolat,** Binzer Straße 50, Tel. (038393) 66 59 19, www.schokolat.de. Mai–Okt. Mi–Sa 11–17 Uhr, Sa ab 15 Uhr Kaffeerunde mit selbstgefertigten Torten.

Aktivitäten

■ **Reiten:** *Reiterhof Viervitz,* Viervitz 3a, Tel. (038393) 1 45 50, www.hof-viervitz.de.

■ **Wassersportcentrum,** Am Kapellenberg 1, Tel. (038393) 13 11 83, www.wasserskiruegen.de. April–Okt.

Groß Stresow

Kommt man von Putbus her in die Granitz, biegt rechts ein kleines Sträßchen hinunter zur Stresower Bucht ab, an deren Ufer der Ort Stresow liegt. Die Bucht ist Bestandteil des **Biospähren-reservats Südost-Rügen** und ein besonders geschütztes Gebiet, in dem das Fahren mit Sportbooten nicht gestattet ist.

Von Groß Stresow lassen sich Spaziergänge und Wanderungen durch die besonders stille, kaum besuchte Natur unternehmen. Schöne Ziele sind z.B. die **Ziegensteine,** die Großsteingräber bei Burtevitz, der weit in den Bodden vorspringende **Gobbiner Haken** bei Neu Reddevitz oder das **Naturschutzgebiet Muglitzer Ort.**

Nahe beim Dorf und der Straße nach Lancken-Granitz ragt das **Friedrich-Wilhelm-Denkmal** auf. Das eiserne Denkmal erinnert an die Landung des Preußen 1715 bei Stresow mit 24.000

Mann, um die Schweden erfolgreich zu vertreiben. Derzeit ist nur das bereits restaurierte Podest des Denkmals zu sehen. Die Säule selbst wurde wie die von Neukamp 1991, abgebaut und wartet mit dieser zusammen in Putbus auf ihre Restaurierung.

Lancken-Granitz

An der Straße von Sellin nach Bergen liegt am Fuße des Tempelberges das Dorf Lancken-Granitz mit sehenswerter mittelalterlicher **Dorfkirche.**

Hünengräber

Doch der Ort kann mit einer Reihe weit älterer Bauwerke aufwarten. Knapp 1 km dahinter liegen in den Feldern und Wiesen wie an einer Schnur aufgereiht sieben **steinzeitliche Großsteingräber** aus der Zeit von etwa 2300 v. Chr. Das in Ost-West-Lage ausgerichtete Gräberfeld ist das am besten erhaltene und sehenswerteste von den insgesamt 54 auf Rügen noch erhaltenen Hünengräbern. Bei manchen kann man durch schmale Schlitze in die Grabkammer hineinkrabbeln und die kühle Stille genießen. Man ist versucht, an diesem schattigen, besinnlichen Örtchen ein Nickerchen zu machen.

Kurz hinter dem Ortseingang in die Straße Richtung Dummertevitz abbiegen. Nach etwa 1 km parken und ausgeschilderten Weg gehen. Die Gräber sind von der Straße nicht zu übersehen (auf kleine Baumgruppen im Feld achten).

Der Rasende Roland – mit 30 km/h durch durch Granitz und Mönchgut

Letztes Überbleibsel von Rügens einst 106 km langem Schmalspurnetz ist die 24 km lange Strecke des Rasenden Rolands, der **zwischen Lauterbach und dem Seebad Göhren** gemächlich durch die schönen Landschaften der Granitz und des Mönchguts zockelt.

Entstanden waren die Kleinbahnen einerseits, um den Rittergutsbesitzern den Abtransport ihrer landwirtschaftlichen Produkte zu erleichtern, andererseits aber auch von Beginn an aus **touristischen Erwägungen.** Beim Bau der Kleinbahn hatte wie überall Fürst *Malte* seine Finger im Spiel. Nachdem er 1830 bei Binz die ersten Badehütten aufstellen ließ, hatte er Interesse an einer schnellen, sicheren und bequemen Verbindung zu seinem neuen Seebad.

1893 wurde mit den Bauarbeiten begonnen. Die Streckenführung gestaltete sich schwierig, weil einige Gutsbesitzer einen eigenen Bahnhof wollten, andere aber um die Gesundheit ihrer Kühe fürchteten und mit deren Weigerung rechneten, Milch zu geben, sollte der fauchende Zug über ihre Weiden fahren. Am 22. Juli 1895 konnte die Teilstrecke Putbus – Binz eingeweiht werden. Bis Oktober 1899 war dann die gesamte Strecke bis Göhren fertiggestellt.

Seither verkehrt der Rasende Roland, so benannt wegen seiner Spitzengeschwindigkeit von 30 km/h, tagtäglich rund ums Jahr fahrplanmäßig zwischen den beiden Orten und befördert dabei rund 700.000 Passagiere. Zum Einsatz

307rh ph

kommen **historische Waggons und Dampfloks.** Die älteste der acht Lokomotiven stammt aus dem Jahr 1914.

Eigentlich sollte die Strecke 1975 **stillgelegt** werden. Es ist dem Einsatz des Modelleisenbahnverbands der DDR zu verdanken, dass das heute unter Denkmalschutz stehende Bähnchen auch gegenwärtig noch Gäste durch die Landschaft der Granitz kutschiert.

Nach der Wiedervereinigung plagten die Schmalspurbahner schwere Sorgen. Die marode Reichsbahn, der der Rasende Roland gehörte, war in argen Geldnöten und wollte ihn deshalb stilllegen. Nun ist die Bahnlinie in den Besitz des Landkreises Rügen übergegangen. Von 1996 bis 2007 wurde die Bahn von der *Rügenschen Kleinbahn GmbH (RüKB)* betrieben. 2007 kündigte der Landkreis die Verkehrsverträge mit der *RüKB*. Die Ausschreibung entschied die sächsische *Pressnitztalbahn GmbH* für sich, konnte jedoch den Betrieb nicht aufnehmen, da die unterlegene *RüKB* das rollende Material, also Züge und Waggons als ihr Eigentum reklamierte. Um Ostern wenigstens einen Notverkehr anbieten zu können, wurden per Tieflader Loks und Waggons von der Fichtelbergbahn aus Sachsen nach Rügen geschafft und der Sitz von Putbus nach Göhren verlagert. Seit Sommer 2008 verkehrt der Rasende Roland wieder regulär.

Ein **Tipp für Fotofreunde:** Wenn Sie den Roland in voller Fahrt durch die Landschaft ablichten wollen, stellen Sie sich beim Haltepunkt Garftitz in die Wiese und warten Sie den Zug von Göhren ab. Aus Richtung Putbus kommt die Lok nämlich immer rückwärts daher.

■ **Rügensche BäderBahn (RüBB)** „Rasender Roland", Gartenstraße 5, 18528 Bergen auf Rügen, Tel. (038301) 88 40 12, www.ruegensche-baeder bahn.de. Putbus – Binz einfach 4 € (Kinder 2 €), Putbus – Göhren einfach 10 € (Kinder 5 €), Sellin Ost – Jagdschloss Granitz, 2 € (Kinder 1 €, Fahrrad 3 €), Tageskarte 22 € (Kinder 11 €), Familie 46 €.

Praktische Tipps

Info

- **Vorwahl:** 038303
- **Tourist-Information,** Dorfstr. 8, 18586 Lancken-Granitz, Tel. 8 72 15, lancken-granitz@ruegen.de, 1. April–31. Okt. Mo, Mi, Fr 9–12 Uhr.
- **Kurabgabe** HS 1,50 €, NS 1 €.

Unterkunft

- **Hotel-Pension Jägerhof**①-②, Dorfstr. 37, Tel. 8 59 63, www.jaegerhof-ruegen.de. Neubau mit Blick auf den Neuensiener See; Solarium, Minigolf, Spielplatz.
- **Pension Alte Mühle**①, Am Mühlengrund 7, Tel. 90 99 61, www.am-muehlengrund-ruegen.de. 2-Raum-Fewo in ruhiger Lage am Ortsrand mit Liegewiese, Fahrradverleih.

Jagdschloss Granitz

Auf der Granitz höchstem Hügel, dem **106 m hohen Tempelberg,** lugt das stolze Jagdschloss Granitz keck aus den Baumkronen hervor. Es ist ein herrliches Ziel für einen kleinen Ausflug zu Fuß, mit dem Fahrrad oder mit der Schmalspurbahn Rasender Roland.

Das schmucke Jagdschloss mit seinen vier Ecktürmen und dem zentralen Hauptturm verdanken wir wiederum dem umtriebigen Fürst *Malte zu Putbus.* Er ließ es 1835/46 vom Berliner Architekten *Steinmeyer* unter maßgeblicher Mitwirkung von *K. F. Schinkel* errichten. Die ehemalige Innenausstattung – Waffen, Gemälde, Marmorskulpturen und andere Kostbarkeiten – wurde 1945 ausgelagert und ist seitdem verschollen oder zerstört. Das kleine, burgartige Schloss wurde in den letzten Jahren umfassend restauriert und saniert und als **Museum** wiedereröffnet, zu dem u.a. die Ausstellung „Hirsche der Welt" gehört, eine einmalige Sammlung aller Hirscharten der Welt.

Für die jährlich 300.000 Besucher ist jedoch der **Turm des Schlosses** der Hauptanziehungspunkt. Von ihm bietet sich ein überwältigender **Panoramablick** über ganz Rügen bis nach Stralsund und Greifswald. Auf den 38 m hohen Turm führt eine wunderschöne, 154 Stufen lange **Wendeltreppe.** Sie ist aus Gusseisen und filigran durchbrochen, was den Blick in die Tiefe freigibt und für nicht ganz Schwindelfreie ein gewisses Problem darstellt.

Wer mit dem Auto anreist, stellt seinen Wagen auf dem großen Parkplatz an der Straße von Serams nach Binz ab. Von hier steigt man durch die schattigen Buchenwälder zum Schloss hinauf. Vom Parkplatz aus besteht auch die Möglichkeit, sich von einem Pendelzug oder einer Pferdekutsche zum Jagdschloss bringen zu lassen.

Am besten reist man aber gleich mit dem „Rasenden Roland" an. Am Fuß des Tempelbergs liegen die Stationen Jagd-

[>] Nur für Schwindelfreie – die gusseiserne Wendeltreppe des Aussichtsturms im Jagdschloss Granitz

161rh ph

schloss und Garftitz, von denen man zum Schloss hinaufspazieren kann.

■ **Jagdschloss Granitz,** Tel. (038393) 6 67 10, www.jagdschloss-granitz.de, Mai–Sept. täglich 9–18 Uhr, Okt./April tägl. 10–16 Uhr. Nov.–März Di–So 10–16 Uhr.

Gastronomie

■ **Alte Brennerei,** im Jagdschloss, Tel. (038393) 3 28 72, www.alte-brennerei.com. Ritterlich-rustikales Gewölbe mit ebensolcher Speise- und Getränkekarte. Zu Landsknechtbroten, Bärentatzen oder Weltumseglers Schlemmertopf wird herber Gersten- und edler Rebensaft gereicht.

Seebad Sellin

Sellin ist der zweite traditionsreiche Badeort der Granitz neben Binz. Der Name *Sellin* hat slawische Wurzeln und bedeutet soviel wie „grüner Ort", und der ist Sellin auch heute noch. Es liegt, von den dicht bewaldeten Höhenzügen der Granitz gegen kühle Winde geschützt, auf einer schmalen Landzunge zwischen der Ostsee und dem Selliner See. Zu Sellin gehören die Ortsteile Altensien, Neuensien, Moritzdorf und Seedorf.

Repräsentative **alte Villen und Logierhäuser** im Bäderstil zeugen von den

170rh ph

Besuchen betuchter Kurgäste. Auch das aus dem Wald über der **Steilküste** wie ein Wahrzeichen herausragende **Cliff-Hotel** wurde nicht für den Arbeiter und Bauern errichtet. Hier logierten einst streng abgeschirmt vom Volke diejenigen, die ununterbrochen die klassenlose Gesellschaft im Munde führten, die Politprominenz der SED.

Das Seebad Sellin ist ruhiger und beschaulicher als das benachbarte Binz. Seine Flaniermeile ist die von zahlreichen zauberhaften alten Villen gesäumte Wilhelmstraße. Der breite Boulevard führt pfeilgerade und schnurstracks bis zum Steilufer, wo die **Himmelsleiter,** eine steile und 99 Stufen lange Freitreppe hinab zum Hauptstrand führt. Neben der Treppe steht ein Aufzug zur Verfügung. Der Strand besitzt nun wieder seine alte, bildschöne **Seebrücke,** die dem historischen, 508 m langen und 1942 vom Eis zerstörten Vorbild mit Palmengarten, Kaiserpavillon und Balticsaal originalgetreu nachempfunden wurde.

Neueste Vergnüglichkeit ist die **Tauchgondel** an der Seebrücke, mittels der auch der Wasserscheueste trockenen Fußes zum Meeresgrund fahren kann.

Leider weniger gelungen als die Seebrücke ist der **Seepark Sellin,** ein großes Ferienwohnungsareal in einer Art postmodernem Bäderstil, den man auf der Boddenseite aus dem Boden gestampft hat. Beim Seepark liegt eine weitere Attraktion Sellins, das **Inselparadies,** ein Erlebnisbad mit 600 m² Wasserfläche drinnen und draußen.

◁ Das Jagdschloss Granitz ist eines der meist besuchtesten Ausflugsziele auf Rügen

Having

Auch die an der Having, einer tief ins Land drängenden Bucht im Rügischen Bodden, liegenden Ortsteile **Seedorf** und **Moritzdorf** sind besonders lohnenswerte Ausflugsziele. Von dort hat man eine betörend schöne Aussicht über die Meeresbucht auf das Reddevitzer Höft. Zu den stillen und romantischen Dörfchen gelangt man am besten per pedes oder mit dem Fahrrad am Ufer des Selliner Sees entlang. In beiden erwarten einen empfehlenswerte Restaurants.

Praktische Tipps

Info

- **Vorwahl:** 038303
- **Kurverwaltung,** Warmbadstr. 4, 18586 Sellin, Tel. 1 60, www.ostseebad-sellin.de, Jan.–Apr. Mo–Fr 8.30–16.30 Uhr, Mai–Sept.Mo–Fr 8.30–18 Uhr, Sa/So 10–14 Uhr, Okt.–Dez. Mo–Fr 8.30–16.30 Uhr.
- **Kurabgabe:** HS 2,80 €, NS 1,40 €.
- **Infopoint:** Seepromenade 1, Tel. 16222, Mai–Okt. tägl. 10–18 Uhr, Nov.–April Mo–Fr 9–17 Uhr, Sa/So 9–14 Uhr.

Unterkunft

- **Hotel Bernstein**②-③, Hochuferpromenade 8, Tel. 17 17, www.hotel-bernstein.de. Elegante 4-Sterne-Superior-Herberge am höchsten Punkt über dem Steilufer mit einmaliger Aussicht auf Strand, Seebrücke und Meer und gutem Preis-Leistungsverhältnis. Mit gesondertem Appartement-Haus, Wellness- und SPA-Bereich. Üppiges und sehr abwechslungsreiches Frühstücksbüffet. Auch das Restaurant ist zu empfehlen. Verleih von E-Bikes.

■ **Hotel Moritzdorf**②-③, Dorfstr. 15, OT Moritzdorf, Tel. 1 86, www.hotel-moritzdorf.de. Kleines, rohrgedecktes Hotel in einmalig stiller und schöner Lage an der Having, im Restaurant mit Terrasse traditionelle regionale Küche.

■ **Pension Ingeborg**②, Wilhelmstr. 18, Tel. 8 72 91, www.pensioningeborg.de. Wunderschöne alte Villa.

■ **Pension Tatjana**②, Wilhelmstr. 28, Tel. 14 50, www.pension-tatjana.de. Russland auf Rügen; selbstgemachte original russische Speisen, Gebäck und Getränke, Teestube und Sauna, betrieben von einer entzückenden russischen Dame.

■ **Haus Borussia**①, Wilhelmstr. 37, Tel. 13 51 35, www.ruegen-und-meer.de. Villa im Bäderstil mit einfacher Ausstattung mit Etagendusche, dafür sehr günstige Preise; Zimmer mit Kochnische, Gästeterrasse, Gruppenräumen, Sauna, 3 Minuten zum Strand.

■ **Pension Seeblick**②, in Neuensien, Tel. 8 65 97, www.ferienpension-seeblick.de. Landschaftlich sehr schön und still in Alleinlage direkt am Neuensiener See gelegene Pension in altem Gehöft unterm Reetdach. Mit Liegewiese am Wasser, Restaurant mit idyllischer Seeterrasse. Mit Ruderboot- Fahrradverleih.

■ **JH Sellin,** Kiefernweg 4, Tel. 9 50 99; Ü/F inkl. Bettwäsche ab 23,50 €, im DZ ab 33,80 €.

Gastronomie

■ **Moritzburg,** im OT Moritzdorf, Tel. 9 58 84, www.moritzburg-ruegen.de. Traditionsreiches Ausflugsrestaurant, Terrasse mit großartiger Aussicht über das Mönchgut (geöffnet März/April/Sept./Okt. 10.30–19 Uhr, Mai–Aug. 10.30 Uhr–20.30 Uhr).

■ **Fischerhütte,** im OT Moritzdorf, mobil: (0173) 7 22 11 78, www.fischerhütte-moritzdorf.de. Gepflegte Atmosphäre im Fischerambiente, gute Küche.

MEIN TIPP: **De Seedörper,** in Seedorf, am Hafen, Tel. (038303) 8 79 74. Hier gibt es im beschaulichen Hafenambiente vom Fischbrötchen, gebratenen,

Seebad Sellin

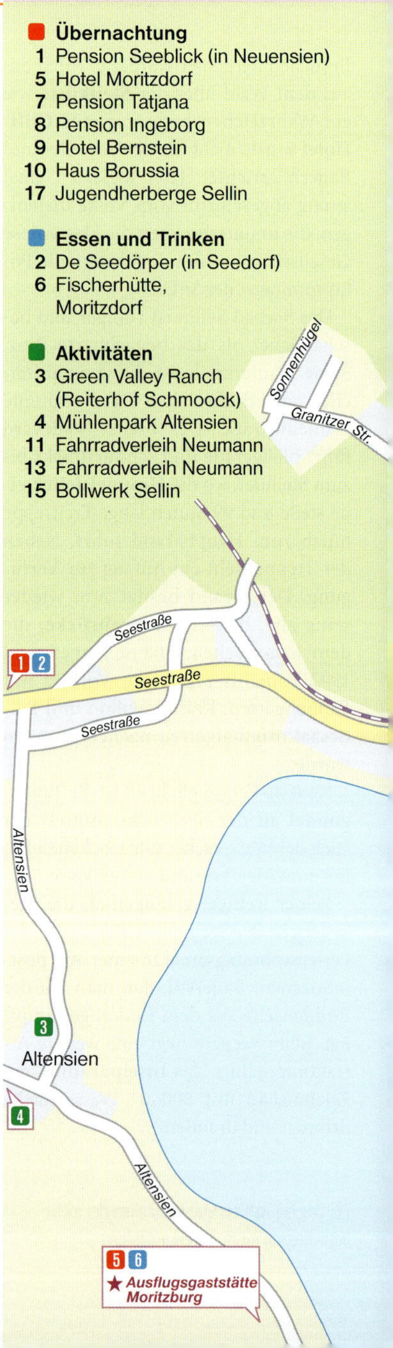

0 200 m
© Reise Know-How 2016
Ruegen23
16 Bowlingcenter Woge
18 Kinder- und Jugendfreizeitzentrum
19 Skateboardplatz
Kunst und Kunsthandwerk
12 Zum Katen
14 Galerie Hartwich
Tauchgondel
Seebrücke
OSTSEE
Am Hochufer
Uhlenweg
Am Hochufer
Warmbadstr.
7
8
9
Wilhelmstraße
Bergstraße
August-Bebel-Straße
Hermannstraße
Kirchstraße
10
Carlstraße
Luftbadstraße
Bernstein-museum
11
Neuer Weg
Ringstr.
Waldstr.
Granitzer Straße
12
Gartenstr.
Sonnensteg
Querssteg
13
Westbahnstraße
14
Hauptstraße
Schulstraße
Bollwerkstraße
Alter Gutshof
Ostbahnstraße
16
Weißer Steg
Osterweg
Museum Seefahrerhaus
Badelandschaft Inselparadies
15
Am Bollwerk
17
Wohnmobile
Seestraße
Kiefernweg
Kleinbahnhof Sellin
18
Siedlung am Wald
Göhrener Chaussee
Friedrich-von-Hagenow-Str.
Selliner See
Ruth-Bals-Str.
Cliff am Meer
19

geräucherten sowie sauer eingelegten Fisch, alles frisch verarbeitet und zubereitet. Entweder im kleinen Imbiss oder auch zum Mitnehmen.

Aktivitäten

■ **Mühlenpark Altensien:** Jeden Donnerstag wirft Müllermeister *Ehrke* im **Mühlenpark von Altensien** seine nach historischem Vorbild originalgetreu rekonstruierte kleine Bockwindmühle in Altensien an, um (bei geeignetem Wind) Korn zu Mehl zu mahlen, und daraus nach alten pommerschen Rezepten im Holzofenhäuschen köstliches Brot zu backen. Das duftende Brot kann man, mit Schmalz bestrichen, gleich in der Mühle genießen. Auch Eintopf, Kaffee und frische Streusselschnecken sind im Angebot. Die besondere Leckerei sind „Mühlenzungen" mit Schmand und Speck gebacken. Dazu trägt der Ortschronist Herr *Parchow* Geschichten und Anekdoten vor. Anfang Juni wird regelmäßig das große Mühlenfest gefeiert, Ostern–Okt. tägl. Besichtigung der Mühle mit Ausstellung zur Mühlengeschichte der Insel Rügen, Backtage Ende Mai bis Mitte Sept. Do 13–15 Uhr.

■ **Museum Seefahrerhaus,** Seestr. 17 b, Tel. 37 11 05, März–Okt. tägl. 10–16 Uhr, Nov.–Febr. Di–Sa 10–16 Uhr.

■ **Bernstein Museum,** Granitzer Str. 34, Tel. 8 72 79, www.bub-seedorf.de, Mo–Fr 10–12 und 14–17 Uhr, Sa 10–12 Uhr.

■ **Fahrradverleih:** *Fahrradverleih Neumann,* Hauptstr. 11 und Wilhelmstr. 4, Tel. 8 79 90, www.selliner-fahrradverleih.de. Auch Fahrräder mit Hundekörben.

■ **Kinder- und Jugendfreizeitzentrum:** Siedlung am Wald, Tel. 8 60 35. Billard, Tennis, Computer, Basteln, Modelleisenbahn, Feste u.a. für Kinder und Jugendliche von 6 bis 18 Jahren, Mo–Sa 13–19 Uhr.

■ **Wasserrutsche:** am Südstrand

■ **Tauchgondel,** Seebrücke 2, Tel. 92 77, www.tauchgondel.de. Täglich Juni–Aug. 10–21 Uhr,

162th ph

Nach historischem Vorbild wieder auferstanden – die Seebrücke Sellin

April/Mai/Sept./Okt. 10–19 Uhr, Nov.–März 11–16 Uhr, Dauer: 30–40 Minuten.

Badelandschaft: *Inselparadies,* Badstraße 1, Tel. 12 30, www.inselparadies.de. Weitläufige Bade-, Sauna- und Wellnesslandschaft, März–Okt. täglich 9–22 Uhr, Nov.–Febr. 14–21 Uhr.

Reiten: *Green Valley Ranch,* im OT Altensien, Tel. 8 79 39.

Bowling: *Bowlingcenter Woge,* Ostbahnstraße 21, Tel. 78 51 70.

Bootsverleih: Ruderboote am Bollwerk Sellin, Tretboote/Kajaks am Südstrand.

Skateboard: direkt an der Grenze zu Baabe, Platz mit mehreren Pipes und sonstigen Hindernissen.

Kunst und Kunsthandwerk

Zum Katen, Granitzer Str. 11, Tel. 8 66 89. Bernstein- und Keramikwerkstatt.

Galerie Hartwich, Schulstr. 5, mobil: (0174) 9 47 54 24, www.galerie-hartwich.de. Überregional bekannte Künstler im alten Feuerwehrhaus.

1f SEEBAD BINZ

314rh ph

Unangefochtene Königin der Seebäder Rügens ist das Seebad Binz, das in den 1920er Jahren gar als „Sorrent“ oder „Nizza des Nordens“ gerühmt wurde. Heute betrachtet man die Kurpromenade als „verlängerten Ku'damm mit italienischem Flair“, was dem Autor nach gründlicher Inaugenscheinnahme doch etwas zu hoch gegriffen scheint.

Überblick

Dass Binz der mit Abstand **meistbesuchte Urlaubsort auf Rügen** ist, ist unbestreitbar und kommt nicht von ungefähr. Vor Westwinden geschützt, liegt Rügens Rimini touristisch ideal zwischen der Ostsee, dem Schmachter See, den Wäldern der Granitz und der Schmalen Heide mit ihrem endlosen, breiten Sandstrand. Verantwortlich für den Aufstieg der kleinen Fischersiedlung *Byntze* zum mondänen Seebad ist wiederum unser alter Bekannter Fürst *Malte zu Putbus*. 1830 ließ er am Strand die ersten Badekarren aufstellen und vermietete sie. Das gute Geschäft, das sich damit machen ließ, erkannten auch die Berliner Bankiers *Friedländer* und *Sommerfeld*, die 1888 die *Actiengesellschaft Ostseebad Binz* gründeten, welche im

großen Maßstab Hotels, Villen und Pensionen bauen ließ.

Die Zahl der Badegäste stieg in demselben atemlosen Tempo, wie neue Hotels und Pensionen aus dem Boden schossen. Fanden sich 1880 gerade 140 Gäste ein, waren es 1890 bereits 3300. Im Jahre 1900 kletterte die Besucherzahl auf

Binz italophil – allabendliche Strandpassegiata

NICHT VERPASSEN!

- Auf der **Strandpromenade spazierensitzen** und das Flair des traditionsreichen Seebades fühlen | 77
- Durch den **„Park der Sinne"** am Ufer des Schmachter Sees streifen | 77
- Im **Restaurant Königsstuhl** beim Blick auf die Kreidefelsen Cocktails schlürfen | 80
- Am Fischerstrand bei **Fischer Kuse** preiswert und zünftig ein frisch Gezapftes und köstliche Fischbrötchen | 80
- In der **Badelandschaft „Vitamar"** Regen, Schnee und Sturm die kalte Schulter zeigen | 80

Diese Tipps erkennt man im Buch an der gelben Hinterlegung im Kapitel.

Seebad Binz

10.000, um sich in den folgenden Jahrzehnten weiter zu vervielfachen, bis 2009 schließlich 2,3 Millionen Gäste gezählt wurden. Aus der elitären Sommerfrische wurde ein massentouristisches Familienbad, eine Entwicklung, die nicht bei jedermann auf Gegenliebe stieß.

„Freigelassne Bäuche und Popos / stehn und liegen kreuz und quer im Sande. / Dicke Tanten senken die Trikots und sehn aus wie Quallen auf dem Lande“, mokiert sich *Erich Kästner* in seinem köstlichen Gedicht „Selbstmord im Familienbad“ über das Getümmel. „Wütend stürzt man über tausend Leiber, / bis ans Meer, und dann sogar hinein / doch auch hier sind dicke Herrn und Weiber. / Fett schwimmt oben. Muss denn das so sein?“ Doch keine Bange: Im schmucken Seebad Binz tummeln

sich ebenso durchtrainierte „Adonisse" und äußerst knapp bedeckte Bikinischönheiten.

Die Attraktion von Binz ist sein bilderbuchartiger **Strand,** der sich Kilometer um Kilometer über die Schmale Heide bis nach Mukran auf Jasmund hinzieht. Ein absolutes Badeparadies, das alles bietet, was ein erfülltes Strandleben braucht.

Auch für das **After-Beach-Vergnügen** hat Binz eine besonders breite Palette von Möglichkeiten. Zahlreiche Geschäfte und Boutiquen, Restaurants, Cafés und Bars beleben das Seebad. Ausnehmend gut und tatsächlich fast italienisch lässt sich's auf der schönen, 3,5 km langen **Strandpromenade** flanieren, die an der Seebrücke und dem **historischen Kurhaus** beginnt.

Ein ausgedehnter Bummel durch den Ort führt vorbei an zahlreichen Beispielen der **Bäderarchitektur** der vorigen Jahrhundertwende mit filigran geschnitzten Holzveranden, Wintergärten, Türmchen und Erkern.

Am Ufer des malerischen Schmachter Sees entstand der **Park der Sinne.** Auf dem Gelände warten zahlreiche Attraktionen wie Rosen-, Irr- und Duftgarten, Aussichtsturm, Grillplatz und Teehäuschen, ein Spielplatz zum Thema Wasser, einladende Seeterrassen und vieles mehr.

Praktische Tipps

Info

- **Vorwahl:** 038393
- **Kurverwaltung,** 18609 Binz, Heinrich-Heine-Str. 7, Tel. 14 81 48, www.ostseebad-binz.de, Febr.–Okt. Mo–Fr 9–18 Uhr, Sa/So 10–18 Uhr, Nov.–Jan. Mo–Fr 9–16 Uhr, Sa/So 10–16 Uhr.
- **Kurabgabe:** HS 2,80 €, NS 1,50 €, Hund 0,50 €.
- **Fremdenverkehrsverein,** Zimmervermittlung, Paulstr. 2, Tel. 66 57 40, www.gastgeber-binz.de, März/April/Okt. Mo–Fr 9–17 Uhr, Mai Mo–Fr 9–18 Uhr, Sa/So 12–16 Uhr, Juni–Sept. Mo–Fr 9–18 Uhr, Sa/So 11–15 Uhr, Juli/Aug. Sa/So bis 18 Uhr, Nov.–Febr. Mo–Fr 10–16 Uhr.

Deutsche Badekultur – vom Badekarren zum FKK-Strand

Das **erste deutsche Seebad** wurde **1793** unter Herzog Friedrich Franz I. an der mecklenburgischen Küste in Heiligendamm bei **Bad Doberan** eröffnet. Gedacht war es als ein Heilbad, angeregt durch den Rostocker Mediziner *Dr. Samuel Vogel* und den bekannten deutschen Arzt *Christoph Wilhelm Hufeland.* Der mecklenburgische Herzog hatte allerdings mehr ein repräsentatives Bad zum Vergnügen der Fürsten und Adelskreise im Sinn. So war denn beim damaligen Badebetrieb das Baden selbst nur Nebensache. Im Mittelpunkt standen Vergnügungen, Spiel und Zeitvertreib für die exklusivsten Kreise der herrschenden Schicht.

Etwa ab der Mitte des 19. Jh. entstanden entlang der Ostseeküste und auf Rügen und Usedom in schneller Folge weitere Seebäder. In vielen Küstendörfern wurden Fischerei und Landwirtschaft allmählich zum Nebenerwerb, und man lebte mehr und mehr vom **Fremdenverkehr.** Zu den Sommergästen, wie die Einheimischen die Besucher der Badeorte nannten, zählten jetzt vor allem die Schichten des **gehobenen Bürgertums:** Kaufleute, Bankbeamte, Fabrik- und Gutsbesitzer, Kommerzien- und Geheimräte.

Der Badebetrieb gestaltete sich damals freilich gänzlich anders als heute. **Herren- und Damenbad** waren räumlich weit voneinander getrennt und mit Bretterwänden gegen fremde Blicke abgeschirmt. Den männlichen Badegästen war das Betreten von Wegen, die am Damenbad entlangführten, streng verboten.

Vielerorts wurden auch **Badekarren** benutzt, über die es in einem zeitgenössischen Bericht heißt: „Auf einer kleinen Treppe steigt der Entkleidete ins Bad – und auch die züchtigste der Frauen darf sich nicht scheuen, sich brav solchen Badekarrens beim Bade zu bedienen, denn außer, dass solcher an den Seiten bekleidet ist, auch die Eingangstür verschlossen werden kann, ist dafür gesorgt, dass durch einen seewärts niederzulassenden Vorhang der Badende sich dem Blicke jedes Lauschenden gänzlich entziehen kann."

Zu Beginn des 20. Jh. wurde das erste Familienbad eingerichtet. Aber auch hier herrschte eine strenge Kleiderordnung, Einzelpersonen war der Zutritt untersagt und das Mitbringen von „Ferngläsern und photographischen Apparaten" verboten.

Doch bereits zur gleichen Zeit entwickelte sich auch eine im wörtlichsten Sinne **freiere Bade- und Körperkultur;** allerdings nicht an der Küste, sondern in der meerfernen Großstadt Berlin. 1905 wurde dort die „Deutsche Luftbadegesellschaft" gegründet, der erste Nacktbadeverein, und in den Schrebergärten von Neukölln verborgen entstand der erste Nacktsportplatz. Leiter und damit Vater der Freikörperkultur war *Fedor Fuchs,* der bald ein Wald- und Heidegelände an einem kleinen Baggersee außerhalb der Stadt erwarb, aus dem das bekannte **Freisonnland** hervorging.

Dass die Bewegung der Freikörperkultur gerade in der Großstadt Berlin ihren Anfang nahm, erklärt sich dadurch, dass eben in diesem Häusermeer mit seinem Mangel an frischer Luft und Sonne das Bedürfnis danach naturgemäß am größten war. Außerdem war Berlin damals eine fortschrittliche und weltoffene Metropole voller Reformer und neuer Ideen. Als die Zahl der FKK-Anhänger in Freisonnland wuchs, kam es zu einem Exodus. 1920 wurde eine Sanddüne am Motzener See entdeckt, ein ideales Sonnenparadies, das den Namen Neusonnland erhielt und

313rh ph

als drittes Nacktkulturgelände in die FKK-Geschichte einging. Wenige Jahre später entstand auf einer daran angrenzenden Heidefläche das Gelände Birkenheide und im Kiefernwald daneben später das FKK-Gelände Jungborn.

In den verschiedenen Bünden, Vereinigungen und Arbeitskreisen der Freikörperkultur waren recht unterschiedliche Menschen und Gruppen vereinigt. Gemeinsam war ihnen jedoch allen das Streben nach einer der **Natur angepassten Lebensweise,** mit Gymnastik, rhythmischen Übungen, Ballspielen und kameradschaftlichem Gemeinschaftserlebnis. Alkoholische Getränke, Tabakgenuss, Kartenspiel, Lärm und Rohheit waren verpönt.

Die Sturmbraut z.B., deren Name auf einen Romantitel zurückgeht, war eine Vereinigung, die sich zwanglos auf den oben genannten FKK-Geländen zusammengefunden hatte und Wochenendfahrten zu den märkischen Seen unternahm. Sie trug den Beinamen Arbeitskreis rhythmussuchender Menschen und betrachtete sich als eine Gruppe, die in geistiger Arbeit und praktischer Ausübung versuchte, Rhythmus im Leben, in der Natur und in der kameradschaftlichen Freundschaft zu finden.

In der überaus **kleinbürgerlichen DDR** entwickelte sich eine ausgesprochen **breite Nacktbadekultur.** Anfänglich versuchte die prüde Partei, dieses Treiben zu unterbinden, musste jedoch schnell die Erfolglosigkeit ihrer Bemühungen einsehen. Nicht zuletzt, weil das Nacktbaden eine Möglichkeit des stillen Protestes gegen die Führung und eine der wenigen Möglichkeiten für die eingesperrten Bewohner war, sich frei zu fühlen, hat das Baden ohne alles breite Schichten erfasst und sich an allen Ufern im Osten Deutschlands **flächendeckend etabliert.** Daran haben auch Wiedervereinigung und verklemmte Wessis nichts geändert und werden dies hoffentlich auch in Zukunft nicht tun.

Unterkunft

■ **Hotel Kurhaus Binz**②-④, Strandpromenade 27, Tel. 66 50, www.travelcharme.com/hotels/kurhaus-binz. Mit 5-Sterne superior das erste Haus am Platze im traditionsreichen, bildschön und aufwendig restaurierten Kurhaus direkt gegenüber der Seebrücke. Hochkarätige Ausstattung und Service von Wellnessbereich über Gastronomie bis Kultur im liebevoll restaurierten historischen Kursaal.

■ **Hotel Villa Salve**③, Strandpromenade 41, Tel. 22 23, www.ruegen-schewe.de. Exklusive Herberge in restaurierter Jugendstilvilla, exzellente Küche und hippe Cocktailbar.

■ **Hotel Im Schwedischen Hof**②-③, Sonnenstr. 1, Tel. 25 49, www.im-schwedischen-hof.de. Kleines, von einer Malerin geführtes Komforthotel mit Galerie-Café, 2009 modernisiert und neu ausgestattet, von der Chefin geleitete Malkurse.

■ **Hotel Villa Meeresgruß**②, Margarethenstr. 19, Tel. 38 20, www.villa-meeresgruss.de. Bildschöne Villa im Bäderstil.

■ **Pension Villa Seefrieden**②, Schmachtersee Str. 4, Tel. 3 23 10, www.villaseefrieden.de. Idyllisch am Schmachter See gelegen, 5 Min. zum Strand.

■ **Pension Villa Sola Bona**②, Bahnhofstr. 34, Tel. 3 06 19, www.sola-bona-binz.de. Für Binzer Verhältnisse sehr preiswerte Unterkunft, Ü/F NS ab 34 €, HS ab 38 €.

■ **JH Binz,** Strandpromenade 35, Tel. 3 25 97, http://binz.jugendherbergen-mv.de, Ü/F inkl. Bettwäsche Junioren ab 22,40 €, Senioren ab 27,40 €.

Gastronomie

■ **Poseidon,** Lottumstr. 1, Tel. 26 69. Sehr beliebtes, weil sowohl gutes Fisch- als auch Wildspezialitätenrestaurant in alter Villa, in der HS Tisch reservieren.

■ **Weltenbummler,** Strandpromenade 42, Tel. 13 13 08, www.weltenbummler-ruegen.de. Ausgezeichnete und vielfältige Küche in ungewöhnlichem Ambiente und tollem Blick auf Strand und Meer. Viel besucht, besser Tisch reservieren.

■ **Restaurant Königsstuhl,** Strandpromenade 62, Tel. 5 60. Panorama-Restaurant unter Glas im 6. Stock des Rugard Strandhotels mit exklusivem Traumblick aufs Meer, der bei gutem Wetter bis zu den Kreidefelsen reicht. Im 5. Stock ist das elegante Gourmet-Restaurant **Rugards Gourmet** mit qualitativ und preislich gehobenem Angebot.

■ **Strandhalle,** Strandpromenade 5, Tel. 3 15 64, www.strandhalle-binz.de. Leckere Fischgerichte im bezaubernden Ambiente der Jahrhundertwende. Das Motto von EuroToques-Mitglied *Toni Münsterteicher:* „Feinbürgerliche Küche mit großbürgerlichen Portionen zu kleinbürgerlichen Preisen".

Meersalz, Schillerstr. 8, Tel. 66 30. Das Restaurant im Hotel *Meersinn* ist Rügens einziges Bio-Restaurant. Hohe Kochkunst zum fairen Preis.

■ **Fischräucherei Kuse,** Fischerstrand, Tel. 29 70 Eine Institution in Binz. Die Fischerfamilie *Kuse* offeriert seit nunmehr vier Generationen täglich ab 9 Uhr leckeren Fisch frisch und geräuchert zum anständigen Preis.

Aktivitäten

■ **Museum Ostseebad Binz,** Bahnhofstraße 54 (im Kleinbahnhof), Tel. 12 97 93, April–Okt. täglich 10–17 Uhr, Nov.–März Di–So 10–16 Uhr.

■ **Fahrradverleih:** *Zweiradhaus Deutschmann,* Dollahner Str. 17 (am Bhf.), Tel. 3 24 20, www.zweirad-deutschmann.de.

■ **Erlebnisbad:** *Vitamar,* Strandpromenade 74, Tel. 90, 1500 m² große Wasserlandschaft mit Palmen, 46-m-Wasserrutsche, Wildwasser-, Strömungskanal, Wasserfall, Erlebnisgrotten, Babymulde, Rutschhügel, Saunalandschaft, Poolbar. Tägl. 7.30–20 Uhr.

■ **Segeln/Surfen:** *Segelschule Binz,* Strandabgang 47, mobil: (0152) 59 71 24 49, www.segelschule-binz.de.

■ **Schiffsausflüge:** von der Seebrücke aus Rügenrundfahrt, Kreidefelsen, Usedom, Bornholm u.a.

Wanderrouten ab Binz

Schmachter See

Der **Rundwanderweg** führt wegen des beantragten Schutz-Status' weiträumig um den See herum. Er verläuft vom Einfluss der Ahlbeck in Richtung Heizwerk, dann weiter zum Dörfchen Schmacht und schließlich nach Pantow. Man folgt der Straße Richtung Serams, geht dort durch das Dorf und auf dem alten Feldweg in Richtung Binz. Am Granitz-Hof angelangt, führt der Weg entlang der Gartenanlage in Richtung Kleinbahn, weiter zum Potenberg und wieder zum Schmachter See.

Hochuferweg

Besonders reizvoll ist auch eine Wanderung am Hochufer entlang zum **Nachbarort Sellin.** Der malerische, allerdings teilweise beschwerliche Fußweg (weiß-gelb-weiße Markierung) führt am Ende von Promenade und Strand am **Silvitzer Ort** eine steile Treppe hinauf zum Aussichtspunkt Kieköver. Als nächstes erreicht man den **Granitzer Ort,** der ebenfalls herrliche Aussichten bietet. Über **Schanzenort** und **Falkenberg** erreicht man nach gut 6 km Sellin. Zurück über den Nordweg oder mit dem „Rasenden Roland".

Nordweg

Unbeschwerlich und deshalb für Jung und Alt geeignet ist der Nordweg (gelbe Markierung). Er beginnt am Parkplatz Klünderberg. Vorbei an einer Schutzhütte oberhalb der Piratenschlucht führt er durch einen herrlichen Laubwald zum **Hochmoor Große Wiese** und weiter zur nächsten Schutzhütte Kreuzeiche. Etwas abseits des Weges liegt der **Schwarze See.** Der kurze Abstecher dorthin ist sehr lohnenswert. Auf dem dunklen, stillen Waldsee blühen, silbernen Sterntalern gleich, Teichrosen, im flachsfarbenen Schilfgürtel quaken die Frösche. Rings um den Märchensee wuchert üppiger Farn. Vorbei am Falkenberg (Abstecher, gute Aussicht) geht es bis zum Endpunkt an der Kirche von Sellin. Die einfache Strecke ist ca. 7 km lang. Zurück kann man mit dem „Rasenden Roland" fahren.

- **Reiten:** *Pferdehof Ostseebad Binz,* Granitz, Hof 6, mobil: (0175) 5 54 41 13, www.pferdehof-inbinz.de.
- **Jagdschlossexpress,** Minibahn im ca. Stundentakt, ab Seebrückenvorplatz zum Jagdschloss Granitz, zum Seebad Prora und Baumwipfelpfad. Tel. 3 38 80, www.jagdschlossexpress.de.
- **Varieté:** Varieté Boddenbarsch, im Kurhaus-Saal, Tel. 66 55 23, www.boddenbarsch.de, Juni–Aug. und Weihnachten bis Neujahr.
- **Kid's Club Binz,** Zeppelinstr. 7, Tel. 5 04 17, www.kids-club-binz.de, tägl. 10–18 Uhr. Kreative Beschäftigung unter pädagogischer Betreuung vom Turnen, Bogenschießen, Bobby-Car fahren, Rollschuhlaufen, Kindertheater oder Mini-Legoland bis zu Kinderkochkursen alles was Kids von 3–13 Spaß macht.

Kunsthandwerk

- **Glasbläserei:** Schillerstr. 11, Tel. 43 93 00, www.blumberg-glas.de.
- **Fotografie/Malerei:** *Galerie Robert Denier,* Strandpromenade 29, mobil: (0162) 9 24 88 69, www.robert-denier.de.
- **Keramik:** *Narrenkeramik,* Margaretenstr. 22, Tel. 3 37 24, www.narrenkeramik.de.

1g SCHMALE HEIDE

392rh ph

Seine Attraktivität als Seebad hat Binz vor allem der Schmalen Heide zu verdanken. Die **Nehrung,** die die Granitz mit Jasmund verbindet, entstand im Laufe der Jahrtausende durch Anschwemmungen feinsten Sandes, die den Kleinen Jasmunder Bodden von der Ostsee abtrennten.

Die so entstandene Landbrücke ist das **Badeparadies** schlechthin. Entlang ihrer gesamten, **10 km langen Außenküste** zieht sich ein durchgehender, breiter, feiner, weißer Sandstrand, wie er schöner kaum sein könnte. Dem Strand schließt sich landeinwärts ein breiter **Dünengürtel** mit Kuhlen und Sandverwehungen an, die bei Wind geschützte Kuschelnester zum Sonnenbaden abgeben. Unmittelbar hinter dem Dünenwall folgt dann ein Streifen lichter **Kiefernwald.**

Doch das Strandparadies hat mehr als nur bilderbuchschönen Badestrand. Auf ihm verbergen sich gleich zwei herausragende Einzigartigkeiten, wie es sie sonst nirgends im Lande noch einmal gibt: **Prora,** das längste Gebäude Europas, und das Naturphänomen **Feuersteinfelder.**

Rügens Badeparadies ist 10 km lang – der Strand der Schmalen Heide

Prora

Eine Begegnung der anderen Art ist Prora, das längste Haus Europas. Von der Straße über die Schmale Heide aus nicht zu sehen und trotz seiner gigantischen Ausmaße eher schwierig aufzufinden, versteckt sich das **Kolossalgebäude** im Kiefernwald. Sagenhafte **4,5 km lang** zieht es sich parallel zum Strand über die Nehrung.

Bis 1936 war Prora nur eine bewaldete Nehrung desselben Namens. Dann kam die nationalsozialistische Massenorganisation **Kraft durch Freude** und wollte hier den Prototyp einer **Ferienanlage**

NICHT VERPASSEN!

- Auf dem spektakulären 1250 Meter langen **Baumwipfelpfad** die Aussicht genießen | 85
- Nazi-Größenwahn zum Anfassen – das **ehemalige KdF-Seebad Prora** ist mit 4,5 Kilometern das längste Gebäude der Welt | 86
- Mit Spaß zur Erkenntnis – das „verrückte Labor" der **Experimenta** fordert ausdrücklich zum Anfassen und Mitmachen auf | 88
- Das **Eisenbahn- und Technikmuseum** mit seiner eindrucksvollen Sammlung historischer Großtechnik | 88

Diese Tipps erkennt man im Buch an der gelben Hinterlegung im Kapitel.

Schmale Heide (Nordteil)

für 20.000 Volksgenossen errichten, wie sie einmal baugleich auch an anderen Orten im Deutschen Reich entstehen sollte. Das lindwurmartige Hausmonster, dessen gewaltige Ausmaße sich nur aus der Vogelperspektive wirklich erschließen, wurde jedoch nie fertiggestellt.

Eigentlich hatte sich *Wernher von Braun* die Schmale Heide als Standort für seine Raketenproduktion ausgeguckt, da man von hier weit über die offene See schießen konnte und die Nehrung völlig unbewohnt war. Doch die *KdF* war ihm wenige Tage zuvorgekommen und hatte das Gelände erworben. Daraufhin zog die sogenannte Heeresversuchsstelle nach Peenemünde auf der Nachbarinsel Usedom.

Zu DDR-Zeiten wurden Teile des Komplexes von Prora als Kaserne genutzt und waren streng abgeschirmt. Seit der Wende und dem Abzug des Militärs ist die Ratlosigkeit groß, was mit dem Bau nun geschehen soll. Zahlreiche, teilweise skurrile Ideen und Konzepte für seine Nutzung wurden von den hilflosen Erben, dem Bundesvermögensamt, bereits diskutiert. Immer wieder wurden neue Beschlüsse verkündet, um dann nicht realisiert zu werden. Viele Jahre versuchte man vergeblich, das Hausmonster zu verkaufen. Selbst zu Spottpreisen fand sich kein Interessent. Nun wurde die Anlage stückweise verkauft, und um die letzten noch nicht verkauften Teile liefern sich Investoren eine Bieterschlacht. In Block 1 entstanden 280 Eigentumswohnungen, in Block 2 Appartements und ein Hotel, Block 4 wird derzeit zu Eigentumswohnungen umgebaut, und in Block 5 hat Deutschlands größte Jugendherberge ihren Sitz. Nur Block 3 ist noch unberührt und ohne Nutzungskonzept.

Die Umwandlung überlebt haben das **Dokumentationszentrum Prora** im Zentrum der Anlage neben dem ehemaligen Theaterbau und die **KulturKunstStatt Prora.** Diese vereint das KdF-Museum, das NVA-Museum, das Rügen-Museum, die DDR-Motoradwelt sowie eine Bildergalerie mit Werken von Rügerner Künstlern und wechselnde Technik-Ausstellungen unter einem Dach. In der 5. Etage bietet das *Wiener Kaffeehaus* Gelegenheit zur Pause.

■ **Dokumentationszentrum Prora,** Objektstraße, Block 3/ Querriegel, Tel. (038393) 1 39 91, www.proradok.de; März/April/Mai/Sept./Okt. tägl. 10–18Uhr, Juni–Aug. 9.30–19 Uhr, Nov./Jan. 10–16 Uhr, Febr. 10–17 Uhr. Führungen (Dauer ca. 60 Min.) 11.45 und 14.30 Uhr. Auch Führungen mit dem Rad durch das KdF-Gelände, Dauer 3 Std., Mi 10 Uhr ab Seebrücke Schmachter See, Anmeldung erforderlich unter Tel. (038393) 1 39 91.

■ **KulturKunstStatt Prora,** Objektstr. Block 3/TH 2, Tel. (038393) 3 26 96, www.kulturkunststatt.de; Mai–Sept. täglich 9–19 Uhr, Okt.–April täglich 10–17 Uhr.

Naturerbe-Zentrum Prora / Baumwipfelpfad

Seit dem Tag seiner Eröffnung 2013 ist das in eine 1900 ha große geschützte Naturerbefläche eingebettete Naturerbe-Zentrum Prora ein Besuchermagnet. Das liegt vor allem an seinem spektakulären Baumwipfelpfad. Dieser einmalige „Pfad“ führt auf 1250 m Länge vom Naturerbe-Zentrum durch den Wald hinauf zu den Baumkronen in 20 m Höhe.

Prora – der Koloss von Rügen

„Ich will, dass dem Arbeiter ein ausreichender Urlaub gewährt wird und dass alles geschieht, um ihm diesen Urlaub sowie seine übrige Freizeit zu einer wahren Erholung werden zu lassen. Ich wünsche das, denn nur mit einem Volk, das seine Nerven behält, kann man wahrhaft große Politik machen", so der Original-Wortlaut eines Führerbefehls. Die Organisation **Kraft durch Freude** (KdF) war nach der Zerschlagung der freien Gewerkschaften 1933 entstanden und gehörte zur Deutschen Arbeitsfront. Ideologische Zielsetzung war, die **Kontrolle über die Arbeiter auch während ihrer Freizeit** sicherzustellen. Ab sofort sollte jeder Volksgenosse seine freie Zeit lückenlos in der KdF-Gemeinschaft verbringen. Nur der Schlaf sollte noch als unkontrollierte Freizeit gewährt werden. Schnell stieg die KdF zum größten Reiseveranstalter der Welt auf, der allein von 1934 bis 1937 rund 7 Mio. Urlaubsreisen veranstaltete.

„Diese Anlage muss das Schönste werden, was man sich denken kann, und der schöpferischen Fantasie des Baukünstlers werden bei dieser Aufgabe keine Grenzen gesetzt", erklärte der KdF-Reichsleiter *Robert Ley* 1936. Im Juni 1935 wurde beschlossen, **fünf Seebäder** zu bauen, in denen jeweils 1,5 Mio. Menschen jährlich für zehn Tage Unterkunft finden können. Nach Prora sollten u.a. in Kolberg, am Timmendorfer Strand und in Ostpreußen **baugleiche Komplexe** errichtet werden.

Den Wettbewerb von 1936 gewann der von Hitler zum Professor ernannte Kölner Architekt *Clemens Klotz*. Sein Entwurf sah vor, parallel zur Küste in einem riesigen Kreisbogen ein **4,5 km langes, sechsgeschossiges Gebäude** zu errichten. Die Hauptfront sollten die Bettengebäude bilden, aufgeteilt in zwei jeweils 2 km lange Abschnitte südlich und nördlich des zentralen 400.000 m² großen Festplatzes. Jeder Abschnitt untergliederte sich in vier Blöcke von je 500 m. Zwischen den Blöcken waren seeseitig vorgebaute Trakte vorgesehen, die Küchen, Speisesäle und Restaurants aufnehmen. Alle Zimmer sollten zum Meer hin angeordnet sein, 2,20 x 4,75 m groß und mit 2 Betten, 1 Kleiderschrank, 1 Tisch mit Stühlen, 1 Polsterliege und 1 Waschtisch ausgestattet. Außerdem waren eine Festhalle mit 20.000 Sitzplätzen geplant, ein 250 m hoher Turm mit Höhencafé, eine Schwimmhalle mit künstlichen Wellen, eine Großgarage für 3.000 Autos und vieles mehr. Zeitweise stand gar eine U-Bahn für den Transport der Besuchermassen zur Diskussion.

Akribisch wurde ausgerechnet, wie viel Strand jedem Volksgenossen einmal zur Verfügung stehen würde: „Der Strand ist 8 km lang und hat eine Tiefe von ungefähr 500 m. Jeder der (20.000 vorgesehenen) Badegäste hat also eine Strandfläche von 5 m² zur Verfügung". Angesichts der kolossalen Dimensionen regte sich vom benachbarten Seebad Binz **Widerstand gegen das proletarische Megabad.** Auch Kritik von Seiten der **Naturschützer** wurde laut, so dass sich der Völkische Beobachter gezwungen sah, zu erklären: „Völlig abwegig ist es, von ‚Hochhäusern an der Ostsee' zu sprechen." Das Projekt Prora fand gar internationale Anerkennung und wurde 1937 auf der Weltausstellung in Paris mit dem Grand Prix ausgezeichnet.

Am **2. Mai 1936** begann mit der Grundsteinlegung „die große Bauschlacht in der Prora". Mit einem gigantischen Aufwand an Mensch und Material, der ohne den soeben eröffneten Rügendamm so nicht möglich gewesen wäre, stampften die acht größten deutschen Bauunternehmen (darunter Hochtief, Dyckerhoff, Holzmann AG, Siemens) die Blöcke im Rekordtempo aus dem Sand der Schmalen Heide. Im Oktober 1938 war der erste Block im Rohbau fertig. Am **1.9.1939** wurden alle Arbeiten **abrupt beendet** und die Arbeiter samt Baugerät nach Peenemünde und an den Westwall verlegt.

Während des Krieges wurden die Rohbauten von russischen Zwangsarbeitern mit Dächern versehen und not**dürftig ausgebaut,** um Evakuierte, Ausgebombte und Flüchtlinge aus dem Osten darin unterzubringen.

1950 begann der **Neuaufbau** von Prora, das nun als militärische Anlage für **Rote Armee** und **Nationale Volksarmee** dienen sollte. Nach und nach wurde praktisch die gesamte Nehrung zum Sperrgebiet erklärt und die Straße von Binz nach Sassnitz gesperrt. Nach dem Abzug der Russen wurden die 15.000 Mann starke 8. Motorschützendivision und die einzige Fallschirmjägereinheit der DDR in Prora stationiert. Anfang der 1980er Jahre wurden zum Bau des Fährhafens Neu Mukran 800 zu einer Baubrigade zusammengefasste Wehrdienstverweigerer einquartiert.

Der Koloss wurde 1994 unter **Denkmalschutz** gestellt.

4 von 5 nutzbaren Blöcken à 550 m Länge wurden inzwischen verkauft. In Block 5 wurde 2011 eine **Jugendherberge** mit 400 Betten eröffnet. Block 1 und 2 werden von einer Investorengruppe zum Hotel und zu Eigentumswohnungen umgewandelt. Im Block 3 ist ein Jugendsport- und Ferienhotelkomplex geplant. 2009 haben die Bauarbeiten begonnen. Nach ihrem Abschluss werden in Prora rund 3000 neue Gästebetten zur Verfügung stehen.

Buchtipp: Paradiesruinen. Das KdF-Seebad der Zwanzigtausend auf Rügen, Ch.Links-Verlag.

Auf dem Weg kann man zwischen 4 bis 17 Meter über dem Erdboden aus sonst nicht möglicher Perspektive Einblicke in die Tier- und Pflanzenwelt des umgebenden Buchenmischwaldes und Erlenbrüchen gewinnen. Höhepunkt des Pfads ist der **Adlerhorst,** ein Aussichtspunkt, zu dem eine ebenso spektakuläre wie gigantische, um eine alte Rotbuche herum verlaufende „Wendeltreppe" hinaufführt. Sie wurde aus den Stämmen der Bäume, die beim Bau des Pfades gefällt werden mussten, errichtet. Von oben genießt man aus 82 m Höhe einen umwerfenden Rundumblick.

Im **Naturerbe-Zentrum** zeigt neben halbjährlich wechselnden Ausstellungen eine Dauerausstellung auf 17 Stationen die landschaftlichen Besonderheiten Rügens und der Prora. Ergänzt wird das Angebot von der Galerie „Erlebnis Rügen", die Werke des auf Rügen lebenden Grafikers, Malers und Autors *Walter G. Goes* zeigt und gastronomischen Einrichtungen, darunter ein großer Biergarten.

Hunde sind auf dem Baumwipfelpfad und im Ausstellungsgebäude nicht erlaubt.

MEIN TIPP: **Naturerbe Zentrum Rügen,** Forsthaus Prora 1, Tel. (038393) 66 22 00, www.nezr.de. Mai–Sept. tägl. 9.30–19.30 Uhr, April/Okt. 9.30–17.30 Uhr, Nov.–März 9.30–16.30 Uhr.

Führungen: Baumwipfelpfad-Führung tägl. 11 u. 14 Uhr, Dauer ca 1½ Std., 3 € Erw.

Seilgarten Prora

Neben dem Parkplatz am Dokumentationszentrum Prora bietet der Seilgarten großen und kleinen Tarzans (Kinder ab

8 Jahren) Gelegenheit, sich durch die Baumgipfel zu schwingen. In dem 40.000 m² großen Gelände bieten 13 Höhenparcours mit 80 Übungen abwechslungsreiche Kletterabenteuer über den Stranddünen. Für die ganz Kleinen steht ein schöner 100 m² großer Spielplatz mit Betreuung zur Verfügung.

■ **Seilgarten Prora,** Objektstraße TH 52/Block 3, mobil: (0152) 03 64 74 24, www.seilgarten-prora.de; April/ Mai/Okt. Di–So 10–17 Uhr (in Ferien auch Mo), Juni–Aug. 10–18 Uhr.

Experimenta

Neu eröffnet hat das Experimenta – **Das „verrückte" Labor,** das Phänomene des täglichen Lebens und der Natur anschaulich demonstriert. Anfassen, Mitmachen und Ausprobieren ist ausdrücklich erwünscht!

■ **Experimenta,** Proraer Chaussee/Gewerbegebiet 1, Tel. (038393) 13 13 18, www.experimenta-ruegen.de.

Jugendherberge und Jugendzeltplatz Prora

Nachdem bereits vor einiger Zeit der dem DJH angegliederte Jugendzeltplatz Prora eröffnete, nahm im Juli 2011 die mit 400 Betten größte und längste Jugendherberge der Welt ihren Betrieb auf. Alle Zimmer haben Meerblick.

■ **JH Prora,** Mukraner Straße, Gebäude 15, 18609 Prora, Tel. (038393) 6 68 80, www.prora.jugendherberge.de. Geöffnet 24.3.–31.10., mit großem Zeltplatz in Toplage unmittelbar hinter dem Strand, moderne Sanitäranlagen. Junioren ab 24 €, Senioren ab 29,50 €, Zeltplatz mit Frühst. Junioren 13,90 €, Senioren 19,40 €.

Eisenbahn und Technikmuseum

Spannend ist das Eisenbahn- und Technikmuseum Rügen beim Bahnhof Prora. Auf 10.000 überdachten Quadratmetern und einem großen Freigelände ist eine eindrucksvolle Sammlung alter Lokomotiven, Lastwagen, Feuerwehrautos, Straßenbahnen und anderen automobilen Großgeräts zu bestaunen. Raritäten wie eine **Dampfschneeschleuder von 1930** werden Oldtimerfreunden das Herz höher schlagen lassen.

■ **Eisenbahn- und Technikmuseum,** am Bahnhof, Tel. (038393) 23 66, www.etm-ruegen.de, April–Okt. täglich 10–17 Uhr.

Praktische Tipps

Unterkunft

■ **Mobil-Camp Meier,** Proraer Chaussee, Tel. (038393) 20 85, www.camping-meier-ruegen.de. Windgeschützte Waldlichtung, Fahrradverleih, 800 m zum Strand, 1,5 km nach Binz, April–Okt.

■ **Wohnmobil-Oase Rügen,** Proraer Chaussee 60, Tel. (01577) 4 28 37 15, www.wohnmobilstellplatz-ruegen.de; ca. 90 WoMos. Wenige Fußminuten zum Strand, gute Bus- und Bahnanbindung nach Binz. Mit Kiosk, Radverleih, April–Mitte Okt.

☒ Die Feuersteinfelder auf der Schmalen Heide

Naturschutzgebiet Feuersteinfelder

Am Nordende der Schmalen Heide liegt das NSG Feuersteinfelder, ein in Europa **einzigartiges Naturphänomen.** Auf einer Länge von 2 km und einer Breite von 400 m haben sich hier 14 hintereinander liegende, parallel zur Küste verlaufende **Wälle aus Feuersteinknollen** gebildet. Die Entstehung der bis zu 1 m hohen „Wellen" ist bis heute noch nicht wirklich geklärt. Man vermutet jedoch, dass eine Reihe schwerer Sturmfluten vor rund 4000 Jahren die Wälle aufgeschüttet haben. Zu dieser Zeit lag der Wasserspiegel der Ostsee etwa 1 bis 1,5 m über dem heutigen Stand, der Kleine Jasmunder Bodden war also eine Meeresbucht. Die Steinwälle kamen erst nach dem Absinken des Wassers zum Vorschein. 1840 wurde die kahle Nehrung mit Kiefernwald bepflanzt.

Seit 1935 steht das Gebiet unter Naturschutz und bildet zusammen mit dem Heidemoor und der Blomer Weide ein reizvolles unberührtes und wildreiches Refugium. Neben **Rot- und Schwarzwild** kann man auch auf **Mufflons** treffen, die in den 1970er Jahren hier ausgesetzt wurden, um das langsame Überwachsen des Steinmeeres zu verhindern. Vielerlei Vogelarten und Reptilien wie Schlingnatter und Kreuzotter fühlen sich hier wohl, ebenso seltene und geschützte Pflanzen wie Sonnentau, Knabenkraut oder Krähenbeere. Das Gebiet darf nur auf ausgewiesenen Wegen betreten werden, Hinweistafeln stehen auf dem Parkplatz am Nordende der Schmalen Heide.

Ein zweckdienlicher Hinweis: Im Sommer leben in dem teils sumpfigen Gebiet auch Heerscharen von **Moskitos.** Ohne ein wirksames Schutzmittel kapituliert so mancher vor den zudringlichen Plagegeistern und kehrt vorzeitig wieder um.

038rh ph

1h DAS MÖNCHGUT

Max Dreyer schrieb 1924 über das Mönchgut: „Nur ein Gestade gibt es auf der ganzen Welt, das diesem ähnlich ist, so zerklüftet, mit so wunderbar wechselnden weichen und scharfen gerissenen Linien, und eben solche Zwiesprache hält mit dem Himmelslicht: die griechische Küste." Der Landzipfel, der sich südlich der Granitz anschließt, ist in vielerlei Hinsicht eine besondere Region. Von ihren Ausmaßen eher klein – noch nicht einmal 30 km² ist sie groß – bietet die Halbinsel dennoch eine Fülle von natur- und kulturgeschichtlichen Sehenswürdigkeiten und Eigentümlichkeiten.

NICHT VERPASSEN!

- Im **Schulmuseum von Middelhagen** eine historische Schulstunde erleben | 100
- An der äußersten Spitze des **Reddevitzer Höfts** in die Gaststätte „Having-Hof" einkehren | 103
- Sich am **endlosen Sandstrand** zwischen Lobbe und Thiessow hüllenlos von den Ostseewellen umspülen lassen | 104
- Streifzug über die Heidelandschaft der **„Zicker Alpen"** mit Rast auf dem 66 m hohen **Bakenberg** | 105
- Rundgang durch das romantische Bilderbuchdorf **Groß Zicker** mit **Pfarrwitwenhaus** und seinem blühenden Bauerngarten | 106
- Über den **Rügenmarkt in Thiessow** bummeln und Kunst, Kunsthandwerk und Delikatessen der Insel sehen und schmecken | 109

Diese Tipps erkennt man im Buch an der gelben Hinterlegung im Kapitel.

305rh ph

Überblick

Die **extrem zergliederte Küstenlinie** verleiht der niederschlagsärmsten Region Rügens ein ganz besonderes Gesicht. *Ferdinand von Schill,* der es 1842 besuchte, meinte voller Begeisterung, dass „auf den Höhen von Groß Zicker eine Seelandschaft sich darstellt, wie sie die gerühmtesten Küsten des südlichen Italien nicht haben".

Weit vorspringende Landzungen, tief ins Land reichende Boddenbuchten, sanft ansteigende holderbuschbestandene Höhenrücken, knapp über dem Meeresspiegel liegende Salzwiesen und sumpfige Schilffelder, kilometerlange weiße Sandstrände und schroffe Klippen verleihen der Mönchguter Landschaft

Ein malerisches Motiv – Fischerboote am Strand von Baabe

Mönchgut

ihr ganz besonderes Flair. Seine Regenarmut beschert ihm eine Vegetation, wie man sie sonst auf Rügen an keiner anderen Stelle findet. Ginsterheiden, Hutungen und anspruchslose, aber intensiv duftende Trockenrasenhügel sind vorherrschend.

So verschieden die Natur, so anders sind auch **Kultur und Brauchtum der Bewohner.** Dank seiner abgeschiedenen Lage konnten sich hier Eigenheiten herausbilden und länger lebendig bleiben als anderswo.

Gefördert wurde die Andersartigkeit des Mönchguts durch den Umstand, dass es jahrhundertelang **klösterlicher Besitz** war – daher der Name – und die Mönche den Verkehr mit der „Außenwelt" auf das Notwendigste reduzierten. 1252 hatte der Rügenfürst *Jaromar II.*

das Reddevitzer Land für 30 Mark an das Kloster Eldena bei Greifswald verkauft. Bis 1360 konnte der Zisterzienserorden nach und nach den ganzen Landzipfel erwerben. Die Grenze zu Restrügen bildete der **Mönchgraben,** der an der schmalen Landbrücke zwischen Sellin und Baabe die Ostsee mit dem **Selliner See** verbindet. Der alte Mönchgraben ist in Teilen noch heute zu sehen. Kurz vorm Bahnhof Baabe zieht er sich als Sumpfgraben mit baumbestandenem Wall zum Bodden hin und wird durch ein großes, die Straße überspannendes hölzernes Eingangstor markiert.

Die **Ordensregeln** schränkten die Kontakte nach außen stark ein. Handel mit den anderen Teilen Rügens durfte nur mit ausdrücklicher Genehmigung des Klosters getrieben werden. Der Zuzug Fremder wurde nach Möglichkeit ganz verhindert. Während das restliche Rügen noch weitgehend slawisch war, siedelten auf dem Mönchgut bereits ausschließlich christliche Deutsche.

Auch die kleinen Mönchguter **Fischer- und Bauerndörfer** haben ihr ursprüngliches Gesicht noch unverfälschter bewahren können als die des restlichen Rügen. Hier sieht man noch häufig alte reetgedeckte Fischerkaten, seit Jahrhunderten unveränderte Dorfkerne und eines der schönsten Häuser ganz Rügens, das Pfarrwitwenhaus mit seinem entzückenden Zuckerhutdach und in allen Farben blühendem Blumengarten in Groß Zicker. Der außergewöhnliche Liebreiz seiner milden Landschaft und seiner windgeschützten, kilometerlangen Sandstrände haben das Mönchgut mit seinen Seebädern zum beliebtesten Reiseziel Rügens neben der Granitz gemacht.

Seebad Baabe

Ein großes hölzernes Eingangstor überspannt an der Stelle die Straße, an der einst der Mönchgraben die Grenze zwischen Granitz und Mönchgut bildete.

Der Name des Seebads geht auf die slawische Bezeichnung *thor baben* zurück, was soviel wie „zur alten Frau“ bedeutet. Bis zur Jahrhundertwende war Baabe ein kleines Fischerdorf. 1890 kamen dann die ersten Sommerfrischler. Sein Trumpf ist weniger das Ortsbild als seine reizvolle Lage zwischen ruhigem Selliner See und **kilometerlangem Sandstrand** an der Außenküste, der sich wie die Strandpromenade in einem sanften Bogen bis zum Nachbarort Göhren hinzieht.

Eine kleine und versteckte, aber überaus nostalgische Attraktion wartet am **Baaber Bollwerk.** Es ist der alte **Fährmann,** der seit nunmehr 50 Jahren auf den Ruf einer Glocke im kleinen Ruderboot Gäste über den Selliner See ans Moritzdorfer Ufer hinüberbringt. Von dort führt ein besonders schöner Weg hinauf zur **Ausflugsgaststätte Moritzburg,** von deren Terrasse sich ein betörend schöner Ausblick über die Mönchguter Landschaft eröffnet.

An der Straße zum Bollwerk erwartet liegt das kleine, frei zugängliche Freigelände des **Küstenfischermuseums.**

Info

- **Vorwahl:** 038303
- **Kurverwaltung/Info-Pavillon,** Am Kurpark 9, 18586 Baabe, Tel. 14 20, www.baabe.de. Mai/Juni

Mo–Fr 9–18 Uhr, Sa/So 10–18 Uhr, Juli–Sept. tägl. 9–18 Uhr, Okt. Mo–Fr 9–18 Uhr, Sa 10–18 Uhr, So 10–12 Uhr, April/Nov./Dez. Mo/Mi/Do 10–17 Uhr, Di/Sa 10–18 Uhr, Fr. 10–16 Uhr, So 10–12 Uhr.

■ **Kurabgabe** HS 2,30 €, NS 1,80 €.

Unterkunft

■ **Hotel Solthus**③, Bollwerkstr. 1, Tel. 8 71 60, www.solthus.de. First class in ruhiger Lage direkt am Bollwerk in architektonisch gewagter Verbindung zwischen Moderne und Tradition; behagliches, stilvolles Ambiente unterm Reetdach, ausgezeichnete Küche und großzügiger Wellnessbereich.

■ **Strandhotel**②-③, Strandstr. 24–26, Tel. 1 50, www.strandhotel-ruegen.de. Familiengeführtes Hotel mit Appartementanlage an der Flaniermeile 200 Meter vom Strand. Mit Wellnessbereich. Zum Haus gehört das gegenüber liegende „Ritas Café" mit Sonnenterrasse.

■ **Hotel Villa Fröhlich**①-②, Göhrener Weg 2, Tel. 8 61 91, www.villa-froehlich.de. Kleines Hotel mit 15 Zi. in reizender alter Bädervilla.

■ **Am Meer Pension garni**②, Strandstraße 40, Tel. 13 30, www.am-meer-ruegen.de. Familiär geführte Pension an der Promenade nur wenige Schritte vom Strand. 12 DZ teils mit Seeblick. Zum Haus gehört auch Baabes kleinste Gaststätte (siehe „Gastronomie").

315rh ph

Gastronomie

■ **Aalkate,** Am Aalkaten 14, Tel. 8 54 06, www.aalkate-baabe.de. Bei Fischer *Benno Mundt* und *sin Son* gibt es vormittags (9–11 Uhr) frisch geräucherten Fisch, ab 17 Uhr dann warme Küche zubereitet nach alter Familientradition und aus eigenem Fang.

„Hol över!" – mit dieser Glocke ruft man Fährmann Kay Uwe

■ **Zum Kleinen Leuchtturm,** Strandstraße 40, Tel. 13 30. Direkt hinter der *Pension Am Meer* bietet Baabes kleinste Gaststätte auf 14 Plätzen im familiären Wohnzimmer-Ambiente preiswerte Hausmannkost. Im Sommer Terrasse.

■ **Gaude Stuv,** Göhrener Weg 2, Tel. 8 61 91. Spezialitäten vom Fasan über die Mönchguter Fischplatte bis hin zu selbstgebackenem Kuchen à la Oma *Klara.*

Museum

■ **Küstenfischermuseum,** Bollwerkstr., Tel. 14 20, Freigelände.

Aktivitäten

■ **Fahrradverleih:** *Fahrrad Mix,* Strandstr. 36, Tel. 37 11 90, www.fahrradverleih-baabe.de.

■ **Surfen und Segeln:** *Surf & Sail Baabe,* Am Fischerstrand 1, mobil: (0172) 3 25 77 62, www.windrider.de.

■ **Kitesurfen:** *Casa Atlantis,* Strandstraße 5, mobil: (0173) 2 18 61 11, www.kitesurfen-ruegen.de.

■ **Schiffsausflug:** mit *MS Lamara* vom Bollwerk rund um die Insel Vilm, Tel. 90 99 51, www.ms-lamara.de, 1.5.–30.9. täglich 11 und 14 Uhr.

■ **Segeltörn:** mit Kutterjacht *Sehnsucht,* Baaber Bollwerk, Tel. (038308) 54 50, www.sehnsucht-segeln.de. Gruppen von 6–10 Pers. nach Absprache.

■ **Bootsverleih:** am Bollwerk Baabe und am Hauptstrand.

■ **Fähre:** Ruderboot vom Baaber Bollwerk nach Moritzdorf, mobil: (0174) 3 20 88 04, täglich 9–20 Uhr, 1 €/Person, Fahrrad 1 €, Hund 0,50 €.

■ **Kegeln:** im Strandhotel, Strandstr., Tel. 1 50.

■ **Uns Lütt Bahn:** Touristenbahn im Stundentakt-Pendelverkehr zwischen Strand und Bollwerk von Ostern bis Okt. Bei Haltestelle „Lidl-Parkplatz" besteht Umsteigemöglichkeit in die Bäderbahn nach Sellin.

317rh ph

Seebad Göhren

Wesentlich größer und mondäner als Baabe ist Göhren, das zweite Seebad des Mönchguts. Der Name leitet sich vom slawischen Begriff *gora* ab, was „Berg" bedeutet und die Besonderheit Göhrens andeutet. Es liegt **hoch über der Ostsee** auf dem **Nordperd,** einer weit ins Meer vorspringenden Landnase, die den östlichsten Punkt Rügens bildet.

Das alte Zentrum Göhrens ist geprägt von historischen Villen im Bäderstil, deren Fassaden oft von filigranen und reich verzierten Holzveranden oder Wintergärten geschmückt sind. Auch kulturell ist Göhren einer der herausragenden Orte auf Rügen.

Steil führt die hübsch gestaltete Haupt- und Einkaufsstraße am Ortsende hinab zum Nordstrand. Hier unten liegt der **Bahnhof Göhren,** Endstation des „Rasenden Roland". Eine Gelegenheit, die kleine, fauchende Dampflok aus der Nähe zu bewundern und den Lokführer mit Fragen zu löchern.

Strände

Göhrens Badestrand wird durch das Nordperd in einen Nord- und einen Südstrand getrennt. Beide haben eine

Pures Strandvergnügen an Göhrens Nordstrand

Länge von 4,5 km und bieten alles, was das Badeherz begehrt. Am **Nordstrand** laden Volleyball- und Tennisplätze, eine Kegelbahn und eine Surfschule zu sportlichen Aktivitäten. An ihm zieht sich auch die schöne Strandpromenade entlang, auf der man bis zum 3 km entfernten Baabe flanieren kann. An der Promenade liegen mehrere Strandcafés, der Musikpavillon und die neu errichtete Seebrücke. Etwa 200 m vor dem Nordstrand ragt der Buskam aus dem Wasser. Dieser größte Findlingsblock der deutschen Ostseeküste hat ein Volumen von 600 m^3 und wiegt 1600 Tonnen. Seinen Namen gaben ihm die Slawen, die ihn *bogis* tauften, was „Gottesstein" bedeutet.

Der abgelegenere **Südstrand** ist deutlich weniger frequentiert und deshalb ruhiger.

Nordperd

Nicht entgehen lassen sollte man sich einen **Spaziergang um das Nordperd herum.** Die weit ins Meer hinausragende Landspitze ist von eindrucksvoller Schönheit. Auf einem schmalen Pfad, der nahe oder direkt an der steilen, fast 50 m nahezu senkrecht abfallenden Abbruchkante der sandigen Kliffe entlangführt, ist sie bequem zu umrunden. Auf Schritt und Tritt eröffnen sich auf dem durch lichten, schattigen Buchenwald führenden Weg einzigartige Ausblicke auf die Ostsee. Die sandigen Steilufer dürfen aber nicht erklettert werden. Das ist zum einen gefährlich, weil immer wieder große Sandmassen abrutschen. Zum anderen beschleunigt sich die Erosion durch Trampelpfade, die vom Regen zu tiefen Rinnen ausgewaschen werden.

Speckbusch

Ein weiteres Ziel für einen kleinen Spaziergang ist der Speckbusch. Das bronzezeitliche **Hügelgrab** liegt am westlichen Ortsrand hinter der Kirche. Von dieser Stelle hat man einen besonders schönen Blick über das ganze Mönchgut hinweg bis nach Thiessow sowie hinüber zur Insel Usedom und bei guter Sicht sogar bis zur Halbinsel Wolin in Polen.

Plansberg

Tolle Aussichten gewährt auch der Aussichtsturm auf dem Plansberg, der im Wald am westlichen Ortsrand nördlich der Hauptstraße liegt.

Mönchgut-Museen

Das größte Museum der Insel Rügen umfasst eine Reihe verschiedener Bauten im Ort selbst und in der näheren Umgebung. Zu verdanken hat Göhren seine Stellung als das Museumszentrum von Rügen der Kapitänstochter und Lehrerin *Ruth Bals* (1909–1994), die sich Zeit ihres Lebens intensiv um den Erhalt und die Pflege der Mönchguter Kultur und Traditionen bemühte. Das Haupthaus in der Ortsmitte ist das **Heimatmuseum,** das an einem großen alten Anker in seinem Vorgarten leicht zu erkennen ist. In dem hübschen Rohrdachhaus aus der ersten Hälfte des 19. Jh. zeigen verschiedene Ausstellungen die geologischen, geographischen und kulturellen Besonderheiten des Mönchguts.

Drei Minuten Fußweg entfernt in Richtung Strand liegt der **Museumshof.**

Die bäuerliche Hofanlage aus dem 18./19. Jh. umfasst mehrere Gebäude, in denen eine **agrarhistorische Ausstellung** untergebracht ist.

Ein weiterer Ableger des Mönchgut-Museums ist das ebenfalls drei Minuten entfernte **Rookhus,** ein wunderschönes schornsteinloses Haus vom Zuckerhuttyp aus dem 18. Jahrhundert.

Etwas außerhalb des Ortes liegt das **Freigelände** des Museums. Wenn man vom Heimatmuseum die Thiessower Straße am Rookhus vorbei Richtung Südstrand geht, stößt man auf einen Zaun aus alten Bojen, der das Freigelände begrenzt. Auf der Wiese hinter den Stranddünen liegen **zwei Schiffe** zur Besichtigung auf Kiel. Das größte ist der Motorsegler *Luise,* ein Vertreter des einst in der Region üblichen Frachtschifftyps. Über eine Treppe kann der Kahn erklettert und besichtigt werden.

Das zweite Boot des Freigeländes ist die *Gager,* ein kleines Motorboot, wie es auch heute noch für die Küstenfischerei eingesetzt wird.

■ **Verwaltung Mönchguter Museen,** Strandstr. 4, Tel. (038308) 21 75, www.moenchguter-museen-ruegen.de.

■ **Heimatmuseum,** Strandstr. 1, Tel. 2 56 27, Mai bis Sept. Mi–Fr 10–16 Uhr.

■ **Museumshof,** Strandstr. 4, Öffnungszeiten wie Heimatmuseum.

☒ Das Heimatmuseum in Göhren

■ **Rookhus,** Thiessower Str. 7, jeden Mi 14–17 Uhr.

■ **Museumsschiff Luise,** am Südstrand. Öffnungszeiten siehe unten.

Bitte beachten: Wegen umfangreicher Umstrukturierungsmaßnahmen haben alle Mönchguter Museen zurzeit nur **provisorische Öffnungszeiten** für einen eingeschränkten Zeitraum. Über die aktuellen Zeiten informieren Sie sich bitte bei der Museums- oder Kurverwaltung vor Ort.

Herzogsgrab

Lässt man die beiden Seebäder hinter sich und fährt auf der Landstraße Richtung Middelhagen, kommt man in den ländlichen Teil des Mönchguts.

Kurz hinter Göhren führt die Straße einen kurzen, aber steilen Stich hinauf. Am Beginn der Steigung führt rechts ein Feldweg in den Wald hinein. Ca. 1,5 km von der Straße entfernt liegt dort im Wald das Herzogsgrab. Die erst 1920 entdeckte 4000 Jahre alte **steinzeitliche Grabkammer** war die letzte Ruhestätte von 30–40 Personen. Bei Ausgrabungen wurden wertvolle Grabbeigaben wie Tongefäße, Steinbeile, Pfeilspitzen oder Bernsteinschmuck gefunden. Die Fundstücke sind im Kulturhistorischen Museum in Stralsund ausgestellt.

Praktische Tipps

Info

■ **Vorwahl:** 038308

■ **Kurverwaltung,** Poststr. 9, 18586 Göhren, Tel. 6 67 90, www.goehren-ruegen.de, 1. Mai–30. Sept. Mo–Fr 9–18 Uhr, Sa 9–12 Uhr, 1. Okt.–30. April Mo/ Mi/Do 9–12 und 13–16.30 Uhr, Di 9–12

316rh ph

und 13–18 Uhr, Fr 9–15 Uhr. Kurabgabe HS 2,80 €, NS 1,50 €.

■ **Fremdenverkehrsverein,** Berliner Str. 8, Tel. 2 59 40, www.zimmervermittlung-goehren-ostsee.de, Sommer Mo–Fr 9–19 Uhr, Sa/So 10–18 Uhr, Winter Mo–Fr 9–17 Uhr, Sa 10–15 Uhr.

Unterkunft

■ **Hotel Hanseatic**③-④, Nordperdstraße 2, Tel. 5 15, www.hotel-hanseatic.de. Modernes 4-Sterne superior auf Göhrens höchstem Punkt. Die Ausstattung des Wellnesstempels ist ebenso erlesen wie die Aussicht. Drei Restaurants, darunter die Gourmetadresse „Berliner Salon" mit einem Stern im Guide Michelin und 17 Punkten im Gault Millau. Einmalig ist auch der frei zugängliche Turm mit Bibliothek in zwei Leseetagen, charmantem Turmcafé und dem herrlichen Ausblick über halb Rügen von der obersten Etage. Striktes Nichtraucherhaus.

■ **Hotel Waldperle**②-③, Carlstr. 6, Tel. 3 41 90, www. waldperle.com. Im Ortszentrum gelegen, mit Sauna, Whirlpool, Spezialitätenrestaurant.

■ **Pension Schwanensee**①-②, An der Alten Försterei 7, Tel. 9 10 68, www.pension-schwanensee.de. Hübsches Rohrdachhaus mit Vogelpark in schöner Alleinlage außerhalb des Ortes, gutes Restaurant; mit vier 1–2-Raum-Appartements und 2 Ferienhäuschen, Frühstück wird extra berechnet.

■ **Camping Göhren,** Tel. 9 01 20, www.regenbogen.ag. Sehr weitläufiger und ebenso schöner wie abwechslungsreicher, sehr gut ausgestatteter Platz direkt hinter den Dünen am Nordstrand. Auf dem Platz gibt es ein Amphitheater mit Abend-Shows, eine Sportplatzanlage sowie das *Restaurant Landhaus* und ein 500 m² großes Wellnesscenter. Mehrere Areale für Wohnmobile. Freundliche Leitung und tolle Lage. Sehr beliebt, deshalb in der Hauptsaison rechtzeitig buchen! Ganzjährig.

Gastronomie

- **Zum Leuchtfeuer,** Max-Dreyer-Straße 6, Tel. 2 52 96. Frische Fisch- und Fleischgerichte nach Hausmannsart mit herrlichem Blick auf das Mönchgut.

MEIN TIPP: **Strandhaus 1,** Nordstrand 1, Tel. (038308) 2 50 97, www.strandhaus1.de. 1a-Lage am Nordstrand mit Blick auf denselben. In üppiges Grün eingewachsene Terrasse, teils überdacht und mit Windschutz. Einfache, schmackhafte Küche.

- **Bellevue,** Nordperdstraße 2, Tel. 5 15. Kleines charmantes Café in der 4. Etage im Turm des *Hotel Hanseatic* (siehe auch unter „Unterkunft"). Torten und Pralinen aus der hauseigenen Konditorei.

Aktivitäten

- **Fahrradverleih:** *Tilly,* Schulstr. 7, Tel. 22 40, www.fahrrad-tilly.de.
- **Schiffsausflüge:** mit *Adler-Schiffe* (Tel. (038378) 4 77 90, www.adler-schiffe.de) und *Ostseetour* (Tel. (038392) 31 50, www.reederei-ostsee-tour.de) ab Seebrücke im Bäderverkehr zu den benachbarten Seebädern, zum Königsstuhl rund um Rügen.
- **Bowling:** *Bowling-Treff Pommernstübchen,* Kegelbahn 1, Tel. 9 10 86, www.pommernstuebchen.de.
- **Tauchen:** *Schönis Tauchschule,* Seestr.5, mobil: (0174) 9 05 21 80, www.schoenis-tauchschule.de.
- **Baden/Wellness:** *Kur- u. Gesundheitszentrum,* Waldstr. 7, Tel. 2 52 52, www.ruegen-kur.de.
- **Komödie Rügen:** Waldstr. 4, Tel. 6 62 22, www.komödie-rügen.de.
- **Sportstrand:** *Tiki-Beach* am Strandzugang 11, mobil: (0179) 4 49 96 00.
- **Skimboarding,** Beach-Soccer, Beach-Volleyball u.a. (Juni–Sept. tägl. 10–20 Uhr).

Kunsthandwerk

- **Blaudruck:** *Blaudruck Hoth,* Strandstr. 6, Tel. 22 53.
- **Keramik:** *Atelier I. Fuchs,* Thiessower Straße 33, Tel. 2 53 54.

Middelhagen

Umgeben von flachsfarbenen Schilffeldern, sanften Höhenrücken und saftigen Salzwiesen liegt Middelhagen malerisch eingebettet in der Mönchguter Landschaft. Das kleine Dorf schmückt sich mit einem außerordentlich schönen **historischen Dorfkern.** Über Jahrhunderte unverändert, gruppieren sich um die spätgotische Dorfkirche eine Reihe historisch wertvoller Gebäude.

In der um 1400 errichteten **Mönchskirche** ist der spätgotische Flügelaltar von 1480 besonders sehenswert. Es ist der älteste Altar auf Rügen. Seine reichen Schnitzereien erzählen Episoden aus der Lebensgeschichte der Hl. *Katharina von Alexandrien*, der er gewidmet ist. Die Ausmalungen der Kirche stammen von 1906.

Links neben der Kirche steht das **Hallenhaus** mit seinem tief heruntergezogenen Schilfrohrdach, das eine Ausstellung historischer landwirtschaftlicher Geräte zeigt.

Schulmuseum

Rechts der Kirche steht, eingerahmt von einer malerischen Trockenmauer aus großen Findlingsblöcken und Feldsteinen, das **ehemalige Küsterhaus,** das nun das Schulmuseum beheimatet. In der für Rügen damals typischen Zwergschule erzählen Rohrstock und Schiefertafel vom harten Schülerleben vor 100 Jahren.

■ **Schulmuseum/Hallenhaus,** Tel. 24 78, April/Mai/Sept./Okt. Mo–Sa 10–17 Uhr, So 13–17 Uhr, Juni–Aug. Mo–Sa 10–18 Uhr, So 13–18 Uhr, hist. Schulstunde Mi 10 Uhr, Juli/Aug. zusätzlich Di 10 Uhr, April Di 11 Uhr.

Märzenbecherwiesen

Ein im Frühjahr sehr lohnender Abstecher. Das 1 ha große Naturdenkmal im ehemaligen Park der Domäne Phillipshagen verwandelt sich dann in ein Blütenmeer aus Zigtausenden der geschützten Märzenbecher.

Salzwiesen

Eine weitere botanische Besonderheit sind die Middelhagen umgebenden Wiesen, die knapp über dem Meeresspiegel liegen und regelmäßig von Salzwasser überflutet werden. Sie verschaffen seltenen Pflanzen wie Spargelerbse, Salzbinse und Meerstranddreizack einen Lebensraum.

Praktische Tipps

Info

■ **Vorwahl:** 038308
■ **Info:** Kurverwaltung, Dorfstr. 4, 18586 Middelhagen, Tel. 21 53, www.middelhagen.de. April/Okt. Mo–Do 9–15 Uhr, Fr 9–12 Uhr, Mai/Sept. Mo–Do 9–16 Uhr, Fr 9–13 Uhr, Juni Mo–Do 9–16 Uhr, Fr 9–14 Uhr, Juli/Aug. Mo–Do 8–17 Uhr, Fr 8–14 Uhr, Sa 10–12 Uhr, Nov./März Mo–Do 9–14 Uhr, Fr 9–12 Uhr.
■ **Kurabgabe:** HS 1,50 €, NS 0,75 €.

Unterkunft

■ **Der Mühlenhof**③, Dorfstr. 44a, Tel. 56 30, www.dermuehlenhof.de. Fünf-Sterne-Ferienanlage mit Schwimmhalle, Saunahaus, Fitnesscenter, Badeteich und herrlichem Boddenblick.
■ **Pension Up'n Hoff,** Dorfstr. 7, Tel. 54 80, www.ruegen-rohrhus.de. Rohrgedeckter Hof in sehr ruhiger Lage mit großem Garten, Sauna, Solarium, Restaurant, Ponyreiten. Preis auf Anfrage.
■ **Gutshof**①, Gutshof 11, Tel. 2 54 92, www.gutshaus-auf-moenchgut.de. Reizvoller historischer Gutshof der Familie *Wrase* in ruhiger Lage mit Zimmern und FeWo. Eigener Teich und großer Garten. Mindestaufenthalt: 3 Nächte.

Gastronomie

MEIN TIPP: **Zum Froschkönig,** Dorfstr. 25, Tel. 2 56 63. Brasserie/Café in schnuckeligem weißem Holzpavillon direkt am Radweg. Ausgesprochen aufmerksame und freundliche Bedienung, gute Küche, faire Preise. Herausragend die selbst gebackenen Kuchen – für mich die besten auf Rügen, besonders die Mohntorte mit Schokodecke für 3,50 € ! – meist sehr gut besetzte Terrasse im charmanten, bunt blühenden Bauerngarten mit Blick auf die Dorfkirche (April–Okt. Di–So 12–18 Uhr).

Aktivitäten

■ **Fahrradverleih:** *A. Deutschmann,* Dorfstr. 35, Tel. 2 54 82.
■ **Kunsthandwerk:** *Mönchgutkeramik Wilcke,* Dorfstr. 18, Tel. 2 52 27.

318rh ph

Reddevitzer Höft

Von Middelhagen führt eine schmale Straße, die hinter Alt Reddevitz zum Sandweg wird, hinaus auf das, was zu einem nicht unerheblichen Teil den besonderen Charakter des Mönchguts ausmacht: das Reddevitzer Höft. Wie ein schmaler, zartgliedriger Finger ragt die **Landzunge** kilometerweit in die ruhigen Wasser des Rügischen Boddens hinaus.

Eine Wanderung zu Fuß oder per Fahrrad an die äußerste Spitze dieser landschaftlichen Eigentümlichkeit eröffnet mit die schönsten Ausblicke, die Rügen zu bieten hat. Von den sandigen, mit kargem, aber duftendem Trockenrasen bewachsenen Hügeln reicht die Sicht über das umliegende Wasserland von Having und Hagenschem Wiek.

Besonders schön ist die **Ginsterheide.** Das mit Besen- und Stechginster bewachsene Naturdenkmal ist die größte zusammenhängende Heidelandschaft auf Rügen. Ganz am Ende der Landzunge duckt sich der **Having-Hof** in eine Senke, welcher neben Unterkunft auch eine niedlich kleine Puppenstuben-Gaststätte bietet, in die es sich vor dem Rückweg prächtig einkehren lässt.

☐ Hochufer an der Spitze des Reddevitzer Höfts

Alt Reddevitz

Einziges Dorf auf dem Reddevitzer Höft ist Alt Reddevitz, das gleich am Eingang am Ufer des Hagenschen Wieks liegt. In diesem abgeschiedenen Ort hat eine ganze Reihe malerischer, schilfgedeckter Hallenhäuser alle Stürme der Zeit schadlos überstanden. In der Dorfmitte hat sich in einer jahrhundertealten Fachwerkscheune der Gasthof *Kliesow's Reuse* eingerichtet, der wegen seiner hervorragenden Fischgerichte und der besonderen Atmosphäre im historischen Gebälk inselweit bekannt ist.

Außerhalb des Dorfes wartet auf dem Gipfel der Anhöhe die Mönchguter **Hofbrennerei „Zur Strandburg"** auf Besucher. Die in einem ehemaligen Hotel aus den 1920er Jahren von der Familie *Kliessow* betriebene Brennerei offeriert in ihrem Hofladen neben hochprozentigem auch Säfte und drei stilvoll eingerichtete FeWos mit herrlicher Aussicht.

Gleich daneben liegt das **Naturparadies** mit seinem 30.000 m^2 großen alten Bio-Apfelgarten aus Großvaters Zeiten, das im Mai das **Apfelblütenfest** und im Oktober ein zweitägiges **Apfelerntefest** veranstaltet. Ganzjährig wird selbst gemachter Bio-Apfelsaft verkauft.

Praktische Tipps

Unterkunft

■ **Having-Hof**②, Haus Nr. 49, Tel. (038308) 55 00, www.having-hof.de. Zauberhafte Alleinlage fast an der Spitze des Reddevitzer Höfts. Elf Ferienwohnungen in idyllischer Dreiseithofanlage mit gemütlichem Gasthof, in Vor- und Nachsaison auch mit Frühstück oder Halbpension möglich.

■ **Hof Eschenschlag**②, Haus Nr. 41, Tel. (038308) 6 62 40, www.hof-eschenschlag.de. Bildschöner, sanierter Dreiseithof in Einzellage direkt am Bodden gelegen; Tiere, Ruderboot, Grill-Spielplatz.

Gastronomie

■ **Kliesows Reuse,** Alt-Reddevitz, Dorfstr. 23a, Tel. (038308) 21 71, www.kliesows-reuse.de. Auch wenn das bekannte Fischrestaurant nicht mehr von der Familie *Kliesow* betrieben wird – das Ambiente in der über 420 Jahre alten Scheune ist noch immer romantisch, und auch die Qualität der Küche hat sich nicht verändert.

Aktivitäten

■ **Reiten:** *Reiterhof/Pferdezucht Pisch,* Dorfstr. 1, Tel. (038308) 23 70, www.ruegen-reiterhof.de. Mit Gästehaus.

Einkaufen

Mein Tipp: **Mönchguter Hofbrennerei „Zur Strandburg",** Alt Reddevitz Nr. 36, Tel. (038308) 3 41 05, www.hofbrennerei-strandburg.de. Von Weitem schon erblickt man das leuchtend gelbe Gebäude der Hofbrennerei, das neben dem „Naturparadies" auf dem Hügel thront. In dem ehemaligen Hotel betreibt *Thomas Kliesow* die Mönchguter Hofbrennerei, die vom Kümmel über Obstbrände bis zum Whisky allerhand Hochprozentiges, aber auch lieblichere Kräuterliköre, Säfte und vieles mehr feilbietet. Öffnungszeiten des Hofladens: April–Sept. 10–18 Uhr, Okt.–März Mo–Sa 11–14 Uhr, Führung durch die Brennerei mit Verkostung: April–Okt. Mi und Fr 16 Uhr, Nov.–März Mi 14 Uhr, Dauer ca. 60 Min. Im Haus gibt es drei stilvoll gestaltete 2-Personen-Appartements mit Prachtaussicht②.

Lobbe

Von Middelhagen Richtung Lobbe schlängelt sich die kleine Landstraße auf einem Damm durch sumpfige Niederungen, die, soweit das Auge reicht, von **Schilfbinsen** bestanden sind. Hier ernten die Mönchguter ihre „Dachziegel". Überall stehen die flachsgelben Binsen zu Bündeln zusammengeschnürt wie Indianerwigwams in der Gegend.

Von weitem schon zu sehen ist das Windrad des **Windschöpfwerks** am Rande der Straße. Das technische Denkmal ist das letzte erhaltene gebliebene von einst 18 Schöpfwerken. Die sogenannten „Langsamläufer" pumpten mittels der Kraft des Windes über archimedische Röhren das Wasser aus Sumpfgebieten ab, um diese für die Landwirtschaft nutzbar zu machen. Das Lobber Schöpfwerk ist nicht mehr im aktiven Dienst, dreht sich aber noch spielerisch im Wind.

Das Dorf Lobbe liegt an der Ostseeküste. Am **Lobber Ort,** einem unter Naturschutz stehenden Sandkliff, beginnt der herrliche **Sandstrand,** der sich entlang der Außenküste **bis zum Südperd,** der Südspitze des Mönchguts bei Thiessow, hinzieht – ein absolutes Strandparadies und beliebtes Nacktbaderevier.

Unterkunft

■ **Strandhotel Eldena**②, Göhrener Weg 40, Tel. 5 00, www.hotel-eldena.de. Familiäres Hotel in ruhiger Lage nur durch einen bewaldeten Dünenstreifen vom Strand getrennt. 30 komfortable Zi. und 25 komplett ausgestattete Fewo in separatem Gebäude. Wellnessbereich mit Saunen, Solarium, Massagen, besonders einladend die große Wanne für zweisame Wonnen, besonders wohltuend das Katerbad nach allzu langen Nächten.

■ **Ferienanlage Lobbe**①-②, Göhrener Weg 39, Tel. (038308) 5 10, www.ferien-lobbe.de. Grüne Anlage mit preiswertem Zimmer im Gästehaus, mit Fitnesscenter, Fahrradverleih, Brötchenservice, Grillplatz u.a.

■ **Camping „Dat Stranddörp"**, Tel. (038308) 23 14, www.campingruegen.de. Schmaler, langgezogener Platz zwischen Haff und Straße. 3 Minuten zum Strand. Mit Fahrradverleih, FKK-Strand, April–Okt.

Gastronomie

■ **Zum Walfisch**, Dorfstr. 32, Tel. (038308) 2 54 67, www.walfisch-ruegen.de. Traditionelle Küche, sehr gute Fischgerichte, seit 1888 Familienbetrieb; Gästezimmer② (100 m bis zum Strand), Fahrradverleih.

Zickersches Höft

Auf halber Strecke zwischen Lobbe und Thiessow biegt die schmale Straße nach Gager und Groß Zicker auf dem Zickerschen Höft ab.

Die **Halbinsel** ist eine ideale Region zum Radfahren, Wandern und Spazierengehen. Etwa 8 km lang ist der empfehlenswerte Rundwanderweg. Wie ein kuscheliges Fell überzieht Trockenrasen und Heidelandschaft die sanften Hügel zwischen dem Hagenschen Wiek und dem Zickersee. Eine milde und anmutige Landschaft, die die Sinne erfreut und die Nerven entspannt.

Bakenberg

Höchster Punkt der sogenannten **„Zicker Alpen"** ist der **66 m** hohe Bakenberg, den keine Wanderroute auslassen sollte. Vom seinem Gipfel bietet sich ein atemberaubender 360-Grad-Rundblick, der über das gesamte Mönchgut mit seiner extrem zergliederten Küstenlinie bis hinüber nach Usedom und Greifswald reicht. In der anderen Richtung kann der Blick bis Putbus und Bergen schweifen.

Naturschutzgebiet

Das **Naturschutzgebiet Zickersches Höft** an der Westspitze der Halbinsel ist nur zu Fuß zu erreichen. Die Straße endet in Groß Zicker, wo man, falls man nicht sowieso zu Fuß unterwegs ist, das Auto auf einem großen Parkplatz abstellen kann. Das 3 ha große NSG umfasst den gesamten exponierten **Trockenhang,** auf dem eine Vielzahl seltener und sehr seltener, herrlich duftender Pflanzen wächst, die die Trockenheit lieben.

Kräuterwanderungen, *René Geyer,* Am Mühlengrund 5, 18586 Lancken Granitz, mobil: (0173) 9 89 80 31, www.naturgeyer.de. Wer per pedes durch das bezaubernde Biosphärenreservat Südost-Rügen und das Mönchgut streifen will, der vertraue sich am besten der orts- und fachkundigen Führung von Herrn *Geyer* an. Er kennt nicht nur die schönsten Winkel und Plätzchen wie die Schlüsselblumenwiese und weiß über jedes Großsteingrab Spannendes zu berichten, sondern vermittelt als ausgezeichneter Kenner seiner Heimat auch ein Füllhorn an Informationen zu Kräuterpflanzen, Anekdoten am Wegesrand u.a. Regelmäßige Kräuterwanderungen; Treffpunkt Schlagbaum am Ende der Boddenstraße hinter Groß Zicker, April–Sept. Mo, Do und Fr 10 Uhr, Sa 13 Uhr, Erwachsene 9 €, Kinder 3 €, Familie 18 €. Dauer ca. 2½ Std.

Groß Zicker

Das kleine Fischerdorf am Ufer der **Zickersee** ist von außergewöhnlicher Anmut. Sein Gesicht wird von alten, rohrgedeckten Fischerkaten und für die Region typischen Dreiseithöfen geprägt.

Überragt wird das ländliche Idyll von der **spätgotischen Dorfkirche,** auf deren Friedhof noch zahlreiche alte Grabwangen stehen. Der 1360 errichtete Backsteinbau ist das älteste Gebäude auf dem Mönchgut. Neben der Barockkanzel von 1653 besonders bemerkenswert sind die mit maritimen, bäuerlichen und handwerklichen Motiven bemalten Buntglasscheiben im Chor, die im 16. Jahrhundert Schiffer aus den Niederlanden mitbrachten.

Die Bakenberge – feurige Alarmsignale

Wer auf Rügen und Hiddensee unterwegs ist, wird schnell bemerken, dass es auf den Inseln eine ganze Anzahl von Erhebungen gibt, die den Namen „Bakenberg" tragen. Dies rührt daher, dass auf den markanten Hügeln einst sogenannte **Feuerbaken** standen, lange Holzstämme, an deren oberem Ende Teertonnen befestigt waren, die bei außergewöhnlichen Ereignissen entzündet wurden. Mit diesem Alarmsystem konnte man schnell weit entfernt liegende Nachbarn oder Bewohner benachbarter Inseln vor Gefahren, wie dem **Herannahen von Feinden,** warnen.

Pfarrwitwenhaus

Das Haus aller Häuser in Groß Zicker und womöglich auf ganz Rügen ist das Pfarrwitwenhaus mit seinem Zuckerhutdach, das 1723 errichtet wurde. Ein wundervoller Anblick, zumal es noch in einen liebevoll angelegten und in allen Farben blühenden Garten eingebettet ist. Das schornsteinlose, aus Lehm und Holz erbaute Rauchhaus diente den mittellosen Witwen der verstorbenen Pfarrer als Unterkunft. Bis 1984 war es noch bewohnt.

■ **Pfarrwitwenhaus,** Boddenstr. 21, Tel. (038308) 82 48, April/Mai/Okt. Mo–Fr 11–16 Uhr, Sa/So 13–16 Uhr, Juni/Sept. Mo–Fr 10–17 Uhr, Sa/So 13–17 Uhr, Juli/Aug. Mo–Fr 10–18 Uhr, Sa/So 13–18 Uhr.

Praktische Tipps

Unterkunft

■ **Hotel Inselwind**②-③, Boddenstraße 16, Tel. (038308) 82 54, www.hotel-inselwind.de. Sehr schön und ruhig gelegenes Hotel. 21 geschmackvoll möblierte Zi. mit Blick auf den Bodden oder die Dorfkirche. Im charmanten Café (Di–So 12–18 Uhr). Kuchen und Torten aus der hauseigenen Backstube. Idyllischer Biergarten auf der Wiese mit Fischkutter und Standkörben.

■ **Pension Taun Hövt**②, Boddenstr. 61, Tel. (038308) 54 20, www.taun-hoevt.de. Rohrgedeckter Dreiseithof in bezaubernder Alleinlage, mit Restaurant und schöner Terrasse.

320rh ph

■ **Pension Westphal**②, Boddenstr. 23a, Tel. (038308) 82 94, www.westphal-ferienwohnung.de. 4 gemütliche 2-Raum-App. mit Küche im rohrgedeckten Bauernhaus, mit Grillplatz.

Gastronomie

■ **Taun-Hövt,** Boddenstraße 61, Tel. (038308) 54 20, www.taun-hoevt.de. Das Restaurant der Pension in idyllischer Alleinlage bietet frische Küche aus Meer und vom Land im angenehmen Ambiente, im Sommer auf der schönen Boddenblick-Terrasse. Sehr beliebt, in der Saison besser reservieren.

MEIN TIPP: **Fischräucherei Dumrath,** Boddenstr. 25, Tel. (038308) 3 00 04. Mit die besten Fischbrötchen Rügens! Fangfrisch, frisch geräuchert – ob mit Zwiebeln oder ohne – ob auf dem Brötchen oder zum Mitnehmen – bei *Sönke* und *Steffi* ist alles extrafrisch und oberlecker! April/Okt. 10–17 Uhr, Mai–Sept. 10–18 Uhr.

Gager

An der Nordküste des Zickerschen Höfts liegt zu Füßen des Bakenbergs am Hagenschen Wiek das beschauliche Fischerdorf Gager. Es besitzt einen kleinen Hafen, in dem man den Fischern bei der Arbeit zusehen kann. In der Fischereigenossenschaft kann man auch Frisch- und Räucherfisch kaufen. Für Radler und Wanderer von besonderem Interesse ist die kleine **Personenfähre,** die in der Saison vom Hafen Gager nach Peenemünde auf Usedom fährt.

⌃ Eine Augenweide – das Pfarrwitwenhaus in Groß Zicker

Info

- **Vorwahl:** 038308
- **Kurverwaltung Gager,** Zum Hövt 15a, 18586 Gager, Tel. 82 10, www.gager.de, www.mein-moenchgut.de, Mai–Sept. Mo–Fr 9–18 Uhr, Sa/So 9–12 Uhr, Okt.–April Mo/Mi/Fr 8–12 Uhr, Di 12–17, Do 12–15 Uhr.
- **Kurabgabe** HS 1,50 €, NS 0,75 €.

Unterkunft

- **Pension Am Hafen**②, Zum Hövt 29a, Tel. 3 01 60, www.gager-ferienwohnung.de. Idyll unterm Reetdach mit Bodden- und„Zicker-Alpen"-Blick, Liegewiese, Grillterrasse, Fahrrad-, Bootsverleih.
- **Camping Am Bodden,** in Gager, Tel. 3 01 99, www.campingplatz-ruegen.de. Intimer Platz am Bodden, Bungalowvermietung, Fahrradverleih, April–Okt. Wintercamping möglich.

Gastronomie

- **Alte Bootswerft,** Am Hafen 10, Tel. 6 64 70, www.restaurant-bootswerft.de. Restaurant/Café/Lounge in alter Bootswerft direkt am Hafen. Innen großer Gastraum, außen schöne windgeschützte Terrasse mit Blick auf das Wasser. Umfangreiche Speisekarte, auch vegetarische Gerichte.
- **Lütt Fischeck,** Zum Hövt 25, mobil: (0174) 4 64 27 36. Sehr leckerer Räucherfisch und Fischbrötchen, Geöffnet von März bis Nov.

Aktivitäten

- **Bootsausflug:** *Boddenreederei Rügen,* Tel. 83 89, www.boddenreederei-ruegen.de. Mai–Sept. Fahrt nach Peenemünde mit 3-stündigem Aufenthalt. Fahrradfähre Gager – Peenemünde: Mai/Juni jeweils Mi., Juli/Aug. jeweils Mi. u.Fr, Sept. jeweils Do. Radfahrer bitte unter Tel. (038308) 83 89 oder mobil: (0171) 1 88 74 26 anmelden. Fahrzeiten siehe unter ww.boddenreederei-ruegen.de/fahrrad faehrlinie.html.

Seebad Thiessow

Am südlichsten Zipfel des Mönchguts liegt das alte Lotsendorf Thiessow, dessen Name sich vom slawischen *tis* ableitet, was „Eibe" bedeutet. Das Ortsbild selbst ist weniger bemerkenswert, doch hier am Südperd und Thiessower Haken vereinigen sich alle Merkmale der Mönchguter Landschaft: hohe Dünen, steile Kliffe, weite Badestrände, schattiger Kiefernwald, sanfte Grashügel und blühende Salzwiesen.

Seine vorgeschobene Lage am Eingang in die Meerenge des Strelasunds machte den Ort für die **Schifffahrt** bedeutsam. Die ortskundigenThiessower Fischer begleiteten die fremden Frachtschiffe seit alters auf ihrem Weg nach Stralsund und lotsten sie an Untiefen und Sandbänken vorbei. 1859 wurde der Ort zur **Hauptlotsenstation.** In den 1920er Jahren verlor die Station an Bedeutung, weil die Schiffe mehr und mehr die Nordpassage befuhren, die an Hiddensee vorbei in den Strelasund hineinführt. 1945 wurde die Lotsenstation endgültig geschlossen. An die Blütezeit Thiessows als Lotsenort erinnert heute das kleine **Lotsen-Museum** im Haus des Gastes.

Thiessow verfügt an der **Ostküste über** einen kilometerlangen, 30–50 m breiten Sandstrand, der sich bis nach Lobbe hinzieht. Beim Campingplatz gibt es ein großes FKK-Gelände.

Rügenmarkt

Mein Tipp: Von Mai bis Ende Okt. findet jeweils Di und Do am **Hafen von Thiessow** von 9 bis 16 Uhr der Rügenmarkt statt. Der Besuch lohnt sich, denn hier versammeln sich unter freiem Himmel und dem Motto **„regional – köstlich – kunterbunt"** rund 80 einheimische Produzenten, Künstler und Kunsthandwerker. Es gibt sogar einen eigenen „Rügenmarkt-Song" im fetzigen Samba-Rhythmus, zu hören auf www.ruegen-markt.com.

120rh ph

Südperd

Beobachten kann man die Brandung und die Wellenreiter vom Aussichtspunkt **Kleiner Königsstuhl** auf dem Südperd. Von dem Plateau, auf dem noch Reste von Schanzenanlagen aus dem Nordischen Krieg zu sehen sind, hielten die Lotsen früher nach Segelschiffen Ausschau. Etwas weiter südlich liegt der südlichste Punkt des Mönchguts, der Thiessower Haken.

Auf dem 36 m hohen **Lotsenberg** wurde nach historischem Vorbild der alte, 11 m hohe **Lotsenturm** von 1909 wieder aufgebaut, von dessen Plattform man eine wunderbare „Lotsenfernsicht" genießt. Auch das kleine historische Lotsenhaus auf dem Hügel kann besichtigt werden.

Praktische Tipps

Info

- **Vorwahl:** 038308
- **Kurverwaltung,** 18586 Thiessow, Hauptstr. 36, Tel. 82 80, www.ostseebad-thiessow.de, Mo, Mi, Do 8–16 Uhr, Di 9–18 Uhr, Fr 8–12 Uhr, Mai–Okt. zusätzlich Sa 10–12 Uhr.
- **Kurabgabe** HS 2 €, NS 1 €.

Unterkunft

Pension Wahnfried②, Hauptstr. 9, Tel. 82 16, www.pension-wahnfried.de, charmante Villa aus den 1930er Jahren mit großem Garten in ruhiger Lage am Waldrand, wenige Minuten vom Strand. Ü/F NS 23–30 €, HS 37 €.

Hotel Godewind②, De niege Wech 7, Tel. 34 20, www.godewind-thiessow.de. Neu erbautes, familiäres Haus mit schönem Mönchgutblick; regionale Küche in Kamin-Gaststätte mit Wintergarten; Sauna, Fitnesscenter, Fahrradverleih, 3 Min. zur Ostsee.

Camping-Oase, Hauptstr. 4, Tel. 82 26, www.campingplatz-thiessow.de. 150 m bis zum Strand mit FKK-Bereich, Fahrradverleih (1.4. bis 3.10.).

Surf-Oase, Dörpstrat 2, Tel. 3 01 25, www.thiewaii.de. Surfer- und Wohnmobilstellplatz direkt am Strand an der Straße nach Klein Zicker, Ver- und Entsorgung, Dusche (1.5. bis 30.9.).

Gastronomie

Am Hafen, Dampferweg 1, Tel. 3 00 01. Fischrestaurant am kleinen Hafen nahe Camping auf der Boddenseite, Ostseefisch vom Kutter direkt auf den Tisch, mit Räucherfischverkauf.

Strandcafé, Strandpromenade 1, Tel. 83 45. Fisch und gutbürgerliche Küche auf der tollen Strandterrasse mit Windschutz und Blick auf Strand und Meer am Südende des Strands.

Aktivitäten

Fahrradverleih: *Dworak*, Standstr. 14, Tel. 3 43 84.

Segeln/Surfen: *Sail & Surf*, Tel. (038308) 3 03 60, www.segelschule-ruegen.de.

Kitesurfen: *Kiteschule Kurse*, Dörpstrat 35, Tel. (038308) 8 59 16, www.proboarding.de.

134rh ph

Klein Zicker

Die Straße endet schließlich im westlich von Thiessow auf einem Landvorsprung gelegenen 70-Seelen-Dorf Klein Zicker. Das Gefühl, so weit wie möglich in den **südöstlichen Zipfel Rügens** hineingefahren zu sein, veranlasst viele Besucher, auf dem großen, kostenpflichtigen Parkplatz am Ortseingang zu parken und ins Dorf zu spazieren. So romantisch wie Groß Zicker ist die kleine Schwester aber nicht.

Klein Zicker besteht überwiegend aus kleinen, zu DDR-Zeiten errichteten Häuschen, die im Vergleich zu den malerischen alten Rohrkaten von Groß Zicker wenig Charme ausstrahlen. Sehr schön ist jedoch der Spaziergang durch das Dorf hindurch und weiter bis zum Hochufer, wo eine Treppe zum Stand hinunterführt. Im lehmigen Steilufer kann man die bedrohte Uferschwalbe in ihren Wohn- und Bruthöhlen gut beobachten.

Unterkunft

- **Pension Zum Trauten Fischerheim**②, Dörpstrat 15, Tel. (038308) 3 01 52, www.kleinzicker.de. Kleine Pension mit gemütlicher Gaststube und Panoramablick auf den Bodden, Ü/F 29–32 €.
- **Zollhaus**②, Dörpstraat 9, Tel. 9 56 05 00, www.zollhaus-ruegen.de. Das einstige Lokal wurde in eine Ferienanlage mit 7 Fewo für 2–6 Pers. umgewandelt.

Aktivitäten

- **Kiten:** *ProBoarding,* Dörpstraat 15, Tel. 8 59 16, www.proboarding.de.
- **Surfen:** *Surf-Oase Klein Zicker,* Dörpstraat 2, Tel. 3 01 25, www.thiewaii.de.

◁ Ein Postkartenlidyll – der malerische Fischerhafen von Klein-Zicker

1i HALBINSEL JASMUND

371rh ph

Den nordöstlichsten Teil Rügens bildet die zwischen Tromper und Prorer Wiek gelegene 135 km² große Halbinsel Jasmund. Ursprünglich war sie eine vom „Muttland" abgetrennte Insel, wuchs aber im Laufe der Jahrtausende durch aus steten Sandablagerungen geborenen Nehrungen mit der Hauptinsel und dem benachbarten Wittow zusammen.

▷ Die Wiege der deutschen Romantik – Kreidefelsen am Hochuferweg zum Königsstuhl

Überblick

Neben den beiden Nehrungen gibt es noch einen von Menschenhand geschaffenen Landweg nach Jasmund. 1868 wurde der schmale Wasserarm, der bei Lietzow den Großen mit dem Kleinen Jasmunder Bodden verband, mit einem **Damm** zugeschüttet. Darüber führen seither die Schlagadern Rügens, die Europastraße 22 und die parallel dazu verlaufende Bahnlinie, die vom Rügendamm aus via Bergen die Insel diagonal durchqueren und im Tor nach Skandinavien, der **Hafenstadt Sassnitz,** enden. Jasmund ist sozusagen der Balkon Rü-

gens. Sanft, aber beständig steigt das Land an, um sich dann an der Nord- und Ostküste als **weißer Kreidefels** jäh ins Meer zu stürzen. Ganz Jasmund ist eine gewaltige Kreideplatte in Schräglage, die durch herkuleische Kräfte aus der Tiefe an die Oberfläche gedrückt wurde. Diesem geologischen Umstand verdankt Jasmund seine weltberühmten Kreidefelsen mit dem **Königsstuhl,** der zum Synonym für Rügen geworden ist. Die Platte ist mit Kuppen übersät, von denen der Blick weit über Rügen schweifen kann. Die Wiesen und Felder, die das hügelige Land im Westteil Jasmunds bedecken, sind hin und wieder durchbrochen von weißen Löchern, die aus der grünen Landschaft leuchten. Dies sind

NICHT VERPASSEN!

- Beim Besuch des **U-Boot-Museums** das maritime Flair des Sassnitzer Hafens erleben | 119
- Die **schönste Wanderstrecke** auf ganz Rügen: der Hochuferweg von Sassnitz bis zum Königsstuhl | 124
- Von der Terrasse des Panorama-Hotels mit Blick auf Kap Arkona den **schönsten Sonnenuntergang** Rügens beobachten | 134
- Das **Dinosaurierland** mit seinen lebensgroßen Riesenechsen | 137
- Ein Ausflug zum **Kreidemuseum** bei Gummanz | 137
- Auf der Seeterrasse der **Traditionsräucherei „Uns Rökerhus"** frisch gefangenen oder geräucherten Fisch schmausen | 139

Diese Tipps erkennt man im Buch an der gelben Hinterlegung im Kapitel.

alte aufgelassene **Kreidebrüche.** Seit langer Zeit schon wird auf Jasmund das weiße Gold abgebaut.

Der östliche Teil der Halbinsel zwischen Sassnitz und Lohme wird von den herrlichen alten Laubwäldern der **Stubnitz** bedeckt. Dieses Gebiet, das die Stubbenkammer mit dem Königsstuhl umfasst, wurde wegen ihrer außergewöhnlichen landschaftlichen Schönheit und Unberührtheit und ihrer speziellen Flora und Fauna zum **Nationalpark Jasmund** erhoben, dessen großartige Buchenwäder 2011 von der UNESCO zum **Weltnaturerbe** erklärt wurden.

Durch ihre überwältigende Schönheit waren die Stubnitz und ihre Kreidefelsen das erste Gebiet auf Rügen, das Fremde anlockte. Für die Entdeckung als touristisches Ziel trug maßgeblich der große Landschaftsmaler der deutschen Romantik, *Caspar David Friedrich* bei. Kein Rügenfahrer wird seinen Inselaufenthalt beenden, ohne wenigstens einen Jasmund-Besuch gemacht zu haben. Zehntausende strömen jährlich an die Kreidekliffe, um das romantische und harmonische Zusammenspiel von grünem Buchenwald, blauem Meer und weißen Klippen zu erleben und zu genießen.

Für einen Badeurlaub ist Jasmund dagegen nicht geeignet: Die Halbinsel selbst besitzt **keine Badestrände.** Die beiden schmalen, kilometerlangen Landbrücken Schmale Heide und Schaabe, die an sie angrenzen, sind allerdings die schönsten Strände Rügens überhaupt.

Neben dem Tourismus und der Kreidegewinnung ist der große **Fährhafen in Neu Mukran** ein wesentliches ökonomisches Standbein Jasmunds. Auch im vom Fremdenverkehr weitgehend unberührten Hinterland gibt es eine Reihe interessanter Ziele wie beispielsweise das **Schloss Spyker** bei Bobbin oder den **Dobberworth,** Rügens größtes Hügelgrab, bei Sagard. Und wer sich nach dem Besucherrummel am Königsstuhl nach etwas Ruhe und Abgeschiedenheit sehnt, wird sie bei kleinen und großen Streifzügen durch das Hügelland finden.

Fährhafen Sassnitz in Neu Mukran

Wer von der Granitz aus nach Jasmund fährt, überquert das Badeparadies Schmale Heide mit seinen endlosen schneeweißen Sandstränden und dem in Europa einmaligen Naturschutzgebiet Feuersteinfelder. Der erste Ort, den man auf dieser Route auf Jasmund erreicht, ist Neu Mukran. *Neu* deshalb, weil der Ort, der eigentlich ein **gigantischer Fährhafen** ist, erst in den 1980er Jahren unter größter Geheimhaltung und Eile nahe dem Weiler Mukran **aus dem Boden gestampft** wurde.

Mit der Verlegung der traditionsreichen „Königslinie“ von Sassnitz nach Neu Mukran im Jahr 1998 stieg der Ort zum **größten Eisenbahnfährhafen Deutschlands** auf. Von ihm fahren große Autofähren nach Trelleborg in Schweden und Rønne auf Bornholm. Auch Klaipeda (Litauen) und St. Petersburg (Russland) werden von hier aus angelaufen.

Geschichte

Die Machthaber der DDR glaubten in den 1980er Jahren, eine neue und sichere Verbindung zur Sowjetunion zu brauchen. Die für das **ökonomische Überleben der DDR** existenziell wichtige Verbindung zum großen Bruder führte bis dahin durch das Land der Polen, die ja schon immer als unsichere Kantonisten im sozialistischen Lager galten. Als dann dort die Solidarność-Bewegung um *Lech Walesa* entstand und Streiks und Unruhen das System bedrohlich zum Wanken brachten, wurde der SED schlagartig klar, was eine Unterbrechung des Güterverkehrs mit der Sowjetunion für ihren Staat bedeuten würde – ein ökonomisches Desaster und damit das schnelle Aus für die Republik. Deshalb wurde ohne Rücksicht auf Kosten und in höchster Eile in Tag- und Nachtschichten an dem Eisenbahnfährhafen gearbeitet, der Rügen mit **Klaipeda in Litauen** (damals noch zur Sowjetunion gehörig) verbinden sollte. Nach einer Rekordbauzeit ging die Linie 1986 in Betrieb.

Geholfen hat es bekanntlich nichts mehr, und über den Fährhafen Neu Mukran wurden schließlich große Teile der in der DDR stationierten Westgruppe der Roten Armee zum Rücktransport in die Heimat eingeschifft, weil die renitenten Polen das sowjetische Militär nicht durch ihr Land lassen wollten – ein be-

Kreide – das weiße Gold Jasmunds

Das Wort „Kreide" kommt aus dem Lateinischen und leitet sich von *terra creta* ab, was soviel wie „gesiebte Erde" bedeutet. Namensgebend für diese Gesteinsart waren die Kreidefelsen auf Rügen.

Kreide ist ein weißer, zerreibbarer und abfärbender **Kalkstein** aus kohlesaurem Kalk, der vorwiegend aus **Mikrofossilien** besteht. Hauptmineral der Kreide ist Kalkspat, weitere Bestandteile sind Ton (Kreidemergel), Glaukonit und Brauneisen.

Entstanden sind die Kreideschichten vor **50–100 Millionen Jahren** im Mesozoikum, als durch eine Erwärmung die gigantischen Gletscher abschmolzen und den Meeresspiegel ansteigen ließen. Das so entstandene Kreidemeer überschwemmte ganz Nordeuropa. Erst die Alpen konnten die Fluten stoppen. Nur wenige Mittelgebirge ragten als Inseln aus diesem Meer. Land, Luft und Wasser dieser erdgeschichtlichen Epoche, naheliegenderweise **Kreidezeit** genannt, wurden von Sauriern aller Größen und Arten bevölkert.

Die Wasserläufe, die in dieses Meer mündeten, trugen eine feine Kalkbrühe ein, die allmählich das Wasser bis zum Sättigungsgrad anreicherte. Der ausgefällte Kalk sank zum Grund und lagerte sich in dicken Schlammschichten ab. Aus dem Kalk bauten sich unzählige Kleinlebewesen wie Krebse, Schnecken und Muscheln ihre Skelette, Schalen und Panzer. Nach ihrem Absterben versanken sie ebenfalls auf dem Meeresgrund in der Schlammschicht. Im Laufe der Jahrtausende wurde diese Kalkschlammschicht 200 bis 400 Meter dick. Faltungen und Verschiebungen brachten an manchen Stellen, wie z.B. auf Rügen, die Kreideschicht an die Erdoberfläche.

Die Rügener Kreide ist besonders weiß und rein. In dem Ort Klementelvitz bei Sassnitz wird das „Weiße Gold Jasmunds" im einzigen **Kreidewerk** Rügens industriell abgebaut. Verwendung findet sie beispielsweise bei der **Herstellung von Farben, Kitt, Medikamenten, Zahnpasta** oder in der **Porzellan- und Glasherstellung** – und seit einiger Zeit auch als „Rügener Naturheilkreide" in den Kureinrichtungen der Insel Rügen.

- **Verein Rügener Heilkreide,** Ostseeblick 13, 18546 Sassnitz, Tel. 039392 31114, www.heilkreide.de
- **Kreidemuseum:** siehe unter „Bobbin"

sonders gehässiger Treppenwitz der Geschichte.

Praktische Tipps

Info

- **Fährhafen Sassnitz,** 18546 Neu-Mukran, Tel. (038392) 5 50, www.faehrhafen-sassnitz.de.

Fähren

- **Scandlines,** Tel. (0180) 6 02 01 00 (20 Ct./Min.), www.scandlines.de. Linien: Sassnitz – Trelleborg.
- **Bornholmer Færgen,** Tel. (03821) 7 09 44 22, www.faergen.de. Linie: Sassnitz – Rønne.
- **Black Sea Ferry,** Tel (038392) 5 53 54. Linie: Sassnitz – Ust Luga/St.Petersburg über Klaipeda/Litauen (Eisenbahnfähre, Automitnahme ist möglich).

Sassnitz

Eingeklemmt zwischen dem Prorer Wiek und den 130 m hohen Crampaser Bergen liegt Sassnitz, Jasmunds größter Ort. Seit 1897 verbanden Fähren die Stadt mit dem schwedischen Trelleborg und machten sie zum **Tor nach Skandinavien.** Mit der Verlegung der Königslinien aus der Stadt Sassnitz heraus in den nahen, modernen Fährhafen in Neu Mukran fand diese Ära 1998 ein Ende. Die Stadt zieht sich kilometerlang auf einer schmalen Terrasse zwischen den Crampaser Bergen und der Ostsee hin.

Sassnitz ist eine seltsame Stadt. Vergeblich sucht man nach einem Mittelpunkt, einem Marktplatz mit Kirche, einem alten Zentrum. Man wird dies an der ganzen Hauptstraße, die den Ort fast schnurgerade von einem bis zum anderen Ende durchquert, nicht finden. Einziger optischer Halt ist das Hochhaus des *Rügen-Hotels* und das danebenliegende schöne alte Seemannsheim, das nun *Kurhotel* heißt. Der große Parkplatz bei den Hotels erweckt den Eindruck einer Art zentralen Platzes. Zwar hat man versucht, den Mangel durch den Bau der **Rügen-Galerie** gegenüber dem Rügenhotel zu beheben. Doch auch beim Anblick des modernen Ensembles aus Gastronomie, Einkaufsmeile und Dienstleistungszentrum will sich das Gefühl eines einladenden Ortszentrums nicht so richtig einstellen.

Geschichte

Eine Erklärung für die sonderbare Sassnitzer „Seelenlosigkeit" bietet die Entstehungsgeschichte der Stadt. Sie ist nicht um einen historischen Kern herum gewachsen, sondern aus dem Zusammenschluss der zwei kleinen **Fischerdörfer** Crampas und Sassnitz entstanden. Die beiden Dörfchen konnten sich wegen ihrer eingeklemmten Lage zwischen der See und den steilen Hängen der Crampaser Berge nur längs der Küste ausdehnen und sind so aufeinander zu- und schließlich ganz zusammengewachsen. 1906 wurden die beiden Orte offiziell unter dem Namen Sassnitz vereinigt.

Die beiden Dörfer, so erzählt ein altes Heimatbuch, waren sich lange Zeit spinnefeind. Die gegenseitige Abneigung ging so weit, dass in der gemeinsamen Kirche streng darauf geachtet wurde, getrennt zu sitzen: die Crampaser links, die Sassnitzer rechts. Mit dem 1824 einsetzenden Fremdenverkehr und ihrer Entwicklung zu beliebten Badeorten wuchsen Unfrieden und Missgunst zwischen den Konkurrenten noch mehr. In Crampas logierten mehr Badegäste, weil der Ort im Gegensatz zu Sassnitz keine Kurtaxe erhob. Sassnitz aber hatte den schöneren Strand und so kamen die Gäste der Crampaser zum großen Ärger der Sassnitzer zum Baden an deren Strand herüber.

Die **Entwicklung zum Seebad** soll damit begonnen haben, dass ein Malermeister aus den Bohlen und Planken einer gestrandeten holländischen Bark das Hotel *Zum Fahrnberg* errichten ließ, das dann die ersten Sommerfrischler anlockte. Einer der berühmtesten Gäste des Hauses war der Komponist *Johannes Brahms*, der 1876 von Juni bis August hier logierte und an *Clara Schumann* schrieb: „Rügen ist aber auch wirklich sehr hübsch, abgesehen von dem lieben Plattdeutsch".

1889 wurde auf Initiative des Schwedenkönigs *Gustav Adolf V.* mit dem **Bau des Hafens** begonnen, der die kurze Ära der beiden Gemeinden als Seebäder beendete, weil der ganze Strand unter den Hafenanlagen verschwand. 1897 nahm die *Königslinie* genannte, **deutsch-schwedische Postdampferlinie** den regelmäßigen Fährverkehr auf. Der Hafen gewann schnell an Bedeutung und musste permanent erweitert werden. Nach dem Bau der Bahnstrecke Stralsund – Sassnitz nahm 1909 die **Eisenbahnfähre** nach Trelleborg ihren Betrieb auf. Mit dieser Fähre setzte im April 1917 ein Waggon über, dessen „Fracht“ die Welt veränderte und dessen Auswirkungen bis heute die Schlagzeilen der Weltpresse beherrscht. In dem verplombten Wagen saß ein Herr namens *Wladimir Iljitsch Uljanow,* besser bekannt als **Lenin,** der via Sassnitz von seinem Schweizer Exil heimlich nach Russland zurückkehrte, um dort die Revolution anzuzetteln. Bis 1990 stand der im Originalzustand erhaltene Waggon als „kleinstes Museum der DDR“ vor dem Bahnhof in Sassnitz, den die Stadt nach der Wende als vermeintlichen ideologischen Ballast leider vorschnell entsorgte.

Die wirtschaftliche und militärische Bedeutung des Hafens wurde der Stadt **1945** zum Verhängnis. Am 6. März tauchten alliierte Bomberverbände auf und griffen den mit Flüchtlingen vollgestopften Hafen an. Die Folgen waren verheerend. Im völlig zerstörten Hafen fanden Tausende den Tod. Aber auch die Stadt wurde schwer getroffen.

1957 wurde Sassnitz das Stadtrecht verliehen. 1989 wurde der internationale Fährverkehr nach Neu Mukran ausgelagert, die ehemaligen Hafenanlagen wurden zur Museumsmeile. Heute ist die Stadt von ihrem großen Fischereihafen und vom Tourismus geprägt.

Altstadt

„Nach Rügen reisen heißt nach Sassnitz reisen", lässt *Fontane* seine Effi Briest sagen. Tatsächlich war Sassnitz der erste Badeort auf Rügen. Davon zeugen die nun wieder prachtvoll restaurierten, schneeweiß erstrahlenden Villen und Logierhäuser zwischen der Berg- und der Rosenstraße an der Sassnitzer Seebrücke, zu der vom Hafen aus die Strandpromenade führt. Das kleine Villenviertel stellt zusammen mit dem bunten Fischerhafen und dem ehemaligen Fährhafen, in dessen Gebäuden sich zahlreiche Museen, Läden und gastronomischen Einrichtungen angesiedelt haben, die Schokoladenseite der Stadt dar.

Um die beiden städtischen Zentren Rügengalerie und Hafen miteinander zu verbinden, wurde vom neu gestalteten Platz zwischen den großen Hotels eine lange, elegant geschwungene **Fußgänger-Hängebrücke** errichtet. Von der ausgefallenen Konstruktion, die direkt im Glasbahnhof im ehemaligen Fährterminal endet, hat man eine großartige Aussicht über den Hafen und hinaus aufs Meer.

Hafen

Das touristische Zentrum der Stadt und der am meisten besuchte Ort ist der Hafen. Hier liegt das **Fischerei- und Hafenmuseum,** das einen historischen Überblick über die Geschichte der Stadt gewährt. Hautnah den harten Alltag der Fischer erleben kann man auf dem zum Museum gehörenden, 26 m langen Fischkutter „Havel", der an der Mole vertäut liegt und noch bis 1990 im Dienst war. Ein Spaziergang hinaus auf die mit 1,5 km **längste Hafenmole Europas** bietet einen guten Blick auf das Hafengelände. In einem der denkmalgeschützten ehemaligen Fährabfertigungsgebäude der nach Mukran verlegten „Königslinie" hat das **Museum für Unterwasserarchäologie** seine Heimat gefunden.

Am alten Fähranleger vertäut liegt das **U-Boot-Museum,** ein britisches U-Boot der Oberon-Klasse. Das 90 m lange, ab 1963 betriebene U-Boot konnte 300 m tief tauchen und wurde von einer 82-köpfigen Besatzung bedient. Heute ist der gewaltige, 1991 stillgelegte kriegerische Stahlkoloss ein friedliches Museum.

Besonders romantisch ist der **Fischereihafen,** in dem einst die größte Fischereiflotte der DDR beheimatet war. Noch immer liegen hier viele kleine Kutter und große Fischerboote vor Anker, die sich malerisch und fotogen mit ihren bunten Wimpeln in der leichten Dünung wiegen. Von hier starten auch die

349rh ph

Ausflugsboote zu den Königsstuhl-Rundfahrten. Wer die berühmten Kreidefelsen in ihrer ganzen Pracht erleben und fotografieren will, sollte unbedingt an einer Rundfahrt teilnehmen, denn nur vom Meer hat man den wirklichen Postkartenblick auf die Klippen, die nur bei Sonnenschein wirklich weiß sind.

Eine Attraktion der Hafenstadt ist der **Schmetterlingspark.** Rund 500 bunt schillernde, umherflatternde Schmetterlinge von 150 Arten, darunter so exotische Giganten wie der Atlas-Seidenspinner mit 30 cm Spannweite, können in der großen Freiflughalle mit Teich und Wasserfall bewundert werden.

Eine historische Sehenswürdigkeit ist der **Schlosspark Dwasieden** am Südende der Stadt. Lange von der NVA genutzt und damit im militärischen Sperrbezirk gelegen, ist der in einem Wäldchen am Meer versteckte, wildromantisch zuge-

⌃ Die Promeniermeile der Stadt – Uferpromenade am Fischerhafen

› Das schönste Stück der Stadt – der Fischerhafen von Sassnitz

wachsene Schlosspark mit seinen Bauten und Ruinen nun zugänglich. Erbaut hatte das neoklassizistischen Prunkschloss 1873–77 Geheimrat *Adolph von Hansemann,* Inhaber der Disconto-Gesellschaft in Berlin und damit einer der reichsten Männer seiner Zeit. Eine „Expedition" durch die teils märchenhafte Schlossanlage ist nicht ohne Reiz. Wer sich für die Anlage und ihre Geschichte interessiert, kann an einer der Führungen mit dem Autor des Buches „Das Weiße Schloss am Meer", *Ralf Lindemann,* teilnehmen. Das Buch ist im Reprint-Verlag Rügen erschienen, bestellbar über www.dwasieden.de. Führungen: April–November ein Mal monatlich um 14 Uhr, ab Ärztehaus an der Straße der Jugend, Tel. (03838) 20 05 80.

■ **Sassnitzer Fischerei- und Hafenmuseum,** Im Stadthafen, Tel. 5 78 46, www.hafenmuseum.de. Jan./Febr. Di–So 10.30–16 Uhr, März–Okt. Di–So 10.30–17.30 Uhr, Nov./Dez. geschl.

■ **Museum für Unterwasserarchäologie,** Alter Fährhafen, Tel. 3 23 00. Vom Museum aus hat man einen der schönsten Blicke auf den Sassnitzer Hafen und die Ostsee. April–Okt. täglich 10–18 Uhr, Nov.–März täglich 13–17 Uhr. Zurzeit ist die Unterwasserarchäologie geschlossen, dafür läuft im Museum die Sonderausstellung „100 Jahre Fährverbindung Sassnitz – Trelleborg". Die Unterwasserarchäologie soll im nächsten Jahr wieder laufen.

■ **U-Boot Museum,** Hafenstr. 12, Tel. 67 78 88, www.hms-otus.com, Mai–Okt. täglich 10–19 Uhr, Nov.–April 10–16 Uhr.

■ **Schmetterlingspark,** Straße der Jugend 6, Tel. 6 64 42, www.alaris-schmetterlingspark.de, April–Okt. tägl. 9.30–17.30 Uhr.

136rh ph

Praktische Tipps

Info

■ **Vorwahl:** 038392
■ **Tourist Service:** Strandpromenade 12 (im Stadthafen), Tel. (038392) 64 90, www.insassnitz.de, Mo–Fr 9–18 Uhr, Sa/So 10–17 Uhr.
■ **Kurabgabe** HS 1,50 €, NS 1 €.

Unterkunft

■ **Waterkant**②, Walterstraße 3, Tel. 5 09 41, www. hotel-waterkant.de. Hotel garni in sehr schöner Lage oberhalb des Hafens mit herrlichem Panoramablick. Blumenreicher weitläufiger Garten mit Rosengarten, Liegewiese, Freiterrasse und Springbrunnen. 16 Zi., 8 mit Balkon und Seeblick.
■ **Kurhotel**②-③, Hauptstr. 1, Tel. 5 30, www.kurhotelsassnitz.de. Im ehemaligen Seemannsheim, mit Blick auf Fährhafen und Prorer Wiek.
■ **Hotel Villa Aegir**②, Mittelstr. 5, Tel. 30 20, www.villa-aegir.de. Hoch über dem Hafen gelegenes historisches Haus in klassizistischer Bäderarchitektur, 36 Zimmer mit Seeblick. Das ausgezeichnete Restaurant ist der regionalen Esskultur verpflichtet. Ob vom hellen Wintergarten oder der Sonnenterrasse – die Panoramasicht ist unvergleichlich.

324rh ph

■ **Hotel Zum Hafen**②, Hafenstr. 3, Tel. 2 23 06, www.hotel-zum-hafen.de. Kleine Hotelpension.

■ **Hotel-Pension Villa Seestern**②, Mühlenstr. 5, Tel. 3 32 57, www.villa-seestern.info. Hist. Bädervilla in zentraler, aber dennoch ruhiger Lage direkt über dem Steilufer. Alle Zi. mit herrlichem Seeblick.

Gastronomie

■ **Harbours,** Hafenstraße 5, Tel. 37 45 20. Eine Seltenheit auf Rügen – Fingerfood at its best! Spanische Tapas, italienische Antipasti, deutsche Häppchen, internationale Suppen und Salate usw. Dazu über 100 verschiedene Weine und Cocktailbar.

■ **Zur Alten Bank,** Hafenstraße 19, Tel. (038392) 37 34 36, www.zur-alten-bank.de. Die Herkunft des Namens wird beim Anblick des alten, in die Einrichtung integrierten Tresors und der Geldscheine an den Wänden schnell klar. Übersichtliche Karte mit unkomplizierten und dazu noch preisgünstigen Gerichten, die aber alle frisch zubereitet werden und richtig lecker schmecken. Mit Pension②.

■ **Café Gumpfler,** am Beginn der Mole, Tel. 64 98 88, www.cafe-gumpfer.de. Die Lage macht's – und die Kuchen. Moderner Glas-Beton-Rundbau mit Galerie und Blick auf den Hafen, die Mole, die Seebrücke und das Meer. Dazu gibt's ausgezeichnete Kuchen und kleine Speisen, besonders die Eierlikörkreationen sind toll. Tägl. 9–18 Uhr.

■ **König Gustav,** Hauptstr. 10, Tel. 2 23 59, www.koenig-gustav.de. Spezialitätenrestaurant mit skandinavischem Einschlag und ebenso bodenständiger wie feiner Küche.

MEIN TIPP: **Ostpreußische Hafenräucherei,** Hafenstr. 12, Tel. 3 65 04. Urig-gemütliche Fischgaststätte mit sehr freundlicher Bedienung und üppigen Portionen.

Aktivitäten

■ **Fahrradverleih:** *Zweirad Harm,* Hafenstr. 19b, Tel. 3 50 75.

■ **Schiffsausflüge** zum Königsstuhl: *Seetouristik Brauns,* Tel. 35 22, www.ms-alexander.de. Mit der *MS Alexander* ganzjährig tägl. ab Mole Sassnitz, in der Saison 10, 12, 14 u. 16 Uhr (bei gutem Wetter).

■ **Tierpark,** Am Steinbach, Tel. 2 23 81, www.tierpark.sassnitz.de. April–Sept. täglich 10–18 Uhr, Okt.–März täglich 10–16 Uhr.

◁ Historische Bäderarchitektur an der Seebrücke in Sassnitz

Bowling: *Bowling Center,* Gewerbepark 14, Tel. 3 21 61, www.bowlingcenter-sassnitz.de.

Baden/Wellness: *Rügen-Therme,* Seestraße 1, im Rügen-Hotel; Tel. 5 31 00, www.ruegen-hotel.de, mit Wasserfall, Gegenstromanlage, Saunalandschaft, Dampfbad, Sprudelbank.

Reiten: *Landpension Dubnitz,* Dubnitz Nr. 15, Tel. (038392) 69 10, www.landpension-dubnitz.de.

Golf: *Golfplatz Sassnitz,* mobil: (0171) 1 86 56 46, www.golfaufruegen.de. 9-Lochplatz bei Neu-Mukran.

Jeep-Exkursionen: *Rügen Incentives,* Ferienheim Birkengrund 1, bei Sassnitz, Tel. (038392), 3 40 01, www.ruegen-incentives.de.

Naturerlebniscamp Birkengrund, 18546 Sassnitz, Tel. (038392) 3 40 01 www.naturerlebnis camp-ruegen.de. Mit Zeltplatz und einfachen 8-Bett-Hütten.

Kunsthandwerk

Keramik: *Töpferei Büttner,* Am Hafen 12, Tel. 5 03 09, www.ruegen-toepferei.de.

Bernstein: *Bernsteinwerkstatt,* Bachpromenade 3, Tel. 6 60 67, www.bernstein-werkstatt-sassnitz.de.

Wanderung über den Hochuferweg

Die große Attraktion, der Besuchermagnet Rügens schlechthin, liegt gut 12 km von Sassnitz entfernt: die **Stubbenkammer mit dem Königsstuhl.** In Sassnitz beginnt der berühmte Hochuferweg, der durch die herrlichen Wälder entlang der steilen Kliffe dorthin führt. Allein um diesen Bilderbuchweg entlangzuwandern, lohnt sich der Besuch von Sassnitz unbedingt. Es ist die **schönste Wanderroute,** die Rügen zu bieten hat. Dieses Naturerlebnis sollte man sich keinesfalls entgehen lassen und den Spuren *C.D. Friedrichs* hinaus zu den Wissower Klinken und zum Königsstuhl folgen.

Fährt man die Hauptstraße von Sassnitz ganz durch bis zu ihrem Ende, wo sie Weddingstraße heißt, erreicht man am Waldrand einen **bewachten Parkplatz,** an dem in einer Info-Hütte Auskunft gegeben wird. Hier beginnt der

Info: *Nationalpark-Zentrum,* Am Königsstuhl, Tel. (038392) 66 17 66, www.koenigsstuhl.com, Ostern–31.10. täglich 9–19 Uhr, 1.11.–Ostern täglich 10–17 Uhr. Eintritt Erwachsene 8,50 €, Kinder (6–14 Jahre) 4 €.

Markierung: blauer Balken auf weißem Grund.

Länge: 11,4 km

Dauer: 3–4 Stunden

Rückfahrt: Die Buslinien14, 20, 23 und 24 fahren ab Parkplatz am NLP-Zentrum nach Sassnitz. Die Linie 19 pendelt zw. Königsstuhl und Parkplatz Hagen ca. im 15-Min-Takt.

Ausrüstung: gutes Schuhwerk, da der Pfad an einigen Stellen feucht und glitschig ist. Vorsicht an den Abbruchkanten! Nicht zu weit vortreten, da stetig Abbruch- und somit Lebensgefahr besteht.

Tipp: Die Strecke kann man bei ruhiger See auch unterhalb der Klippen am wildromantischen Ufer entlangwandern. Am besten sind der Vormittag und der frühe Nachmittag, weil dann die Sonne (so sie scheint) die Kreidefelsen zum Leuchten bringt. Von Ostern bis Okt. bietet die NLP-Verwaltung auch kostenlose, von einem Ranger geführte Exkursionen an. Info Tel. (038392) 3 50 11.

Wanderweg. Als erstes erreicht man die **Piratenschlucht.** Hier beginnt der 30 km² große **Nationalpark Jasmund,** der sich entlang der Ostküste der Halbinsel bis Lohme erstreckt. Bitte beachten Sie deshalb auf Ihrem weiteren Weg die Schutzvorschriften für dieses herrliche Stück Natur.

325rh ph

[>] Nur für Schwindelfreie –
der Austritt an der Viktoria-Sicht

Die von den Bergrücken Hengst und Bläse eingefasste Piratenschlucht erhielt ihren Namen vom Piraten *Störtebeker,* der der Legende nach in der Schlucht ein Versteck gehabt haben soll. Der Gipfel Hengst ist von einem **slawischen Burgwall** gekrönt, den der Volksmund den „Sattel des Hengsts" nennt.

Durch die Schlucht führt der Weg hinauf zum **Hochweg.** Der Weg verläuft nun entlang der Abbruchkante des Wissower Ufers durch alten schattenspendenden Rotbuchenbestand bis zum Wissower Bach, dessen Schlucht auf einem etwas landeinwärts gelegenen hölzernen Steg überquert wird. Hinter der Schlucht erblickt man erstmals die **Wissower Klinken,** jene pittoresken Kreidekliffe, die *Caspar David Friedrich* durch eines seiner Bilder weltberühmt machte. Leider wurden die malerischen Kreidefelsen am 24.2.2005 Opfer eines gewaltigen Abbruchs, bei dem 50.000 Tonnen Kreide und mit ihnen die charakteristischen 20 Meter hohen Hauptzinnen ins Meer stürzten und dabei einen Strandwanderer in den Tod rissen. Die Zinnen sind weg, doch der herrliche Ausblick auf das Meer ist geblieben.

Dort angekommen (Abstiegsleiter zum Strand), hat man 5 km des Weges hinter sich gebracht. Leider wurde die traditionsreiche **Gaststätte Waldhalle** unweit der Wissower Klinken geschlossen. Derzeit wird das denkmalgeschütze Gebäude originalgetreu rekonstruiert und soll dann über das UNESCO-Welterbe „Alte Buchenwälder Deutschlands" informieren.

Gleich dahinter führt der Pfad in großem Bogen um eine weit ins Land hineinragende Bucht herum. Diese ist 1958 durch einen großen Erdrutsch entstanden. Weiter geht es nun am Fahrnitzer Ufer entlang über den Aussichtspunkt **Tipper Ort** bis zur **Ernst-Moritz-Arndt-Sicht.** Kurz danach bietet eine Hütte Schutz vor eventuellen Gewittern oder sonstigem Unbill.

Hinter der Schutzhütte erreicht man am Zusammenfluss des Kieler und Brisnitzer Bachs die tief eingeschnittene

Schlucht des **Kieler Bachs.** Dieser stürzt sich in einem kleinen malerischen Wasserfall über die Kreidefelsen hinunter zum Strand. Der Bach ist wie alle sechs Wasserläufe, die der Hochuferweg überquert, urwaldartig überwuchert. Riesige Farne, großblättriges Efeu und andere schattenliebende Pflanzen verwandeln die Schluchten mit ihrer üppigen Vegetation in kleine Dschungel.

Kurz nach der Überquerung des Kieler Bachs erreicht man den Aussichtspunkt Kieler Bach. An der Abbruchkante des Hohen Ufers geht es weiter bis zum **Kollicker Bach,** wo sich erneut eine schöne Aussicht eröffnet. Kollicker Ort, Mönchstein und **Aser Ort** sind die nächsten Stationen, die der Pfad berührt. Mit dem Steinbach überquert der Hochuferweg nun den letzten Wasserlauf.

Nach wenigen Schritten erreicht man die **Kleine Stubbenkammer.** Wie Nashornhörner ragen ihre Kreideklippen in den Himmel. Tief unten liegt der geröllübersäte Strand. Von dem überkragenden Austritt (nur für Schwindelfreie!) der **Viktoria-Sicht** hat man den besten Blick auf den benachbarten Königsstuhl. Um zu ihm zu gelangen, muss noch die **Golchaschlucht** umgangen und ein Hü-

Der schönste Blick

Annähernd jeder, der sich an der sommerlichen Schlacht um den Stehplatz auf dem 117 m hohen Fels beteiligt, ist mit dem obligatorischen Camcorder oder wenigstens einem **Fotoapparat** bewaffnet. Interessant und amüsant ist es, dabei zuzuschauen, wie die Motivjäger recht irritiert und ratlos auf der Suche nach dem begehrten Urlaubsmotiv umherirren. Denn den Königsstuhl selbst kann man von seiner **Plattform** aus nämlich kaum sehen. Nur ein paar weiße Zipfel gibt er den Blicken der Touristen preis. Vom Aussichtspunkt kann man höchstens den wilden, mit abgestürzten Bäumen und mächtigen Steinblöcken übersäten **Strand** tief unten ablichten.

Wer den imposanten **Fels des Königsstuhls** in seiner ganzen majestätischen Größe fotografieren will, muss dort hinabsteigen. Von unten allerdings türmt sich das Kliff vor dem Besucher schwindelerregend in den Himmel auf.

Ein Tipp: Verzichten Sie auf das kostenpflichtige Betreten des legendären Kreidefelsens und spazieren Sie zur kaum 5 Minuten entfernten **Viktoria-Sicht** (siehe „Wanderung über den Hochuferweg"). Von dort haben Sie einen sehr schönen Blick auf den berühmten Kreidefels und eine ebensolche Fotoperspektive. Die ganze volle Pracht und Schönheit der Kreideklippen der Großen und Kleinen Stubbenkammer zeigt sich aber nur **vom Wasser aus.** Wer ihn in klassischer Postkartenmanier zu Gesicht bekommen will, sollte an einem sonnigen Tag in Sassnitz eines der Ausflugsboote besteigen, die während der Saison täglich zu Königsstuhl-Rundfahrten in See stechen.

348rh ph

gelgrab überquert werden. Dann hat man das vielbesungene Kronjuwel Rügens, den 117 m hohen Kreidefels des **Königsstuhls** erreicht. Durch die Golchaschlucht führt ein steiler Treppenpfad hinunter zum Strand.

Die letzten Meter des **Abstiegs** muss man mit Hilfe von Leitern überwinden. Solche Leitern gibt es auch an mehreren anderen Stellen entlang des Hochuferweges. Da sie jedoch häufig im Winter durch Hochwasser weggerissen, von Eis zermalmt oder von Abbrüchen zerstört werden, sind sie zeitweise nicht da.

In der **Ausflugsgaststätte Stubbenkammer** kann man sich von der Wanderung erholen und auf den Pendelbus (Nr. 19) warten, der zwischen dem Königsstuhl und dem Parkplatz Hagen bzw. Sassnitz verkehrt.

Direkt zum Königsstuhl

Wem der Fußweg über den Hochuferweg von Sassnitz zu beschwerlich ist, der kann den legendären Fels auch mit dem Auto oder Bus (fast) erreichen. Der Weg dorthin ist ab Sassnitz gut ausgeschildert. Die schmale Straße führt am Ortsende von Sassnitz, an der Kirche vorbei, steil hinauf in die herrlichen Buchenwälder der Stubnitz und durchquert den gesamten Nationalpark bis zur Großen Stubbenkammer mit dem Königsstuhl. Bei Anfahrt mit dem Linienbus löst man gleich das **„Königsstein-Ticket"**, das den Eintritt zum NLP-Zentrum und zum Fels bereits enthalt.

Die direkte Anfahrt zum Königsstuhl ist meist nicht möglich. Der große gebührenpflichtige **Parkplatz** Hagen etwa **3 km vor dem Königsstuhl** ist automobile Endstation (ab 18 Uhr wird die Schranke teils geöffnet). Wer nicht zu Fuß weiterspazieren will, kann vom Parkplatz aus mit **Shuttlebussen** fahren

Majestätisch und weltberühmt – der Königsstuhl von der Viktoria-Sicht

1i

oder sich beim dortigen Verleih ein **Fahrrad** leihen.

Seinen **Namen** erhielt der mächtige Kreidefels, weil der Legende nach in alten Zeiten an und auf ihm die Königswahl stattfand. Alle Bewerber für den Thron mussten vom Strand aus den fast senkrechten bröseligen Fels hinaufklettern. Wer lebendig oben ankam und sich auf dem dort aufgestellten Stuhl niedersetzte, durfte König sein.

Die Gefühlswallungen, von denen *Caspar David Friedrich* und sein Gefährte beim Erreichen der Klippen ergriffen wurden, sind heute angesichts des meist endlosen **Menschenstroms,** der dem Hochaltar Rügens entgegenstrebt, wohl nicht zu erwarten. Dort angekommen, muss man sich in die Schlange einreihen, die vor dem Kassenhaus wartet, um überhaupt auf das Gelände des **Nationalparkzentrums** und den dahinter liegenden Königsstuhl selbst zu gelangen.

Das Zentrum zeigt auf 2.000 m² Ausstellungsfläche und auf 28.000 m² Außenfläche viel Interessantes und Spannendes für die ganze Familie. Ob Erlebnisausstellung, Multivisionskino oder eine Führung mit einem Nationalpark-Ranger – man lernt hier viel über die Natur Jasmunds und des Nationalparks.

■ **Nationalpark-Zentrum Königsstuhl,** am Königsstuhl, Tel. (038392) 66 17 66, www.koenigsstuhl.com, Ostern–31.10. täglich 9–19 Uhr, 1.11.–Ostern täglich 10–17 Uhr. Eintritt Erwachsene 8,50 €, Kinder (6–14 Jahre) 4 €, Familien 17 €.

Golchaschlucht

Wer nicht gerade in Pumps oder ähnlich unpraktischem Schuhwerk unterwegs ist, sollte in jedem Fall einen **Strandabstieg** einplanen. Rechts des Königsstuhls führt ein steiler, kurvenreicher Pfad durch die Golchaschlucht hinab zum Strand. Der Weg ist neu gemacht, aber an einigen Stellen feucht und durch Kreideschmiere recht glitschig. Die letzten Meter des Abstiegs geht es über eine **Leiter** senkrecht nach unten. Die Mühe lohnt sich! Unten an dem wilden, ursprünglichen Strand angekommen, ragt der Königsstuhl direkt vor einem mächtig majestätisch in den Himmel. An seinem Fuße liegt der **Waschstein,** ein 60 Tonnen schwerer Findlingsblock, im Wasser. Auf ihm soll pünktlich alle 7 Jahre in den frühen Morgenstunden des 24. Juni eine unerlöste Jungfrau erscheinen und beim Waschen ihrer zarten Gespinste auf Erlösung hoffen. Welcher Art von Erlösung sie harrt, sagt die Sage aber nicht.

Wenigstens ebenso schön wie der königliche Fels von unten ist der Anblick des schmalen Strandes am Fuße des Kliffs. Er ist übersät mit angeschwemmtem Holz und abgestürzten Baumstämmen, von großen Felsblöcken und kleinen Kieseln sowie von zahllosen Feuersteinknollen, die einst in Schichten in der Kreide eingelagert waren und durch Erdstürze freigelegt wurden. Die Spuren des Landverlustes vom vorigen Winter sind unübersehbar. Regelmäßig unterspülen die von den Winterstürmen aufgepeitschten Wellen die Kreidefelsen und bringen Teile von ihnen zum **Einsturz.** Doch die See nagt nicht nur an der Steilküste, sie landet auch allerlei Dinge an.

Wer Zeit dazu hat, sollte wenigstens ein Stück auf dem wildromantischen **Strandstreifen** entlangwandern. Teilweise geht es im wahrsten Sinne des Wortes über Stock und Stein. Nach wenigen hundert Metern hat man den Trubel um den Königsstuhl hinter sich gelassen und fühlt sich wie Robinson Crusoe am Ufer einer unbewohnten Insel. Wer ein Faible dafür hat, zwischen Steinen, Schwemmholz, Kies- und Sandbänken nach irgendwelchen Schätzen herumzustöbern, ist hier genau richtig. Man sollte aber auch öfter mal den Blick heben und die sich dauernd wandelnde Steilküste betrachten. Die verschiedensten Perspektiven und Ausschnitte begeistern.

Entlang der Küste Richtung Sassnitz führen an mehreren Stellen Leitern nach oben auf den Hochuferweg, auf dem man zurück zum Königsstuhl gehen kann. Da diese jedoch regelmäßig von der Brandung weggerissen oder von Eisschollen zermalmt werden, gibt es keine Garantie, an einer bestimmten Stelle eine solche vorzufinden.

Herthaburg

Etwa auf halber Strecke zwischen dem Großparkplatz *Hagen* und dem Königsstuhl versteckt sich im Buchenwald die sagenumwobene Herthaburg. Der **slawische Burgwall** ist vom Königsstuhl aus in rund 10-minütigem Fußmarsch zu erreichen. Der Wall der alten Schutzburg ist kreisrund, 10 m hoch und 90 m lang. „Der Wanderer wird bei der Betrachtung dieser Ruine, welche ernst und düster, Furcht einflößend und Ehrerbietung fordernd in dem Dickicht des Waldes liegt, hineingerissen in den Abgrund der Vergangenheit“, liest man in *Grümbkes* „Steifzügen“.

In der Burg verehrten die Slawen *Tjarnagloti,* den Siegesgott, mit seinem silbernen Schnurrbart. Ihren Namen erhielt sie aber von einer anderen heiligen Gestalt. Der **Sage** nach soll die Burg einer Göttin namens *Hertha* als Wohnsitz gedient haben. Die als menschenfreundlich und gutmütig beschriebene Göttin fuhr zur Erntezeit mit einem Wagen durchs Land und beschenkte die Bauern als Lohn für Fleiß und Mühen mit reicher Ernte. Nach getaner Arbeit erfrischte die spendable Göttin ihren Leib im wenige Schritte vom Burgwall entfernten Herthasee und zelebrierte dabei geheime Riten. Ihre Dienerinnen, die ihr beim Bade assistierten, ertränkte sie dann anschließend wenig menschenfreundlich im See, damit sie die heiligen Handlungen, die sie gesehen hatten, nicht ausplauderten. Nun spuken ihre armen Seelen nächtens auf dem See und im Walde umher.

Herthasee

Der 11 m tiefe Herthasee ist tagsüber ein romantischer Waldsee, der still zwischen den mächtigen Bäumen liegt und dessen dunkle Wasserfläche von Teichrosen bedeckt ist.

Opferstein

In der Nähe des Burgwalls liegt ein großer **Felsblock,** der Opferstein. Seine Oberfläche ist von Rillen und Kerben zerfurcht. Natürlich erzählt die Legende von Menschenopfern, die hier gebracht wurden.

Die Rillen dienten demnach zum ordnungsgemäßen Ablauf des Blutes und sollen deshalb nie Moos ansetzen.

Pfenniggrab

Wer vom Herthasee aus noch einmal ein Stück weiter den Wanderweg Richtung Nipmerow spaziert, erreicht nach einem guten Kilometer das Pfenniggrab, ein gut erhaltenes **steinzeitliches Großsteingrab.**

Praktische Tipps

Unterkunft

- **Baumhaus Hagen**②, Stubbenkammer, Tel. (038392) 2 23 10, www.baumhaushagen.im-web.de. Rohrdachhaus in Einzellage an der Straße zum Königsstuhl, im Restaurant traditionelle Fisch-/Wildgerichte.
- **Kleine Försterei**②, in Hagen, Stubbenkammer Str. 68, Tel. (038302) 9 00 17, www.kleine-foersterei-ruegen.de. Adretter Neubau mit Gaststube im Jagdhausstil und Bar.
- **Pension Quasimodo**①-②, in Hagen, Stubbenkammer Str. 49, Tel. (038302) 9 09 50, www.quasi-ruegen.de. Kleine Gaststube mit solider landhaustypischer Küche, die vom fangfrischen Fisch bis zum Wild aus heimischen Wäldern reicht. Mit 3 einfachen Zimmern.

Nipmerow

An der Straße, die von Sassnitz nach Lohme führt, liegt das kleine Dorf Nipmerow. Rund 300 m vom Ort entfernt befindet sich der einzige **Campingplatz** auf Jasmund. Von dem kleinen, schön und ruhig im Wald gelegenen Platz lässt sich Jasmund in allen Himmelsrichtungen gut erkunden und erwandern. Seine Lage unmittelbar am Rand des Nationalparks Jasmund macht ihn vor allem zum idea-

326rh ph

> Mit niedlichem Verschnaufplatz – die steile Treppe hinab zum Hafen von Lohme

len Ausgangspunkt für große und kleine Wanderungen durch die herrlichen Buchenwälder der Stubnitz, die übersät sind mit prähistorischen Hügelgräbern.

Unterkunft

■ **Krüger Naturcamping,** Jasmunder Str. 5, Tel. (038302) 92 44, www.ruegen-naturcamping.de. Kleiner, romantischer Platz auf Waldlichtung und vor dem Wald. Sehr einfache, provisorisch anmutende Sanitäreinrichtungen, vor allem im hinteren Teil im Wald (Ostern–31.10.).

Lohme

An der Abbruchkante der 70 m hohen Nordküste Jasmunds liegt das Fischerdorf Lohme.

Der kleine **Fischerhafen** des Dorfes liegt, geschützt durch mächtige Felsklötze, tief unterhalb des Ortes am schmalen Strand am Fuße der Steilküste. Zum Hafen führt eine steile Treppe hinab. Der Fang wird per Seilbahn hinauf ins Dorf gebracht und in der **Traditionsräuche-**

rei, die die Lohmer Fischer an der Durchgangstraße unterhalten, verkauft.

Das **Ufer** bei Lohme ist steinig und wenig geeignet zum Baden. Dort liegt der **Schwanenstein,** ein 162 Tonnen schwerer Findling. Sehr zu empfehlen ist die Route entlang des Hochufers zum 6 km entfernten Königsstuhl. Sie ist wunderschön und weit weniger besucht als der Hochuferweg von Sassnitz aus.

Das Schönste in Lohme ist jedoch die Aussicht über das Meer hinüber auf das gegenüberliegende Kap Arkona, über dem am Abend die Sonne (so sie scheint!) glutrot versinkt. Der beste Platz, um dieses herrliche Schauspiel zu erleben, ist die Terrasse des Restaurants im **Panorama-Hotel.** Einen schöneren **Sonnenuntergang** (am besten bei einem guten Wein oder Essen) findet man auf ganz Rügen nirgendwo anders!

Küstenwanderung

Aber auch die Küste **westlich von Lohme** ist für Spaziergänge sehr geeignet, besonders wenn man **Ruhe und Abgeschiedenheit** sucht. Da man an dem mehr als 10 Kilometer langen Küstenabschnitt zwischen Lohme und Glowe nirgends mit dem Auto an die Küste heranfahren kann, ist sie **weitgehend unberührt.** Hierher verirrt sich kaum ein Rügenbesucher. Auch eine Ausflugsgaststätte oder Ähnliches wird man hier nicht finden. Es empfiehlt sich also, einen kleinen Proviant einzupacken, da man entlang dieses Weges auf keine menschliche Ansiedlung stoßen wird.

Die schmale und kurvenreiche, von Bäumen gesäumte Straße, die parallel zur Küste von Lohme durch winzige Dörflein Richtung Glowe führt, ist sicherlich eine der schönsten Strecken auf ganz Rügen.

Praktische Tipps

Info

- **Vorwahl:** 038302
- **Tourist-Information,** *Haus Linde,* Arkonastr. 31, 18551 Lohme, Tel. (038302) 8 88 55, www.lohme.de. April–Okt. Mo–Fr 10–12 und 15–17 Uhr, Sa 10–12 Uhr, Nov–März Mo–Sa 10–12 Uhr.
- **Kurabgabe** HS 0,75 €, NS 0,50 €.

Unterkunft

MEIN TIPP: **Panorama-Hotel**②-③, An der Steilküste 8, Tel. 91 10, www.lohme.com. Direkt am Steilufer, von Restaurant und Seeterrasse toller Ausblick, ausgezeichnete Küche.

- **Schloss Ranzow**③-④, Schlossallee 1, Ranzow, Tel. 88 91-0, www.hotel-schloss-ranzow.de. Romatik pur. Kleines, bilderbuchschönes Schloss von 1886 mit 6 DZ und 14 Studios in denkbar schönster Alleinlage. Alle Zi. mit individuellem Grundriss und Design, geschmackvoll im distinguierten Ambiente zwischen Bauhaus und Barock, meist mit Traumblick auf Ostsee und Kap Arkona. Modernes Gästehaus mit 18 sehr eleganten Einraumstudios im zeitlos modernen Design. Hervorragende Küche, gepflegter Wellnessbereich. 30 Min. zu Fuß zum Königsstuhl, Verleih von E-Bikes.
- **Pension Nordwind**②, Arkonastr. 1, Tel. 92 46, www.hotel-pension-nordwind.de. Neu errichtete Pension mit Schwimmbad, Sauna, Solarium, Restaurant.
- **Hotelchen Rugeshus**②, in Nardevitz, Am Ufer 2, Tel. 91 20, www.rugeshus.de. Abgelegene Alleinlage im Wald direkt über dem Steilufer an einem murmelnden Bach, Tiere, nette Leute.

Gastronomie

■ **Café Niedlich,** über dem Fischereihafen, Tel. 93 46. Auf halber Höhe an der Treppe zum Hafen mit schöner Terrasse und ebensolcher Aussicht.

■ **Traditions-Räucherei,** Dorfstr. 18, Tel. 92 05. Täglich Aal, Heilbutt, Sprotten, Flundern und mehr Frisches aus dem Rauch; Imbiss mit Fassbier und Direktverkauf. Mo–Sa 10–17.30 Uhr.

Einkaufen

■ **Dorfladen/Bistro,** Arkonastr. 4, Tel. 88 65 85. Sympathischer Laden mit kleinem Bistro und familiärem Wohnmobil-Stellplatz und Fahrradverleih. Im Laden gibt's viele frische Produkte aus der Region wie z.B. von der Landbäckerei Hagen, der Molkerei Poseritz oder dem Poseritzer Eierhof. WoMo-Platz ganzjährig geöffnet, Laden: Mo–Fr 7.30–12.30 u.15–18 Uhr, Sa 7.30–11 Uhr, So 7.30–10 Uhr.

Kunsthandwerk

■ **Steinmanufaktur:** Zum Hafen 6, mobil: (0176) 82 99 33 00, www.ruegensteine.de. Der Künstler *Peter Müller* verarbeitet an Steilküste und Strand gefundene Steine. Ein ideales, weil absolut authentisches Rügensouvenir.

Bobbin

Bobbin bedeutet im Slawischen „Hügel". Auf einem solchen liegt das kleine Dörfchen an der Straße von Glowe nach Sagard. Über dem Dorf thront die kleine gotische **Dorfkirche St. Pauli.** Das um 1400 aus Feldsteinen errichtete Kirchlein schmückt ein barocker Altar von 1668, den *Wrangel* einfügen ließ. Wer das Kirchlein besucht, sollte es nicht versäumen, auch einen Rundgang über den kleinen **Friedhof** zu unternehmen.

Unterkunft

■ **Alte Schmiede**①-②, Heidberg 19, Tel. (038302) 5 30 07, www.feistauer-bobbin.de. Neubau in ruhiger Lage mit Blick auf den Jasmunder Bodden; Sauna, Liegewiese, Grillplatz, Streichelschafe.

Einkaufen

MEIN TIPP: **Hofladen Bobbin,** Oberdorf 5a, Tel. (038302) 88 77 57, www.hofladen-bobbin.de. Mit Weingalerie und Mosterei, Fruchtweine und Liköre aus eigener Herstellung, Kerzenwerkstatt, Strickwaren sowie **De schmucke Stuw** mit Filzerei, Kreidemännchen-Manufaktur u.a., Mo–Sa 10–18 Uhr, im Aug. auch So 13–17 Uhr, im Winter 10–16 Uhr.

Schloss Spyker

Von der Straße, die von Bobbin nach Glowe führt, sieht man auf der Boddenseite von Weitem schon ein braunrotes turmbewehrtes Gebäude aus der grünen Landschaft leuchten, Schloss Spyker. Es liegt in unmittelbarer Nähe des **Spykerschen Sees,** einer fast abgeschnürten Bucht des Großen Jasmunder Boddens. Die Bucht ist Naturschutzgebiet und deswegen für alle Arten von Sportbooten gesperrt.

Der gedrungene Bau mit seinen vier Ecktürmen war ab dem 14. Jh. Sitz der Herrschaft *Spyker.* Nach dem Aussterben

150rhc ph

der Sippe schenkte die schwedische Königin das Schloss 1650 ihrem Feldmarschall *Carl Gustav Wrangel*. Dieser ließ es nach dem Vorbild seines Schlosses am Mälar-See in Schweden um- und ausbauen. Von diesem Umbau stammen die barocken Stuckdecken in den Sälen. Nach dem Tode Wrangels 1676 kam Spyker in den Besitz des Fürsten *Malte von Putbus*.

Bis zur Wende war in dem herrschaftlichen Gebäude ein **Altersheim** untergebracht. Nun ist das malerisch still und allein gelegene Schloss ein elegantes **Hotel.** Seine Lage zwischen den Rügenattraktionen Königsstuhl und Kap Arkona und nur wenige Fahrminuten vom Strandparadies Schaabe entfernt, machen aus dem historischen Gemäuer eine besonders exklusive Herberge. Auch für Nichthotelgäste lohnt sich der kurze Abstecher, denn neben einem ausgezeichneten Restaurant lädt bei gutem Wetter ein **Gartencafé** unter alten Bäumen zur beschaulichen Rast ein.

■ **Schlosshotel Spyker**③, Schlossallee 1, 18551 Spyker, Tel. (038302) 7 70, www.schloss-spyker.de. 32 elegante, individuell geschnittene und gestaltete Zimmer im historischen Ambiente. Dazu ein rustikales Gewölberestaurant, in dem sich regionale Küche mit mediterranen Elementen paart. Sehr gut sortierte Weinkarte täglich 12–21 Uhr, Juli/Aug. bis 22 Uhr.

Dinosaurierland

Seit 2009 im Unterhaltungsangebot der Insel ist das Dinosaurierland. Da die urzeitlichen Großechsen seit jeher eine große Faszination auf Jung und Alt gleichermaßen ausüben, wird der Park mit seinen 120 Urechsenarten seine Besucher finden. Durch das Gelände führt ein 1100 m langer Rundweg. Es wird die Entwicklung vom ersten Lebewesen im Wasser bis zur Evolution der Wirbeltiere und die Eroberung der Luft durch Flugsaurier und Vögel erläutert. Ein 90-minütiger Dinofilm wird ebenso geboten wie die Erstellung eigener Gipsabdrücke oder auch die Freilegung eines (nachgebildeten) Saurierskelettes.

Dinosaurierland Rügen, Am Spyker See 2 a, 18551 Spyker, Tel. (038302) 71 98 74, www.dinosaurierland-ruegen.de, Apil/Mai/Sept./Okt. tägl. 10–17 Uhr, Juli/Aug. 10–18 Uhr, März/Nov. Sa–Do 10–15 Uhr. Erwachsene 8,50 €, Kinder 6,50 €, Hund 2 €.

Tempelberg

Südlich von Bobbin ragt der 60 m hohe Tempelberg auf. Wer vom Parkplatz an der Hauptstraße über die steilen Treppen sein Plateau besteigt, wird mit einem wunderschönen Ausblick über die Schaabe und die Halbinsel Wittow hinweg bis zum Kap Arkona belohnt.

Zu DDR-Zeiten Altersheim, jetzt nostalgisches Hotel – das Schloss Spyker

Quoltitzer Opferstein

Ein besinnlicher Spaziergang lässt sich durch die weiten Wiesen und Felder zum **Quoltitzer Opferstein** machen. Der Weg führt vom Tempelberg über die Dörfchen Polkvitz und Quoltitz. Von dort führt ein 800 m langer Stichpfad zu dem von einer Baumgruppe umgebenen, mächtigen Felsblock. Er hat ein Volumen von 27 m³, wiegt 73 Tonnen und ist von ausgehauenen Näpfchen, Rillen und Furchen überzogen. Der Quoltitzer Opferstein ist der bedeutendste dieser seltsamen Steine auf Rügen; ihr Sinn ist bis heute nicht endgültig geklärt.

Unweit des Steins liegen die **Fürstengräber,** mehrere bronzezeitliche Hügelgräber, und der 200 Meter hohe **Slanteberg,** mit schöner Aussicht und Hügelgrab. Zwischen Opferstein und den Hügelgräbern liegt ein naturgeschützter **alter Kreidebruch,** in dem sich über die Jahre eine interessante Flora und Fauna angesiedelt hat.

Kreidemuseum Gummanz

Der alte, 1962 **stillgelegte Kreidebruch** ist zum Kreidemuseum Gummanz umgestaltet worden. Das Freilichtmuseum besitzt neben historischen Originalgeräten für den Kreideabbau einen interessanten und schönen Lehrpfad, der vom Eingang etwa 1,5 km bis zum 40 m hohen „Kleinen Königsstuhl“ führt, von dem man einen sehr schönen Überblick über den Kreidebruch hat.

■ **Kreidemuseum Gummanz,** Tel. (038302) 5 62 29, www.kreidemuseum.de, Ostern–31.Okt., täglich 10–17 Uhr, Nov.–Ostern, Di–So 10–16 Uhr. Führung nach Vereinbarung.

Sagard

Sagard, zweitgrößter Ort auf Jasmund, liegt an der Hauptstraße von Bergen nach Sassnitz, dort, wo die Straße Richtung Glowe abzweigt. Obwohl in Sichtweite der vielbefahrenen Fernstraße gelegen, braust der Verkehr achtlos an dem Ort vorbei.

Das war nicht immer so. Sagard war aufgrund einer eisen- und kohlensäurehaltigen Mineralquelle der **erste Badeort auf Rügen.**

Im heutigen Sagard ist nur die um 1400 errichtete **gotische Dorfkirche** mit einer zweigeschossigen Orgel von 1796 von Interesse.

Geschichte

Am sogenannten **Sagarder Gesundbrunnen** fanden sich schon 1750 die ersten Badegäste ein. Der offensichtlich den irdischen Gütern nicht abgeneigte Sagarder Pastor *Christoph von Willich,* auf dessen Pfarrkoppel eisenhaltiges, nicht gerade wohlschmeckendes Wasser hervorsprudelte, gründete 1794 eine „Brunnen-, Bade- und Vergnügungsanstalt“. Er ließ einen Park, die sogenannte **Brunnenaue,** anlegen. Um die Quellen herum wurden ein turmartiges Gebäude und daneben ein Badehaus gebaut. Vergnügungseinrichtungen wie Karussell, Kegelbahn, Spieltische und Tanzplätze ergänzten die Anlage. Gar ein Lustschloss wollte der geschäftstüchtige Pfarrer bauen lassen. Daraus wurde dann aber nichts, weil schon nach wenigen Jahren die Gäste ausblieben. Zu den berühmtesten Besuchern des Sagarder Bades gehörte der Theologe und Pädagoge *Schleiermacher,* der sich hier 1808 mit *Henriette von Willich* verlobte. Die kurze Ära Sagards als Badeort fand um 1815 ihr Ende.

Dobberworth

Direkt an der B96 liegt nahe der Abzweigung nach Sagard Norddeutschlands größtes **Hügelgrab.** Der allerdings wenig ansehnliche, von struppigem Strauchwerk bewachsene Erdhügel hat einen Umfang von 50 m und ist 14 m hoch.

Praktische Tipps

Unterkunft

■ **Hotel Am Markt**②, August-Bebel-Str. 14, 18551 Sagard, Tel. (038302) 37 16, www.puszta ruegen.de. Mit ungarischem Spezialitätenrestaurant.

■ **Hotel Der Wilde Schwan**②-③, im OT Neuhof 10, Tel. (038302) 80 30, www.hotel-der-wilde-schwan.de; Hotel im einladenden Neubauensemble aus 3 Gebäuden in reizvoller, sehr ruhiger Alleinlage am Bodden. Separates Gastronomiegebäude mit empfehlenswerter Küche. Mit Sauna und Kegelbahn.

Lietzow

Dort, wo die B 96 über einen Damm, der seit 1868 den Großen vom Kleinen Jasmunder Bodden trennt, die Halbinsel Jasmund erreicht, liegt idyllisch am bewaldeten Hang zwischen den Boddenwassern der kleine Ort Lietzow.

Bekannt wurde der Ort durch umfangreiche archäologische **Ausgrabungen,** die an der dortigen Boddenküste zwischen 1827 und 1939 gemacht wurden. Über 20.000 Fundstücke aus der **Jungsteinzeit** konnten Archäologen in dem Grabungsfeld bergen. Die aufsehenerregenden Funde waren von so großer Bedeutung und Wichtigkeit, dass nach ihnen die **Lietzowkultur** definiert wurde. Sie existierte vor etwa 5.000 Jahren und stellte den sozialen und kulturellen Übergang von der Jäger- und Sammlergesellschaft zum sesshaften Ackerbau dar.

Oberhalb des Dorfes lugt ein reizvolles kleines **Schlösschen** aus den Bäumen heraus, welches an das besonders romantische Schloss Lichtenstein am Rande der Schwäbischen Alb bei Reutlingen erinnert. Tatsächlich diente ihm das durch den Roman von Wilhelm Hauff bekannte Schloss Lichtenstein als Vorbild. Ein am Bau der Bahnstrecke nach Sassnitz beteiligter Ingenieur hatte es oberhalb des Boddens für sich errichten lassen.

Freunde von Parkanlagen sollten in Lietzow Halt machen und zu Fuß oder per Rad den 38 ha großen **Waldpark Semper** besuchen. Der reizvolle Spazierweg führt von der Uferpromenade am Boddenufer entlang direkt in das grüne Idyll hinein. Die wildromantische Parkanlage wurde 1920 gemeinsam mit dem mittendrin versteckt liegenden **Schloss Semper** errichtet. Von 1963 bis 1990 war das Gelände paramilitärische Ausbildungsstätte.

Unterkunft

■ **Pension Jasmund**②, Boddenstraße 50, Tel. (038302) 30 33, www.pensionjasmund.de. Familiengeführte Frühstückspension in Waldhanglage mit Wasserblick nahe Strand.

■ **Störtebeker-Camp**①-②, Waldstraße 59, Tel. (038302) 21 66, www.lietzow.net. Motelartiges Gästehaus mit Restaurant und kleinem Camping.

Gastronomie

■ **Traditionsräucherei/Erlebnisscheune,** Spitzer Ort 7, Tel. (038302) 71 99 80, www.traditionsraeucherei-lietzow.de. Ostern–Ende Okt. täglich 11–18 Uhr. Seit 1910 arbeitet die Fischräucherei auf der Halbinsel Spitzer Ort. Sie räuchert täglich frischen Fang auf frischem Buchenholz und bietet nicht nur beste Qualität, sondern hat sich zusammen mit der **Fisch-Gaststätte „Uns Rökerhus"** mit toller Seeterrasse, Spielplatz, Streichelgehege, einer Erlebnisscheune mit Pilzmuseum und Ausstellung zur Ur- und Frühgeschichte und einem gut sortierten Hofladen zu einem beliebten Ausflugs- und Einkaufsziel entwickelt.

Einkaufen

■ **Bücher-Bahnhof,** im alten Bahnhof, Tel. (038302) 5 64 33, www.facebook.com/buecherbahnhof. Wer noch eine Strandlektüre braucht, der besuche den leuchtend roten Bahnhof von Lietzow, denn dort gibt es ein gemütliches Café und vielerlei

antiquarischer Trödel, vor allem aber tausende von Büchern, in denen man schmökern kann. Mai–Okt. Mi–So 13–17 Uhr, Nov.–April Sa/So 13–17 Uhr.

Glowe

Über Ruschwitz, das der Legende nach der Geburtsort des legendären Piraten *Klaus Störtebeker* sein soll, erreicht man von Lohme oder Sagard kommend Glowe, das **Tor zum Badeparadies Schaabe.** Der Ortsname leitet sich vom slawischen Wort *glova* (Kopf) ab.

Nach den abgeschiedenen und vom Tourismus wenig berührten Küstenstrichen an der Nordküste Jasmunds gerät man hier in den Sommermonaten wieder in buntes Badegetümmel. Zahlreiche Badegäste besuchen dann das ehemalige Fischerdorf, das denn auch weitgehend vom Strandtourismus geprägt ist und von ihm lebt.

Doch trotz der vielen Sommergäste ist Glowe ein vergleichsweise beschaulicher Badeort geblieben. Ein paar Hotels und Pensionen, Restaurants und Cafés, mehr Spuren hat der Tourismus bisher nicht hinterlassen. Sobald die Badesaison vorüber ist, fällt das Örtchen in einen langen, stillen Winterschlaf. Dann ist es für Liebhaber einsamer Strandspaziergänge bei erfrischender Seeluft ein einladendes Plätzchen.

Die einzige Sehenswürdigkeit von Glowe ist der markante dreieckige Spannbetonbau, der unübersehbar direkt am Strand aufragt. Der wegen seiner Form **Muschel** genannte Bau aus dem Jahre 1868 (heute Restaurant Ostseeperle) ist ein Werk des Architekten *Ulrich Müther*, von dem auch der berühmte Teepott von Warnemünde stammt.

Info

- **Vorwahl:** 038302
- **Tourismusverein,** Hauptstraße 37, 18551 Glowe, Tel. (038302) 88 99 39, (Juli–Sept. Mo–Fr 8–12 u. 14–18 Uhr, Sa 9–13 Uhr, Okt.–Juni Mo, Mi, Do 7.30–16 Uhr, Di 7.30–17 Uhr, Fr 7.30–12.30 Uhr
- **Kurabgabe** HS 1 €, NS 0,75 €.

Unterkunft

- **Haus Svantekahs**②, Hauptstr.19, Tel.7 11 00, www.haus-svantekahs.de. Freundliche Pension fast direkt am Strand. Zi. und App. meist mit Balkon oder Terrasse, teils mit Meerblick. Frühstück extra.
- **Pension Alt Glowe**②-③, Hauptstr. 37, Tel. 88 93 29, www.altglowe.de. Neubau 150 m vom Strand, mit Fahrradverleih, Terrassenrestaurant.
- **Ferien im Leuchtturm**③, Dünenresidenz 19, Tel. (06201) 87 39 63, www.ferien-im-leuchtturm.de. Sicher Rügens ungewöhnlichste Adresse. 110 m² große Ferienwohnung auf vier Etagen im niedlichen rot-weiß-gestreiften Bilderbuch-Leuchtturm, den der TV-Sender Kabel Eins für seine 12-teilige Serie „Ferienhaus der ganz besonderen Art" 2005 wenige Meter vom Strand errichten ließ und dann verloste.

Gastronomie

- **Zum kleinen Wirtshaus,** Hauptstr. 82, Tel. 88 93 53. Kleine Lokal mit schmackhafter Hausmannskost im gemütlichen Gastraum oder im schönen Garten.
- **Zur Schaabe,** Hauptstr. 92, Tel. 71 00, www.schaabe.de. Gemütlicher Gasthof mit freundlichem Service und guter bodenständiger Küche mit viel

Fisch, im Haus Pension mit rollstuhlgerechten Zimmern①-②.

Mein Tipp: Alte Räucherei, Am Königshörn 21, Tel. 52 24. Etwas versteckt am Weg zum Hafen bietet die Fischerfamilie *Gips* frischen, eingelegten und traditionell auf Buchenholz geräucherten Fisch, darunter auch oberleckere und dazu preiswerte Fischbrötchen.

Aktivitäten

Mein Tipp: Kunst/Kunsthandwerk: *Kunstraum Wasserwerk*, Hauptstraße 1, Tel. (038302) 71 98 44, www.kunstraum-wasserwerk.de. Sympathischer kleiner Laden mit einer breiten Palette von Werken und Produkten Rügener Künstler und Kunsthandwerker, darunter auch die Werke des Künstler- und Betreiberpaares *Ina Handelmann* und *Günter Christiansen*. Unregelmäßige Ausstellungen. April–Okt. Mo–Sa 11–18 Uhr, Nov.–Dez. Fr, Sa 11–18 Uhr.

- **Fahrradverleih:** am Hafen, Tel. 5 34 45.
- **Angeln:** *Jean Friemel* Angelfahrten, Alt Glowe 129, OT Weddeort, mobil: (0172) 7 51 24 03.
- **Segeln/Surfen:** *Rügener Segel- und Surfschule*, mobil: (0174) 3 16 24 71.
- **Reiten:** *Wittower Heidehof*, An den Boddenwiesen 45, Tel. 5 34 66, www.wittower-heide-hof.de.

Die Schaabe

Die 10 km lange, völlig unbesiedelte Sandbrücke zwischen Jasmund und Wittow ist an der Außenküste ein einziger, langer und breiter Bilderbuchstrand, der wohl **schönste Badestrand der Insel.** In einem endlos weiten, zum Meer hin sich öffnenden sanften Bogen reicht der riesige Sandwall bis nach Juliusruh auf Wittow. Die Nehrung am Tromper Wiek ist sozusagen die Zwillingsschwester der Schmalen Heide, und sie ist landschaftlich die schönere von beiden. Wie ihre Konkurrentin ist auch die Schaabe im Laufe der Jahrtausende durch Sandanlagerungen entstanden.

Durch den lichten Kiefernwald, der erst 1860/1890 als Schutzwald angepflanzt wurde, führt schnurgerade die Straße. Zur Meerseite reihen sich in der Saison kostenpflichtige Parkplätze auf. Durch die duftenden Kiefern führen kurze Sandwege hinaus zur Außenküste, an der sich ein überbreiter, absolut steinfreier Sandstrand ausbreitet. Nur allmählich wird das Wasser tiefer, was besonders für Kleinkinder ideal ist. Wegen der Lage zur offenen See hin gibt es an der Schaabe eine schöne Brandung, aber dadurch ist es auch öfter windig.

Im Gegensatz zur Außenküste ist es an der bewaldeten **Boddenküste** ruhig. Zum Baden ist sie jedoch nicht geeignet. Am Bodden entlang zieht sich von Glowe bis Breege ein beschaulicher **Wanderweg.** Wer ihn entlangspazieren möchte, sollte unbedingt festes Schuhwerk tragen, da es hier **Kreuzottern** gibt.

Sollten Sie einer **Kreuzotter** begegnen, versuchen Sie nicht, sie zu fangen oder zu necken und meinen Sie nicht, sie müssten die Menschheit von solch „gefährlichem Viehzeug" befreien! Abgesehen davon, dass Kreuzottern harmlos sind, solange man sie in Ruhe lässt, sind die Tiere vom Aussterben bedroht und stehen unter Schutz. Außerdem haben sie eine wichtige Funktion im ökologischen Gleichgewicht ihrer Region.

1j HALBINSEL WITTOW

137rh ph

Die Halbinsel Wittow ist der nördlichste Teil Rügens. Wie das benachbarte Jasmund war auch Wittow einst eine eigenständige Insel. Erst die 10 km lange **Schaabe,** die durch Sandanschwemmungen entstand, verband sie mit Rügen. Die Landzunge auf der westlichen Seite, der **Bug,** hätte sich wohl schon längst mit dem Inselchen Hiddensee verbunden, wenn der Mensch nicht eingegriffen und die Fahrrinne immer wieder ausgebaggert hätte. Zum „Muttland“, dem Inselkern, hat Wittow keine Landverbindung. Wenn man von West-Rügen zu der Halbinsel will, muss man den **Breetzer Bodden** mit einer kleinen Autofähre überqueren.

Überblick

Wie ein gewaltiges, schützendes Bollwerk ist Wittow der Kerninsel vorgelagert. Selbst weitgehend ohne Schutz, ist es den an der Ostsee vorherrschenden Westwinden ausgeliefert. *Windland Wittow* wird es deshalb auch genannt. Ungehindert pfeifen die Winde und Stürme über die fast baumlose Hochfläche und rütteln an den geduckten Häusern der wenigen Dörfchen.

„Sturmtief über der Ostsee“, meldet im Winter denn auch häufig die Wetterwarte von Deutschlands „Nordkap“, dem

Kap Arkona. Diesen vorgeschobenen nördlichsten Zipfel Rügens treffen die Elemente am unmittelbarsten. Dort heulen im Herbst und Winter die Stürme wütend um die Türme der Leuchtfeuer. Die aufgewühlte See treibt Brecher um Brecher gegen die senkrecht abstürzende

Rast mit Aussicht:
am Hochuferweg von Vitte zum Kap Arkona

NICHT VERPASSEN!

- Die **Dorfkirche in Altenkirchen** ist eine der ältesten und die wohl schönste der Insel | 147
- Der historische **Gutshof Arkona** in Putgarten | 149
- In Putgarten im **„Helene-Weigel-Haus"** den Geist von Helene Weigel und Berthold Brecht spuren | 151
- Eine (Rad-)Wanderung vom Kap Arkona am Hochufer entlang zum versteckten Dörfchen **Vitt** und im Dorfkrug **„Zum Goldenen Anker"** einkehren | 151, 153
- Eine **Führung durch den Bug** auf den Spuren seiner militärhistorischen Geschichte und außergewöhnlichen Natur | 159

Diese Tipps erkennt man im Buch an der gelben Hinterlegung im Kapitel.

Steilküste an und bricht Stück um Stück aus ihr heraus. Aber auch im Sommerhalbjahr kann es hier heftig blasen.

Wittow wird hauptsächlich **landwirtschaftlich genutzt.** Weite Roggen-, Raps- und Weizenfelder überziehen die flache oder nur leicht wellige Oberfläche und gliedern sie in ein virtuoses Fleckenmuster. Die **Küstenlinie** besteht aus schroffen, wilden Steilufern, an denen Wind und Wellen stetig nagen. Dieser Verlust wird durch den Bug wettgemacht, an dem sich das Material wieder anlagert. Tag für Tag wächst der Haken weiter ins Meer hinaus.

Ohne Badestrände, entblößt von schattenspendenden Wäldern und dauernd windig: Wittow, kein Platz zum Urlaub machen? Damit wäre der Halbinsel Unrecht getan. Auch Wittow kann mit einer Reihe großer und kleiner Sehenswürdigkeiten aufwarten. Da ist natürlich zuallererst Kap Arkona, das vielbesuchte deutsche „Nordkap“ mit seiner Jaromarsburg, einst religiöses Zentrum der slawischen Ranen. Und Altenkirchen mit der schönsten aller mittelalterlichen Dorfkirchen auf Rügen. Und Vitt, das winzige Heringsdorf mit Kapelle, das schönste aller Rügendörfer. Schließlich hat das Windland doch noch einen herrlichen Badestrand. Weitab von den anderen Badezentren, liegt er an der Nordküste versteckt hinter Wittows einzigem Wäldchen, am **Bakenberg.** Bizarr geformte Windflüchter auf der Stranddüne zeigen unmissverständlich an, woher und wie oft der Wind hier weht. Und nicht zuletzt macht frische, salzhaltige **Seeluft,** gepaart mit der Ruhe und Abgeschiedenheit, das Windland Wittow zu einer Art großem Luftkurort.

Seebad Juliusruh

Der erste Ort, den man auf Wittow erreicht, wenn man die Schaabe überquert hat, ist Juliusruh. Wie sein Jasmunder Pendant Glowe ist es ein reiner Urlaubsort. Ob der Weg zum „zeitgemäßen attraktiven Seebad", den die Gemeinde nach der Wende gewählt hat, der richtige und auf Dauer erfolgreiche sein wird, bleibt abzuwarten. Die richtungsweisende „Errungenschaft" ist die Ferienmaschine „Strandresidenz *Aquamaris*" mit Hotel, Ferienwohnungen, diversen Restaurants, Beauty- und Gesundheitsfarm, Bierpub, Tanzbar usw., die im zuvor stillen Kiefernwald am Schaabe-Strand aus dem Sand gestampft wurde

Kurpark

Seine Existenz hat die zu Breege gehörende Siedlung dem größten Gutsbesitzer auf Wittow, *Julius von der Lancken*, zu verdanken. Der Edelmann hatte sich in den Kopf gesetzt, auf dem sandigen oder sumpfigen, völlig unfruchtbaren Ödland zwischen Schaabe und Breeger Bodden einen 40 ha großen **Landschaftspark im französischen Stil** anlegen zu lassen. 1795 begann man mit der Arbeit. Das sumpfige Land wurde mit herangefahrenem Mutterboden aufgeschüttet und mit Bäumen und Sträuchern bepflanzt. An den Rand des Parks stellte sich Julius ein herrschaftliches Landschlösschen und nannte es Juliusruh. Das zog weiteres gutsituiertes Volk an, das sich um den Park herum Sommervillen errichtete. Juliusruh avancierte zum kleinen Seebad. Der Ortsgründer selbst hatte sich aber mit Park und Schloss finanziell übernommen und musste nach wenigen Jahren alles verkaufen. Das Schloss zerfiel und ist heute verschwunden. Geblieben ist der hübsche, frei zugängliche Landschaftspark, der sich nun Kurpark nennt. Den etwas versteckt liegenden Park findet man, wenn man Richtung Breege abbiegt. Nach 100 m liegt rechter Hand ein Parkplatz am Parkeingang.

Praktische Tipps

Info

- **Vorwahl:** 038391
- **Informationsamt,** Wittower Str. 5, 18556 Juliusruh, Tel. 3 11, www.breege-juliusruh.m-vp.de. 15. Juni–15. Sept Mo–Fr 8–12 und 13–18 Uhr, Sa 9–13 Uhr, 16. Sept.–14. Juli Mo–Fr 8–12 und 13–16 Uhr.
- **Kurabgabe** HS 1,50 €, NS 1,20 €.

Unterkunft

- **Hotel Dünenhaus**②-③, Ringstr. 5, Tel. 40 70, www. duenenhaus.im-web.de. Am Strand, seeseitig toller Blick auf Strand und Meer, mit Restaurant.
- **Ferienanlage Windland**②, Waldweg 18, Tel. 1 24 56, www.ruegen-windland.de. Hotel und Bungalows zwischen Ostsee und Bodden, im Restaurant regionale Küche.
- **Haus Julie**②, Ringstr. 15, Tel. 76 47 48. Familie *Eggers* bietet 3 einladende Appartements für 2–8 Pers. in ruhiger Lage hinter den Stranddünen.
- **Freizeitcamp Am Wasser,** Wittower Str. 1, Tel. 4 39 28, www.freizeitcampamwasser.m-vp.de. Platz im Mischwald mit Wiesenarealen 100 m vom Strand. Mit Gaststätte. 1.4.–30.10.

Gastronomie

■ **Breeger Boddenstübchen,** Dorfstr. 76, Tel. 1 23 75. Kleines, gemütliches Restaurant mit Biergarten, preiswerte und gute Fisch- und Fleischgerichte ohne Schnick-Schnack.

■ **Villa Louisa,** Ringstr. 3, Tel. 1 29 57, www.villalouisa.de. Kleines einladendes Hotelrestaurant mit sehr guter Küche, die schon Brandenburgs Ex-Ministerpräsident *Manfred Stolpe* zu schätzen und würdigen wusste.

Aktivitäten

■ **Baden/Wellness:** *Aquamaris,* Wittower Str. 4, Tel. 4 44 05.

Tauchen

■ **Tauchbasis Sassnitz,** Fischerstr., mobil: (0173) 2 02 52 36, www.tauchbasis-sassnitz.de.

Breege

Der Name des 1313 erstmals genannten Fischerdorfes hat seinen Ursprung im Slawischen. Damals wurde er schlicht *breg* genannt, was soviel wie „Ufer" bedeutet.

Und dort liegt Breege auch. Allerdings nicht an der Außenküste, sondern am stillen Jasmunder Bodden. Kaum einen Kilometer vom sommerlich trubeligen Strand entfernt, umfängt einen in dem hübschen Fischerdorf die Beschaulichkeit des Boddens. Die von reizvollen alten Kapitänshäusern und Fischerkaten gesäumte Dorfstraße führt zu Herz und Seele des Ortes, dem **Hafen.** In der Blütezeit der Segelschifffahrt im 18. und 19. Jh. galt Breege als das reichste Dorf Rügens. Barken, Briggs und Galeassen lagen damals in großer Zahl an der Mole. Denn als die großen Segler noch die Meere der Welt beherrschten, war Breege ein wichtiger Handelshafen und das kleine Dorf brachte über 100 Schiffseigner und Kapitäne hervor. Nach dem Ende der Großsegler wurde es ein stilles Fischerdorf, was es wenigstens teilweise bis heute geblieben ist.

Auch die Zukunft des Hafenortes scheint gesichert zu sein: Breege ist in den letzten Jahren zu einem **Wassersportzentrum** mit einer der größten Marinas auf Rügen aufgestiegen.

Info

■ **Vorwahl:** 038391

■ **Kurabgabe** HS 1,50 €, NS 1,20 €, Hund 0,50 €.

Unterkunft

■ **Hotel Am Wasser**②, Dorfstr. 79, Tel. 40 20, www.hotelamwasser.m-vp.de. Direkt am Breeger Bodden gelegen, mit Fahrrad-, Ruderboot-, Motorbootverleih.

■ **Pension Mola**①-②, Boddenweg 1–2, Tel. 43 20, www.mola.de. Gut ausgestattete Zimmer direkt am Hafen mit herrlichem Blick auf den Großen Jasmunder Bodden. Mit hauseigener Segelschule, Jachtcharter und Restaurant *Mayday*.

Aktivitäten

■ **Fahrradverleih:** *Schröder,* Dorfstr. 88, Tel. 1 26 57, www.haus-nelson.de.

■ **Segelschule/Yachtcharter:** *S&Y Mola*, im Hafen, Tel. 43 20, www.mola.de.
■ **Schiffsausflug:** *Personenschifffahrt Kipp*, Dorfstr. 101, Tel. 1 23 06, www.reederei-kipp.de. Insel Hiddensee in der Saison 4–6x täglich ab Hafen Breege, Radmitnahme möglich.

Kunsthandwerk

■ **Töpferei Flemming,** Boddenweg 7, Tel. 3 57, täglich bis 19 Uhr.

Altenkirchen

Das fast 800 Jahre alte Altenkirchen ist nach Dranske der größte Ort auf Wittow und dessen wirtschaftliches Zentrum. Was sich so bedeutend anhört, entpuppt sich jedoch als kleines verschlafenes Dorf, in dem aber auch so gar nichts nach Zentrum aussehen will. Praktisch jeder, der auf Rügen Urlaub macht und das Kap Arkona besucht, fährt an Altenkirchen unmittelbar vorbei. Doch nur die wenigsten machen den kleinen Abstecher hinein in das alte Dorf. Das ist ein Fehler, denn Altenkirchen schmückt sich – der Name lässt es schon erahnen – mit einer der ältesten und zugleich schönsten mittelalterlichen Backsteinkirchen Rügens.

Dorfkirche

Die winzige und schiefe dreischiffige **Basilika** ist neben der Marienkirche in Bergen der älteste Sakralbau der Insel. Er wurde gleich am Anfang der Christianisierung Rügens, die mit dem Fall der Jaromarsburg auf Arkona im Jahre 1168 begann, um 1200 als Hofkirche für den Bruder des Rügenfürsten *Jaromar I.* errichtet.

Ältestes Detail der Kirche ist der im südlichen Chorbau eingelassene **Svantevitstein.** Der slawische Grabstein zeigt einen bärtigen Mann mit Füllhorn, vermutlich ein Abbild des Ranen-Hauptgottes *Svantevit* selbst oder einer seiner Priester.

Der Taufstein aus Gotland-Kalkstein stammt aus dem Jahr 1250. Die vier Gesichter, die ihn zieren, symbolisieren die vier Ströme des Paradieses. In dem gotischen Gewölbe sind drei Gesichter sowie zwei schwarze Hähne und ein Schwein erkennbar. Die Hähne sind Symbole *Svantevits* und das Schwein war ein slawisches Kulttier. Der Pelikan im Triumphbogen ist ein christliches Symbol. Der Altar von 1724 stammt aus der Werkstatt des Stralsunders *Elias Keßler.* Die Orgel der Kirche wurde von dem Pfarrer *Kosegarten* im Jahre 1797 in Berlin aus zweiter Hand erworben. Ungewöhnlich schmuckvoll verziert ist die Außenmauer der Apsis und des Chores.

Auf dem kleinen **Friedhof,** der die Kirche umgibt, stehen eine Reihe alter Grabwangen aus den letzten Jahrhunderten, auf denen Ankerreliefs darauf hinweisen, wie der Begrabene sich sein Brot einstmals verdiente. Hier entdeckt man auch das Grab des Pfarrers und Dichters *Ludwig Theobul Kosegarten,* der während seiner Amtszeit Altenkirchen zu einer Art schöngeistigem Zentrum Rügens machte. Etwas abseits stehen der freistehende **Glockenturm** und das schöne alte **Pfarrhaus.**

Das alte Feuerwehrhaus beherbergt nun das **Kosegartenhaus,** in dem neben

einer ständigen Ausstellung zu *Kosegartens* Leben und Wirken auch kulturelle Ereignisse wie Konzerte, Lesungen oder Filme im Rahmen des „Kirchen- und Musiksommers" stattfinden.

Info: Tel. (038391) 3 66, www.kirche-altenkirchen-ruegen.de.

Praktische Tipps

Unterkunft

Camping Drewoldke, Zittkower Weg 27, Tel. (038391) 1 29 65, www.camping-auf-ruegen.de, April–Okt., schöner, unparzellierter 9 ha großer Platz im lichten Kiefernhain direkt am Strand. Mit **Fischgaststätte/Biergarten** sowie **Kite-Schule** *Fly a Kite* (Tel. 76 08 80, www.fly-a-kite.de).

Gastronomie

MEIN TIPP: **Hofcafé,** Karl-Marx-Platz 4–6, Tel. (038391) 8 97 01. Empfehlenswertes Schönwetter-Café im idyllischen Hof mit sehr schmackhaften Fischbrötchen und anderen Leckereien wie selbstgebeizter Lachs oder Omas Apfel-Zimt-Streusel mit Bourbonvanilleeis. Mit Fischräucherofen, Di und Do Räucherfisch-Abend. Geöffnet Ostern–Sept.

Kunst

Malerei: *Atelier & Galerie Hanne Petrick,* Neue Str. 2a, Tel. (038391) 5 95, www.hanne-petrick.de. Das blaue, von bunten Blumen umsäumte, bildschöne Postkartenhaus der Malerin ist ebenso sehenswert wie ihre Aquarelle. Von Mai–Okt. einwöchige Malkurse, *Atelier* Mo–Sa 10–12 Uhr.

Rügens älteste Dorfkirche in Altenkirchen

Aktivitäten

Kitesurfen und Tauchen: auf Campingplatz Drewoldke (siehe oben).

Putgarten

In Putgarten, der nördlichsten Gemeinde Rügens, endet die Straße zum **Kap Arkona.** Um das Landschafts- und Naturschutzgebiet um Arkona vor Beschädigungen durch die sommerlichen Besucherströme zu schützen, wurde die direkte Zufahrt zum Kap und dem entzückenden Dörfchen Vitt gesperrt. Vor Putgarten wurden riesige **Parkplätze** eingerichtet. Von ihnen aus kann man mit der kleinen **Arkonabahn** oder mit Pferdekutschen weiter zu den Leuchttürmen, der Jaromarsburg und dem denkmalgeschützten Fischerdorf Vitt gelangen. Auch ein Fahrradverleih ist vorhanden. Es ist aber auch sehr schön, zu Fuß eine kleine Rundwanderung (ca. 6 km) über Vitt und am grandiosen Steilufer entlang zu den Leuchttürmen am Kap zu machen und sich dabei den Wittower Wind um die Nase wehen zu lassen.

Gutshof Arkona

Putgarten selbst ist bis auf den Gutshof Arkona unscheinbar und eher uninteressant. Das restaurierte, große alte Gehöft liegt an der Straße zum Kap und ist

Ludwig Theobul Kosegarten – ein Pastor von Altenkirchen

Der Pastorensohn Kosegarten stammt aus dem mecklenburgischen Grevesmühlen, wo er 1758 geboren wurde. Nach seinem Studium in Greifswald kam er 1777 nach Rügen. Der damals 21-Jährige trat in Bergen eine Stelle als Hauslehrer an. Er verliebte sich aber in seine Schülerin und musste darob zügig die Stadt verlassen. Es folgten weitere verschiedene Stellen als **Hauslehrer,** die weniger dramatisch verliefen als die in Bergen. 1785 trat er in Wolgast die **Rektorenstelle** der Stadtschule an. Seine von ihm ungeliebte Lehrertätigkeit endete mit der Berufung als **Pastor der Gemeinde Altenkirchen,** die ihm der schwedische Kronprinz verschaffte.

Kosegarten, stark von den Ideen und Idealen des französischen Philosophen **Rousseau** beeinflusst, sah in der Natur Rügens die ideale Umgebung für ein Leben, wie es der Franzose propagierte. Gemeinsam mit *E.M. Arndt,* der im Hause Kosegarten zeitweilig als Hauslehrer arbeitete, kämpfte er vehement **gegen das System der Leibeigenschaft** und für die Befreiung des Individuums. Viele große Namen aus der damaligen Zeit wie *Alexander von Humboldt* oder *Schleiermacher* waren Gäste im Hause Kosegarten. Mit anderen wie *Schiller, Herder* und *Goethe* stand er in regelmäßigem Briefkontakt. Maler wie *Phillip Hackert* oder *Phillip Otto Runge* zählten zu seinem Freundeskreis.

Kosegarten erlangte durch seine „Uferpredigten" für die Heringsfischer in Vitt, aber auch durch eigene **schriftstellerische Tätigkeit** relative Berühmtheit. Er verfasste zahlreiche Gedichte und Romane. Besonders seine Werke „Die Inselfahrt" und „Jucunde" hatten bei den damaligen Lesern großen Erfolg. Kosegartens sehr gefühlsschwangere, schwülstige „Heimatlyrik" fand jedoch schon damals nicht nur Zustimmung. Ein Beispiel:

„Die Sonne schauet großgeaugt
Und leichenblass aus schwarzer Nacht
Und schauert bang zurück.
So blickt noch sterbend aufs Gefild
Voll Schlacht und Tod und Graun ein Held
Und schließt sein Aug' und stirbt".

Das ließ auch seinen Freund **Goethe** schauern. Dennoch verfasste dieser für den 1818 in Greifswald gestorbenen und auf dem Friedhof in Altenkirchen beigesetzten Kosegarten eine Grabinschrift, die jedoch von der Familie nicht verwendet wurde. Stattdessen ist auf seinem Grabstein ein Vers von *Paul Gerhard* zu lesen.

eine Art **Kulturzentrum.** Hier werden Handwerker- und Bauernmärkte abgehalten, Kohl-, Fischer- und Erntefeste gefeiert und im Sommer wird in einer alten Scheune Theater gespielt. Dazu gibt es eine Ausstellung landwirtschaftlicher Geräte, einen Töpfer, einen Bernsteinschleifer, eine Glasbläserei, eine Fischräucherei, einen Rügen-Kost-Laden, ein gemütliches Café, eine historische Druckwerkstatt und und und. Das vielseitige Hofgut ist in einen **Park** eingebettet, in dem man neben zwei Teichen auch Freigehege, einen Streichelzoo, eine Pferdekoppel, einen Spielplatz und mehr findet.

Praktische Tipps

Info

- **Vorwahl:** 038391
- **Informationsamt Kap Arkona,** Am Parkplatz, 18556 Putgarten, Tel. 41 90, www.kap-arkona.de, Mai–Sept. Mo–Sa 9–18 Uhr, So 12–18 Uhr, Okt.–Apr. Mo–Sa 10–17 Uhr, So 12–16 Uhr.
- **Kurabgabe** HS 1,50 €, NS 0,75 €.

Unterkunft

- **Rügenhof Arkona,** Dorfstr. 22, Tel. 40 00. Restaurierter Gutshof mit FeWos unterschiedlicher Größe und Ausstattung①-③. Besonders exklusiv: 60 qm große FeWo im Leuchtturmwärterhaus direkt bei den Leuchttürmen auf Kap Arkona②.

- **Pension Zum Kap Arkona**②, Dorfstr. 22a, Tel. 43 30, www.zum-kap-arkona.de. Neubau, Zimmer teilweise mit Blick auf Tromper Wiek. Sehr schön ist die Finnische Sauna mit großem Naturbadeteich. Frühstück extra.

Gastronomie

- **Gasthaus Nobbin,** in Nobbin, Tel. 1 20 88, www.gasthausnobbin.de. Allein inmitten stiller Natur gelegener Gasthof mit empfehlenswerter regionaler Küche, Fisch-, Fleisch- und Wildgerichte, mit angeschlossenem Hotel②.

MEIN TIPP: **Café & Kultur,** Dorfstraße 16, Tel. 43 10 07, www.helene-weigel-haus.de. Einfach schön und inspirierend. Malerischer 200 Jahre alter Bauernkaten, den *Helene Weigel* einst als Ferienhaus für sich und *Bertholt Brecht* erworben hatte. Frisch restauriert und saniert, bietet er von Mai–Okt. So–Fr von 13 bis 17 Uhr ein Café drinnen mit den originalen alten Tischen der legendären Kantine des Berliner Ensembles und im lauschigen Garten unter Bäumen und zwischen blühenden Blumen. Dazu gibt es eine kleine Ausstellung mit Weigel-Fotografien.

Aktivitäten

- **Fahrradverleih:** *Albrecht,* Am Parkplatz, Tel. 1 33 40.
- **Führungen** über das Flächennaturdenkmal Kap Arkona: Tel. (038391) 43 46 60.

Vitt

Obwohl es vom Parkplatz in Putgarten bis nach Vitt nur 1 km Fußweg ist und von dort der Blick über die Felder bis zur Abbruchkante reicht, ist dennoch weit und breit kein Dorf zu sehen. Dort, wo man Vitt vergeblich mit den Augen sucht, wogen nur weite Felder. Das niedliche Minidörfchen erblickt man erst, wenn man unmittelbar davor steht.

Als erstes Gebäude sieht man die Kapelle von Vitt. Von dort führt ein Hohlweg hinab in eine 40 m tiefe Liete, ein natürlicher Einschnitt im Steilufer. Erst nach einem Stück Weges taucht das winzige Dörflein urplötzlich auf. Eng zusammengedrängt ducken sich eine Handvoll niedriger Fischerkaten, umgeben von Pappeln, Eschen und Holunderbüschen, in die schützende Mulde, die **Grote Vitte.** Die moosbewachsenen Katen haben sich mit ihren graubraunen Rohrdächern so perfekt der Umgebung ange-

Die vier Vitten auf Wittow

Schon im 12. und 13. Jh. versammelten sich vor den Küsten Rügens die Fangflotten aller benachbarten Völker, um den **gewaltigen Heringsschwärmen,** die im Herbst hier auftauchten, nachzustellen. Die ertragreichsten Heringsgründe lagen vor der Küste Wittows. „Wenn im November der Wind heftiger weht, wird dort Hering massenweise gefangen", berichtet der Chronist Helmhold von Bosau über die Wittower Fischgründe. Wenn dann der sogenannte „Utkieker" einen Schwarm mit dem Ruf „De Hierung kümmt!" meldete, stachen die Fischer in See.

Um die **kurze Heringssaison** möglichst optimal nutzen zu können, entstanden überall an der Küste Plätze, an denen die gewaltigen Mengen angelandeten Herings sofort gereinigt, gesalzen und verpackt wurden. Diese Plätze nannte man Vitten oder auch Fitten. Vier solcher **saisonaler Verarbeitungsplätze** gab es damals auf Wittow: eine bei Dranske auf dem Bug, die Lütte Vitte bei Nonnevitz, die Vitte Rusewase an der Nordküste bei Putgarten und die größte, die **Grote Vitte** eben da, wo heute das Dorf Vitt liegt. Nach und nach wurden die Stützpunkte aufgegeben, weil die Heringe wegen Überfischung immer rarer wurden und schließlich fast ganz ausblieben. Nur die „Grote Vitte up Wittow", das Dorf Vitt, blieb erhalten. Es steht heute auf der Denkmalschutzliste der UNESCO.

passt, dass sie, sieht man vom Rand der Mulde auf sie herab, geradezu mit der Landschaft verschmelzen. Kein Neubau stört dieses einmalig ursprüngliche Dorfbild. Das ganze Dorf und die Kapelle stehen unter **Denkmalschutz.**

Mittendrin hält der **Goldene Anker** seine Tür für hungrige und durstige Gäste geöffnet. Im Gastraum der historischen **Dorfschänke** standen früher genau so viele Stühle wie der Weiler Einwohner zählte. Erblickte ein neuer Vitter das Licht der Welt, so wurde ein Stuhl hinzu gestellt, blieb einer für immer auf See, einer entfernt. Das geht heute angesichts der großen Besucherzahl nicht mehr. Der enorme Andrang hat dazu geführt, dass sich in Vitt heute alles und jeder vollständig auf den Besucherstrom ausrichtet. So gibt es jetzt auch im winzigen Hafen ein **Café am Meer, eine Fischräucherei** und Werbung für Bootsausflüge anstatt Heringskutter. Auch wenn das Gedränge an manchen Sommertagen allzu arg ist – der Weg zum Hafen lohnt, denn von hier eröffnet sich ein besonders prachtvoller Panoramablick auf das nahe Kap Arkona.

Kapelle

Der schlichte achteckige Bau der Kapelle wurde vom Altenkirchener Pfarrer **Kosegarten** errichtet. Und das kam so: Da die Fischer von Vitt während der Heringssaison keine Zeit fanden, den 8 km langen Fußmarsch bis zur Kirche in Altenkirchen zu machen, kam der Pfarrer zu ihnen und predigte unter freiem Himmel am nördlichen Wiesenhang der Talmulde. Diese berühmt gewordenen **„Uferpredigten“** mussten jedoch

138rh ph

häufig wegen schlechten Wetters unterbrochen werden. Gemeinde und Pfarrer suchten dann in einer morschen Hütte Zuflucht. Kosegarten fand, dies sei kein Zustand und ließ 1806 die Schutzkapelle errichten.

Das Altarbild ist die (schlechte) Kopie des Bildes „Petrus auf dem Meer" von *Philipp Otto Runge*. 1805 hatte Pastor *Kosegarten* den berühmten Landschaftsmaler mit der Ausmalung der Kapelle beauftragt. Als dieser 1810 in Hamburg starb, war das Bild zwar fertig, blieb jedoch in Hamburg, wo es heute zu den Beständen der Kunsthalle zählt. In der Saison finden in der Kapelle verschiedene Veranstaltungen statt.

Der Hafen von Vitt mit Fischräucherei, im Hintergund Kap Arkona

Praktische Tipps

Gastronomie

- **Zum goldenen Anker,** Tel. 1 21 34, www.gasthof-vitt.de. Natürlich ist frischester Ostsee-Hering im Angebot.
- **Fischerei Räucherei Bredow,** Vitt 1a, Tel. 1 21 93.

Aktivitäten

- **Schiffsausflug/Bootsverleih:** *Vetterick*, Tel. 3 77. Vom Hafen Rundfahrten um das Kap Arkona.

Kap Arkona

„Meerumschlungen und kreidegrün, / märchendurchdrungen und heldenkühn. / Herden am Haage, reifendes Feld, / flüsternde Sage, Lug in die Welt“, schrieb *Gerhard Hauptmann* bei seinem Besuch 1885 ins Gästebuch der Leuchtturmwirtschaft auf Kap Arkona. Das Kap ist neben dem Kreidefelsen des Königsstuhls das zweite große Wahrzeichen der Insel Rügen. Auf dem kahlen, 46 m hohen Felsplateau ragen weithin sichtbar zwei **Leuchttürme** auf. Der viereckige ist der ältere der beiden. Er wurde 1827 im Auftrag der preußischen Regierung nach Plänen von *Karl Friedrich Schinkel* errichtet. Auf den 19 m hohen **Schinkel-Turm** führt eine schöne gusseiserne Treppe. Von der Aussichtsplattform bietet sich dann ein herrlicher Rundblick. In den drei Etagen sind **Ausstellungen** zu *Schinkels* Bauten auf Rügen und in Pommern, zur Baugeschichte des Turmes, dem Leben des Turmwärters, zu deutschen Leuchttürmen, Seezeichen u.a. zu sehen.

Der 36 m hohe runde Leuchtturm löste 1901 den Schinkelturm ab und ist noch in Betrieb. Der schweißtreibende Aufstieg bis zu seiner Aussichtsgalerie wird mit einem grandiosen Panoramablick über halb Rügen belohnt. Dabei kann auch die Leuchttechnik besichtigt werden, die bei Dunkelheit alle 17,1 Sekunden ein Licht 22 Seemeilen weit aufs Meer hinaus sendet. In der alten **Nebelsignalstation** informiert eine Ausstellung über die **Geschichte der Seenotrettung.**

In direkter Nachbarschaft der beiden Leuchttürme befinden sich zwei Bunker. Der kleinere, ältere Bunker, der meist als **Arkona-Bunker** bezeichnet wird, stammt noch von der Wehrmacht und beherbergte zu DDR-Zeiten die 6. Grenzbrigade Küste.

Der größere, neuere Bunker wurde von 1979 bis 1986 errichtet und diente der auf dem Bug stationierten 6. Flottille der Volksmarine als Gefechtsstand. Der Arkona-Bunker beherbergt nun eine Kunstgalerie und der **NVA-Bunker** eine Ausstellung über die Volksmarine mit alten Bunkereinrichtungsgegenständen.

Der absolut nördlichste Punkt Rügens ist der **Gell-Ort** etwa 600 m westlich der Leuchttürme, der durch einen 165 Tonnen schweren Findlingsblock, den **Siebenschneiderstein,** markiert wird. Hier führt die **Königstreppe,** eine endlos lange Holztreppe, hinab zum schmalen Strand.

Mittel gegen die Seekrankheit

„Man nehme 2 Unzen rohes Opium, 2 Drachmen Bilsenkraut-Extract, 10 Gran gepulverte Muskatenblüthe und 2 Unzen harte Seife, koche dies in 60 Unzen frischen Wassers eine halbe Stunde lang, und rühre es während der Zeit oft um. Ist es erkaltet, so setze man ein Quart Weingeist (60gradigen) und 3 Drachmen Salmiakspiritus dazu. Von dieser Mischung reibe man so kurz vor der Einschiffung als möglich, einen Theelöffel voll am untern Ende des Brustbeins und unter den linken Rippen (also die Magengegend) ein, und wiederhohle dies auf dem Schiffe recht oft.“

Aus dem Kochbuch des legendären Leuchtturmwärters *Schilling.*

Der etwas abseits der Leuchttürme stehende dritte Turm ist kein Leuchtturm, sondern ein **ehemaliger Funkpeilturm** der Kriegsmarine. Heute dient seine imposante Glaskuppel Künstlern als Atelier. Das Atelier ist offen, man kann und darf den Künstlern also über die Schultern schauen. Im Turm selbst sind wechselnde Ausstellungen mit Werken einheimischer Künstler zu sehen. Vom 35 m hohen Turm kann man u.a. auf die benachbarte Jaromarsburg schauen.

- **Schinkel-Turm und Neuer Leuchtturm,** Tel. 1 21 15, tägl.Nov.–März 11–16 Uhr, April/Mai/Okt. 10–17 Uhr, Juni/Sept. 10–18 Uhr, Juli/Aug. 10–19 Uhr.
- **Peilturm,** Tel. 43 99 59, täglich April/Mai/Okt. 11–16 Uhr, Juni/Sept. 10–17 Uhr, Juli–Aug. 10–18 Uhr.
- **Arkona- und NVA-Bunker,** tägl. mehrfach Führungen, Info Tel. 43 46 60.

Jaromarsburg

Die einstige Größe der Jaromarsburg, der wichtigsten aller slawischen Wallburgen Rügens, lässt sich nur noch erahnen. Der größere Teil der Burganlage ist nämlich schon **Opfer des Meeres** geworden, das hier jeden Winter mächtige Stücke aus dem Steilufer herausbricht. Deshalb musste der Burgwall für Besucher **gesperrt** werden.

In der Wallburg stand einst ein quadratischer Tempel, in dem das überdimensionale hölzerne Standbild des wendischen Obergottes **Svantevit** stand. Acht Meter hoch war die aus einem Eichenstamm gehauene Svantevit-Statue. Der Gott trug vier Köpfe auf vier Hälsen, die in die vier Himmelsrichtungen blickten. In seiner Rechten hielt er ein Trinkhorn.

Die uneinnehmbar scheinende Arkonaburg war das oberste **Heiligtum der slawischen Ranen** auf Rügen. Um ihren hartnäckigen und erfolgreichen

(Rad-)Wanderung von Nonnevitz/Bakenberg zum Kap Arkona

- **Länge:** einfach ca. 11 Km

Während die Küste zwischen Juliusruh und Kap Arkona viel bewandert wird, ist die Küste zwischen Nonnevitz und Bakenberg kaum bekannt und besucht. Obwohl sie nicht weniger schön ist.

Einstieg ist der Campingplatz Regenbogencamp. Der Pfad führt fast die gesamte Strecke direkt an der Abbruchkante des kleinen Steilufers entlang. Immer wieder eröffnen sich dabei herrliche Ausblicke hinab auf den Strand und hinaus auf das Meer. Bänke laden zur Rast ein. Fahrradwanderer müssen etwas vorsichtig sein, denn der schmale Pfad führt im Wortsinne über Stock und Stein.

Erst geht es durch schattigen Hochwald. Dann erreicht man den **„Märchenwald"**, einen nur handtuchbreiten Waldsteifen aus alten, vom Wind teils skurril verformten Buchen, der sich über Kilometer entlang der Küstenlinie hinzieht. Meist begegnet man hier nur wenigen Menschen. Erst wenn man Rügens nördlichsten Punkt, den **Aussichtspunkt Gellort** erreicht, zu dessen Füßen Rügens größter Findling, der **Buskam** liegt, sieht man an den zahlreichen Besuchern, dass das viel besuchte Kap Arkona nicht mehr fern ist.

Widerstand gegen die Unterwerfung unter die christlichen Dänen zu brechen, musste diese zentrale Kultstätte fallen. Nach vielen vergeblichen Versuchen tauchten die Dänen unter der Führung *Waldemar I.* und des Bischofs *Absalon von Roskilde* **1168** vor der Arkonaburg auf, um sie zu erobern. Mit im Tross des Heeres reiste der Geschichtsschreiber *Saxo Grammaticus.* Seiner „Historica Danicae" verdanken wir eine wunderbare Beschreibung der Wallburg und der Begleitumstände ihres Falles.

Ergebnislos belagerte das dänische Heer die uneinnehmbare Festung. Am 14. Juni 1168 aber gelang es den Dänen, an den Holzpalisaden Feuer zu legen. Die Burgbesatzung geriet durch das um sich greifende Feuer in eine ausweglose Lage und ergab sich. Als erstes vernichteten die christlichen Sieger das „Götzenbild" des Svantevit.

Mit dem **Sturz der Svantevitstatue** war die slawische Epoche Rügens zu Ende. Alle anderen Burgen wie die Charenza in Garz und die auf dem Rugard bei Bergen ergaben sich nach dem Fall Arkonas kampflos. Sofort begann der Bischof *Absalon von Roskilde* mit der „Heidenbekehrung". Aus dem Holz der Befestigungsanlagen wurde die erste Kirche auf Rügen gebaut. Der erste Rügenfürst unter dänischer Herrschaft, *Jaromar I.*, gründete Klöster und baute Kirchen auf ganz Rügen.

▷ Im Sommer ein Eldorado der Nackedeis, nach der Saison ein Platz für stille Strandspaziergänge – der Bakenbergstrand

Bakenberg

Der einzige Wald, der auf Wittow zu finden ist, bedeckt einen schmalen Küstenstreifen an der Nordküste des Windlandes. Dieser Wald, der vor hundert Jahren als Küstenschutz angelegt wurde, bedeckt den *Bakenberg,* einen Höhenzug von bis zu 27 m Höhe.

Hier liegt Wittows einziger **Badestrand.** Dem schattigen Kiefernwald folgt ein breiter, windzerzauster Dünenstreifen, auf dem malerische, sogenannte Windflüchter stehen. Die verkrüppelten Kiefern sind von den fast ständig wehenden Westwinden grotesk verformt. Hinter den Dünen folgt dann ein langer, feiner Sandstrand. 30 m breit und weich, ist er nach den wilden und schroffen Kliffen, die sonst die Küstenlinie Wittows ausmachen, eine unerwartete Überraschung. Da es hier oft windig ist, sollte man zum Baden den Windschutz nicht vergessen. Der abgelegene Badestrand ist besonders bei Anhängern der nahtlosen Bräune sehr beliebt.

Hüttendörfer

Im lichten Kiefernwald verbergen sich große Ferienhüttendörfer. Die großteils einfachen, aber auch sehr preiswerten ehemaligen Betriebsferieneinrichtungen, bei denen die Sanitäranlagen wie auf Campingplätzen meist zentral liegen, sind besonders für Familien und Einkommensschwache eine der wenigen verbliebenen Möglichkeiten, günstig Urlaub auf Rügen zu machen. Vor dem Wald wurde ein großes, allerdings noch

139rh ph

wenig Charme versprühendes neues Feriendorf auf die Wiese gestellt, das gegen entsprechend mehr Geld mehr Komfort bietet.

Praktische Tipps

Unterkunft

- **Feriendorf Uns Hüsung**①, Tel. (038391) 93 99 09, www.uns-huesung-ruegen.de. Bungalows für 2–6 Personen zwischen 20 und 40 m².
- **Camping Regenbogencamp,** Zentralrezeption: Tel. (0431) 2 37 23 70, www.regenbogen.ag. April–Okt. Großer, schön im lichten Kiefernwald gelegener Platz direkt am Strand, Caravan-, Fahrrad-, Surfbrettverleih.
- **Ferienpark Heidehof,** Nonnevitz 15, Tel. (038391) 76 46 90, www.ferienpark-heidehof.de. Große Anlage mit Hotel, Pension, Ferienhäusern, Hütten.
- **Camping Küstencamp,** Nonnevitz 23, Tel. (038391) 93 90 70, www.kuestencamp-ruegen.de. Kleiner, 2008 neu eröffneter und modern ausgestatteter Platz auf ebenem Wiesengelände mit Baumreihen. Mit separatem Wohnmobil-Stellplatz, Kiosk, 3 FeWo im Bauernhaus. 15 Gehminuten zum Strand. Ganzjährig geöffnet.
- **Wohnmobil-Stellplatz:** *Luigi's Caravanserail,* Am Waldrand, Tel. (038391) 8 94 88, www.ruegen-holiday-fun.de. Ganzjährig einladender, durch Büsche und Bäume parzellierter ebener Wiesenplatz in Naturlage für ca. 30 WoMos, am Waldrand 200 m zum Strand; mit modernen Sanitäranlagen, Pizzeria, Strom, Ver-/Entsorgung.

Gastronomie

- **Pizzeria Ristorante Kap Arkona,** in *Luigi's Caravanserail,* Tel. 8 94 88. Ein bisschen „bella Italia" auf Rügen, preiswerte und gute italienische Küche (nur Juni–August).

Aktivitäten

- **Golf:** *Golf- und Landclub Wittow,* Bakenberg, Tel. 8 92 04. Eine 18-Loch-Anlage.

Dranske

Am Eingang zu jener schmalen, ständig wachsenden Landzunge **Bug,** liegt Dranske. Der Ort, der über gute Einkaufsmöglichkeiten verfügt, nimmt die ganze Breite der Landzunge ein und grenzt sowohl an die offene Ostsee als auch an den Wieker Bodden. Hätte der Mensch nicht eingegriffen und ständig eine schiffbare Fahrrinne zwischen dem Bug und Hiddensee freigebaggert, die See hätte schon längst die schmale Wasserstraße geschlossen und Hiddensee zu einer Halbinsel Rügens gemacht, wie sie das schon mit Wittow und Jasmund vorgeführt hat.

Auch das wenig anziehende Ortsbild Dranskes ist menschlichen Eingriffen zuzuschreiben. Das alte Fischerdorf wurde in den 1930er Jahren abgerissen. Grund für die „Totalamputation" war das **Militär,** das sich seit Kaisers Zeiten auf dem Bug eingenistet hatte. Zuerst entstand ein Fliegerhorst, den später Hitlers Wehrmacht nutzte. Nach dem Krieg quartierte sich die NVA ein, die auf dem Bug einen Schnellbootstützpunkt unterhielt, für den die Fahrrinne freigebaggert wurde und die Großplatten-Wohnkästen am Ortseingang entstanden. 1991 wurde der Militärstützpunkt geschlossen, was hohe Arbeitslosenzahlen in dem bis dato ausschließlich vom Militär lebenden Ort auslöste.

An die 80 Jahre währende militärische Vergangenheit Dranskes erinnert heute das **Marinehistorische Heimatmuseum** am Reichpietsch-Ring. Es sind wohl die Hoffnungslosigkeit und die große Depression, die in Dranske wildeste Ideen gedeihen lassen. So sollte bis 2005 auf dem Gelände des ehemaligen Marinestützpunktes für 255 Millionen Euro auf 200 ha das **größte Ferienresort Europas,** das gigantische *Baltic Sea Resort,* entstehen. Damit nicht genug: Dranske wollte im Fahrwasser von Berlin Olympia-Austragungsort werden, um so neben dem Baltic Sea Resort noch ein Olympia-Segelzentrum zu erhalten. Die Hoffnung war groß, die Projekte größer. Die Träume sind sämtlich geplatzt.

Dafür hat sich Dranske dank den vorherrschenden Winden zu einem angesagten **Surf- und Kitespot** entwickelt, in dem nicht nur von der Schule bis zur preiswerten Unterkunft eine Infrastruktur um diese Fun-Sportarten entstand, sondern es finden auch regelmäßig Wettkämpfe, sowie nationale und internationale Meisterschaften statt. Dank der Olympia-Träume sind auch die Ruinen der Militärlager auf dem Bug und die hässlichsten Armeeblöcke im Ort weitgehend verschwunden und der Bug ist ein interessantes Schutzgebiet geblieben. Denn ein Großteil der jahrzehntelang gesperrten **Halbinsel Bug,** auf der sich im Windschatten des Militärs Tiere und Pflanzen ungestört entwickeln konnten, gehört zum Refugium des **Nationalparks Vorpommersche Boddenlandschaft.** Wer kundig über den gesperrten Bug geführt werden möchte, sollte an einer Exkursion zum Südbug teilnehmen, die das Nationalparkamt anbietet.

Info

- **Vorwahl:** 038391
- **Fremdenverkehrsamt,** Karl-Liebknecht-Ring 41, 18556 Dranske, Tel. 8 90 07, www.gemeinde-

dranske.de, Juni–Aug. Mo–Fr 9–12 u. 13–17 Uhr, So 10–13.30 Uhr, Sept. Mo–Fr 9–12 u.13–16.30 Uhr, Okt.–Mai Mo–Fr 9.30–12 u. 13–16 Uhr.

■ **Kurabgabe** HS 1 €, NS 0,50 €.

Unterkunft

■ **Hotel Zur kleinen Meerjungfrau**②, Seestr. 2a, Tel. 95 00, www.zur-kleinen-meerjungfrau.de.

■ **NoHotel**①, Karl-Liebknecht-Str. 58, Tel. 43 97 57, www.ustruegen.de. Einfache Unterkunft im ehem. Militärblock, der zuletzt vom BGS genutzt wurde.

■ **Pension & Café Sahne**①, Karl-Liebknecht-Str. 6 , Tel. 81 10, www.cafe-pension-sahne.de. Preiswerte Unterkunft, Zimmer mit viel Naturholz. Frühstück extra. Café mit Gartenlokal, Spezialität des Hauses ist Sanddornkuchen – gaaaanz lecker!

Gastronomie

■ **Schifferkrug,** im OT Kuhle, Tel. (038391) 93 88 45, www.schifferkrug-kuhle.de. Die älteste Gaststätte Rügens – nachgewiesen seit 1455 (!) – in denkmalgeschütztem, niedlichem Rohrdachhaus an der Straßenkreuzung Dranske/Bakenberg; Fisch und Fleisch nach Saison sowie nach regionaler und internationaler Rezeptur zubereitet im gepflegt gediegenen Ambiente drinnen oder draußen.

■ **Fischräucherei:** *Schreiber's Fisch-Imbiss,* im Hafen von Kuhle, mobil: (0170) 4 81 14 62. Lecker Fisch am Stück und im Brötchen direkt am Wasser, mit Imbiss zum sofortigen Verzehr und 'nem Schluck Bier.

Aktivitäten

Geführte Wanderung: zum Südbug, Treff Do 19 Uhr (jeweils 15 Min. vorher) am Eingangstor zum Bug (**April–Okt.** Di, Fr 9.15 Uhr, Anmeldung Tel. (038391) 8 90 07, Mi 10 Uhr Anmeldung Tel. (038300) 8 60 41, **Juli/Aug.** Do Dämmerungswanderungen, Juli 19.15 Uhr, Aug. 18.45 Uhr, Anmeldung Tel. (038391) 8 90 07.

■ **Reiten:** *Reiterhof I. Pätzold,* in Starrvitz, mobil: (0171) 2 70 87 27, www.reiterhof-paetzold.de.

■ **Segeln/Surfen/Kitesurfen:** *Uni Surf Team Rügen,* Am Ufer 14, Tel. 43 97 57, www.ustruegen.de. Wassersportzentrum mit Schule, Fahrrad-, Inlinerverleih, Bistro.

■ **Kitesurfen:** *Dr. Kite Surf und Kite Camp,* Am Ufer 14, Tel. 8 98 98, www.ruegen-piraten.de.

■ **Archäologische Führungen:** jeden 2. Mo ab Radverleih Dranske, mobil: (0157) 72 73 17 51, www.archaeo-tour-ruegen.de (auch Rad- und Tauchexkursionen).

■ **Fahrradverleih:** *UniSurfTeam,* am Ufer 14, Tel. 43 97 57, www.ustruegen.de.

Museum

■ **Marinehistorisches und Heimatmuseum,** Schulstr. 19, Tel. 8 90 07, www.bugwittow.de (April–Okt. Mo–Sa 11–16 Uhr).

Wiek

Einer der größeren Orte auf Wittow ist das Dorf Wiek am Wieker Bodden. Sein Name kommt nicht aus dem Slawischen, sondern leitet sich aus dem Niederdeutschen ab, in dem *Wiek* soviel wie „Handelsplatz" bedeutet. Die Ranen nannten es noch *Medow,* „Honigdorf". Bis zur Eröffnung des Rügendammes 1936 war das unspektakuläre, aber durchaus reizvolle Hafendorf ein belebter Handelsort. In seinem durch die Landzunge des Bug

141rh ph

sichtbaren Wand- und Deckenfresken freigelegt wurden. Besonders schön ist ihr dekorativer Westgiebel. Zu den Schätzen der Kirche zählt das hölzerne Standbild „St. Georg zu Pferde", das die Herzogin von Pommern zur Einweihung der Kirche spendete.

Ein einzigartiges Beispiel der frühen **Bauhausarchitektur** ist das 1919 als Unterkunft für den Marine-Fliegerhorst auf dem Bug begonnene und 1929/1930 im sogenannten Florida-Stil erweiterte **Kinder-Kur-Heim** in Wiek. Heute dient die imposante Anlage als AOK-Mutter-Kind-Heim und kann deshalb nur von außen besichtigt werden.

besonders gut geschützten Hafen löschten große Lastensegler ihre Fracht. Es gab sogar eine tägliche Fährverbindung nach Stralsund.

Heute erinnert im Hafen, der nun zu einem Sporthafen ausgebaut wurde, nichts mehr an diese Zeit. Nur die altersmorschen Reste einer Kreideverladebrücke aus der Zeit vor dem Ersten Weltkrieg erzählen von dem gescheiterten Versuch, in Wiek die Kreide eines bei Arkona geplanten Tagebaus zu verschiffen. Den Transport sollte die noch bis 1968 bestehende Kleinspurbahn Altenkirchen – Bergen übernehmen, die bis Wiek erweitert werden sollte. Die Verladebrücke wurde gebaut, alles andere nicht.

Sehenswert ist die **gotische Dorfkirche** aus dem 15. Jh., die zu den wertvollsten Baudenkmälern der norddeutschen Backsteingotik auf Rügen gehört. Das Schmuckstück ist neu restauriert, wobei auch die bisher nur teilweise

Info

- **Vorwahl:** 038391
- **Tourist-Information,** Am Markt 5, 1856 Wiek, Tel. 7 68 70, www.wiek-ruegen.de. Juni–Aug. Mo–Do 8.30–12 u. 13–17 Uhr, Fr 8.30–12 u. 13–16 Uhr, Sa 9–12 Uhr, Sept.–Mai Mo–Fr 9–12 u.13–16 Uhr.
- **Kurabgabe** HS 1 €, NS 0,75 €.

Unterkunft

- **Landhotel Herrenhaus**②, ca. 3 km südlich in Bohlendorf, Tel. 7 70, www.bohlendorf.de. Renoviertes altes Herrenhaus, beschaulich und ruhig in großem Park gelegen, mit stilvollem Restaurant.
- **Pension Zur Scheune**①, Teichstr. 5, Tel. 7 00 94, www.bauernhofurlaub-ruegen.de. Idyllischer Bauernhof mit Gästehaus, Liegewiese, Spiel- und Grillplatz.
- **Pension Zur Mole**②, Bahnhofstraße 5, Tel. 7 65 62, www.pension-zur-mole.de. Pension mit schönem Biergarten direkt am Hafen. Im Hausrestaurant tägl. frischer Lachs, Zander, Hering und Dorsch sowie die Hausspezialität „Wittower Sturmsäcke".

■ **Surf und Kite Camp Wiek,** Boddenstraße 1, mobil: (0173) 8 18 48 08, www.surf-kite-camp.de. Kleiner Platz, 100 m vom Bodden mit Surfschule und Surferbar; ganzjährig.

Gastronomie

■ **Blumencafé Sök di wat ut,** Gerhart-Hauptmann-Straße 6, Tel. 76 99 32, www.blumencafe-ruegen.de. Charmanter Mix aus Café, Blumenladen, Galerie, Hofladen, Antik und Streichelzoo. Der Kuchen ist natürlich selbst gemacht. Mai–Okt. Mi–Sa 8.30–18 Uhr, So–Di 13–18 Uhr, Nov.–April Di–Fr und So 13–18 Uhr, Sa 9–18 Uhr.

Aktivitäten

■ **Fahrradverleih:** *F. Ionack,* Hauptstr. 17, Tel. (03839) 17 00 45.
■ **Surfen/Kiten:** *Surf & Kite Camp,* Boddenstraße 1, mobil: (0173) 8 18 48 08, www.surf-kite-camp.de.
■ **Schiffsausflug:** im Sommer mit *Reederei Hiddensee* nach Hiddensee, Tel. (038300) 5 01 69.

Wittower Fähre

Durch ausgedehnte Felder führt die Straße von Wiek vorbei an Bohlendorf – hier steht ein barockes Gutshaus aus dem 18. Jh, das nun als Hotel genutzt wird – bis zur Wittower Fähre. Diese einzige Autofähre auf Rügen überquert den **Breetzer Bodden** an einer nur 350 m breiten Stelle und verbindet Wittow mit West-Rügen. Sie erspart den großen Umweg über die Schaabe und Jasmund. Da sie jedoch nur etwa 22 Autos fasst, ist in der Saison mit Wartezeiten zu rechnen. Wer Pech hat und zu spät kommt, muss bis zum nächsten Morgen warten. Man kann dann in der Pension *Wittower Fähre* Nachtquartier finden. Die Pension hat ein Restaurant mit einem beschaulichen, stillen Garten, von dem man den Booten und Schiffen zusehen kann, die durch den schmalen Wasserarm in den Bodden einfahren.

Interessant ist auch die **alte Fähre,** die bis vor wenigen Jahren im Einsatz war und nun als technisches Denkmal neben dem neuen Fähranleger vertäut ist. Sie war die einzige Kleinbahnfähre Mitteleuropas. Bis 1968 transportierte sie die Kleinbahn und wurde nach deren Stilllegung noch bis 1993 als Autofähre genutzt.

■ **Wittower Fähre,** mobil: (0172) 7 52 68 36 (tägl. ca. zwischen 6 und 19 Uhr im Pendelverkehr, im Sommer bis 21 Uhr).

Unterkunft

■ **Zur Wittower Fähre**②, Tel. (038391) 7 03 34, www.pension-wittow.de. Direkt an der Fähre gelegen, mit Seeterrasse, Fahrradverleih und finn. Sauna; Wasser- und Radwanderrastplatz.

◁ Der Schifferkrug – die älteste Gaststätte Rügens

1k WESTRÜGEN

142rh ph

Westrügen wird zur Ostsee hin vom Schaproder und Kubitzer Bodden begrenzt. Im Norden trennt der Breetzer Bodden es von Wittow, im Osten bilden Großer und Kleiner Jasmunder Bodden die Grenze der Region. Draußen in der Ostsee liegt wie ein natürliches Bollwerk die langgezogene Insel Hiddensee schützend vor der Küste.

Überblick

Steigt man am Libnitzer Ort von der kleinen Wittower Fähre, betritt man wieder das „Muttland", die Kerninsel Rügens. Hier schließt sich der Kreis durch Rügens vielfältige und abwechslungsreiche Regionen.

Flach erhebt sich das Land aus dem Meer, um langsam in sanften Hügeln anzusteigen. **Still und ländlich,** ohne spektakuläre Höhepunkte, zeigt sich dieser Teil Rügens dem Besucher: Weitläufige Wiesen und Felder, durchsetzt mit kleinen und großen pilzreichen Waldflächen, abgelegene Dörfer und Gehöfte, die oft nur durch unbefestigte Sandpisten mit der Außenwelt verbunden sind. Fast könnte man hier vergessen, dass man sich auf einer Insel befindet, aber die flachen Randseen und Buchten, die sich, mit gelben Schilfgürteln umkränzt, tief ins Land hineinschieben, erinnern

wieder daran. Besonders die abgeschiedene Binnenküste am Großen Jasmunder Bodden zwischen Ralswiek, Rappin und Neuenkirchen, abseits von großen Straßen und Touristenströmen, konnte sich ihre Ursprünglichkeit bewahren.

Neben seiner reizvollen Natur, die Ruhe und Entspannung bietet, hat dieses Bauernland auch einige **Sehenswürdig-**

Immer eine Einkehr wert – Schillings Gaststätte mit Hofladen in Schaprode

NICHT VERPASSEN!

- Logieren wie ein Fürst – das **Schloss Libnitz** bietet dafür charmante Unterkunft | 165
- Das nach dem Urteil der Einheimischen beste Eis der Insel schleckt man im **Landgasthof Fähreck** in Trent | 165
- Eine Radtour von der Wittower Fähre über Seehof bis Hafen Schaprode, wo **Schillings Gasthof** Sie erwartet | 166
- Die **Historischen Handwerkerstuben** und ihr einladendes Museumscafé in Gingst | 168

Diese Tipps erkennt man im Buch an der gelben Hinterlegung im Kapitel.

keiten, deren Besuch sich immer lohnt. So gibt es in Gingst die historischen Handwerkerstuben.

In Schaprode, dem Tor zu Hiddensee, steht eine der ältesten Dorfkirchen der Insel und in Ralswiek ein prächtiges Schloss, zu dessen Füßen auf einer Freilichtbühne im Sommer die spektakulären **Störtebeker-Festspiele** stattfinden.

Wenig bekannt und besucht sind das Dorf Waase am Eingang zur **Vogelinsel Ummanz,** in dessen Kirchlein sich ein berühmter Schnitzaltar verbirgt, oder die „Woorker Berge", ein eindrucksvoller, bronzezeitlicher Friedhof mit 14 Hügelgräbern beim Weiler Woorke. Ein ganz besonders attraktives, aber ebenso verstecktes und bislang fast unbekanntes Ausflugsziel ist auch der „Grümbke-Turm" bei Neuenkirchen, von dem sich – wenn er nicht zugewachsen ist – eine schöne Aussicht eröffnet.

Wer jedoch einen reinen Badeurlaub verbringen möchte, ist in dieser Region falsch. Badeorte und Bilderbuchstrände wird man hier nicht finden.

Trent

Das erste Dorf, das man von der Wittower Fähre kommend erreicht, ist Trent. Der 1311 erstmals erwähnte Ort liegt zwischen dem Udarser und Neuendorfer Wiek.

Fast so alt wie das Dorf selbst ist seine **Dorfkirche.** Der schöne Backsteinbau wurde um 1400 errichtet und in späteren Jahren in ein dreischiffiges Langhaus umgebaut, dem man einen wuchtigen dreistöckigen Turm anfügte. Die barocke Haube des Glockenturms stammt von 1676. Neben der Granittaufe von 1300 ist das Kreuzrippengewölbe im Inneren der Kirche besonders erwähnenswert.

Die zweite architektonische Sehenswürdigkeit von Trent ist das in einen Park eingebettete, repräsentative **Schloss Libnitz,** das sich 1912 der von den Einwohnern „Millionenmeier" genannte *Fritz Alfred Meyer* errichten ließ. Nach dem Verkauf wurde das Schloss aufwendig restauriert und beherbergt Privatwohnungen.

Unterkunft

■ **Pension Gutshaus,** OT Ganschvitz, Haus 4, Tel. (038309) 13 28, www.landurlaub-gutshaus-strobel-ruegen.de. Renoviertes altes Gutshaus in ruhiger Lage, mit Liegewiese, Fahrradverleih und vielen Tieren; im hauseigenen Spa Rügener Heilkreide, Massagen, Sauna, Dampfbäder u.a. Basenfasten und Fasten nach Buchinger.

Gastronomie

■ **Gasthof Fähreck,** Dorfstr. 25, Tel. (038309) 13 51, das Fähreck ist Rügens Eishimmel. Seit über 30 Jahren wird hier die kalte Köstlichkeit nach eigenen Rezepten selbst zubereitet. Doch das Fähreck-Eis ist nicht nur besonders lecker, sondern mit 40 Cent pro Kugel auch noch besonders preiswert. Wer kein Eis mag, muss sich nicht grämen – denn auch die Küche des Landgasthofes mit Biergarten erfreut sich dank bodenständiger Qualität und günstigem Preis besonderer Beliebtheit. Di–So 11–22 Uhr.

Schaprode

Westlich von Trent liegt das Tor nach Hiddensee, der Fähr- und Fischerort Schaprode. Er war einst das Zentrum des Landes *Valung*, von dem die Edda berichtet. 1159 schlossen die Dänen hier einen Friedensvertrag mit den rügenschen Ranen, um ihn wenig später wieder zu brechen und sie mit der Zerstörung der Jaromarsburg und des Svantevittempels am Kap Arkona endgültig zu unterwerfen. Von Schaprode aus schleuderte der aus Dänemark vertriebene Bischof von Roskilde seinen Bannfluch, das „Interdikt von Scabröh", gegen sein Heimatland ab.

Am Ortseingang steht der **Mönchstein,** auch Svantevitstein genannt. Über die Bedeutung des weißen Denksteins von 1368 streiten sich die Gelehrten.

Hiddensee-Fähre

Seit das „söte Länneken" als Reiseziel entdeckt wurde, verdankt der Ort Schaprode seine Bekanntheit der Hiddenseefähre, die vom kleinen Hafen aus regelmäßig zu allen drei Dörfern der Ostsee-Trauminsel übersetzt. Die Schaproder Verbindung ist mit 30 Min. Dauer (nach Neuendorf) wesentlich kürzer und mit bis zu 14-mal täglich auch wesentlich häufiger als die von Stralsund. Die **Fahrrad-Mitnahme** ist auf allen Fähren möglich, garantiert jedoch nur auf der MS Vitte. Seit der Andrang so groß geworden ist, gibt es neben der fahrplanmäßig verkehrenden **Personenfähre** der *Reederei Hiddensee* auch schnelle **Wassertaxis,** die die Passagiere ganzjährig und rund um die Uhr auf Bestellung nach Hiddensee übersetzen.

- **Hiddensee-Fähre:** *Reederei Hiddensee,* Büro Stralsund, Fährstraße 16, Tel. (03831) 2 68 10; Büro Vitte/Hiddensee, Achtern Diek 4, Tel. (038300) 2 10, www.reederei-hiddensee.de.
- **Wassertaxi:** Täglich 24 Std, Tel. (038300) 2 10, max. 20 Pers., MY Störtebeker mobil: (0171) 7 45 77 10, MY Pirat mobil: (0171) 7 45 77 13, MY Anna Maria mobil: (0171) 6 42 80 21.

Parkplätze

Und noch einen weiteren wesentlichen Vorteil hat Schaprode gegenüber Stralsund: Es verfügt über große, bewachte Parkplätze, auf denen man beruhigt sein Auto abstellen und unbeschwerte Tage auf dem autofreien Hiddensee verbringen kann. Da in den letzten Jahren der Hiddenseetourismus und damit das Parkbedürfnis stark zugenommen hat, ist in der Sommerzeit der eingezäunte und kostenpflichtige Parkplatz am Hafen oft belegt. Für Tagesbesucher wurde am Ortseingang von Schaprode ein zusätzlicher, riesiger, kostenpflichtiger Parkplatz eingerichtet (Pkw/Tag 3,50 €, ab 2 Tagen 2 €), von dem man in wenigen Fußminuten am Hafen ist. Es verkehrt auch die kleine Elektrobahn „Hafenexpress“ (einfach 1 €, Kind 0,50 €). Die Schaproder Einwohner haben die Parkplatznot als willkommene Einkommensquelle entdeckt und offerieren gegen Bares ihre Gärten und Wiesen als Stellfläche. So ist Schaprode in der Hochsaison leider des Öfteren eine Art überfülltes Parkhaus, was das eigentlich schöne Ortsbild mit seinen rohrgedeckten Häuschen und der reizvollen Dorfkirche doch ziemlich beeinträchtigt.

Dorfkirche

Wer auf die Fähre warten muss und sich etwas die Beine vertreten will, sollte zur Dorfkirche spazieren. Der schöne Backsteinbau ist die drittälteste Kirche auf Rügen. Man vermutet, dass bereits um 1200 mit dem Bau begonnen wurde. Zu ihrer weitgehend barocken Innenausstattung gehört eine geschnitzte Kanzel von 1723, an deren Aufgang die Bildnisse der Reformatoren *Luther* und *Bugenhagen* abgebildet sind, versehen mit dem Spruch „Was Luther an das Licht gebracht, hat Bugenhagen bekandt gemacht“.

Schillings Gasthof

Wer die Wartepause lieber bei Kaffee oder Bier verbummeln will, dem sei am Hafen Schillings Gasthof empfohlen. Der schon zu DDR-Zeiten legendäre Gasthof Keil, genannt **„Eierschänke“** ist auf ganz Rügen bekannt und eine echte Institution. Seit vielen Jahrzehnten schon verkehren hier die Hiddenseebesucher. An den Wänden der Gaststube hängen alte Fotos, Postkarten und Portraits von Stars und Sternchen, die bei ihrer Anreise nach Hiddensee hier eingekehrt sind und dem Inseloriginal Keil persönliche Grüße und Widmungen vermachten.

Den Spottnamen *Eierschänke* hatte sie dem Umstand zu verdanken, dass Gastwirt *Arno Keil* bis vor wenigen Jahren seinen Gästen grundsätzlich nichts anderes als Spiegelei mit Speck oder Spiegelei ohne Speck offerierte, was mangels jeglicher Alternative vor Ort bei so manchem traditionellen Hiddenseefahrer einen schweren Eierkomplex ausgelöst haben soll.

Heute ist der Gasthof im Besitz der jungen engagierten Familie *Schilling*, die auf der gegenüber liegenden Insel Öhe wohnt und **Bio-Rinder** züchtet. Im kleinen, aber wohl sortierten Hofladen kann man sich mit Öko-Öhe-Rind-Salami und anderen Leckereien verproviantieren und auf der Terrasse des Gasthofs bei Kaffee und selbst gebackenem Kuchen dem bunten Treiben im Hafen zusehen.

Insel Öhe

Die kleine Insel Öhe, die nur einen Steinwurf entfernt dem Bollwerk des Schaproder Hafens gegenüberliegt, ist seit Jahrhunderten **Privatbesitz** der Adelsfamilien *von der Wisch* und *von der Öhe* und deshalb nicht zugänglich. Noch heute bewohnt die dem von-der-Wisch-Stammbaum zugehörige Familie *von Schilling* die Insel. Heute lebt und arbeitet auf der Öhe *Mathias Schilling* mit seiner Familie. In die Lokalgeschichte eingegangen und Quell zahlreicher Anekdoten ist die Öhe durch einen fast 30-jährigen Kleinkrieg zwischen den Schaprodern und den zwei „wunderlichen Fräuleins", die zu Anfang des vorigen Jahrhunderts als einzige das Eiland bewohnten.

Praktische Tipps

Unterkunft

■ **Hotel Zur Alten Schmiede**②-③, OT Poggenhof 25, Tel. (038309) 7 05 00, www.ruegen-schmiede.de. Herberge in ruhiger Lage. Das Restaurant mit Kamin und Kachelofen lädt zu norddeutschen Klassikern und Spezialitäten der Region ein.

MEIN TIPP: **Hof Kranichstein**②, Silenz 9, bei Kluis, Tel. (038305) 16 97 52, www.hof-kranichstein.de. Eine Oase der Stille und Regeneration abseits aller Hektik. Wunderschön gelegener alter Fachwerkhof, der neben geschmackvoll dezent möblierten Zi. und Fewo auch Yoga-Ferien anbietet. Mit Sauna und Yogaraum. In Sachen Preis/Leistung eine der besten Adressen der Insel.

Gastronomie

MEIN TIPP: **Schillings Gasthof,** Hafenweg 45, Tel. (038309) 12 16, www.schillings-gasthof.de, www.insel-oehe.de. Einst *Gasthaus Keil* und als legendäre „Eierschänke" bei allen Hiddenseefahrern berühmt und berüchtigt (s.o.). Heute hat sich die Lokalität unter seinen neuen Wirtsleuten, der Familie *Schilling,* in einen Tempel des guten Geschmacks und der guten Küche verwandelt. Die *Schillings* sind Besitzer und einzige Bewohner der vorgelagerten Insel Öhe, auf der sie Öko-Rinder züchten. Auf der Terrasse mit

Blick auf das Hafentreiben oder im behutsam neu gestalteten Gastraum, in dem noch viel von *Keils* Einrichtung erhalten ist, gibt es nun beispielsweise ebenso gesunden wie leckeren Öko-Burger vom Öhe-Rind oder auch fangfrischen Fisch, den die Hiddenseer Fischer täglich anliefern. Immer gut besucht, deshalb besser Tisch vorbestellen. Die Schillings vermieten in einem niedlichen kleinen, von einem blühenden Garten umrahmten Reetdachhaus direkt hinter dem Gasthof 2 Zi. und 1 Fewo – und zwar ohne TV! Ideal, um in aller Muße zu speisen und zu trinken und dann direkt ins Bett zu fallen. Öffnungszeiten Gasthof: im Sommer tägl. ab 12 Uhr, Winter ab 17 Uhr, Hofladen: Sommer tägl. 7.30–18.30 Uhr, Winter Do–So 8–16 Uhr.

Gingst

An der Straße, die von Trent nach Samtens führt, liegt das Dorf Gingst, das neben einem interessanten Museum eine schöne **Dorfkirche** vorzuweisen hat. Der Backsteinbau stammt ursprünglich von etwa 1300, brannte aber 1726 ab und wurde im barocken Stil wieder aufgebaut. In der Kirche steht eine reich verzierte spätbarocke Orgel von 1790.

An der Außenmauer des Chores, also hinter der Kirche, steht eine **Mordwange** von 1524, die allerdings im 19. Jh. überarbeitet und mit einer neuen Inschrift versehen wurde, so dass vom Originaltext nichts mehr zu sehen ist.

Von Pfingsten bis Anfang Oktober immer samstags von 10 bis 16 Uhr findet auf dem Gelände des Museums der **Grüne Markt** statt. Am zweiten Augustwochenende findet auf dem Museumsgelände der **Kunsthandwerkermarkt** statt und am 1. Mai der **Handwerkertag.**

Handwerkerstuben

Das hübsche kleine Angerdorf besitzt mit den **Historischen Handwerkerstuben** ein attraktives Museum. Die Handwerkerstuben sind in zwei nebeneinander stehenden Häusern untergebracht. Die Handwerkerstuben zeigen **Werk- und Wohnstätten** von einst in Gingst ansässigen Handwerken. Hier lässt sich plastisch nachvollziehen, wie Schuhmacher, Schneider, Töpfer, Glaser, Friseur, Apotheker und Weißnäher einst gearbeitet und gelebt haben. In einer alten Scheune wurde ein einladendes Café mit Laden eingerichtet.

Das Bemühen der Handwerkerstuben, altes Kunsthandwerk zu fördern und zu erhalten, hat mit der **Schmiede Melzer** erste Erfolge zu verzeichnen. Der Schmied, Herr *Knuth*, arbeitet in der Alten Schmiede und die Weberin, Frau *Pietsch*, an den Webstühlen des Museums.

■ **Historische Handwerkerstuben,** Karl-Marx-Straße 19, Tel. (038305) 3 04, www.historische-handwerkerstuben-gingst.de, 1. Mai–31. Okt. tägl. 10–17 Uhr.

Rügen Park

Eine Attraktion ist der 40.000 m² große Rügen Park, in dem man die Insel Rügen, den Koloss von Rhodos, den Berliner Reichstag und 85 weitere Modelle en miniature bewundern kann.

■ **Rügen Park,** Mühlenstr. 22b, Tel. (038305) 5 50 55, www.ruegenpark.de, April–Juni Di–So 10–18 Uhr, Juli/Aug. tägl. 10–19 Uhr, Sept./Okt. Di–So 10–17 Uhr.

143rh ph

Praktische Tipps

Info

■ **Vorwahl:** 038305

■ **Tourismusverein West-Rügen,** Karl-Marx-Straße 9a, 18569 Gingst, Tel. 5 31 98, www.westruegen.net. Juli–Aug. Mo–Fr 8–18 Uhr, Sa 9–12 und 15–18 Uhr, Sept.–Juni Mo, Mi, Do 8–16 Uhr, Di 8–17 Uhr, Fr 8–12.30 Uhr.

Unterkunft

■ **Pension Alte Schule**②, in Gagern, Schulstr. 1, Tel. 3 66, www.alte-schule-gagern.de. Ehemalige Dorfschule in stiller Lage, das gemütliche Kamin-Restaurant ist für seine ausgezeichnete Küche bekannt.

■ **Boldevitzer Rügenkaten**②-④, Dorfstraße 17, in Boldevitz, Tel. (03838) 31 39 76, www.ruegenkaten.de. Ein lebendiges Freilichtmuseum! Ferienwohnungen der gehobenen Klasse in mehreren bildschönen Reetdachkaten und Herrenhaus, die sich in zauberhafter stiller Inselnatur weitläufig um das schlossartige Herrenhaus am Teich gruppieren; 4- und 5-Sterne-FeWo ab 60 €.

■ **Camping Haidhof,** Haidhof 2, Tel, 3 44, www.rwolf.de. Ganzjährig geöffnet, intimer Platz mit 15 Stellplätzen, für WoMo geeignet, Ver- und Entsorgungseinrichtungen, Bungalowvermietung, Fahrradverleih. Mit eigener Imkerei und Fischräucherei.

Gastronomie

■ **Alte Post,** Markt 14, Tel. 53 98 37, altepost-ruegen.de. Einladendes Café/Weinstube mit hausgemachtem Kuchen und selbst hergestelltem Flammkuchen. Mit Weinhandlung.

Einkaufen

■ **Regionalwaren & Töpferei,** Am Markt 2, Tel. 6 00 86, www.toepferei-regionalwaren.de.

■ **Bücher,** *der Buchladen Rügen,* Markt 5, Tel. 53 59 16, der-buchladen-ruegen.de.

⌃ Das Efeuhaus der Historischen Handwerkerstuben von Gingst

11 INSEL UMMANZ

375rh ph

Die flunderflache, 20 km² große Insel Ummanz liegt gegenüber dem Hiddenseer Gellen vor der Westküste Rügens und ist seit 1901 mit einer Brücke mit dem Festland verbunden. In älteren Reisebeschreibungen wird Ummanz als das **Ende der Welt** geschildert, deren Bewohner vier grimmige Feinde hätten: den Regen, das Hochwasser, die Wildschweine und die wilden Vögel.

Überblick

Tatsächlich kam die Zivilisation erst sehr spät in diesen abgeschiedenen Winkel Rügens. So bekam das Eiland erst 1953 elektrischen Strom. Wenn man Ummanz besucht, kann man sich unschwer vorstellen, warum Wasser ein arger Feind war und manchmal noch ist. Bei längerem Regen verwandeln sich Teile der flunderflachen Insel in Morast. Die **Hochwassergefahr** ist durch einen fast rings um die Insel verlaufenden Deich jedoch gebannt. Wildschweine dagegen gibt es noch.

Auch die wilden Vögel als Plage lassen sich nachvollziehen, wenn man einmal gesehen hat, welche riesigen **Schwärme von Zugvögeln** zum großen Vogeltreck im Frühjahr und Herbst auf Ummanz und den umgebenden flachen Gewässern einfallen, um Rast zu machen. Besonders die majestätischen Kraniche bieten bei ihrem Aufenthalt ein unvergess-

liches Schauspiel. Die gesamte Insel gehört deshalb als herausragend wichtiges europäisches Brut- und Rastgebiet zahlreicher Wasser- und Watvogelarten zum **Nationalpark Vorpommersche Boddenlandschaft**. Allein auf der winzigen Insel Heuwiese vor der Südspitze von Ummanz brüten beispielsweise rund 20.000 Vogelpaare. Auch See- und Fischadler kann man mit etwas Glück beobachten.

Ummanz ist ein vom Tourismus noch kaum beschädigtes Naturidyll. Neben

Der Fischerhafen von Waase am Focker Strom

NICHT VERPASSEN!

- Am Abend auf dem Außendeich sitzen und mit Blick auf Udarser Wiek und Hiddensee dem **Gesang der zahlreichen Vögel** lauschen | 170
- Der berühmte **Waaser Schnitzaltar** ist eines der wertvollsten Kulturgüter Rügens | 173
- Fisch auf der Terrasse vom **„Holzerland“** direkt am kleinen Fischerhafen von Waase | 173
- Edle Obstbrände und Likörchen aus eigenem Obst findet der Liebhaber in der **„1. Rügener Edeldestillerie“** | 174
- Freunden idyllischer Biergärten ist der in der Natur gelegenen **Landgasthof Kiebitzort** besonders zu empfehlen | 174

Diese Tipps erkennt man im Buch an der gelben Hinterlegung im Kapitel.

dem Hauptort Waase, der gerade einmal 200 Einwohner zählt, gibt es über die Insel verstreut nur noch fünf kleine Weiler. Besonders malerisch ist die Siedlung **Freesenort** an der Südspitze mit seinen unter Naturschutz stehenden Pappeln. Aus den tiefliegenden, weiten Feuchtwiesen und Feldern ragen wie Inseln kleine Wäldchen und einzelne Weiden. An der Außenküste bei Suhrendorf erstreckt sich ein zwar schmaler, aber steinfreier Badestrand. Malerisch zerzauste Windflüchter zieren hier den schmalen Dünenstreifen am Ufer, hinter dem ein Campingplatz liegt.

Waase

Am Eingang zur Vogelinsel liegt das kleine Dorf Waase. Eine 250 m lange schmale Brücke führt zum Hauptort der Insel. Waase ist ein beschauliches Fischer- und Bauerndorf, das neben malerischen Schilfdachhäusern ein kleines, schön restauriertes Kirchlein besitzt (Mo 12–14 Uhr, Di–Fr 11–15 Uhr, Sa/So 14–15 Uhr, im Winter auf Anfrage, Pfarrer Ohm, Tel. (038306) 7 52 31). Es birgt einen ganz besonderen Schatz, den wertvollen und wunderschönen **Waaser**

Schnitzaltar aus dem Jahre 1520. Der filigran geschnitzte und mit sechs bemalten Klappflügeln versehene Altar ist ein Kleinod aus den berühmten Antwerpener Schnitzwerkstätten.

Das Dorf Waase gehörte, wie die ganze Insel Ummanz, dem Stralsunder **Kloster „Zum Heiligen Geist"**. Es hatte das Eiland mit allem, was sich darauf befand, 1341 den pommerschen Herzögen abgekauft. Über all die Jahrhunderte blieb Ummanz im Besitz des Klosters, das im Zuge der Reformation in eine Stiftung umgewandelt worden war. Erst 1945 wurde die Insel durch die Bodenreformation enteignet. Ursprünglich stand der Schnitzaltar im Heilgeist-Kloster in Stralsund. Ein solch teures und edles Stück konnten sich auch nur die betuchten hanseatischen Kaufleute leisten. Aus ungeklärten Gründen verkauften sie das edle Stück dann 1708 für wenig Geld nach Waase.

Nationalpark-Info Alte Küsterei

In der Alten Küsterei zeigt der Nationalpark die **Ausstellung „Westrügen"** Entstehung, Entwicklung und Besonderheiten der Insel Rügen, insbesondere von deren westlichem Teil. Von der Westküste ausgehend, leitet die Ausstellung zu der kleineren Nachbarinsel Ummanz über. Text, Bilder und Präparate informieren über den Arten- und Biotopschutz sowie über einzelne Vogelarten.

- **NLP-Info Alte Küsterei,** Neue Str. 63a, mobil: (0173) 2 47 27 17, tgl. Mai–Okt. tägl. 10–16 Uhr, sonst auf Anfrage, Eintritt frei.

Praktische Tipps

Info

- **Vorwahl:** 038305
- **Ummanz-Information,** Neue Str. 63, 18569 Waase, Tel. (038305) 5 34 81, www.ruegeninsel-ummanz.de, Mai–Okt. Mo–Fr 11–17 Uhr, Nov.–Apr. 10–13 Uhr.

Unterkunft

- **Pension Haide-Hof**②, in Haide, Tel. 5 53 60, www.haide-hof.de. Rohrdachhaus in stiller Lage, im Restaurant „Regionale Esskultur"; Fahrradverleih.
- **Camping Suhrendorf,** Tel. 8 22 34, www.ostseecamp-suhrendorf.de. Ganzjährig, direkt am kleinen Strand, außerhalb der Saison ein Plätzchen für Natur- und Vogelfreunde; frischer Räucherfisch auf dem Platz, Boots-, Surfbrett-, Fahrradverleih

Gastronomie

- **Holzerland**②, direkt an der Brücke, Tel. 81 59, www. ummanz-ruegen.de. Fischrestaurant am Wasser, mit hauseigener Räucherei und Pension.

MEIN TIPP: Cafe Zuckerkuss, in Wusse, Dorfstr. 11, Tel. (038305) 5 39 01, www.kuhitzerbodden.de. Ein verstecktes Idyll! Kleines Gartencafé in stillromantischer Lage direkt am Kubitzer Bodden. Selbst gebackene Kuchen und Torten, Kaffee- und Teespezialitäten. Der Verkaufsladen lädt zum Stöbern ein. Weinverkostung und Verkauf von Blumensträußen, Marmeladen, Obst und Gemüse aus dem eigenen Garten. April–Okt. Mi–So 12–18 Uhr).

Aktivitäten

- **Fahrradverleih:** *Prüssing,* Neue Straße 67, Tel. 5 51 14.

Surfen: *Windsurfing,* auf Camping Ostseecamp, Tel. (038305) 8 22 40, www.surfen-auf-ruegen.de.

Kitesurfen: *Kite-Island,* auf Camping Ostseecamp, Tel. (038305) 8 22 40, www.kite-island.de.

Fischerboot- und Angelfahrten: *Fischer Blohm,* Mursewiek 33, Tel. 5 55 89 (auch Fischverkauf).

Geführte NP-Wanderungen: NLP, Tel. (038300) 6 80 41.

Kutschfahrten/Reiten: *Haflingerzucht Ummanz,* Neue Straße 30 a, Tel. 5 34 56, auch Verkauf von Stutenmilch.

Bootsvermietung: *Holzerland* (siehe „Gastronomie").

Kunsthandwerk

Ummanz-Keramik, in Wusse, Pappelweg 1, Tel. 81 11. Arbeiten der Töpfermeisterin *Susan Schmorell*. Mit FeWo.

Lieschow

Der abgelegene Weiler Lieschow hat sich in letzter Zeit in gleich mehrfacher Hinsicht zu einer Art Geheimtipp entwikkelt. Unbemerkt vom Rummel der großen Seebäder hat sich hier eine Hand voll Adressen etabliert, die überaus bemerkenswert sind. So ist mit dem **Landgasthof Kiebitzort** nicht nur eine idyllische Unterkunft, sondern auch einer der schönsten Biergärten Rügens zu finden.

Die in einer malerischen Hofanlage beheimatete **1. Rügener Edeldestillerie** wird mit Schaubrennen und Verkauf Liebhaber hochprozentiger Feindestillate und Liköre interessieren. Dazu kommt Bauer *Lange,* der in seinem Hofladen selbst erzeugte Produkte anbietet.

1. Rügener Edeldestillerie, Lieschow 17, Tel. (038305) 5 53 00, www.edeldestillerie.de. In Handarbeit hergestellte Jahrgangs-Edelbrände mit Bio-Siegel aus sortenreinem Obst in limitierter Auflage, in der Saison Mo–Sa 10–18 Uhr, sonst Mo–Fr 10–16 Uhr.

Unterkunft

Vorwahl: 038305

Landgasthof Kiebitzort②, Lieschow 25, Tel. 5 51 66, www.kiebitzort-ruegen.de. Allein inmitten der stillen Natur gelegenes Hotel mit Restaurant und einladendem Biergarten (nur Mai bis Ende Okt.).

Rügen-Ferienhof, Lieschow 26, Tel. 53 37 80, www.ruegen-ferienhof.de. Urlaub auf dem Bauernhof in neu errichteten Reethäusern, viele Tiere, Kinderbetreuung; Fewo/Tag NS 61–116 €, in der HS nur wochenweise.

Gastronomie

Bauer Lange, Lieschow 37, Tel. 5 51 17, www.bauerlange.de. „Event-Hof" mit Hofladen und Gaststätte in einer alten Scheune mit eigenen Produkten; Ferienwohnungen, diverse Veranstaltungen, Hofladen März–Okt. tägl. 9–18 Uhr.

Hofrestaurant Café Kliewe, in Mursewiek, Tel. 53 00 10, www.bauernhof-kliewe.de. Restaurant mit „Regionaler Esskultur", Spezialitäten vom Geflügel aus eigener Zucht, Hofladen, Ferienwohnungen. Breites Angebot für Kinder, vom Ponyreiten bis Traktor fahren. Hofladen täglich 9–22 Uhr.

Ein leuchtend roter, unbefiederter Fleck auf dem Kopf kennzeichnet den Grauen Kranich. Der Kopf der Jungtiere ist rötlich-sandfarben.

Der Zug der Kraniche

Zweimal im Jahr, im Frühling und im Herbst, wenn die Vögel des Nordens ziehen, spielt sich in den seichten Boddengewässern des Zingst und um die Vogelinsel Ummanz ein einzigartiges Schauspiel ab. Dann sammeln sich große Teile der nord- und osteuropäischen Population des **Grauen Kranichs** (wissenschaftlich Grus Grus) im Gebiet des Nationalparks Vorpommersche Boddenlandschaft.

Seit die Rastgebiete an der Müritz von den scheuen Kranichen immer weniger aufgesucht werden, ist die ursprüngliche Boddenlandschaft zwischen Zingst und Rügens Westküste das **wichtigste Rastgebiet in Europa** geworden. Dabei haben sich zwei Riesenschlafplätze entwickelt, das Windwatt vor Pramort auf Zingst und die **Udarser Wiek** bei Ummanz. Bis zu 60.000 dieser langbeinigen Großvögel halten sich hier auf, um neue Kräfte für ihre mehrere Tausend Kilometer lange Reise zwischen Brut- und Winterquartier zu sammeln. Während sie bei ihrem Zug nach Spanien oft wochenlang verweilen, erfolgt der Frühlingszug meist ohne längeren Aufenthalt. Tagsüber sieht man die Kraniche auf den umliegenden Wiesen und Feldern nach Nahrung suchen. Bei Einbruch der Dämmerung sammeln sie sich dann zum Schlafen im knietiefen Flachwasser, das ihnen Schutz vor Feinden bietet.

Das einzigartige Naturschauspiel ist ohne Frage ein unvergessliches Erlebnis. Neben den Kranichen nutzen bis zu 104 weitere Zugvogelarten die Bodden als Rast- und Nahrungsraum.

■ **Nationalparkverwaltung,** Im Forst 5, 18375 Born, Tel. (038234) 50 20, www.nationalpark-vorpommersche-boddenlandschaft.de.

■ **Kranich-Informationszentrum,** 18445 Groß Mohrdorf, Lindenstr. 27, Tel. (038323) 8 05 40, www.kraniche.de. Feb. Mo–Fr 10–16 Uhr, März–Mai täglich 10–16 Uhr, Juni/Juli Mo–Fr 10–16 Uhr, Aug. täglich 10–16.30 Uhr, Sept./Okt. täglich 9.30–17.30 Uhr, Nov. Mo–Fr 10–16 Uhr.

361rh rw

1m DER JASMUNDER BODDEN

147rh ph

Wer Rügen erleben will, wie es wohl schon vor 100 Jahren aussah, und dazu noch völlige Ruhe und Einsamkeit sucht, der möge die Ufer der Boddenküste Westrügens aufsuchen. Der Abstecher hinaus auf den weit ins Wasser vorspringenden Landzipfel bei Lebbin ist eine Reise in ein Landidyll, wie es immer seltener wird.

Lebbin

Die Landschaft Westrügens zu erkunden, hat sich **Rügen-Safari** auf die Fahnen geschrieben. Unter Leitung von Scout *Ray* kann man hier wie ein Trapper oder Indianer von Kanutouren über Bogen schießen und Reiten bis zum Lagerfeuer und Übernachten im Tipi naturnahe Erlebnisse und Erfahrungen machen.

Grümbke-Turm

Fährt man die schmale, von einer prächtigen Allee gesäumte Straße Richtung **Neuenkirchen,** so glaubt man, dass hier die Zeit zum Stillstand gekommen ist. Kurz hinter dem Dorf liegt der bewaldete **Hoch Hilgor,** der mit 44 m höchste

⌃ Blick von der Terrasse von Schloss Ralswiek auf den Jasmunder Bodden und die Kulissen der Störtebeker-Festspiele

NICHT VERPASSEN!

- Einer der abgeschiedensten und schönsten Winkel Rügens ist der **Liddower Haken** zwischen Jetzitzer See und Großem Jasmunder Bodden | 179
- Die **Museumsmühle in Patzig** ist ein Schmankerl für Freunde historischer Großtechnik | 181
- Ein Besuch der **Störtebeker-Festspiele** in Ralswiek mit Seeschlachten auf dem Bodden | 182

Diese Tipps erkennt man im Buch an der gelben Hinterlegung im Kapitel.

1m

Hügel des Lebbin. Auf seiner Spitze erhebt sich der hölzerne Grümbke-Turm, von dessen Aussichtsplattform sich in 15 m Höhe eine unvergleichliche Aussicht über die zahllosen Boddengewässer eröffnet. Der Turm ist zurzeit wegen Baufälligkeit gesperrt (Stand Nov. 2015), soll aber neu errichtet werden.

Die Straße endet in dem Dorf Vieregge am Ufer des Breetzer Boddens. Wo man bis vor Kurzem nur einen verfallenen Fähranleger und viel Einsamkeit fand, erwartet den Besucher nun ein neues Dorf aus 34 reetgedeckten exklusiven Ferienhäusern, 9 Ferienwohnungen und kleiner Marina (www.ruegen-feriendorf.de). Außerhalb der Saison steht das neue Dorf jedoch überwiegend leer, und so ist in dieser Zeit in Vieeregge noch immer viel Ruhe und Stille zu finden.

Praktische Tipps

Unterkunft

■ **Hotel Gut Tribbevitz**②-③, Tel. (038309) 70 80, www.gut-tribbevitz.de. Restaurierte Gutsanlage mit Stil und 4-Sterne-Niveau in wunderschöner, stiller Lage, mit Wellness, Bibliothek, Fahrradverleih, Liegewiese, Trakehnergestüt und Reithalle. Einladendes, stilvolles Restaurant.

■ **Atelierhaus②**, in Sylvin, Dorfstr. 57, Tel. (038309) 84 38, www.atelierhaus.net. Drei geschmackvolle FeWos direkt am Wasser bietet das Rügener Künstlerehepaar *Kratzsch*. Er ist Bildhauer, sie Textilgestalterin, beide besonders freundliche Gastgeber. Herrliche Ruhe, ein gutes Glas Wein – wer an diesem beschaulichen Ort nicht entspannt, der tut's nimmermehr.

Gastronomie

■ **Wirtshaus Neuenkirchen,** Dorfstr. 12, Tel. (038309) 7 03 60, www.wirtshausneuenkirchen.com. Dorfschenke mit 100-jähriger Tradition, solide, gutbürgerliche Küche und schönem Sommergarten, Gästezimmer②.

Liddower Haken

Einer der abgeschiedensten und schönsten Winkel Rügens ist der Liddower Haken, eine schmale Landbrücke, die vom Tetzitzer See und dem Großen Jasmunder Bodden begrenzt wird.

Die einzige Ansiedlung auf dem Ruschvitzer Haken am Tetzitzer See ist das historische Gebäudeensemble von **Gut Liddow,** das nur über eine 80 m lange Holzbrücke zu erreichen ist. Um das Gut hat sich eine deutschlandweit Aufmerksamkeit erregende Provinzposse zugetragen. Das Gut, seit 25 Jahren mietfrei von dem Rügener Designer und Künstler *Rolf Reeckmann* bewohnt, sollte der ZDF-Vorabendserie „Hallo Robbie!" als zentraler Drehort dienen. Doch die Dorfbürgermeisterin *Ute Arndt* erließ Drehverbot, da sie das in Gemeindebesitz befindliche Gut einer Schweizer Unternehmung verkaufen wollte und gegen Herrn *Reeckmann* eine Räumungsklage einleitete. Dies führte zum Aufstand der Bürger gegen ihre Bürgermeisterin mit Straßenblockaden und mehr. Schließlich wurde die erste „Robbie"-Staffel doch in Liddow gedreht, aber der Streit eskalierte. Im Mai 2002, als die zweite Staffel in Liddow abgedreht wurde, zündeten Unbekannte die **Holzbrücke** an, den einzigen Zugang zum Gut und wesentliches Filmmotiv. Mehrfach wurden nachts Fahrzeuge beschädigt. Das Ende der Geschichte: Das ZDF beendete nach der achten Staffel 2009 die Seehund-Serie und Herr *Reeckmann* ist Gemeinderat in Neuenkirchen und „sein" Kulturgut Liddow, fester Bestandteil des Rügener Kulturlebens.

■ **Kulturgut-Liddow,** 18569 Liddow, Tel. (038309) 8 80 20.

Rappin

Die Boddenküste zwischen Ralswiek und Neuenkirchen ist bislang vom Fremdenverkehr kaum berührt. Die Ausnahme bildet der Campingplatz bei Rappin. Wenn man auf der schmalen Piste bis Rappin vorgedrungen ist, glaubt man nicht, dass sich in diesen Winkel sonst noch irgendwer verirrt. Rappin, das sind ein paar malerisch-schiefe Bauernhöfe und eine winzige **gotische Backsteinkirche St. Andreas** aus dem 14. Jh. Hinter dem Dorf wird der Weg

1m

schlechter. Bei den 45 m hohen, bewaldeten Banzelvitzer Bergen erreicht man schließlich die Boddenküste und den abgelegensten **Campingplatz** der Insel. Dort gibt es einen hübschen kleinen Wiesen-Badestrand.

Unterkunft/Gastronomie

MEIN TIPP: **andernorts**①-②, in Rappin, Dorfstr. 8, Tel. (03838) 6 00, Herberge Tel. (015233) 54 09 69, www.andernorts-auf-ruegen.de. Für Zivilisationsflüchtlinge. Abgelegen von der Welt im malerischen Weiler Rappin liegt das restaurierte Gehöft, das neben einer Herberge, einem Landgasthof und Lädchen auch Seminarräume bietet. Im Gasthof Vollwert-Gerichte aus regionalen Produkten der Saison.

■ **Camping Banzelvitzer Berge,** 18528 Groß Banzelvitz, Tel. (03838) 3 12 48, www.banzelvitz.de. April–Okt.; an Waldhang gelegen, Bungalow/Caravanvermietung, Boots-, Surfbrett-, Fahrradverleih, Sauna, Solarium, mit Ferien-Blockhäusern.

Aktivitäten

■ **Reiten:** Ponyhof, Dorfstr. 1, Tel. (03838) 3 12 42, www.ponyhof-ruegen.de.

■ **Kiten:** *Rügen-Kite,* Am Berg 1, 18528 Groß Banzelvitz, mobil: (0172) 6 66 92 00, www.ruegen-kite.de.

350rh ph

Woorker Berge

Etwa 2 km nordwestlich des Dorfes Patzig liegt nahe dem Weiler **Woorke** (slawisch „Hügelchen“) das bedeutende **bronzezeitliche Hügelgräberfeld.** 13 mit Eichen und Buchen bestandene Grabhügel von bis zu 8 Meter Höhe ragen aus den Wiesen auf und bilden die Woorker Berge, das größte Hügelgrabfeld Norddeutschlands. Zu den Grabhügeln führt ein einspuriger Betonschwellenweg. Deshalb sollte man den Abstecher von Patzig aus zu Fuß oder per Fahrrad unternehmen. Bei den Gräbern ist ein kleiner Picknickplatz angelegt.

Patzig

In dem 500-Seelendorf Patzig zwischen Ralswiek und Thesenvitz wartet das **Mühlenmuseum** auf Besuch. Die 1946 anstelle einer Bockwindmühle errichtete Motormühle mahlte noch bis 1999 mittels einer ausgeklügelten Technik und einer beeindruckenden Holzkonstruktion Getreide zu Mehl. Jetzt ist sie als außergewöhnliches technisches Denkmal zu besichtigen, in dem der Besucher auf vier Ebenen die Produktion des Grundstoffes für das Hauptnahrungsmittel Brot nachvollziehen kann.

- **Mühlenmuseum,** Dorfstr. 3, Tel. (03838) 31 36 65, täglich 10–17 Uhr.
- **Kunsthandwerk,** Drechslerei *Roland Mohr,* Dorfstrasse 7, Tel. (03838) 3 12 47.

Ralswiek

Ralswiek liegt in einer Bucht bei den Schwarzen Bergen am Großen Jasmunder Bodden. Von der großen Bundesstraße, die von Bergen nach Sassnitz führt, zweigt ein kleines Sträßchen ab, das kurz und steil in die stille Bucht hinunterführt.

Ein grüner Tunnel ins Nirgendwo – Allee an der Straße auf den Liddower Haken

Klaus Störtebeker

Klaus Störtebeker war der Führer der sogenannten *Vitalienbrüder,* die auch **Likedeeler** (niederdeutsch „Gleichteiler") genannt wurden. Sie führten, zunächst als Helfer des Königs *Albrecht von Schweden,* dem 1389–92 von Dänemark belagerten Stockholm Lebensmittel (Vitalien) zu. Danach setzten sie ihre **Raubzüge** auf eigene Faust fort. 1398 vertrieb der Deutsche Orden die Seeräuber von ihrem Stützpunkt Gotland. Störtebeker verlegte seine Überfälle auf fette Hansekoggen von der Ostsee an die Nordseeküste. 1401 gelang es der Hanseflotte, die Vitalienbrüder auf der Osterems und bei Helgoland vernichtend zu schlagen. Ihre Führer *Klaus Störtebeker* und *Goedeke Michels* wurden gefangengenommen, nach Hamburg gebracht und dort 1402 öffentlich geköpft.

Die hübsche kleine **Holzkapelle,** die sich etwas außerhalb des Ortes an der Straße unter Bäumen versteckt, wurde 1907 als Geschenk von Schweden an Graf *Douglas* hierher geschafft.

Archäologische Funde

Ralswiek ist die **älteste bekannte Siedlung auf Rügen.** Archäologen gruben in der meterdicken Kulturschicht Tausende von aufschlussreichen Fundstücken aus verschiedenen Epochen aus. Die spektakulärsten Funde waren die Reste von vier **altslawischen Eichenbooten.** Die Schiffe aus dem 9. Jh. sind mit Holznägeln zusammengezimmert, bis zu 13 m lang und 3,50 m breit. Im gleichen Jahr, als man die Boote entdeckte (1974), fand man auch einen großen Silberschatz in Ralswiek: mehr als 2000 Dirhem, **arabische Silbermünzen** aus der Zeit zwischen 484 und 847 n. Chr. Ein klarer Beweis dafür, dass die Slawen bis nach Arabien Handel trieben.

Störtebeker-Festspiele

Auf der landschaftlich wunderschön gelegenen **Freilichtbühne** von Ralswiek wurde bis 1980 in einer kolossalen Masseninszenierung die **„Ballade von Klaus Störtebeker"** aufgeführt. An dem Stück von *Kurt Bartel* wirkten mehr als 1000 Statisten als Reiter, Soldaten und Schiffsbesatzungen mit. Auf dem Bodden fanden nächtliche Seeschlachten statt und am gegenüberliegenden Ufer inszenierte man brennende Fischerdörfer. Die Kulissen der Bühne wurden auf eigens verlegten Schienen bewegt.

Seit 1993 wird das Spektakel um den legendären Seeräuber zwischen Mitte Juni und Anfang September wieder aufgeführt. Die aufwendige Inszenierung mit 120 Mitwirkenden, Schiffen, Pferden und abschließendem **Feuerwerk** über dem Bodden ist ein echtes Erlebnis, das man nicht versäumen sollte.

Ebenfalls für die ganze Familie interessant ist die **Adlershow** „Könige der Lüfte".

■ **Information, Spielplan, Kartenreservierung, Adlershow:** Am Bodden 100, Tel. (03838) 3 11 00, www.stoertebeker.de. Mitte Juni–Anf.

148rh ph

Sept. Erw. 12–34 €, Kinder 5–15 Jahre 10–25 €, Familien: Mo–Sa nur Rang II Erw. 10 €, Kind 8 €. Adler-Vorführung: vom 20.6. bis 3.9. an Spieltagen 11 und 18 Uhr, Erw. 5 €, Kind 3 €.

Schloss Ralswiek

Sanft steigt der Wiesenhügel, der als Tribüne dient, an. Oben auf dem Hügel thront das feudale Schloss Ralswiek. Es diente einst dem Großgrundbesitzer Graf *Douglas* als Wohnsitz. 1891 hatte der Graf die ganze Bucht samt dem Dörfchen gekauft. Der große, um 1800 angelegte **Landschaftspark,** der das Schloss umgibt, ist öffentlich zugänglich.

Das majestätische, weiße Neorenaissanceschloss mit seinen Ecktürmen ist nach aufwendiger Restaurierung nun ein besonders schönes Schlosshotel in landschaftlich einmaliger Lage. Beim Umbau des Schlosses entdeckte man überraschend zahlreiche Spuren und Arbeiten des Douglas-Freundes, Künstlers und Urhebers des Jugendstils *Henry Van der Velde,* die dieser bei der Umgestaltung des Schlosses 1913/14 hinterlassen hatte.

Praktische Tipps

Unterkunft

■ **Schlosshotel Ralswiek**②-④, Parkstr. 35, Tel. (03838) 2 03 20, www.schlosshotel-ralswiek.de. Zauberhaftes Hotel im restaurierten Schloss mit Wellnessbereich, Schwimmbad und Sauna, Bibliothek und empfehlenswertem Restaurant.

■ **Pension Zum Likedeeler**②, Am Bodden 21, Tel. (03838) 3 11 30, www.zumlikedeeler.de. Nette Pension mit 14 Zimmern und Restaurant. Das Schönste ist der boddenseitige Wintergarten mit herrlichem Blick aufs Wasser.

⌃ Räucherfisch vom Räucherschiff im Hafen von Ralswiek

Überblick | 186
Geschichte | 193
Grieben | 196
Kloster | 198
Neuendorf | 212
Praktische Reisetipps | 190
Vitte | 206

376rh ph

Hiddensee –

die autofreie Insel vor der Insel –

2

Hiddensee

ein Ort der Sehnsucht voller Magie

und Inspiration, ein Mekka für Künstler

und Kreative.

Der Leuchtturm auf dem Dornbusch mit Blick über ganz Hiddensee

PERLE DER OSTSEE

Das süße Ländchen", wie es seine 1300 Bewohner nennen, ist nur 17 Kilometer lang und höchstens 3,7 Kilometer breit. Und dennoch sind auf diesen kaum 19 km² so ziemlich alle Landschafts- und Küstenformen zu finden, die die Ostsee zu bieten hat. Drei kleine schmucke Dörfchen mit malerischen Reetdachhäuschen, Räucherkaten und skurrilen Feriensitzen alter DEFA-Künstler, ohne Autoverkehr und befestigte Straßen, aber mit viel Gelegenheit zur inneren und äußeren Einkehr verleihen dem niedlichen Inselchen seine außergewöhnlichen anziehenden Reize. Ein superlanger Sandstrand an der Außenküste, ein dichtes Netz von Rad- und Wanderwegen hinauf auf den Dornbusch zum Leuchtturm auf dem Schlucksberg oder hinab bis zum weissrot gestreiften Postkarten-Leuchtturm ganz am anderen Ende, dazu viel Kunst und Kultur machen die Wahlheimat von *Gerhard Hauptmann* zu einem der attraktivsten und deshalb auch begehrtesten Urlaubsziel der gesamten Ostseeküste. An sonnenreichen Sommertagen herrscht entsprechender Trubel. Wenn aber die letzten Tagesgäste das Inselchen wieder verlassen haben, lebt der Zauber und die Magie Hiddensees wieder auf.

330rh ph

▷ Postkartenidyll – Reethäuser in Grieben

Überblick

„Doch ganz und gar gehört Dir mein Lieben,
bist tief in meine Seele geschrieben,
Du einzig schönes, Du 'sötes Land',
An Rügens schäumendem Westenstrand!"

Alexander Ettenburg

Eine Insel zum Verlieben und für Verliebte. Gleich welches der zahlreichen Bücher über Hiddensee man aufschlägt, der Tenor ist überall derselbe: Erklingt der Name des „söten Lännekens", des schönen Ländchens, geraten alle, die es

kennen, in verzückte Schwärmerei. Wie ein magischer Schlüssel öffnet Hiddensee poetische Adern und lässt schwärmerischen und verzückten Liebeserklärungen auf die „von Gott hochbegnadigte Insel“ vor der Westküste Rügens freien Lauf. „Ein unsagbar schönes Fleckchen Erde“, so kurz und bündig beschrieb der Inselpfarrer und -chronist *Arnold Gustavs* seine Wahlheimat und wünschte sich, „dass der liebe Gott ihn einst im himmlischen Hiddensee möge wohnen lassen, und sei es auch nur in einem kleinen Winkel“.

„Perle der Ostsee“ oder „Capri der Ostsee“ wird es auch genannt. Solche oder ähnliche Vergleiche, die es in Fülle

NICHT VERPASSEN!

- Lehrreich, lebendig und amüsant sind die **Literarischen Führungen** der Autorin Ute Fritsch | 201
- Eine **Wanderung von Kloster hinauf auf den Dornbusch** und den Schluckswiek, auf dem der Leuchtturm eine atemberaubende Fernsicht bietet | 204
- Ein Streifzug durch die Dünenheide und Einkehr ins **Restaurant „Heiderose“** mit Fischräucherei | 210
- Eine geführte Wanderung durch das artenreiche **Vogelschutzgebiet Alter Bessin** | 211
- Ein (Bade-)Ausflug bis zum **Leuchtturm Luchte,** wo sich Maler und FKKler treffen | 213

Diese Tipps erkennt man im Buch an der gelben Hinterlegung im Kapitel.

gibt, greifen jedoch sämtlich zu kurz. Zu einzigartig ist die Insel Hiddensee. Auch die Versuche zahlreicher Dichter und Denker, deren beliebtester Sommeraufenthalt Hiddensee zu Beginn des 20. Jahrhunderts wurde, geben nur unvollständig das wieder, was die Reize dieser Insel ausmacht.

Die Besucherliste liest sich wie ein Who is Who der Elite des modernen deutschen Kunst- und Geisteslebens: *Gerhart Hauptmann, Max und Käthe Kruse, Max Reinhardt, Carl Zuckmayer, Albert Einstein, Asta Nielsen, Thomas Mann, Sigmund Freud, Stefan Zweig, Oskar Loerke, Heinrich George, Benn, Kafka, Kandinsky, Döblin, Brecht, Macke, Trakl, Hollaender, Morgenstern, Ringelnatz* – endlos ließe sich diese illustre Liste klangvoller Namen fortsetzen.

Einfach war es in realsozialistischen Zeiten nicht, dorthin zu gelangen, und auch heute ist ein Urlaub auf Hiddensee noch nicht völlig problemlos zu realisieren. Das größte Hindernis ist eine **Unterkunft** zu finden, denn auf Hiddensee gibt es keine großen Hotels oder Campingplätze. Unterkunft gibt es nur in begrenzter Zahl in kleinen Familienhotels und -pensionen, im Feriendorf *Dünenheide* und in Privatzimmern bzw. Ferienwohnungen bei den Insulanern.

Und Hiddensee ist (fast) **autofrei!** Kein Lärm, kein Gestank, keine verstopften Straßen, keine zugeparkten Wege. Das Autoverbot (Ausnahmen sind Schulbus, Arzt und Versorgungsfahrzeuge) ist ein Segen für die Insel. Hier können sich hartnäckige Autofetischisten überzeugen, wie herrlich es ohne sein kann. Wo keine Autos sind, braucht es auch keine Straßen. Nur einen holprigen befestigten Weg gibt es, der die Dörfer miteinander verbindet. Ansonsten ziehen sich Sandwege und Trampelpfade durch die Landschaft. Wer von hier nach da will, geht zu Fuß oder fährt mit dem Rad oder der Pferdekutsche.

149rh ph

„Hiddensee ist schön, schön zu jeder Jahreszeit und bei jedem Wetter. Besonders schön, wenn im August der wilde Thymian blüht. Schön im Herbst, wenn die Klashanicks schreien. Schön im hellen Sonnenschein oder auch, wenn uns der Sturm das Haar zerzaust. Schön in dunkler Nacht, wenn sich die gewaltig ausgreifenden Lichtarme des Leuchtturms über unserem Haupt drehen", so *Arnold Gustavs,* der von 1903–1946 Inselpfarrer war. Hiddensee ist nichts weniger als ein großer Wurf der Schöpfung,

ein romantisches Eiland außerhalb unserer so atemlosen Zeit, eine Insel zum Verlieben und für Verliebte.

Die Landschaft

Wie ein sanft in der Strömung der Ostsee treibendes zartgliedriges Seepferdchen liegt Hiddensee schmal und langgezogen vor der Küste Westrügens, den Rücken dem offenen Meer zugewandt. Von Kopf bis Fuß misst das Pferdchen nicht mehr als gut 17 km, sein Bauch an der breitesten Stelle knapp 4 km. Insgesamt ergibt das gerade Mal 18,6 km^2 Insel. Struppig und zackig ist sein Nackenkamm, der Dornbusch mit steinigen Steilufern im Norden der Insel.

Unberührt – Naturstrand am Enddorn

Das **Naturschutzgebiet Dornbusch** steigt fast senkrecht bis zu 70 m Höhe aus dem Meer. Die Klippen sind streckenweise mit verfilztem Gestrüpp und Krüppelbäumen bestanden, an anderen Stellen leuchtet die Abbruchwand kahl und gelb aus der Landschaft. Die Höhen sind mit jungem Wald bedeckt, der wie eine vom Wind zerzauste Mähne wirkt. Dem Wald schließt sich ein weites, von duftender Trockenheide überzogenes Hügelland an. Die Hügel fallen nach und nach in sanften Wellen zur Boddenküste hin ab.

Der **Bessin,** sozusagen der Kopf des Seepferdchens, ist angeschwemmtes Land. Während der **Altbessin** nicht mehr wächst und betreten werden darf (Vorsicht Kreuzottern, festes Schuhwerk tragen!), ist der **Neu-Bessin,** der pro Jahr bis zu 60 m zulegt, gesperrte Nationalpark-Kernzone, in der unzählige Wat- und Wasservögel brüten. Der struppige Nacken des Dornbusch läuft Richtung Süden in das weiße Band eines endlosen feinsandigen Strandes aus, der sich gleich einem Rückgrat entlang der Außenküste bis hinunter zur langen dünnen Schwanzspitze, dem Gellen, zieht.

Am Bauch unseres zarten Seepferdchens, dem Gebiet zwischen Vitte und Neuendorf, dehnt sich das **Naturschutzgebiet Dünenheide** aus. Die pittoreske Sandheide ist von Sandwällen und ausgewehten Sandkuhlen durchzogen. Der Teil der Dünenheide westlich der Straße ist zugänglich. Die dem Bodden zugewandte Seite zusammen mit der Fährinsel dagegen streng geschützt.

Immer flacher und sandiger wird Hiddensee südlich von Neuendorf. Die kaum über den Wasserspiegel reichenden **Salzwiesen** gehen langsam in das sandige Schwemmland des Gellen über. Die Außenküste wird durch einen schmalen Waldstreifen geschützt. Die kilometerlange **Sandbank** des Gellen wächst mehrere Meter pro Jahr weiter in das Meer hinaus und nähert sich immer mehr dem Bock, einer kleinen Insel vor der Küste des Festlands. Irgendwann wird, sofern der Mensch nicht eingreift, der Bock ein Teil Hiddensees werden. Der **Gellen** und der davor liegende Gänsewerder sind Brutgebiet und Rastplatz von riesigen Schwärmen von See- und Watvögeln. Betreten verboten!

Die Natur schützen!

Die gesamte Insel ist bis auf die Ortslagen Teil des **Nationalparks Vorpommersche Boddenlandschaft.** Daher sind Beschränkungen in den einzelnen Schutzzonen um der Schönheit Hiddensees und seiner Flora und Fauna willen unbedingt zu beachten. **Zelten** und **Feuermachen** ist grundsätzlich verboten. **Hunde** sind immer und überall an der Leine zu führen und vom 1. Mai bis 30. Sept. an den bewachten Badeständen generell verboten. Gekennzeichnete **Hundestrände** gibt es bei Vitte und Neuendorf.

- **Information:** Nationalparkhaus, Vitte, Norderende 2, Tel. (038300) 6 80 41, Ausstellung „Veränderung" und Erlebnispfad, Eintritt frei; April–Okt. täglich 10–16 Uhr und Nov./Dez. 10–15 Uhr naturkundliche Inselführungen.

Praktische Reisetipps

Fähre

Ein wichtiger Punkt, der bei der Anreise nach Hiddensee zu bedenken ist, betrifft die Schiffsverbindungen. Ganzjährig fahrplanmäßig verkehrende Fähren gibt es nur ab Schaprode auf Rügen, von April bis Oktober und zum Jahreswechsel auch ab Stralsund.

Wer mit der **Bahn bis Stralsund** anreist, kann sein Gepäck vom DB-Haus-zu-Haus-Kurierservice direkt bis zur Unterkunft auf Hiddensee befördern lassen.

Wer den DB-Kurierservice bucht (3 Tage Laufzeit), sollte gleich auch den Rücktransport mitbuchen, da dies von Hiddensee aus nicht möglich ist. Vom Hafen Schaprode aus übernimmt die Hiddenseer Logistik gegen Bezahlung den Transport bis zur gebuchten Unterkunft.

In **Schaprode** gibt es neben der regulären Fährverbindung **Wassertaxis,** die rund um die Uhr angefordert werden können, aber natürlich auch mehr kosten als die Fähre. In der Sommersaison verkehren auch **Ausflugsschiffe** von Breege, Wiek und Dranske nach Hiddensee. Da diese Schiffe weder das ganze Jahr noch nach Fahrplan verkehren, erkundige man sich am besten vor Ort in den Häfen bei den jeweiligen Reedereien oder Eignern nach den genauen Fahrzeiten (siehe auch im Rügen-Teil in den jeweiligen Ortsbeschreibungen).

- **DB-Kurierservice:** Tel. (01805) 99 66 33 (20 ct/Min.), 17,50 € pro Gepäckstück.
- **Reederei Hiddensee:** Büro Stralsund, Fährstraße 16, Tel. (03831) 2 68 10, Büro Vitte, Achtern Diek 4, Tel. (038300) 2 10, www.reederei-hiddensee.de.
- **Wassertaxi** (24 Std.): *Pirat,* mobil: (0171) 7 45 77 13, *Störtebeker,* mobil: (0171) 7 45 77 10, *Anna Maria,* mobil: (0171) 6 42 80 21.

Anreise mit Auto oder Bus

Wer mit dem Auto anreist, sollte bedenken, dass der Wagen für die Aufenthaltsdauer auf Hiddensee im Fährort zurückgelassen werden muss. Nimmt man die Fähre von **Stralsund,** kann man das Auto im neuen Parkhaus am Ozeaneum (3 Tage NS 18 €, HS 28 €, jeder weitere Tag 6 €) abstellen, von wo aus es nur wenige Schritte bis zum Fähranleger sind. Tagesbesucher können den in Sichtweite des Ablegers gelegenen Parkplatz (2 €/Tag) am Fährkanal bei der Gorch Fock nehmen.

Wer in **Schaprode** auf Rügen auf die Fähre geht, dem steht als Übernachtungsgast ein eingezäunter, bewachter und kostenpflichtiger Parkplatz direkt am Hafen zur Verfügung, der allerdings häufig restlos belegt ist. Alternativ dazu gibt es einen riesigen Platz (Pkw/Tag 3,50 €, ab 2. Tag 2 €) am Ortsrand, auf dem man auch Wohnmobile (5,50 €/4 €) abstellen kann. Zum Hafen sind es nur wenige Minuten. Vom Parkplatz zum Hafen verkehrt auch eine kleine Bahn (Erwachsene 1 €).

Wer mit öffentlichen Verkehrsmitteln anreist, fährt mit der Bahn bis Bergen und von dort mit dem **Bus Linie 35** bis Hafen Schaprode, www.rpnv.de. Info, Fahrscheine: *Infothek* am Busbahnhof, Friedenstraße 24, Tel. (03838) 20 29 55, Mo–Fr 8.30–12.30 und 13–17 Uhr.

Info

- **Vorwahl:** 038300
- **Insel Information Hiddensee,** Achtern Diek 18a, 18565 Vitte, Tel. (038300) 60 86 84, www.seebad-hiddensee.de, Juni–Sept. Mo–Fr 9–17.30 Uhr, Sa/So 9.30–13.30 Uhr, Okt. Mo–Fr 9.30–17 Uhr, Sa/So 9.30–12.30 Uhr, Jan.–März u. Nov./Dez. Mo–Fr 9–15.30 Uhr, April Mo–Fr 9–17.30 Uhr, Sa/So 9.30–12.30 Uhr, Mai Mo–Fr. 9.30–17.30 Uhr, Sa/So 9.30–13.30 Uhr.
- **Kurabgabe** HS 1,50 €, NS 1 €, Hund 0,50 €.
- **Touristeninformation Kloster,** Hafencenter, Hafenweg 15, 18565 Kloster, Tel. 60 86 85, April Mo–Fr 9.30–16 Uhr, Sa/So 9.30–12 Uhr, Mai–Sept. Mo–Fr 9.30–12.30 u. 13.30–17.30 Uhr, Sa/So

9.30–12.30 Uhr, Okt. Mo–Fr 9.30–15 Uhr, Sa/So 9.30–12.30 Uhr, Nov./Dez. Mo–Fr 11–15 Uhr, Jan.–März Mo–Fr 11–15.30 Uhr.

Unterkunft

Es steht nur eine begrenzte Anzahl von Unterkunftsmöglichkeiten zur Verfügung. Zu Ferienzeiten oder an sonnigen Wochenenden auf gut Glück nach Hiddensee zu reisen ist deshalb nicht ratsam. **Rechtzeitig buchen** erspart Enttäuschungen. In der Nebensaison kann man einen spontanen Hiddenseeaufenthalt aber durchaus wagen. Die Insel-Information in Vitte ist gleichzeitig auch die zentrale Zimmervermittlung von Hiddensee.

Gepäcktransport

Da Hiddensee autofrei ist, kann bei der Ankunft im Zielort kein Taxi gerufen werden. Dies sollte man beim Umfang des Gepäckes bedenken. Wer sein Gepäck nicht vom Hafen bis zur Unterkunft selbst tragen will, der sollte als Erstes bei seinem Vermieter nachfragen. Diese übernehmen meist die Gepäckabholung im Hafen oder haben dort für Ihre Gäste einen Handwagen deponiert. Ansonsten muss man sich im Hafen einen Handwagen oder ein Fahrrad mit Anhänger ausleihen. Bei großem Gepäck besteht auch die Möglichkeit, sich einen Pferdewagen zu mieten, was aber nicht ganz billig ist.

- **Kloster:** *Fuhrmann Neubauer,* Hafenweg 10, mobil: (0171) 1 89 28 07, www.hiddensee-kutschfahrten.de.
- **Vitte:** *Fuhrmannshof Tiburtius,* Achtern Diek 27, Tel. 6 80 15, www.pferdundfahrrad.de.
- **Fuhrgeschäft B. Mach,** Neuendorf, Dörpstraat 23, Tel. 5 01 96, www.hiddensee-fuhrmannshof.de.
- **Hiddenseer Logistik,** Vitte, Achtern Diek 35, Tel. 5 03 00, www.hiddenseer-logistik.de, Gepäcktransport ab Parkplatz Schaprode. Shuttle-Service (bis 6 Personen) vom Bhf. Bergen oder Stralsund.

Fortbewegung

Die Fortbewegungsmittel auf Hiddensee sind die eigenen Beine und das **Fahrrad,** das man sich auf der Insel leihen kann. Neben Verleihstationen halten auch viele Unterkunftsanbieter für ihre Gäste Fahrräder bereit.

Adressen

- **Apotheke:** Rezeptsammelstelle auf Hiddensee, Vitte, Süderende 154, Tel. 5 05 65, die nächste Apotheke ist in Gingst/Rügen, Tel. (038305) 3 70.
- **Arzt:** *Ulf Müller* (Allgemein- und Notfallmedizin) 18565 Vitte, Süderende 57, Tel. (038300) 2 87.
- **Feuerwehr/Notfall:** 112
- **Fundbüro:** *Rathaus Vitte,* Norderende 162, Tel. 6 42 12.
- **Hafenamt:** Kloster Tel. (038300) 6 08 08, Vitte Tel. (038300) 60 87 68, Neuendorf mobil: (0160) 3 80 49 38.
- **Kreissparkasse:** *Vitte,* Süderende 59, Tel. 2 36 (einziger EC-Automat auf Hiddensee).
- **Polizei:** Notruf 110, Gemeindeverwaltung Vitte, Tel. 5 01 31 oder 81 00.
- **Post:** *Vitte* (im Edeka-Markt), Wallweg 1, *Kloster* (im Inselmarkt), Kirchweg 33.
- **Wasserschutzpolizei:** *Schaprode,* Tel. (038309) 14 17.
- **Zahnarzt:** zahnärztlicher Bereitschaftsdienst unter Tel. (01805) 92 46 68.

Geschichte

Die Geschichte Hiddensees ist eng verknüpft mit dem **Zisterzienserkloster,** das sich 1296 als Tochterniederlassung des Klosters Neuenkamp auf der Insel ansiedelte. Das Dorf Kloster zeigt seinen einstigen Standort an. Der Orden hatte die ganze Insel von *Witzlaw II.* geschenkt bekommen. Als Zugabe gab es das exklusive Fischereirecht im Schaproder Bodden und gegen Bares auch den zu dieser Zeit noch waldreichen Zingst.

Als Gegenleistung mussten sich die Mönche verpflichten, auf dem Gellen ein **Leuchtfeuer** zu errichten und zu unterhalten. Damals führte der einzige Seezugang nach Stralsund an Hiddensee vorbei. Der östliche Zugang, durch den Strelasund am Mönchgut vorbei, entstand erst 1309 nach einer großen Sturmflut, die die dortige Landverbindung zum Festland verschlang. Gleichzeitig mit dem Bau des Klosters, das dem Schutzpatron der Schiffer, dem *Hl. Nikolaus,* geweiht war, wurde ein Hafen angelegt.

Von 1168 bis 1325 befand sich Hiddensee unter **dänischer Herrschaft.** Dann, nach dem Tode *Witzlaws III.,* fiel die Insel wie das benachbarte Rügen an die Herzöge von Pommern-Wolgast.

Das Kloster wurde nach Luthers Reformation 1536 aufgelöst. Zu dieser Zeit war Hiddensee noch eine dicht bewaldete Insel. Die Wälder fielen dem **30-Jährigen Krieg** zum Opfer, als sie zu Belagerungsmaschinen und ähnlichem Kriegszeug verarbeitet wurden. Besonders *Wallenstein* und seine „Kaiserlichen“ haben sich als Baumfrevler her-

Der Ursprung des Namens – eine Legende

In der Wikingerzeit lebte der **Normannenkönig Hithin,** der sich mit *Hilde,* der schönen Tochter des Jütenkönigs *Hägin,* vermählte. Doch bald nach der Hochzeit wurde Hithin von seinem Schwiegervater beschuldigt, er habe sich der schönen Hilde schon vor der Hochzeit unsittlich genähert und damit Schande über seine Tochter gebracht. Das wollte der stolze und auf seinen guten Ruf bedachte Hithin nicht auf sich sitzen lassen und es kam zum Zweikampf. Hithin unterlag, wurde aber von seinem Schwiegervater geschont und am Leben gelassen.

Sieben Jahre später wurde der Kampf erneuert, weil die beiden sich weiterhin dauernd zankten. Beide Könige fanden dabei an den Wunden, die sie sich gegenseitig beibrachten, den Tod. Die schöne Hilde, nun allein, war aber von so großem Verlangen nach ihrem Gatten erfüllt, dass sie, der Zauberei kundig, die Geister der beiden Verschiedenen zur Nachtzeit herbeihexte, damit sie den Kampf fortsetzten. So mussten sich die beiden Geplagten bis zum Untergang der Götterwelt herumschlagen. Dieser ewige Kampf fand auf der Insel statt, die heute den Namen Hiddensee trägt.

Saxo Grammaticus, der berühmte dänische Geschichtsschreiber, bezeichnete 1250 das Eiland als **Hithins Oe,** was soviel bedeutet wie „die Insel des Hithin“. In der noch älteren „Jüngeren Edda“ des Isländers *Snoiri* wird sie als **Hiddensey** bezeichnet. In älteren Büchern wird der Name noch Hiddensö geschrieben, woraus sich dann das heutige Hiddensee entwickelt hat.

vorgetan. Doch nicht nur den Wald stahl man den Hiddenseern, alles Vieh und alle Lebensmittel wurden von den Truppen requiriert. Die Not der Bevölkerung wurde so groß, „dass viele Einwohner das Gras auf dem Felde, kochen müssten, um ihren Hunger damit zu stillen", berichtet der Inselpfarrer Maneke.

Zu Beginn des 20. Jh. wurde das abgeschiedene Eiland von der Künstlerszene entdeckt. Hiddensee wurde zum **Mekka der deutschen intellektuellen Elite.** Maßgeblich verantwortlich für seine Entdeckung als Reiseziel war der Sonderling und Schauspieler *Alexander Ettenburg*, der 1888 erstmals Hiddensee besuchte, sich später auf ihr niederließ und in regelrechten Werbereisen seine geliebte Insel anpries.

Hiddensee war als anregende und inspirierende Sommerfrische entdeckt und alle kamen. Manche davon, wie beispielsweise der Maler *Oskar Kruse* oder der Dramatiker *Gerhart Hauptmann*, unterhielten sogar eigene Häuser.

Auch während der DDR-Zeit wurde Hiddensee nicht für den betrieblichen Massentourismus erschlossen, sondern blieb ein exklusives Eiland für Privilegierte und deshalb von verunstaltenden Plattenbauten verschont.

Erstaunlicher- und glücklicherweise schafften es die Hiddenseer nach der Wende trotz großer finanzieller Verlockungen, die kapitalkräftigen Touristikkonzerne, die natürlich begehrlich ihre Krallen nach diesem herrlichen Eiland ausstreckten, von ihrer Insel fernzuhalten. 1990 wurde sie als Teil des **Nationalparks Vorpommersche Boddenlandschaft** unter Schutz genommen und damit auch für die Zukunft in ihrer Einmaligkeit bewahrt.

Alexander Ettenburg – der „Entdecker Hiddensees"

„Kennt ihr das Ländchen, lieblich und traut,
Von schäumenden Wogen der Ostsee umblaut?
Im Westen von Rügen türmt es sich auf,
Ein Bollwerk der Insel, zieht Sturmflut herauf!
Grün seine Wiesen, duftig sein Wald,
Lieblich darüber Lerchensang schallt.
Dort wohn ich einsam auf waldiger Höh'
Als der Einsiedler von Hiddensee,
O Hiddensee, du min 'sötes Land',
Wie bist du leider noch unbekannt!"

Fern der Ostsee, nämlich im schlesischen Dor
Gugelvitz wurde am 28.2.1858 dem Gutsherr
Eggers ein Sohn geboren, den er *Alexande*
nannte. Eigentlich zur standesgemäßen Offi
zierslaufbahn vorgesehen, trotzte der viel meh
den schönen Künsten als dem Soldatenhand
werk zugeneigte Alexander seinem Vater die Er
laubnis ab, eine Theaterlaufbahn einzuschlagen
Er legte sich den Künstlernamen *Ettenburg* un
den ausschweifenden Lebenswandel eine
Künstlers zu. Dadurch jedoch in seiner Gesund
heit stark angegriffen, zog er auf ärztlichen Ra
ans Meer.

Mit seinem Erbe erbaute er sich in Altefäh
auf Rügen am Eingang des heutigen Kurpark
die Pension Villa Alexander. Um Gäste in sei
Haus zu holen, entfaltete Ettenburg umfangrei
che Aktivitäten. Er ließ Prospekte drucken unc
begab sich jeden Winter auf Vortragsreisen, au
denen er eigene Werke rezitierte und die Schön

heit von Altefähr pries. Auch seine Sommergäste unterhielt er mit künstlerischen Vorträgen. Weit mehr philanthropischer Schöngeist denn geschäftstüchtiger Pensionswirt, lud er oft die Einwohner Altefährs zum freien Umtrunk ein. Auch seine Angestellten hielten sich beim Griff in die Kasse an ihm schadlos. Trotz tatkräftiger Unterstützung durch seine Verwandte *Louise Treichel,* die ihr Vermögen in die Pension investiert hatte, war Ettenburg 1894 finanziell am Ende und musste seine Herberge erst verpachten und schließlich weit unter Wert verkaufen.

Seines stattlichen Vermögens beraubt, zog er sich in die Einsamkeit der damals noch kaum von Fremden besuchten Insel Hiddensee zurück. Mit dem Honorar von 100 Mark für sein Gedicht „Wunna, die Jungfrau von Rügen" erwarb er in Grieben eine heruntergekommene Fischerkate und eröffnete die „Schwedische Bauernschänke". Während er die Sommermonate Gastwirt war, verbrachte er die Winterzeit weiterhin mit Vortragsreisen, auf denen er als „Einsiedler von Hiddensee" auf „Hiddenseer Originalvorträgen" die Schönheit des Eilandes in selbstverfassten Gedichten anpries. Er erstellte den ersten Inselreiseführer und verschickte vor allem an Schriftsteller, Schauspieler, Maler und andere Künstler Prospektmaterial. Dank Ettenburgs unermüdlichem Werben und seiner enthusiastischen Vorträge folgten immer mehr Kunstschaffende seinem Ruf und besuchten Hiddensee.

Ettenburg hatte sich zwischenzeitlich auf dem Dornbusch in der Einsamkeit eine schlichte Bretterbude gebaut, die er „Bergwaldschänke Eremitage auf Tannhausen" nannte und in der er hauste. Seine Sommergäste fanden in primitiven Holzhütten mit Schilfdächern Unterkunft. Er propagierte das einfache, naturverbundene Leben, ging stets barfuß und kleidete sich in selbst entworfene, wallende weiße Gewänder oder sein dunkles „Waldgewand".

Neben seiner Eremitage errichtete er ein „Mausoleum" mit Sarg und Grabstein und in der nahen, von ihm getauften Svantevitschlucht, die für ihn das schönste Fleckchen der Insel war, ein Naturtheater. Mit einigen Künstlerkollegen und Hiddenseer Fischern als Komparsen führte er seine eigenen Dramen wie „Hidde, die Fee des söten Lännekens" oder „Svantevits Fall" auf. Während der „Spielzeit" überließ er seine Eremitage samt Gästen sich selbst. Die Hütten wurden als „Zigeunerzelte" bezeichnet und sein Tannhausen als „Spektakelwald mit Oberpriester".

Ettenburg wurde zunehmend sonderlicher. Er schlief im Sarg und seine ganze irdische Liebe galt seinem Esel *Hansi* und seinem Kater *Pussi,* die ihm überall hin folgten. Schließlich geriet er mit dem Amtsvorsteher der Insel mehr und mehr in Konflikt. 1909 kündigte ihm das Stralsunder Heilgeistkloster, dem Hiddensee damals gehörte, den Pachtvertrag auf dem Dornbusch. Ettenburg zog sich an den Strand von Vitte zurück, wo er seine Einsiedelei „Mathilde" eröffnete. Anfänglich wurde er dort noch von Gästen und Einheimischen besucht. Doch mit seinem steigenden Hang zum Alkohol, seinen düsteren Todesahnungen und fortschreitender geistiger Verwirrung wurde es um den von Gicht geplagten, mittellosen Sonderling immer einsamer. 1919 unternahm er einen Ausflug nach Stralsund, bei dem er mitten auf der Straße einen Selbstmordversuch unternahm. Die herbeigerufene Polizei ließ ihn ins Krankenhaus einliefern, in dem er am 30.11.1919 verstarb. Sein innigster Wunsch, auf dem Inselfriedhof seines über alles geliebten Hiddensee beigesetzt zu werden, ging nicht in Erfüllung, weil die Urne mit seiner Asche auf dem Postweg von Greifswald nach Hiddensee verloren ging.

ORTE AUF HIDDENSEE

Ganze 1300 Insulaner verteilen sich auf die vier Orte auf Hiddensee, wobei man das nur aus wenigen Häusern bestehende, verträumte Grieben kaum mehr als einen solchen bezeichnen kann. Hauptort und kulturelles Zentrum mit Kirche, Friedhof und Museen ist Kloster, das sich malerisch an den Hängen des Dornbuschs hinaufzieht. Die Inselverwaltung ist in Vitte, dem bevölkerungsreichsten Ort ansässig, der sich in der Mitte der Insel entlang der Küste ausdehnt. Hier hat auch der Arzt und Zahnarzt seinen Sitz, und der einzige Supermarkt Hiddensees. Mit ihm und seinen zahlreichen kleinen Shops und Lädchen ist Vitte so etwas wie das Einkaufszentrum der Insel. Getrennt durch die weite wunderschöne Dünenheide, die sich zur Blützeit in einen dichten violettblauen Teppich verwandelt, liegt ganz im Süden das Dörfchen Neuendorf. Es ist das stillste, und für viele auch das schönste, weil authentischste Dorf auf Hiddensee. Nur Trampelpfaden verbinden die Handvoll schmucker Reethäuser miteinander, aus denen es besteht.

336rh ph

☒ So lang wie schön – der Hiddenseer Ostseestrand

Grieben

Grieben ist das kleinste, nördlichste und auch älteste der vier Hiddenseer Dörfer. Bei der erstmals 1279 schriftlich erwähnten Siedlung von einem Dorf zu sprechen, ist jedoch angesichts der Handvoll Häuschen eine gehörige Übertreibung. 1582 bestand es aus acht Katen, und eine Anzeige in der Stralsundischen Zeitung von 1785, in der ganz Hiddensee zum Verkauf angeboten wurde, zählt in der „Inventarliste" das Dorf Grieben auf, „welches von vier Vollbauern, zwei Halbbauern und elf Einliegern

bewohnt wird". Grieben, dessen Name sich von *grib*, der slawischen Bezeichnung für „Pilz" herleitet, ist ein ebenso winziger wie **malerischer Weiler** an den Ausläufern des Dornbuschs geblieben. Da er keinen Hafen hat und so von den Fähren und Ausflugsbooten nicht angelaufen wird und nur eine einzige Pension besitzt, ist es auch der abgeschiedenste und stillste Ort Hiddensees. Sehr reizvoll für Auge und Fotolinse ist das Ortsbild, das unter den rohrgedeckten Katen auch die 1769 und 1771 errichteten und damit ältesten Häuser Hiddensees besitzt.

Am Ufer des **Bessin,** der Grieben gegenüber ins Meer hinauswächst, liegt ein sehr schöner **Sandstrand.** Dank seiner Abgelegenheit ist es hier auch in der Hochsaison viel ruhiger als an dem vielbesuchten Strand zwischen Kloster und Vitte.

Unterkunft

Hotel Zum Enddorn②, Dorfstr. 6, Tel. (038300) 4 60, www.enddorn.de. Sehr still gelegen, mit Sauna, Solarium, Liegewiese und Restaurant „Die Bilderkneipe", in der eine große Sammlung von Werken von Künstlern, die auf Hiddensee tätig waren, zu sehen ist. Große Terrasse mit Boddenblick. Nur mit Halbpension.

Kloster

Kloster entstand um das Zisterzienserkloster herum, das sich hier 1236 ansiedelte und ihm seinen Namen verlieh. Das Dorf ist das bekannteste und meistbesuchte der Insel. Nicht wenige halten es, wie auch der Autor selbst, für das schönste. Sein Charme liegt insbesondere in seiner landschaftlich sehr reizvollen Lage.

Kloster zieht sich einerseits vom stillen Boddenwasser am bewaldeten Hang des **Dornbuschs** hinauf, grenzt also unmittelbar an das Hiddenseer „Hochland" mit seinem eindrucksvollen Steilufer und dem Ausflugsziel Leuchtturm. Andererseits besitzt es direkt vor der Haustür an der Außenküste einen wunderbaren **Sandstrand.**

Auch wenn andere Neuendorf ganz im Süden Hiddensees für das schönste, weil ursprünglichste Dorf halten: Unbestritten ist, dass Kloster das **kulturelle Zentrum** von Hiddensee ist. Hier sind die beiden Museen der Insel zu finden, hier steht die niedliche Inselkirche, hier liegt der Friedhof.

Steigt man im Hafen Klosters von der Fähre, erblickt man linkerhand das Hotel Hitthim. An dieser Stelle stand einst das Zisterzienserkloster, das viele Besucher vergeblich suchen. Denn bis auf einige Grundmauern ist von der Anlage nichts übriggeblieben.

Inselkirche

Der Weg führt vom Hafen hinauf zum **Kirchweg,** einem breiten Sandweg, der quer durch das Dorf verläuft und sozusagen Klosters Hauptstraße ist. Hier steht Hiddensees einziges Gotteshaus, die niedliche Inselkirche. Das weißgetünchte, turmlose Kirchlein wurde 1332 als Wegkapelle vor den Toren des Klosters erbaut. Ihr heutiges Aussehen erhielt sie 1781 bei einem Umbau.

Das Innere der Kirche ist in frischem **Weiß und Blau** gehalten, was ihr eine wohltuend helle und freundliche Atmosphäre verleiht, die von dem über und über mit **roten Rosen** ausgemalten Tonnengewölbe noch verstärkt wird. Angebracht wurden sie 1922 vom Hiddenseer Maler *Nikolaus Niemeier.* Vor dem Altar hängt ein **Taufengel** von der Decke.

Links des Altars hängt an der Chorwand ein interessanter alter Mönchstein. Es ist die Grabplatte des Abtes *Johannes Runenberg*, der 1466–75 Vorstand des Klosters war.

Hauptmann-Grab

Beschaulich ist auch ein Rundgang über den kleinen **Inselfriedhof,** in den das schlichte Kirchlein eingebettet ist. Auf ihm liegt ein mächtiger Findlingsblock, der das Grab von *Gerhart Hauptmann* schmückt. Dieser starb 1946 in seinem Schloss Haus Wiesenstein in Agnetendorf im Riesengebirge. Seinem Wunsch entsprechend wurde er auf der Insel beigesetzt. Ein Sonderzug brachte seinen Leichnam über Berlin zurück auf sein geliebtes Hiddensee, wo er am 28.7.1946 beerdigt wurde. Die Grabreden hielten sein Freund, der Inselpfarrer *Arnold Gustavs,* der Schauspieler *Otto Gebühr* sowie der damalige SED-Vorsitzende und spätere Präsident der DDR, *Wilhelm Pieck.*

Der Efeu, der das Grab überwuchert, so kann man bei der Lektüre der sehr empfehlenswerten „Erinnerungen eines Inselpfarrers“ des Pastors *Gustavs* erfahren, ist ein Ableger einer Pflanze, die *George Washington* im Garten seines Sommersitzes höchstpersönlich gepflanzt hatte. Als Hauptmann sich anlässlich der Goethefeier 1932 in Amerika aufhielt, überreichte ihm der Präsident der Washingtoner Universität einen Ableger der geschichtsträchtigen Kletterpflanze.

Auf dem Friedhof liegt auch das Grab der berühmten Ausdruckstänzerin, Tanzpädagogin und Gründerin der Tanzhochschule Dresden *Gret Palucca,* die ab 1948 viele Sommer auf Hiddensee verbrachte sowie das Grab des Gründers und Intendanten der Komischen Oper in Berlin, *Walter Felsenstein.* Auch der Lietzenburg-Erbauer *Oscar Kruse* ist hier begraben.

377th ph

2

Hauptmann-Haus

Geht man von der Kirche die „Hauptstraße" weiter Richtung Vitte, kommt man kurz vor dem Ortsausgang zum Gerhart-Hauptmann-Haus. Das **Haus Seedorn** steht rechts der Straße am flachen Hang mitten in einem großen Garten.

Der große Dramatiker besuchte 1885 erstmals das paradiesische Eiland, das ihn sofort in Bann schlug. Regelmäßig kehrte er zurück und logierte in Pensionen und im Haus Lietzenburg bei *Oskar Kruse*, bevor er 1921 eine Etage des Hotels Haus am Meer bezog und schließlich 1926 das Haus Seedorn erst mieten und dann erwerben konnte. Er ließ dem Gebäude einen Anbau anfügen und beide Gebäudeteile mit einem Kreuzgang verbinden. Hier verbrachte der Wahlhiddenseer häufig die Sommermonate. Viele seiner bekannten Stücke schrieb er an dem kolossalen Schreibtisch, der im Arbeitszimmer zu bestaunen ist. Die ganze Inneneinrichtung des musealen Hauses ist noch im Originalzustand, nur der Flügel im großen Wohn- und Arbeitszimmer wurde später hinzugefügt, weil in den Räumlichkeiten von Zeit zu Zeit kleine Konzerte stattfinden.

Kirchweg 13, Tel. 3 97, www.hauptmannhaus.de. Mai–Okt. Mo–Sa 10–17 Uhr, So 13–17 Uhr, Nov., März, April und Winterferien Di–Sa 11–16 Uhr, Dez.–Febr. auf Voranmeldung.

Luftig und hell – die Inselkirche in Kloster

„Auf den Spuren der Dichter und Denker" – Literarische Führungen auf Hiddensee

Die Autorin und Verlegerin *Ute Fritsch* führt von Anfang Juni bis Mitte September auf den Spuren der zahlreichen Künstler und Gelehrten, die auf Hiddensee weilten, durch Kloster, Vitte und Neuendorf. Mit Geschichten, Gedichten, Bildern und Anekdoten erläutert sie dabei an Stationen wie dem ehemaligen Gasthof „Schlieker" oder der legendären „Lietzenburg" detailreich die Inselaufenthalte von VIPs wie *Albert Einstein, Thomas Mann, Carl Zuckmayer, Billy Wilder, Max Reinhardt, George Grosz, Gottfried Benn, F.W. Murnau, Joachim Ringelnatz, Günther Grass* u.v.a.

Die Führungen finden Ostern, Himmelfahrt, Pfingsten und vom 10. Juni bis 15. Sept. statt. Genaue Termine siehe www.jena1800.de oder www.kuenstlerinsel-hiddensee.de. Für Gruppen nach Vereinbarung. Wer auf eigene Faust Hiddensee auf Künstlerspuren durchstreifen will, der lege sich für 7,80 € die von Frau Fritsch erstellte und herausgegebene, ebenso kurzweilige wie interessante **„Künstlerkarte Hiddensee"** zu. Sie führt auf 65 Stationen zu den Orten und Plätzen, wo die Berühmtheiten logierten, badeten, malten, tranken, schrieben und es trieben. Die Karte lohnt, sie hat einen hohen Spaßfaktor!

Wärmstens zu empfehlen ist auch ihr neues Werk **„Mit Ringelnatz auf Hiddensee"** mit vielen lustigen Gedichten und Geschichten.

Frau Fritsch veranstaltet auch mehrtägige **„Literarische Reisen"** nach Hiddensee.

Information, Anmeldung, Künstlerkarte: *Ute Fritsch*, Verlag Jena 1800, Wörther Str. 17, 10405 Berlin, Tel. (030) 44 05 02 22, mobil: (0170) 4 12 52 77, www.jena1800.de, www.kuenstlerinsel-hiddensee.de.

Heimatmuseum

Der Weg nach Vitte führt weiter zum Badestrand. Am Strandzugang steht ein kleines Haus, das einst dem Seenotrettungsdienst als Stützpunkt diente. Heute breitet dort das Museum der Insel Hiddensee seine Schätze aus. Neben der geologischen und geschichtlichen Entwicklung der Insel gehen kleine Ausstellungen auf Themen wie Natur- und Küstenschutz, die Arbeit des Seenotrettungsdienstes, das Zisterzienserkloster, die Inselfischerei und die Hiddenseer Hausmarken ein.

Die Attraktion des kleinen Inselmuseums ist jedoch der **Hiddenseer Goldschatz.** Der berühmte Schatz wurde 1872 und 1874 nach schweren Sturmfluten von Neuendorfern am dortigen Strand gefunden. Allerhand Geschichten, Märchen und Gerüchte ranken sich um diesen Goldschmuck. Von Fälschungen, Traumvisionen, sterbenden Matrosen, die in fernen Ländern als letzte Worte das Versteck verraten haben sollen oder vom schlichten Diebstahl von Bord eines gestrandeten Seglers wird erzählt und gemutmaßt. Fest steht, dass der insgesamt 596 Gramm schwere Schmuck von etwa 950 n. Chr. stammt. Wahrscheinlich wurde er in Jütland hergestellt und war Eigentum des Dänenkönigs *Harald Blauzahn.* Möglicherweise handelte es sich aber auch um **Piratenbeute.** Ganz sicher ist aber, dass der im Hiddenseer Museum ausgestellte Goldschatz eine **Kopie** ist. Die Originale liegen im kulturhistorischen Museum in Stralsund.

331r_ph

Die „Hauptstraße“ von Kloster

■ Kirchweg 1, Ortsende Richtung Vitte, Tel. 3 63, www.heimatmuseum-hiddensee.de, Jan.–März u. Nov./Dez. Do–Sa 11–15 Uhr, April–Okt. tägl. 10–16 Uhr.

Lietzenburg

Das auffällige Haus, das über Kloster aus dem Waldhang des Dornbuschs ragt, ist die Lietzenburg. Das schlossartige, mit Jugendstilelementen verzierte Backsteinhaus errichtete 1904 der Holzhändler und Maler *Oskar Kruse* nach dem Vorbild englischer Landhäuser. Später bewohnte es die berühmte Puppenmacherin **Käthe Kruse** mit ihrem Mann.

Die Lietzenburg wurde schnell zum **Treff vieler Künstler,** Schriftsteller und anderer Vertreter der schönen Künste. „Die Lietzenburg des Bildhauers Professor Max Kruse ist der Sammelpunkt der hier weilenden Mystiker“, berichtet unter der Überschrift „Auf der Insel der Prominenten“ ein Zeitungsartikel von 1931. „Professor Kruse veranstaltet allwöchentlich mystische Abende, wo er seinen verblüfften Gästen ‚Das Mysterium des Schweißtuches der heiligen Veronika‘ vorführt.“

Inselweit bekannt war das „Zeiss-Glas“ Kruses. „Unter den roten Bogen seines Schlosses hat sich der König ein langes Fernrohr aufgestellt. Es hat ein messingnes Kleid, steht auf drei Füßen“, berichtet 1925 der Schriftsteller *Wilhelm Schmidtbaum* in seinem Hiddenseebuch „Die unerschrockene Insel“. Mit dem **Fernrohr** beobachtete der gesellige Hausherr allerdings nicht nur den schönen Sternenhimmel, sondern auch aufregend neuartige Strandphänomene: **junge nackte Frauen,** die schon damals den Strand von Hiddensee bevölkerten. Seine Besucher haben natürlich kräftig mitgeguckt. **Hauptmann** gab offen zu, dass ihn die knackigen Körper (auch) beruflich sehr angeregt haben: „Die Insel der großen Mutter“, so gestand er, „wäre nie entstanden, hätte ich nicht jahrelang die vielen schönen, oft ganz nackten Frauenkörper gesehen und das Treiben dort beobachtet.“

Das Treiben war am Strand von Kloster reichlich turbulent, wie der oben erwähnte Artikel es plastisch schildert: „Schön ist die Welt auf Hiddensee! Nackte Tänzer und Tänzerinnen rennen über die Dünen. Dazwischen wilde Kaninchen, hundertweise. Unter jedem Baum steht eine Staffelei. Aus jedem Busch ertönt ein Tenor oder ein Koloratursopran." Tatsächlich war der bunte Künstlertreff Hiddensee so etwas wie die **Urmutter des Nacktbadens** an der Ostsee. 1913 sah sich die Behörde angesichts des freizügigen Treibens genötigt, einen Erlass herauszugeben, wonach für Frauen „ein undurchsichtiger, den ganzen Körper vom Hals bis zum Knie bedeckender Badeanzug" vorgeschrieben sei, um den sich allerdings niemand weiter scherte.

Wetterstudio Hiddensee

Seit das von Jörg Kachelmann gegründete Wetterstudio auf dem Dornbusch beim Leuchtturm besteht, hat zum einen der ewige Streit ums Wetter an der Küste ein Ende gefunden, und zum anderen ist die Insel oder wenigstens ihr Name nun jedem Bundesbürger ein Begriff.

Der jahrelange Streitpunkt: Ständig meldeten die Wettervorhersagen in der „Tagesschau" Wolken, Regen und anderes meteorologisches Unbill für Mecklenburg-Vorpommern, was landeinwärts auch zutraf. Direkt an der Küste und auf den Inseln verjagt aber der ewige Seewind die Wolken und lässt oft die Sonne strahlen, während es wenige Kilometer weiter grau verhangen ist. Die Messungen der Wetterstation bestätigen, was die Hiddenseer schon immer wussten: *„Bi uns scheint de Sünn öfters as över Land!"* Hiddensee zählt mit etwa 1850 Sonnenstunden im Jahr zu den sonnenreichsten Orten in ganz Deutschland.

Das **aktuelle Hiddenseewetter** kann man unter www.wetterstudio-hiddensee.de abrufen.

Rings um die Lietzenburg steht eine Reihe besonders schöner Rohrdachhäuser, denen man unschwer ansieht, dass ihre überwiegend saisonalen Bewohner kaum der Arbeiterklasse angehören.

Dornbusch-Wanderung

Ab Kloster gibt es verschiedene Wanderrouten und Wege über das herrliche Hügelland des Dornbusch. Wer am Strand unterhalb des Dornbusch-Steilufers entlangspaziert, hat die Möglichkeit an zwei Stellen über **Holztreppen** (1. nahe Ort, 2. beim Klausner) hinauf zum Hochuferweg zu gelangen. Man darf zum Aufstieg nur diese Treppen benutzen, denn der Dornbusch ist Teil des Nationalparks! Die Treppen sind allerdings lang und steil, und man braucht schon etwas Puste.

Der **Hochuferweg** schlängelt sich entlang der Abbruchkante durch Buschwerk und Wald. Vorsicht an der Abbruchkante, besonders mit Kindern! Immer wieder brechen große Stücke ab und rutschen ins Meer. An besonders schönen Aussichtspunkten laden Bänke zum Verweilen ein. Rund einen Kilometer vor dem Leuchtturm liegt in wunderbarer Alleinlage im lichten Wald die vielbesuchte **Ausflugsgaststätte „Zum Klausner".** Sie steht an jener Stelle, an der der sonderliche *Alexander Ettenburg* einst seine legendäre Bergwaldschänke Eremitage auf Tannhausen betrieb.

Der 28 m hohe **Leuchtturm,** der sich auf dem 72 m hohen Hügel Schluckswiek erhebt, wurde bereits 1888 in Dienst genommen. Jedem wärmstens zu empfehlen ist die allerdings anstrengende Besteigung des Leuchtfeuers. Die

Sicht von oben über die gesamte Insel ist grandios. Der Aufstieg erfolgt über eine sehr steile und enge, 102-stufige Treppe und ist deshalb für Kreislaufschwache nicht anzuraten. Kinder unter 6 Jahren und Hunden ist der Zutritt verboten. Da nur maximal 15 Personen eingelassen werden, kann es in der Saison zu Wartezeiten kommen.

Leuchtturm, auf dem Dornbusch, Tel. (038300) 64 20, Mai–Okt. tägl. 10.30–16 Uhr, Nov./Dez. Do 11–15 Uhr, April Di–Sa 10.30–16 Uhr – nur bei guter Witterung!

Ab dem **Enddorn,** wo der **Bessin** beginnt, ist Vogelschutzgebiet. Hier brüten zahllose See- und Watvögel. „Das Gestade war mit Vogeleiern mannigfacher Art wie besat", notierte Rügenstreifzügler *Grümbke* nach einem Besuch des Sandhakens vor fast 200 Jahren. Da sich das bis heute nicht geändert hat, ist es einleuchtend, dass in dieser Vogelkinderstube jeder Mensch stört.

Wanderrouten

Außenküste: Inselmuseum – Hucke – 4. Treppe – Dornbusch – Gaststätte *Zum Klausner* – Leuchtturm – Inselblickweg – Kloster. Länge: ca. 7 km; Dauer: ca. 2½ Std.
Boddenküste: Dorfteich – Hügelweg – Leuchtturm – Honiggrund – Grieben – Kloster. Länge: ca. 7 km; Dauer: ca. 2 Std.
Strandwanderung: Kloster – Vitte – Neuendorf. Länge: ca. 10 km; Dauer: ca. 3½ Std.

Praktische Tipps

Unterkunft & Gastronomie

Hotel Hitthim②-③, Hafenweg 8, Tel. 66 60, www.hitthim.de. Fachwerkhaus am Hafen, mit großem, schönen Biergarten.
Pension Wieseneck②, Kirchweg 18, Tel. 3 16, www.wieseneck-hiddensee.de. Traditionsreiche familiäre Herberge in neuem mediterranen Ambiente mit Restaurant und Terrasse mit Boddenblick.
Hotel Haus Hiddensee②-③, Kirchweg 31, Tel. 3 35, www.haus-hiddensee.de. Gemütliches kleines Hotel in der Ortsmitte mit **Restaurant Kajüte.**
Pension Zum Klausner②, im Dornbuschwald, Tel. 66 10, www.klausner-hiddensee.de. Idyllische Alleinlage auf dem Balkon Hiddensees, Restaurant mit deutscher Küche, Fischgerichte.
Restaurant Hedin's Oe, Mühlberg 43, Tel. 2 73, www.hedinsoe.de. Idyllisch und ruhig gelegenes Rohrdachhaus, mit Galerie, monatl. wechselnde Verkaufsausstellungen von Künstlern, die sich der Insel Hiddensee verbunden fühlen.
Mein Tipp: **Zum Kleinen Inselblick,** Birkenweg 2, Tel. 6 80 01. Ein liebenswertes Unikum, denn es ist Lokal und Trödelladen in einem. Fast das gesamte Mobiliar ist ausgepreist und käuflich; dazu gibt's eine ebenso gute wie gunstige Küche und eine familiäre Atmosphäre. In der Saison besser Tisch reservieren! April–Okt. 12–23 Uhr, Küche bis 21.30 Uhr, Di Ruhetag.

Aktivitäten

Fahrradverleih: *B. Pehl,* Hafenweg 4, Tel. 4 37, www.hiddensee-pension.de.
Kutschfahrten und Gepäcktransport: *Fuhrmannshof Neubauer,* Hafenweg 10, Tel. 4 87, www.hiddensee-kutschfahrten.de, auch Pony- und Wanderreiten.

Vitte

Vitte ist das größte Dorf auf Hiddensee und Sitz der **Inselverwaltung.** Der Name des 1513 erstmals erwähnten Ortes hat seinen Ursprung von den sogenannten *Vitten* (oder *Fitten*). Diese entstanden im 13./14. Jh. entlang der Ostseeküste und waren Heringsfang- und -handelsplätze, die nur während der Fangsaison benutzt wurden.

„Die meisten Häuser des Dorfes Vitte, des größten und volkreichsten der Insel, sind elend gebaut, und eine Sennhütte kann kaum einen armseligeren Anblick bieten als einige dieser rohen architektonischen Stümpereien", schreibt *Grümbke* über Vitte. Fast alle dieser „architektonischen Stümpereien", die alten Rauchkaten, hat die große Sturmflut von 1872 verschlungen. Nur eines dieser romantisch-malerischen Rohrdachhäuschen ist erhalten. Die architektonische Stümperei von heute ist das ehemalige Ferienheim des VEB Volkswerft Stralsund, das sich mitten im Dorf erhebt. Den viel zu groß geratenen Bau rettet auch sein kolossales Rohrdach nicht. Wie für alle Orte auf Hiddensee begann mit dem Fremdenverkehr auch für Vitte eine neue Epoche. Es wurden Pensionen, Logierhäuser und Gaststätten gebaut, die das Ortsbild veränderten.

An vielen Häusern des Orts sind noch die typischen Hiddenseer **Hausmarken** zu sehen (siehe Exkurs).

Markant und geschichtsträchtig sind die beiden skurrilen Häuschen, die nebeneinander auf der flachen Wiese etwas außerhalb in Richtung Kloster stehen. Beides sind Werke des berühmten Architekten *Max Taut.* Sie haben zwar kein inseltypisches Aussehen, sind aber sehr sehenswert.

Asta-Nielsen-Haus

Das vordere Haus namens **Karusel** baute *Max Taut* für die dänische Schauspielerin *Asta Nielsen,* die von 1925 bis 1933 ihre Sommerferien auf Hiddensee verbrachte und schrieb: „Nirgends ist man so jung, so froh und so frei wie auf dieser schönen Insel." Neben der Lietzenburg der *Kruses* und *Hauptmanns* Haus Seedorn war das Karusel der dritte große Künstlertreff auf Hiddensee. Bei der Nielsen ging es oft hoch her, besonders wenn der geniale, aber unberechenbare Exzentriker **Joachim Ringelnatz** zu Gast war. Ein paar Zitate aus ihrem Tagebuch: „Heute morgen verließ Ringelnatz das Haus in Badehosen, knallrote Badeschuhe, ein gelbes Tuch auf dem Kopf und eine bunte Tasche auf dem Bauch für Bernstein". „Ringelnatz sucht noch immer Bernsteine, das einzige, was er aber gefunden hat, ist eine Kneipe, wo man guten Korn bekommen kann".

Nach jahrelangem Leerstand und Verfall wurde das niedliche Haus restauriert und ist nun zu besichtigen.

■ **Asta-Nielsen-Haus:** Tel. (038300) 6 42 10, www.asta-nielsen-haus.de (Mo, Di, Do–Sa 11–16 Uhr, Führungen Di, Do 10 Uhr, Sa 16 Uhr.

Henny-Porten-Haus

Neben Nielsens Karusel steht das oft nach der UFA-Schauspielerin *Henny Porten* benannte Haus. Es fällt schon von

334rh ph

Weitem wegen seines völlig asymmetrischen Daches auf, das aussieht, als wolle es jeden Moment herunterrutschen. *Henny Porten* hat jedoch nie in diesem Haus gewohnt, noch hat sie je ein Haus auf Hiddensee besessen. Das niedlich-skurrile Häuslein wurde von *Max Taut* 1923 für den Berliner Fabrikanten Karl Wiedemann errichtet. Anfang der 1930er Jahre ging es in den Besitz der Familie *Delius* über, in der es sich noch heute befindet.

Das Karusel von Asta Nielsen

Blaue Scheune

Im Ort steht eine der letzten auf Hiddensee erhaltenen **Rauchkaten.** Dieser Haustypus war einst der gebräuchlichste auf der Insel. Die große Sturmflut von 1872 zerstörte die meisten dieser Katen (brachte aber auch den ersten Teil des Hiddenseer Goldschmucks ans Tageslicht). Der Name *Rauchkaten* rührt daher, dass diese Häuser über keinen Kamin verfügten und der Rauch des Herdfeuers den ganzen Innenraum erfüllte und sich durch Ritzen und Spalten den Weg nach draußen suchen musste. *Zöllner,* der 1797 die Insel bereiste, beschrieb die Wohnverhältnisse in einem solchen Rauchhaus folgendermaßen:

Bernstein – das Gold der Ostsee

Als Bernstein bezeichnet man verfestigte Harze, die mindestens eine Million Jahre alt sind. Bernstein ist also **fossiles Pflanzenharz.** Mehr als 300 verschiedene Arten davon sind heute bekannt. Ihr Alter kann über 100 Millionen Jahre betragen. Die häufigste Bernsteinart ist der 40–50 Millionen Jahre alte **Baltische Bernstein,** den man überall im Ostsee- und Nordseegebiet findet. Er entstand während der Braunkohlezeit. Damals waren das südliche Skandinavien und das Gebiet der heutigen Ostsee von subtropischen Wäldern bedeckt, in denen die (ausgestorbene) Bernsteinkiefer wuchs, die das Harz für den Baltischen Bernstein lieferte.

Der Name Bernstein kommt von „Börnstein". „Börnen" ist der niederdeutsche Ausdruck für „brennen". Da Bernstein ein Harz ist, ist er **leicht brennbar** und lässt sich schon mit einem Streichholz anzünden. Außerdem ist Bernstein sauerstoffempfindlich; er bildet an der Luft eine **Verwitterungskruste** und zerfällt allmählich. Dieser Vorgang geht jedoch sehr langsam voran. Bernsteinstücke mit einer Verwitterungsschicht machen einen recht unansehnlichen Eindruck, lassen sich jedoch leicht **aufpolieren** und erstrahlen dann in neuem Glanz. Je nach Lichtdurchlässigkeit unterscheidet man klaren, trüben und milchigen oder weißen Bernstein. Der größte Bernsteinbrocken, der bisher gefunden wurde, wog fast 10 Kilo.

Die Suche

Mit etwas Geduld kann man an den Stränden der Ostsee selbst Bernstein finden. Meist ist er dem sogenannten „Bernsteindreck" untergemischt, einem Gewirr von Muschelschalen, kleinen Holzstückchen und Tangresten. Bernstein lässt sich leicht von abgeschliffenen Glasstückchen unterscheiden. Zum einen ist er wesentlich weicher (wenn man ihn auf eine Glas- oder Steinplatte fallen lässt, klingt er nicht so hell wie eine Scherbe oder ein Metallstück), und er lässt sich gut mit einer Nadel ritzen. Außerdem ist er so leicht, dass er **auf Salzwasser schwimmt.**

Diese Eigenschaft machten sich auch die Bernsteinsucher früher zunutze, indem sie von Booten aus mit langen Stangen die Steine am Grund umwälzten und anschließend die emporschwimmenden Bernsteinbrocken mit Käschern einsammelten. Auch heute noch kann man, z.B. auf Hiddensee, Bernsteinsucher beobachten, die ins flache Wasser waten, mit großen Käschern den am Grund liegenden Bernsteindreck herausfischen und anschließend am Strand ausbreiten, um die Bernsteinstücke herauszusammeln.

Der in der Erde eingebettete Bernstein wird heute im Tagebau mit Spezialbaggern gewonnen, z.B. im russischen Kaliningrad (Königsberg).

Inklusien

Inklusien sind in Bernstein eingeschlossene **tierische oder pflanzliche Reste,** wie Mücken, Käfer, Spinnen oder Blätter. Diese Tiere und Pflanzen sind am flüssigen Harz kleben geblieben und

„Die Küche war dergestalt voll Rauch, dass wir kein Auge darin öffnen konnten. Dies müsse so sein, sagte der Bauer, um Schinken, Fische und Netze zu räuchern".

Seinen leuchtend blauen Anstrich verdankt das niederdeutsche Hallenhaus der Malerin *Henni Lehmann* (1887–1937), die es 1920 erworben hatte und in den 1920er Jahren durch die Ausstellun-

2

darin eingeschlossen worden. Da das Harz rasch erhärtet, sind sie über Jahrmillionen hinweg konserviert worden, sodass heute noch feinste Einzelheiten zu erkennen sind.

Schlauben

„Bernsteinschlauben" nennt man solche Stücke, bei denen die natürliche Fließform des Harzes erhalten geblieben ist. Sie entstanden, als das dünnflüssige Harz an den Ästen oder am Stamm herabfloss und dort erstarrte. Da meist mehrere **Harzströme** übereinander flossen, erscheinen die Schlauben **geschichtet.** Andere Fließformen, die im Bernstein erhalten geblieben sind, sind **Tropfen und Zapfen.**

Schmuck

Da Bernstein weich ist und sich **leicht bearbeiten** lässt, ist er schon seit Jahrtausenden ein begehrter Schmuckstein. Aus allen Kulturepochen ist Bernsteinschmuck in Form von Ketten, Anhängern und Figuren bekannt. Neben Schmuck wurden in den letzten Jahrhunderten aber auch zahlreiche **kunsthandwerkliche Arbeiten** hergestellt: Teller mit Intarsien, Leuchter, Vasen, Schachspiele und ganze Altäre. Das berühmteste aus Bernstein gefertigte, oft als 8. Weltwunder bezeichnete Kunstwerk ist das legendäre **Bernsteinzimmer,** das in den Kriegswirren verschwand und nach dem seither fieberhaft gesucht wird.

gen des „Hiddenseer Künstlerinnenbundes" bekannt machte. Seit 1954 wird die Blaue Scheune von dem Maler *Günter Fink* bewohnt, der in der Galerie der Scheune Hiddenseer Künstler ausstellt.

■ **Henni-Lehmann-Haus (Blaue Scheune),** Wiesenweg 2, Tel. 6 07 60 (Mai–Sept. Mo–Fr 11–16 Uhr, Okt. Mo–Fr 10–15 Uhr, Nov./Dez. Mo 11–14 Uhr, Di, Fr 10–15 Uhr).

Bernstein

Am breiten feinsandigen **Strand** von Vitte kann der aufmerksame Strandläufer mit etwas Glück Bernstein finden. Besonders nach starken Westwinden blinken an diesem Strandabschnitt die honigfarbenen Harzstücke aus dem „Bernsteindreck", ein Gewölle aus angeschwemmtem Seetang, Muschelschalen und Holzstückchen. Wenn man hier Einheimische mit langen Käschern bewaffnet im seichten Wasser herumwaten sieht, dann ist die Chance, ein Stück zu finden, besonders hoch. Die Alteingesessenen wissen aus langer Erfahrung genau, wann Bernsteinzeit ist und es sich zu suchen lohnt. Wer selbst kein Glück hat, warte einfach, bis die professionellen Bernsteinfischer ihre Arbeit getan haben. Kleine Stücke lassen sie nämlich am Strand zurück.

■ **Bernsteinwerkstatt,** Norderende 142, Tel. 6 07 30, www.bernsteinwerkstatt-vitte.de. Mo–Sa 10–13 Uhr und 14.30–18.30 Uhr, Di und Do 15–18 Uhr Bernstein selber schleifen (unter Anleitung). Anmeldung erwünscht.

Dünenheide

Von Vitte aus sollte man in jedem Fall ausgedehnte Spaziergänge durch die Dünenheide unternehmen. Das 250 ha große Naturschutzgebiet nimmt den ganzen Mittelteil der Insel zwischen Vitte und Neuendorf ein. Die Sandheide ist eine pittoreske Naturregion. Dem Weißdünenwall entlang der Ostseeküste folgen Abschnitte von Grau- und Gelbdünen, bewachsen von Silbergras und den zwergwüchsigen Sträuchern der Krähenbeere und der Besenheide. Sandeinwehungen und -umlagerungen verwandeln das Aussehen der **Heide** permanent. Überall öffnen sich vom Wind ausgewehte Sandkuhlen, deren Material an anderer Stelle neue Dünenkämme aufwirft. Besonders schön ist die Heide im August, wenn sie millionenfach **gelb und violett erblüht.**

Ein solch trockener und sonniger Platz wie die Heide ist auch bei Reptilien sehr beliebt. Das heißt, hier kann man **Kreuzottern** begegnen. Festes Schuhwerk ist deshalb anzuraten. Sollten Sie auf eines der Tiere treffen, erfreuen Sie sich an seiner Eleganz und Schönheit. Versuchen Sie aber nicht, es zu fangen oder zu ärgern. Und meinen Sie nicht, Sie müssten die Schlange töten. Zum einen sind Kreuzottern harmlos, wenn man sie in Ruhe lässt, zum zweiten wird ihre Giftigkeit häufig übertrieben, drittens spielen sie in ihrem Biotop eine wichtige Rolle und viertens sind sie selten und deshalb geschützt.

Inmitten der schönen Heide steht das **Feriendorf Heiderose.** Der Wanderer verdankt dem Feriendorf die einladende **Ausflugsgaststätte „Heiderose".**

Wanderroute

- Vitte – Dünenheide – Neuendorf – Strand – Vitte. Länge: ca. 9 km; Dauer: ca. 3½ Stunden.

Bei Wanderungen in der Dünenheide ist zu beachten, dass der dem **Bodden** zugewandte Teil unter strengem Schutz steht und sein **Betreten verboten** ist. Im der Ostseeküste zugewandten, frei zugänglichen Teil auf der anderen Seite der Straße darf man ohne schlechtes Gewissen ruhig **Heidekrautsträuße pflücken.** Das ist nicht nur erlaubt, sondern sogar gern gesehen, weil es zur Verjüngung des Bestandes beiträgt. Durch den zugänglichen Teil führt ein **Lehrpfad,** der auf Informationstafeln die Besonderheiten des Naturraums Dünenheide erläutert.

Praktische Tipps

Unterkunft

- **Hotel Godewind**②-③, Süderende 53, Tel. 66 00, www.hotelgodewind.de. Zentrale Ortslage, mit gemütlichem Restaurant. Auch Zimmer mit Etagendusche①.
- **Hotelanlage Heiderose**②, In den Dünen 127, Tel. 6 30, www.hiddensee-heiderose.de. Hotel und kleine Ferienhäuser mit Restaurant, Fischräucherei und Backhaus mitten in der Dünenheide.
- **Pension Lachmöwe**②, Wallweg 5, Tel. 2 53. Kleine, ruhig auf der Boddenseite am Hafen gelegene Herberge, mit *Café Kanne*.

Gastronomie

MEIN TIPP: **Feuerstübchen,** Süderende 192, Tel. (038300) 4 38, www.feuerstuebchen.de. Kleine, gemütliche Gaststätte direkt an der Strandpromenade, ganzjährig geöffnet.

- **Restaurant Inselreif,** Süderende 9, Tel. 2 63. www.hiddensee-inselreif.de. Spezialitätenrestaurant mit regionaler Küche, vor allem Fisch.

337rh ph

Aktivitäten

Fahrradverleih: *Ch. Kula,* Süderende 6, Tel. 4 72.

Kutschfahrten/Gepäcktransport: *Fuhrmannshof Hiddensee,* Wiesenweg 1, Tel. 6 80 15, www.pferdundfahrrad.de.

Tauchen/Wasserski/Angeln: *Tauchservice Hiddensee,* Tel. 0171 2 85 29 04.

Wanderung auf dem Alten Bessin

Mittwochs: Treffpunkt 15 Uhr, Eingangstor zum Alten Bessin; Dauer: ca. 3 Std. **Veranstalter:** Nationalpark Vorpommersche Boddenlandschaft.

Freitags: Steilufer (außer am 26.5.); Treffpunkt: 17.30 Uhr am Heimatmuseum; Dauer: ca. 3 Std.; **Veranstalter:** Insel-Information Hiddensee.

Geführte NLP-Wanderungen:

Info: NLP-Haus, Tel. 6 80 41.

Steiluferwanderung mit Leuchtturm, immer *freitags,* ab Heimatmuseum, Dauer 3 Std.

Wanderung durch die Dünenheide, ab Gaststätte Heiderose, Dauer 2 Std.

Theater: *Seebühne Vitte,* Wallweg 2, Tel. 6 05 93, www.hiddenseebuehne.de, April–Okt., u.a. auch Puppen-Figurentheater für Kinder.

Surfen/Segeln: *Surf und Segel Hiddensee,* Norderende 163, Tel. (038300) 6 05 25, www.surfundsegelhiddensee.de.

Malerei & Grafik: *Atelier Ulrike Northing,* Norderende 162, Tel. 0177 6 66 08 89, www.ulrike-northing.de.

Homunkulus Puppenmuseum, Norderende 181, Tel. (38300) 6 05 93. Figurensammlung mit rund 1000 für das Puppen Figurentheater der Seebühne geschaffenen Puppen in architektonisch interessantem Holz-Neubau, mit schönem Kaffeegarten. April–Sept. tägl. 11–18 Uhr, Okt. 11–17 Uhr, sonst auf Anfrage.

Inselführungen: *Marion Magas,* In den Dünen 62, mobil: (0160) 3 28 74 84, www.hiddensee-kultur.de.

Wildkräuter-/Heilpflanzen-Führungen: *Olaf Zeller,* Sprenge 30, mobil: (0176) 55 43 71 03, www.derwildeosten.com und www.wildkraeuterhiddensee.blogspot.de.

Pferdekutsche zwischen Vitte und Neuendorf

Neuendorf

Das südlichste Dorf auf Hiddensee ist Neuendorf, eigentlich Neuendorf-Plogshagen. Darauf legen die Plogshagener auch gesteigerten Wert, weil ihr Dorf wesentlich älter ist als eben das „Neue Dorf". **Plogshagen** besteht aus ein paar Häusern an der Außenküste. Es wurde 1236, also zur selben Zeit wie das Zisterzienserkloster in Kloster, gegründet. Benannt ist es nach seinem ersten Bewohner, einem Herrn *Peter Plog.*

Das zum Bodden hin gelegene Neuendorf entstand erst um 1700. Wegen seiner Lage im Süden der Insel werden die Einwohner des Doppeldorfes *Süder* genannt.

Nähert man sich dem Ort mit der Fähre, so scheint es, als ob die schneeweiß gekalkten Rohrdachhäuser auf dem Wasser schwämmen, so flach ist Hiddensee an dieser Stelle. An Land erkennt man dann, dass die Häuser sogar noch etwas erhöht auf kleinen Sandwällen stehen. Diese „Berge", wie sie die Einwohner nennen, sollen einen gewissen Schutz vor **Hochwasser** bieten, das, wenn es auftritt, an dieser Stelle oft die ganze Insel überflutet. Hier bei Neuendorf hatte 1872 eine besonders starke Sturmflut das „söte Länneken" gar in zwei Teile gerissen. Mit einem Damm, dem „Dicken Faden", wurde sie wieder zusammengenäht.

Nirgends auf der Insel ist der autofreie Zustand augenfälliger als in Neuendorf. Das Dorf steht einfach mitten auf der Wiese. **Keine Straße,** noch nicht einmal ein breiter Sandweg ist hier zu finden. Nur schmale Trampelpfade ziehen sich von Haus zu Haus und kreuz und quer über die grüne Wiese. Ein wundervoller Anblick, den man als betongewöhnter Städter gar nicht lange genug auf sich wirken lassen kann. Teilweise sind die Häuser Neuendorfs wie an einer Perlenkette aufgereiht und solar, d.h. von Ost nach West, ausgerichtet. Neuendorf ist das am ursprünglichsten gebliebene der Hiddenseer Dörfer und steht deshalb als Ganzes unter Denkmalschutz.

Obwohl der Fremdenverkehr heute ebenfalls eine wichtige Rolle spielt, gehen die Süder aber auch noch ihrer traditionellen Arbeit, der **Fischerei,** nach. Im kleinen Hafen am Boddenufer kann man ihnen ausgiebig bei der schweren Arbeit zuschauen.

Eine gewisse Sonderstellung hatten die Süder schon immer. So waren sie immer „Freie", also niemals der Leibeigenschaft unterworfen. Dank ihrer isolierten Lage und der besonderen Nähe zu Rügen entwickelten sich hier sogar ein eigener Dialekt und ein besonders **starkes Gemeinschaftsgefühl.** Lange, bevor ihnen *Ulbricht* und Co. dies mittels realem Sozialismus beibringen wollten, erledigten die Neuendorfer fast alle anfallenden Arbeiten gemeinsam. Um die verschiedenen Tätigkeiten gerecht zu verteilen, praktizierten sie eine Art Rotationssystem mittels regelmäßiger Auslosungen: Jeder Haushalt warf sein *Kavelholz,* auf dem die jeweilige **Hausmarke** eingekerbt war, in eine Mütze, und die gezogenen Hölzer entschieden schließlich über die Verteilung der anstehenden Arbeiten, aber auch der Wiesen und Weiden.

Von den alten Bräuchen und vom harten Fischerleben erzählt das neue, in einem alten Reusenschuppen beheimatete und von den Neuendorfer Fischern betreute, kleine **Fischereimuseum.**

Hiddenseer Hausmarken

Auf Hiddensee, besonders in den Dörfern Vitte und Neuendorf, finden sich an vielen Häusern runenartige Zeichen, sogenannte Hausmarken. Seit über tausend Jahren finden die Zeichen im täglichen Leben Verwendung. Die Symbole waren früher weit verbreitet. Heute sind sie nur noch in wenigen abgeschiedenen Regionen anzutreffen.

Man nimmt an, dass sie sich aus den **Runen,** den ältesten germanischen Schrift- und Zauberzeichen, entwickelt haben. Ursprünglich waren die Symbole Persönlichkeitszeichen, die vererbt wurden. In manchen Gegenden entwickelten sie sich weiter zu Zeichen, die weniger an eine Person als **an ein bestimmtes Haus gebunden** waren und beim Verkauf desselben auf den neuen Besitzer übergingen. Starb ein Hausbesitzer, gingen Haus und Marke an den ältesten Sohn über. Hatte dieser Geschwister, die sich eigene Häuser bauten, wurde die Marke durch neue Beistriche, sogenannte „Afmarken", abgewandelt.

Neben den Hausmarken entstanden aus der „Urmarke" eine Fülle sonstiger Kennzeichnungen wie beispielsweise Viehmarken, Handels-, Güter- oder Produktmarken bis hin zu Wappen und Siegeln. Auf Rügen und Hiddensee fungierten die Marken sogar als **amtliche Rechtsinstitution,** deren Zuordnung und Benutzung im vom Landvogt *Matthäus von Norman* fixierten Rügenschen Landrecht von 1530 schriftlich und verbindlich geregelt und geschützt war – eine Art frühes geschütztes Warenzeichen also.

In **Neuendorf** auf Hiddensee hat sich eine besondere Verwendung der Zeichen entwickelt. Sogenannte **Kavelhölzer,** Hölzchen, in denen die jeweilige Marke eingekerbt war, wurden in eine Mütze oder Gefäß geworfen, um damit die Verteilung aller anfallenden Gemeinschaftsarbeiten auszulosen. In dem Dorf wurden früher sogar die nur sehr begrenzt vorhandenen Wiesengrundstücke alle 15 Jahre neu „ausgekavelt". Persönliches Eigentum an Wiesenland gab es also nicht.

Früher wurden auf der Insel sämtliche zu einem Haushalt gehörenden Geräte, Werkzeuge, Haustiere und Grundstücke gekennzeichnet. Heute finden die Hausmarken auch auf Hiddensee meist nur noch als **Zierrat** Verwendung.

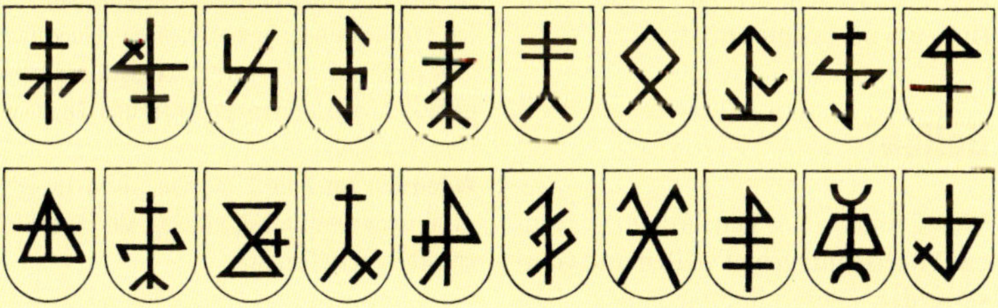

Leuchtturm

Südlich von Neuendorf steht die sogenannte **Luchte,** der südliche Leuchtturm Hiddensees. An dieser Stelle errichteten die Mönche aus Kloster ihren Leuchtturm und die **Gellenkirche,** deren Fundamente bei starkem Tiefwasser manchmal aus den Fluten auftauchen. Beim Leuchtturm liegt am **breiten fein-**

341rh ph

sandigen **Strand** ein beliebtes FKK-Revier.

Von Neuendorf aus bieten sich ausgedehnte **Spaziergänge** durch die flunderflache Salzwiesen- und Dünenlandschaft rings um die Luchte an.

Gellen

Wenig hinter dem Leuchtturm beginnt das **Vogelschutzgebiet Gellen und Gänsewerder.** Diese kilometerlangen, Jahr für Jahr um mehrere Meter weiter ins Meer hinauswachsenden Sandzungen dürfen nicht betreten werden. Ruhige Plätzchen, an denen man ungestört auch textillosen Badefreuden nachgehen kann, findet man garantiert auch außerhalb der Schutzzone zur Genüge.

Praktische Tipps

Unterkunft

- **Pension Windflüchter**②, Pluderbarg 1, Tel. 3 64, www.appartementhaus-windfluechter.m-vp.de. Hübscher Neubau mit Rohrdach und sympathischer Betreiberin an der Außenküste; App. und Fewo/2–4 Pers.
- **Pension Zur Boje**②-③, Königsbarg 18, Tel. 65 20, www.zur-boje-hiddensee.de. Mit Gaststätte und schöner Café-Terrasse.

⌃ Hafen von Neuendorf

› Beghrtes Motiv – Malergruppe am Leuchtturm Luchte

338rh ph

Gastronomie

■ **Gasthaus & Café Rosi,** Pappelallee 11, Tel. 5 01 68, www.cafe-rosi.de. Traditionsreiche Adresse mit viel Fisch- und Sanddornspezialitäten, selbst gebackene Kuchen und Biergarten. Von 12 bis 21 Uhr durchgehend warme Küche. April–Okt., Mo Ruhetag.

■ **Strandcafé,** Grumkiel 1, Tel. 5 01 88. Restaurant mit Zimmervermietung am Strand.

■ **Stranddistel,** beim Hafen, Tel. 3 93, www.stranddistel-hiddensee.de. Mit guten Fisch- und Fleischspezialitäten, auch vegetarische Gerichte im Angebot.

Aktivitäten

■ **Fahrradverleih:** *Freizeitladen,* Schaulbarg 7, Tel. 4 77, www.freizeitladen.net.

■ **Kutschfahrten/Gepäcktransport:** *Fuhrgeschäft B. Mach,* Dörpstraat 23, Tel. 5 01 96, www.hiddensee-fuhrmannshof.de.

■ **Reiki/Ganzheitliches Fasten:** Heilpraktikerin *Kronemann,* Dörpstraat 21, Tel. 4 61, www.reiki-auf-hiddensee.de.

■ **Fischereimuseum:** Pluderbarg 7, April–Okt. Mo–Sa 14–17 Uhr, Eintritt frei.

Wanderrouten

■ Neuendorf – Leuchtturm „Luchte" – Gellen (bis zur Schutzgebietsgrenze) – Boddenküste – Neuendorf. Länge: ca. 9 km; Dauer: ca. 3 Std.

■ Neuendorf – Leuchtturm „Luchte" – Neuendorf. Am Strand entlang, Länge: ca. 5 km; Dauer: ca. 1½ Std.

■ Neuendorf – Kloster – Neuendorf. Am Strand entlang, Länge: ca. 11 km; Dauer: ca. 4 Std.

Überblick | 218
Geschichte | 221
Museen | 233
Praktische Tipps | 236
Sehenswertes | 224

342rh ph

Reichtum in Backstein – die mittelalterliche Altstadt zeugt mit imposanten Kirchen und Kathedralen

3 Stralsund

von der hohen gesellschaftlichen Stellung der Kaufleute und Patrizier, die ihren Wohlstand auch in den prachtvollen Ziergiebeln ihrer Kontore zum Ausdruck brachten.

[<] Das mittelalterliche Herz der Altstadt – der Alte Markt mit Wulflamhaus

DAS TOR NACH RÜGEN

398rh ph

Die altehrwürdige Hanse- und Hafenstadt ist das „Tor nach Rügen“ und seine großartige, von der UNESCO als Weltkulturerbe anerkannte, weil fast vollständig erhaltene mittelalterliche Altstadt mit ihren imposanten Kirchen und üppig verzierten Handelskontoren, Patrizierhäusern, Klosteranlagen und Backsteinspeichern ist eine einzige große Sehenswürdigkeit. Von den zahlreichen Museen der Stadt ragen das in einer historischen Klosteranlage beheimatete Meeresmuseum und das neu im Hafen errichtete Ozeaneum heraus. Stralsund bietet so viele Sehenswürdigkeiten, Einkaufsmöglichkeiten, Lokale und Kneipen, dass man unbedingt genügend Zeit mitbringen sollte, um dieses hanseatische Kleinod zu erkunden.

Überblick

„Meerstadt ist Stralsund, und vom Meer erzeugt, dem Meer ähnlich. Auf das Meer ist sie bezogen, in ihrer Erscheinung und ihrer Geschichte“, notierte einst die Schriftstellerin *Ricarda Huch* treffend über die Stadt am Strelasund. Gleich einer Insel liegt das historische Stralsund eingebettet und umschlossen vom breiten Sund und den beiden großen Binnengewässern Knieper- und Frankenteich, die sie vom Festland trennen. Eine Meerstadt und eine Inselstadt, Ausgang zu den sieben Weltmeeren und Eingang zu Deutschlands größter Insel Rügen.

Sieht man sich auf einer Karte die geografische **Lage der Stadt** an, wird schnell klar, welchem Umstand das alte Stralsund es zu verdanken hatte, zu einer der reichsten und mächtigsten Handels- und Hafenstädte entlang der Ostseeküste aufzusteigen: Alle Wege führen nach Stralsund. „Wer Stralsund und (damit) Rügen hat, der hat die Ostsee“, erkannte schon 1632 der schwedische Reichstag.

Von alters her führte der kürzeste und sicherste Weg nach Rügen über die Han-

NICHT VERPASSEN!

- Unbedingt besteigen: den **Turm der Marienkirche** mit Sicht über Stralsund und den Strelasund | 224
- Besuch der **Schiffercompagnie,** dem musealen Sitz des ältesten Vereins Deutschlands | 226
- Unbedingt besuchen: das **Ozeaneum** und das **Meeresmuseum** mit ihren großartigen Aquarien | 233, 235
- Maritimes Flair und Seemannsstimmung findet man in der **Hafenkneipe Klabautermann** | 238
- Eine **thematische Stadtführung,** z.B. vom Nachtwächter bei einem Rundgang Geschichten über Diebe, Mörder und Huren erfahren | 239

Diese Tipps erkennt man im Buch an der gelben Hinterlegung im Kapitel.

sestadt. Vor ihr liegt in der Mitte der **Meerenge des Strelasunds** die kleine **Insel Dänholm,** so dass die Fährverbindung nach Rügen nur zwei schmale Wasserarme queren musste. Nebenbei war das Eiland auch noch ein ideales Vorwerk zum Schutze des lebenswichtigen Hafens. Seine für die Stadt so elementare Bedeutung ist schließlich auch daran zu erkennen, dass das Inselchen ihr Namensgeber wurde. Wie alte Karten zeigen, nannte sich das heutige Dän-

Alte Wirtschaftshäuser beim Johanniskloster

holm früher *insula strala*. *Stral* bedeutet sowohl im Slawischen wie auch im Mitteldeutschen „Pfeil". Schon in den ältesten Siegelringen der Stadt ist die Spitze eines fliegenden Pfeils zu sehen. Im heutigen Stadtwappen ist der Pfeil zentrales Symbol.

Seiner strategischen Schlüsselposition verdankte die Stadt im Mittelalter ihren steilen Aufstieg, der ihr Ansehen, Macht, Schönheit und Reichtum bescherte und sie im mächtigen Kartell der **Hanse** hinter Lübeck auf Platz zwei katapultierte.

Auch heute hat Stralsund von seiner verkehrstechnischen Bedeutung nichts eingebüßt. Jeden, der nach Rügen oder Hiddensee fahren möchte oder via Sassnitz weiter nach Skandinavien reisen will, führt der Weg zwangsläufig über und vor allem durch Stralsund.

Viele durchqueren die altehrwürdige Hansestadt in Richtung Rügen ohne Zwischenstopp. Doch die weitgehend in ihrem mittelalterlichen Gepräge erhalten gebliebene historische Altstadt ist mehr als nur einen Halt wert. Wer mit offenen Augen durch die Gassen der Altstadt bummelt, wird seinen Aufenthalt in Stralsund als einen Höhepunkt des Urlaubs erleben.

Dazu hat die Stadt mit dem **Ozeaneum** eine alle Besucherrekorde schlagende spektakuläre neue Attraktion erhalten. In den vier Monaten nach seiner Eröffnung am 11. Juli 2008 strömten über eine halbe Million Menschen in den Museumsneubau mit den größten Aquarien Nordeuropas.

Die Altstadt von Stralsund glänzt mit seiner annähernd geschlossenen mittelalterlichen **Bebauung aus der Hansezeit** und wurde deshalb 2002 von der UNESCO zum **„Kulturerbe der Menschheit"** erklärt: gleich drei imposante Stadtkirchen, das glanzvolle Rathaus, prachtvolle Patrizierhäuser, alte Speicher und Kontore, wehrhafte Stadtmauern und -tore, stille Klosteranlagen.

Doch die Medaille hat (noch) eine Kehrseite, die nicht verschwiegen werden soll. Stumme, anklagende Zeugen der **SED-Städtebaupolitik** sind bis zu Ruinen heruntergekommene historische Gebäude von unschätzbarem Wert. Nicht fünf vor zwölf, nein, Schlag zwölf Uhr war es für die alte Hansestadt, als 1989 die greise SED-Führung in Berlin in Rente geschickt wurde und Bürgerinitiativen einen totalen Abrissstopp erfochten.

Seither ist ein umfangreiches, die gesamte Altstadt umfassendes Sanierungsprogramm angelaufen. Mit geschätzten 1,2 Milliarden Euro Gesamtkosten sollen die weit über 800 einzelnen Baudenkmale in der Altstadt gerettet und saniert werden. Viel ist bereits getan und 500 der historischen Gebäude sind fertig und machen die alte Hansestadt bereits jetzt zu einer Perle der Backsteinarchitektur. Doch noch ist viel zu tun. Sicher ist, dass 2025, wenn das letzte Denkmal restauriert sein wird, Stralsund zu einer der schönsten Städte im gesamten Ostseeraum geworden sein wird. Bis dahin gilt noch das alte Stralsunder Sprichwort: *„Wat ist'n Wunner secht de Stralsunner, dat Schipp is leck un geiht nicht unner."*

So romantisch die mittelalterliche Stadt ist, so anziehend ihre Aura und so lohnend ein Besuch, so groß ist aber auch die Gefahr, die mit den Besuchern einhergeht – der **Verkehr.** Obwohl es eigentlich unschwer einleuchten müsste, dass man im Mittelalter noch nicht mit dem heutigen Individualverkehr kalkulierte, glauben manch Unverbesserliche, mit ihren Autos durch die engen Gassen bis ins Herz der Altstadt vordringen zu müssen. Geben Sie der Altstadt und ihren Bewohnern eine Chance und stellen Sie Ihr Auto auf einem der großen Parkplätze ab, die in ausreichender Anzahl unmittelbar am Rande der Altstadt zur Verfügung stehen! Von da aus sind es wirklich nur ein paar Meter bis ins Zentrum.

Geschichte

Seine so überaus günstige Lage an der Meerenge nach Rügen versprach dem kleinen wendischen Fischerdorf, das einst an dieser Stelle stand, eine bedeutende Zukunft.

1209 gründete der slawische Rügenfürst *Jaromar I.* neben der Fischersiedlung eine neue Ansiedlung mit deutschen Kolonisten und nannte sie **Stralow.** 1234 verlieh sein Nachfolger, *Witzlaw I.*, dem aufstrebenden Fähr- und Handelsort in seiner Burg in Garz auf Rügen das **Lübische Stadtrecht** und seinen Bewohnern weitreichende Vergünstigungen wie Zollfreiheit, Jagd- und Fischereirecht. Laut alter Urkunden zerstörte *Witzlaw II.* „zum besseren Gedeihen und künftigem Nutzen unserer geliebten Bürger zu Stralsund" 1269 gar die benachbarte Stadt Schadegard. Wo genau Schadegard, die „Graue Burg", einst lag, vermag man heute nicht mehr zu sagen.

Diese überaus günstigen Startchancen in Verbindung mit ihrer ökonomischen wie militärischen Schlüsselposition ließen die junge Stadt schnell wachsen und blühen. Dem mächtigen Nachbarn Lübeck schmeckte der so üppig gedeihende Konkurrent überhaupt nicht. So wurde Stralsund 1249 überfallen und zerstört. Um für zukünftige Überfälle besser gerüstet zu sein, zogen die Stralsunder danach mächtige **Befestigungsanlagen** um ihre Stadt, die zu großen Teilen bis heute erhalten sind. Die kriegerischen Auseinandersetzungen um die strategisch so wichtige Stadt konnten sie aber nicht beenden.

1314 verlor die zwischenzeitlich zur Handelsdrehscheibe zwischen Ost und West sowie Nord und Süd aufgestiegene Stadt ihre Unabhängigkeit an *Witzlaw III.* Doch schon 1316 erkämpfte sie ihre alten Rechte zurück, nachdem es den bedrängten Stralsundern gelungen war, die vereinten Heere von Schweden, Norwegen, Dänemark, Rügen und Mecklenburg zurückzuschlagen.

Der häufigen Überfälle auf ihre Stadt und Handelsschiffe leid, aber im Bewusstsein der Macht und Möglichkeiten einer starken Lobby, schloss sich Stralsund 1293 mit anderen norddeutschen Handelsstädten zur **Hanse** (zeitgen. Begriff für „Schar, Gruppe") zusammen. Dieser Schutzbund entwickelte sich schnell zu einem mächtigen Kartell, das es verstand, durch Gründung von Stützpunkten viele Handelsrouten unter Kontrolle zu bringen und neue auszubauen.

Im Zuge der sich immer weiter vergrößernden Hanse gelangte Stralsund zum **Höhepunkt seiner Blüte.** Nachdem es dem Städtebund 1370 gelang, seinen größten Konkurrenten, das benachbarte Dänemark, zu besiegen, beherrschte die Hanse unangefochten das gesamte Ostseegebiet. Stralsund, nach Lübeck die mächtigste aller Hansestädte, herrschte

Ferdinand Baptista von Schill

Schill wurde am 6.1.1776 in Wilmersdorf bei Dresden geboren. Bereits im Alter von 14 Jahren steckte ihn sein Vater ins Dragonerregiment Ansbach-Bayreuth. Und das **Militär,** in dem er beinahe noch als Kind dienen musste, sollte ihn auch zeitlebens bis zum Heldentode nicht mehr loslassen.

In den Jahren 1806/7 nahm er an den **Schlachten** gegen die siegreichen **napoleonischen Heere** teil. Schließlich wurde er dabei verwundet und flüchtete sich in die pommersche Hafenstadt Kolberg. Dort sammelte er in glühendem Hass gegen die fremden Truppen versprengte Soldaten, patriotische Bürger und unzufriedene Bauern um sich. Mit diesem bunten Haufen, der sich **Freikorps** nannte, wollte er, wie er in seinem späteren „Aufruf an die Deutschen" formulierte, „die in Ketten eines fremden Eroberers schmachtenden Brüder" befreien.

Sein Patriotismus, Mut und Draufgängertum machten ihn schnell bekannt und zum **Hätschelkind der Berliner Gesellschaft.** So sah die Kurprinzessin *Auguste von Hessen-Kassel,* die Schill wegen seiner dunkel-feurigen Augen schmachtend anhimmelte, in ihm den blitzenden, edlen Ritter und Rächer, der ihr das von Napoleon gestohlene Fürstentum zurückerobern würde.

Aber auch die großen Figuren des deutschen Einheitsgedankens wie *Gneisenau, Scharnhorst* oder *Stein* traten mit Schill in Kontakt, trauten ihm aber nach dem Kennenlernen eher wilde Husarenstreiche als disziplinierte Führungsqualitäten zu. Eine richtige Einschätzung, wie sich schon bald zeigen sollte.

Am 9. April 1809 zog Schill mit seinem „Freikorps" umjubelt von Berlin zum **Kampf gegen die Franzosen** aus. Offensichtlich ohne genauen Plan und konkretes Ziel zog er kreuz und quer durchs Land und schlug sich, wo immer sich die Gelegenheit dazu bot. Über Wittenberg, Dessau, Magdeburg, Schwerin, Wismar und Warnemünde gelangte er nach einem siegreichen Scharmützel bei Damgarten nach **Stralsund.** Am 25. Mai stürmte er mit seinem Haufen durch das Tribseer Tor in die Stadt und metzelte die wenigen dort befindlichen Franzosen nieder.

Da er sich in den Kopf gesetzt hatte, die befreite Stadt um keinen Preis wieder herauszugeben, machte er sich fieberhaft an die Wiederherstellung der von den Franzosen geschleiften Befestigungsanlagen. Einige seiner Mitstreiter erkannten schnell das sinnlose Unterfangen, Stralsund gegen die Übermacht der herannahenden Dänen und Holländer verteidigen zu wollen, und suchten rechtzeitig das Weite. Auch Schill schien nicht ganz überzeugt vom Gelingen seiner Sache, ließ er doch Pech und Schwefel requirieren, um im Falle des Falles von Stralsund die ganze Stadt niederbrennen zu können.

kräftig mit und verdiente daran ebenso kräftig. In den Lagerhallen und Kontoren der Kaufleute stapelten sich Waren und Produkte aus allen Ländern der damals bekannten Welt.

Das Wiedererstarken der Fürsten, die die Unabhängigkeit der Städte immer mehr bedrohten, die Wirren und Umwälzungen der Reformation, aber auch die Veränderungen der Handelsformen und -wege sowie Streit und Übervorteilung der Städte untereinander läuteten den **Niedergang der Hanse** und damit auch den Stralsunds ein. 1612 wurde es

Am 31. Mai war es dann soweit. Der Feind griff, wie Schill es erwartet hatte, heftig das **Tribseer Tor** an. Was er jedoch nicht erwartet hatte, war der eigentliche **Hauptangriff auf das Kniepertor,** von dem der wilde Waffenlärm am Tribseer Tor nur ablenken sollte. Schon bald drang der Feind durch das Stadttor ein und metzelte die kopflos gewordenen Schillschen nieder. Der tollkühne Freiheitsheld selbst galoppierte ebenso kopflos kreuz und quer durch die Stadt und versuchte zu retten, wo es längst nichts mehr zu retten gab.

In der Fährstraße traf ihn schließlich die **tödliche Kugel.** Sein treuester Kampfgefährte, der **schwedische Artillerieoffizier Gustav von Petersson,** wurde gefangen genommen und am 4. Juni am Kniepertor erschossen. Schill selbst schnitt man den Kopf ab und schickte ihn als Trophäe an den von Napoleon inthronisierten König *Jeromé* nach Kassel, wonach er schließlich im anatomischen Museum in Leiden seine letzte Ruhe fand. Sein Rumpf wurde auf dem Knieperfriedhof verscharrt.

vom Herzog von Pommern-Wolgast unterworfen. 1628 rückte der **30-Jährige Krieg** in der Person von *Wallenstein* auf Stralsund zu, der die Stadt um jeden Preis erobern wollte. „Und wenn die Stadt mit Ketten an den Himmel gebunden wäre, ich will sie herunterholen", soll er ausgerufen haben. Allein, es gelang ihm nicht. Geschlossen unter ihrem Bürgermeister *Lambert Steinwich* vereint, trotzten die Stralsunder mit Hilfe von dänischen und schwedischen Truppen Wallensteins 25.000-Mann-Heer. Unverrichteter Dinge musste er die Belagerung aufgeben und geschlagen abziehen.

Dafür hatten die hilfreichen Schweden nun ein Bein in der Tür, was sie sich im Westfälischen Frieden von 1648 festschreiben ließen. Stralsund wurde **zusammen mit Rügen und Vorpommern schwedisch** und blieb es mit kurzen Unterbrechungen bis zum Wiener Kongress 1815. Noch heute lassen sich viele Zeichen dieser langen „Schwedenzeit" in der Stadt entdecken. Von den Schweden zur Festung ausgebaut, konnte Stralsund im Nordischen Krieg einer 5-jährigen Belagerung (1711–15) standhalten. 1807 geriet sie im Zuge der Napoleonischen Eroberungskriege unter **französische Besatzung,** von der sie 1809 der draufgängerische Freiheitskämpfer *Ferdinand von Schill* für ganze sechs Tage befreite.

Mit der Neuordnung Europas auf dem **Wiener Kongress** 1815 wurden Stralsund, Rügen und Vorpommern **Preußen** vermacht. In der nun folgenden relativ ruhigen und friedlichen Zeit begann sich die alte Hansestadt zu erholen und zu industrialisieren. 1863 erhielt sie **Bahnanschluss.** Die Stadt wuchs und sprengte ihre alten Mauern. Franken-, Tribseer- und Kniepervorstadt entstanden.

Ein wichtiges Datum für die jüngere Geschichte war der **Bau des Rügendammes** 1931–36, der die Insel erstmals direkt mit dem Festland verband. Mit der internationalen Zugstrecke über Sassnitz nach Skandinavien wuchs die Bedeutung Stralsunds, aber seine alte Funktion als Handelsdrehscheibe konnte es nicht wieder erlangen.

Von dem Inferno, das im Laufe des **2. Weltkrieges** die alliierten Bomberflotten über die norddeutschen Städte brachten, blieb Stralsund lange verschont. Trotz Hafen und Werften, in denen Kriegsschiffe gebaut wurden, trotz des verkehrstechnisch wichtigen Rügendamms war bis Mai 1944 noch keine Bombe gefallen. Zu dieser Zeit lagen Hamburg und Rostock längst in Schutt und Asche. Nach gezielten Angriffen auf Verkehrswege und Industrieanlagen ab Mai '44 flogen dann am 6. Oktober 1944 große Verbände einen **verheerenden Angriff** gegen die Stadt selbst, dem auch Teile der historischen Altstadt zum Opfer fielen.

In der **DDR** avancierte Stralsund zum drittgrößten Hafen des Landes. Die große Volkswerft, die Fischerei und der Fremdenverkehr wurden die wichtigsten Einnahmequellen der Stadt.

Sehenswertes

Die gesamte unter Denkmalschutz stehende Altstadt ist ein einziges kulturhistorisches Kleinod, das eine Fülle von Sehens- und Entdeckenswertem bereithält. Über 400 einzelne Objekte umfasst die Liste des Denkmalschutzes – unmöglich, sie hier alle einzeln vorzustellen. Wer mit offenen Augen durch die mittelalterliche Altstadt spaziert, wird in den verwinkelten Gassen viele kleine und große Details entdecken, die Episoden aus der wechselvollen Geschichte Stralsunds erzählen.

Neuer Markt

Hat man seinen Wagen in dem großen bewachten Parkhaus auf der Weingartenbastion am Frankenteich abgestellt, braucht man nur den Frankenwall zu überqueren und durch die enge Gasse Zipollenhagen zu gehen. Nach kaum 100 m steht man bereits auf dem Neuen Markt, auf dem sich mit beeindruckender Wuchtigkeit die **Marienkirche** in den Himmel hebt und mit ihrer Massigkeit die umstehenden Häuschen noch schmächtiger erscheinen lässt, als sie sind.

Die Marienkirche ist die größte der drei Stralsunder Stadtkirchen, die die Altstadt weit überragen und ihre Silhouette dominieren. Sie wurde anstelle einer Vorgängerin errichtet, die sich 1382 durch den Einsturz ihres Turmes selbst zerstört hatte. Der Neubau wurde hauptsächlich von den aufstrebenden und zu Wohlstand gelangten Handwerkern finanziert, die mit dem Bau der dreischiffigen Basilika die Konkurrentin auf dem Alten Markt, die Ratsherren- und Kaufmannskirche, übertrumpfen wollten. Damit sollte augenfällig ihre ökonomische Potenz demonstriert werden, die sie in Form von Mitbestimmung im Stadtrat anerkannt sehen wollten. Mit ihrem enormen, fast 100 m langen und 32 m hohen Mittelschiff ist die Marienkirche eine der **mächtigsten Backsteinkirchen Norddeutschlands** und ein Hauptwerk der niederdeutschen Backsteingotik.

Die gotische Spitze ihres einst 150 m hohen **Turms** wurde 1647 durch einen

Blitzschlag zerstört und durch die jetzige 104 m aufragende Barockhaube ersetzt. Auch wenn erst 366 Stufen erklommen werden müssen, den Aufstieg auf den Turm sollte man sich nicht entgehen lassen. Von oben bietet sich ein grandioser **Rundblick** über die alte und neue Stadt, den Hafen und den Strelasund hinüber nach Rügen.

Im Zuge ihrer Restaurierung 1842/47, die durch die Nutzung während der französischen Besatzung als Kaserne und Heulager notwendig geworden war, wurden in ihrem Inneren zahlreiche Veränderungen vorgenommen. Wertvollster Teil der Innenausstattung ist die eindrucksvolle Barockorgel von 1659, das letzte Werk des berühmten Lübecker Orgelbauers *F. Stellwagen* (www.stellwagen.de). Hier finden regelmäßig Orgelkonzerte statt.

Marienkirche, Neuer Markt, Tel. 29 89 65, www.st-mariengemeinde-stralsund.de, April–Okt. tägl. 9–18 Uhr, Nov.–März Mo–Fr 10–12 und 14–16 Uhr, Sa/So 10–12 Uhr. Gewölbeführung mit Turmaufstieg Di 15 Uhr, Do 15.30 Uhr oder nach Anmeldung, mobil: (0172) 3 12 54 91 (ab 5 Pers.).

Neben der Marienkirche steht die achteckige **Apollonienkapelle,** die 1416 von den Stralsundern zur Sühne errichtet werden musste. Sie hatten sich beim sogenannten **Papenbrand am Sunde** beherzt drei Geistliche geschnappt und auf dem Marktplatz verbrannt, nachdem der Archidiakon *Kord Bonow* 1407 mit 300 Reitern raubend und mordend durch die Stadt marodierte, nur weil die städtischen Abgaben an die Kirche nicht seinen Vorstellungen entsprachen.

394rh ph

Wer den Turm der Marienkirche erklimmt, wird mit einem großartigen Ausblick belohnt

Von den anderen Gebäuden rund um den Neuen Markt ist der große, ins Auge fallende lederfarbene **Klinkerbau** erwähnenswert. Er wurde 1874 als Garnisonslazarett im neogotischen Stil errichtet.

Die vom Neuen Markt abgehende **Mönchstraße** hat weitgehend ihren historischen Charakter bewahrt. Prächtige Giebelhäuser aus Gotik, Renaissance, Barock und Klassizismus zeugen vom einstigen Reichtum ihrer Besitzer. Eines ihrer wertvollsten Gebäude ist das nach dem Stralsunder Naturwissenschaftler benannte **Burmeisterhaus** (Mönchstr. 45). Das Giebelhaus von 1355 beherbergt heute eine Ausstellung zum Leben des Biologen und Forschungsreisenden *Herrmann K. Burmeister* (1807–1892) und die Bibliothek des Meeresmuseums.

Die Schiffercompagnie

In der **Frankenstraße Nr. 9** steht ein schönes altes Giebelhaus, über dessen reich verzierter Pforte in goldenen Lettern „Schiffercompagnie" zu lesen ist. Dies ist das Bruderschaftshaus der wohl **ältesten Vereinigung Deutschlands.** (Sollte es doch irgendwo einen noch älteren Skatclub geben, bitte ich um Nachsicht.)

Die Compagnie jedenfalls kann auf eine mehr als 500-jährige (!) Tradition zurückblicken. **Gegründet** wurde sie **1488** von 50 Stralsunder „Fahrenslüüd". Einerseits sollte der Verein den allmächtigen Kaufleuten gegenüber ihre Interessen vertreten, andererseits sollte das Haus Quartiere für Mitglieder bereithalten, in denen sie, von großer Fahrt zurück, absteigen konnten. Aber, und ohne das wäre kein deutscher Verein ein Verein, es sollten auch die Tradition und der Nachwuchs gepflegt und gesichert werden.

1635 zog die Compagnie in das Haus in der Frankenstraße ein, wo sie bis heute aktiv tätig ist. Rund **90 Mitglieder,** sogenannte **Schiffsbrüder,** zählt die Vereinigung heute.

Im Laufe der Jahrhunderte haben die Brüder eine Fülle von Mitbringseln von Reisen über die Ozeane dieser Welt zusammengetragen. Ein wunderbar buntes Sammelsurium alter Seekarten, Schiffsglocken, Bilder, Schiffsmodelle und anderem Maritimen mehr zählen zu den Schätzen der Schiffer. Besonders stolz ist man auf das Modell des Linienschiffes *Prinz Carl.* Das 3 m lange, 2 m hohe und mit 96 Kanonen und filigranem Schnitzwerk bestückte Frachtschiff wurde 1720 von dem Mitglied Olderau gebastelt.

Obwohl die Schiffercompagnie als solche und auch das Ambiente ihres Vereinshauses museal anmutet, ist sie dennoch kein Museum. Der Verein ist aktiv, und wenn draußen über der Tür die Vereinsfahne weht, dann tagen die Seemänner. Traditionell besteht der Speiseplan dann aus Hechtsuppe, Labskaus und Roter Grütze.

■ Frankenstr. 9, Tel. 29 85 10, keine festen Öffnungszeiten, Führung nach Anmeldung.

Museumshaus

Eines der ältesten Häuser der Stadt steht in der Mönchstraße 38. Das in Teilen 600 Jahre alte **gotische Giebelhaus** ist nach seiner Restaurierung eine Außenstelle des Kulturhistorischen Museums und beleuchtet mit seinen Einrichtungen und dem historischen Kaufmannsladen die hanseatische Arbeits- und Wohnkultur.

■ **Museumshaus,** Mönchstr. 38, Tel. 2 87 90, Di–So 10–17 Uhr.

Ähnlich geschlossen in ihrer historischen Bebauung sind auch die Mühlen-, Baden-, Fähr-, Schill-, Külp- und Knieperstraße mit ihren herrlichen Giebelhäusern. Vorbei an Meeres- und Kulturhistorischem Museum (siehe Museen) führt die Mönchstraße Richtung Alter Markt und Rathaus.

Heilgeistkloster

Am Ende der Frankenstraße trifft man auf das Heilgeistkloster. Eigentlich war die 1256 erstmals urkundlich erwähnte Anlage nie ein Kloster, sondern ein von der Stadt gegründetes **Siechenhospital.** Das Hospitalgelände, einst als „kleine, in sich abgeschlossene Stadt mit sauberen Gängen und malerischen Häusern" beschrieben, wurde während der letzten 40 Jahre sich selbst überlassen und verfiel. Nun ist die Anlage bildschön saniert und ein ebenso malerisches wie romantisches Kleinod der Stadt, dessen Besuch man nicht versäumen sollte. Einfach niedlich!

■ **Heilgeistkloster,** Wasserstr. 5, Tel. 29 04 46, April–Okt. Mo–Sa 10–17 Uhr, So 14–17 Uhr.

Rund ums Kütertor

Die die Mönchstraße kreuzende Heilgeiststraße führt, vorbei an einem Antiquitätengeschäft mit vielen schönen alten Dingen (Puppen, Spielzeug u.a.), direkt auf das Kütertor zu, eines der beiden erhalten gebliebenen **Stadttore** von ehemals zehn. Der Name des 1466 errichteten Tors weist auf das frühere Quartier der *Küter,* der Fleischer und Schlachter hin. In den Gebäuden neben dem Tor ist die Stralsunder Jugendherberge untergebracht.

Im ehemaligen **Torschließerhaus** befindet sich heute das gleichnamige Restaurant, das wegen seiner Innengestaltung einer Erwähnung wert ist. Das innen wie außen schön restaurierte Fachwerkhaus besitzt in der Mitte des offen gestalteten Gastraumes einen alten Brunnenschacht, der bei der Renovierung entdeckt und freigelegt wurde.

Wenige Schritte vom Kütertor steht in der Schillstr. 37 die ehemalige **Kramercompagnie.** Derzeit laufen langfristige Sanierungsarbeiten. Das um 1287 errichtete Gebäude, in dem ab 1493 die Stralsunder Kramercompagnie ihren Sitz hatte, gilt als das am besten erhaltene mittelalterliche Adelshaus der Stadt.

Verlässt man durch das Kütertor die Altstadt, steht man vor der restaurierten **alten Stadtmauer,** deren wehrhafter Anblick einem unwillkürlich waffenklirrende Bilder aus den zahlreichen Schlachten, die um Stralsund und das Tor stattgefunden haben, vor Augen ruft.

Vom Kütertor wenige Schritte entfernt liegt in der Mühlenstraße 23 der **Kampische Hof.** Der in seltener Vollständigkeit erhaltene Gebäudekomplex mit Wohnhaus und Speicher aus dem 13. Jh. diente einst dem Zisterzienserkloster Neuenkamp als Stadtquartier.

Rund um den Alten Markt

Zwischen Altem und Neuem Markt verläuft die Ossenreyerstraße, die zur Fußgängerzone umgestaltete Einkaufs- und Flaniermeile der Stadt. Hier findet der Interessierte im Olthofschen Palais, einem sanierten Barockpalais, die 2011 eröffnete **Ausstellung „Welterbestadt Stralsund"**, die über Stralsund, aber auch über das Welterbeprogramm der UNESCO allgemein informiert.

■ **Olthofsches Palais/Ausstellung Welterbe,** Ossenreyerstraße 1, Tel. 25 23 16, tägl.10–17 Uhr, Eintritt frei, Do 16 Uhr Führung in den Hackertschen Tapetensaal.

Am Ende der Mühlenstraße, kurz bevor sie auf den Alten Markt mündet, liegen zwei kulturhistorisch herausragende Gebäude dicht nebeneinander. Das **Dielenhaus,** ein mittelalterliches Kaufmannshaus aus dem 15. Jh. mit gotischem Giebel, ist ein typischer Wohnspeicher, den die hanseatischen Kaufleute bewohnten. In den Speicheretagen lagen die Produkte und Waren, die der Kunde im Direktverkauf erstehen konnte. Heute dient die Diele des aufwendig restaurierten Hauses als Räumlichkeit für wechselnde Ausstellungen.

■ **Dielenhaus,** Mühlenstr. 3, Tel. 29 78 88, Mai–Sept. Mo–Sa 10–17 Uhr.

Ein paar Meter weiter (Mühlenstraße 1) steht das **älteste Giebelhaus der Stadt.** Das aus dem 13. Jh. stammende Gebäude ist frisch restauriert und glänzt nun außen mit einem herrlichen Pfeilergiebel und innen in der Diele mit den beiden einzigen erhaltenen Längsgalerien Stralsunds und einem Backofen aus dem 17. Jh. Mit dem Giebelhaus hat man das Herzstück der Altstadt, den Alten Markt mit seiner grandiosen historischen Be-

395rh ph

bauung, erreicht. Das einmalige Ensemble, das ihn umschließt, erhebt ihn zu einem der architektonisch schönsten Plätze Norddeutschlands.

Beherrscht wird der Platz von der **Nikolaikirche,** die dem Schutzpatron der Seefahrer, dem *Hl. Nikolaus,* geweiht ist. Der frühgotische Backsteinbau wurde 1270–1350 nach dem Vorbild der Lübecker Marienkirche errichtet und ist somit die älteste der drei Stralsunder Stadtkirchen. 1622 zerstörte ein Brand ihre hölzernen Turmspitzen. Der Südturm erhielt 1667 einen Barockaufsatz, der Nordturm, bis heute, nur ein Notdach.

Da die Nikolaikirche die **Kirche der Ratsherren und Patrizier** war, ließen diese sich bei der Ausschmückung nicht lumpen. Schließlich wollte man den schärfsten Konkurrenten, den Lübeckern, den eigenen Wohlstand plastisch vor Augen führen und sie möglichst übertrumpfen. Dabei spielte Geld keine Rolle.

Das teilweise bereits frisch restaurierte, teils noch in Arbeit befindliche Kircheninnere glänzt daher mit einer besonders **prachtvollen Innenausstattung.** Kostbarste Kunstschätze sind beispielsweise der geschnitzte Hochaltar (15. Jh.), der Schneideraltar (15. Jh.) und der Bergenfahreraltar (um 1500). An den Arkaden des Mittelschiffs sieht man den Altar der Riemer-Innung. Hinter dem Hochaltar hängt ein besonders wertvolles Stück, die Astronomische Uhr von 1360. Viele alte Grabsteine und Epithaphe sind steinerne Zeugen der betuchten Herrschaften, die hier einst ihre Sünden beichteten, für ihre geschäftlichen Aktivitäten um himmlischen Beistand baten und für viel Geld sich einen Begräbnisplatz in der Kirche erkauften.

Für die Kostbarkeiten der Nikolaikirche sollte man sich Zeit nehmen. Dann entdeckt man auch solche Nettigkeiten wie zum Beispiel die Inschrift unter einem Keulenschwinger am Gestühl der Kramerkompanie: *„Dat ken Kramer ist, de blief da buten oder ick schla emp up de schnuten“,* wird unmissverständlich darauf hingewiesen, wer hier Platz nehmen darf.

< Torwächterhaus am Kniepertor

397rh ph

Prachtvoll geschmücktes Eingangsportal der Nikolaikirche

■ **Nikolaikirche,** Alter Markt, Tel. 29 71 99, www.nikolai-stralsund.de. April/Okt. Mo–Sa 10–18 Uhr, So 12–16 Uhr, Mai/Sept. Mo–Sa 9–18 Uhr, So 12–16 Uhr, Juni–Aug. Mo–Sa 9–19 Uhr, So 12–16 Uhr, Nov.–März Mo–Sa 10–16 Uhr, So 13–16 Uhr, Erw. 3 €.

Neben der Nikolaikirche steht das bekannteste und schönste Profangebäude Stralsunds, das **Rathaus** mit seiner berühmten Schaufassade. Das ehemalige Kaufhaus ist ein buntes Potpourri aus verschiedenen Stilen und Epochen. Seine ältesten Teile stammen von 1278, die Südfront aus dem 14. Jh. Die **prächtige Schmuckfassade** am zum Markt hin gelegenen Kopfbau soll mit den Lösegeldern der 1316 in der Schlacht im Hainholz gefangengenommenen Fürsten finanziert worden sein. Mit der Schaufassade wollten die Stralsunder einmal mehr ihre Konkurrentin, die Hansestadt Lübeck, deren Rathaus einen ähnlich üppigen Giebel vorweisen kann, übertrumpfen. Die Lübecker konterten das ehrgeizige Bestreben aber mit Hohn und Spott und spitzem Reim: *„Dat Stralsunner Rathus is as sinne Kinner, hoch hinaus un nix dahinner".*

Über den sechs großen Fenstern des filigranen Backsteingiebels sind nebst dem eigenen die Wappen der Partnerstädte des Hansebundes Hamburg, Lübeck, Rostock, Wismar und Greifswald zu sehen. Der sehr reizvolle, von Säulen getragene **Innenhof,** der zwei ehemals getrennte Gebäude verbindet, entstand nach einem Brand 1680. In der Galerie steht die **Büste des Schwedenkönigs Gustav Adolf II.** Aus der „Schwedenzeit" der Stadt stammt auch die Architektur der Galerie. Die bis heute andauernde traditionelle Verbundenheit Stralsunds mit dem skandinavischen Land bringt auch die Tatsache zum Ausdruck, dass der Wandelgang noch zu Honeckerzeiten mit schwedischer Unterstützung restauriert wurde. Ein weiteres Zeugnis aus der Schwedenepoche der Stadt ist das **Stadtwappen** über dem reich verzierten Portal an der Westseite des Rathauses.

Dem Rathaus gegenüber erhebt sich das **Wulflam-Haus,** mit seinem prachtvollen, reich verzierten Backsteingiebel ein kulturhistorisches Juwel. Benannt ist es nach seinem Erbauer, dem Bürgermeister *Bertram Wulflam,* der sich das spätgotische Giebelhaus 1370 als Wohnhaus bauen ließ.

Das dreigeschossige **Commandantenhus** an der Ostseite des Platzes ist eine weitere Hinterlassenschaft der Schweden, die es 1749 als ihre Stadtkommandantur errichteten. Sie dient heute als deutsch-schwedische Begegnungsstätte.

1907 wurde in der Mitte des Alten Markts das **Lambert-Steinwich-Denkmal** feierlich enthüllt, seit 1938 steht es in den Grünanlagen am Wulflamufer am Frankenteich. Unter der Führung des von den Bewohnern verehrten Bürgermeisters *Steinwich* (1571–1628) konnte sich Stralsund 1628 erfolgreich gegen *Wallenstein* verteidigen. Pläne, den patriotischen Bürgermeister im Zuge seiner Umgestaltung wieder auf den Alten Markt zurück zu holen, wurden leider nicht realisiert.

Kniepertor

Geht man vom Alten Markt in die Kniepерstraße hinein, fällt der Blick auf das zweite erhalten gebliebene **Stadttor,** das Kniepertor. Im Durchgang des 1304 erstmals urkundlich erwähnten Torturmes erinnert ein Gedenkstein an den Kampfgefährten des Tausendsassas *Ferdinand von Schill,* den Schweden *Petersson.* Ihn erschossen die Franzosen hier am Tore, nachdem sie die von *Schill* im Handstreich befreite Stadt zurückerobert hatten. Ein Blick durch das Tor fällt auf das **Theater** Stralsunds auf dem Olof-Palme-Platz.

Johanniskloster

Vom Alten Markt die Külpstraße hinein, stößt man an ihrem Ende in der Schillstraße auf das ehemalige Johanniskloster, das 1254 vom Franziskanerorden erbaut wurde. Der Klosterkomplex, der nach der Reformation zum städtischen Armenhaus umgewandelt wurde, erfuhr 1944 durch Luftangriffe schwere Zerstörungen. Die **Ruinen** der Klosterkirche wurden gesichert und erhalten.

Heute geben die malerischen Mauerreste ihres Chores in den Sommermonaten eine romantische Kulisse für **Freiluftkonzerte** ab. Von den rankenüberwachsenen Mauern, in deren Nischen sich Katzen sonnen, geht noch immer eine klösterliche Stille aus. Das etwas versteckt gelegene Gelände bietet seinen Besuchern eine Oase der Ruhe. Ein kleiner Rosengarten und eine schlichte, nach einem Entwurf *Ernst Barlachs* gefertigte Pietà verstärken die meditative Aura des klösterlichen Refugiums.

Im schön rekonstruierten Klausurgebäude hat Stralsunds **Stadtarchiv** eine Außenstelle eingerichtet. Das berühmte Archiv besitzt eine der umfangreichsten und vollständigsten Sammlungen der mittelalterlichen Stadtgeschichte und der **Geschichte der Hanse.** Nahezu lückenlos sind beispielsweise die Stadt- und Bürgerbücher ab 1270 erhalten. 1.000.000 Bände umfasst die dem Archiv angeschlossene **historische Bibliothek** in der Badenstraße.

Vor der ehemaligen Klosteranlage stehen gleich einem winzigen Dörfchen die **alten Wirtschaftshäuser.** Die malerisch-romantischen Fachwerkhäuschen – eine Seltenheit in Stralsund – strahlen mit ihren kleinen Vorgärten und Bäumen den betulichen Charme eines ländlichen Dorfidylls aus.

■ **Johanniskloster,** Schillstr. 27, Tel. 25 36 40, z.Zt. aus bautechnischen Gründen geschlossen!
■ **Stadtarchiv,** www.stadtarchiv.stralsund.de.

Scheele-Haus

Bummelt man die Schillstraße Richtung Hafen weiter, steht man dort, wo sie auf die Fährstraße trifft, vor dem noch zu DDR-Zeiten von polnischen Spezialisten restaurierten Scheele-Haus. Die beiden rotbraunen **Giebelhäuser aus der Spätrenaissance,** die zusammen das Scheele-Haus bilden, sind nach dem Chemiker und Entdecker des Sauerstoffs *Carl Wilhelm Scheele* benannt, der in dem Gebäude 1742 das Licht der Welt erblickte. Heute wird das Gebäude als Hotel genutzt.

Schill-Gedenkplatte

Nur wenige Meter vom Scheele-Haus entfernt entdeckt man vor dem Haus Fährstr. 21 die im Bürgersteig eingelassene Schill-Gedenkplatte. Sie markiert die Stelle, an der der draufgängerische **Freiheitskämpfer Ferdinand von Schill** am 31.5.1809 den sogenannten Heldentod fand. Ihm zur ewigen Ehre dienen auch die **Schill-Anlagen,** eine kleine Grünanlage zwischen Knieperteich und Sundpromenade, in deren Mitte das Schill-Denkmal steht (siehe auch Exkurs „Ferdinand Baptista von Schill").

Das Grab *Schills* liegt auf dem St.-Jürgen-Friedhof in der Kniepervorstadt. Der etwa 10-minütige Fußmarsch dort hinaus lohnt sich auch deshalb, weil der Friedhof seit Langem nicht mehr be-

Beispielhaft restauriert – das Scheelehaus

344rh ph

nutzt wird und sich im Laufe der Jahre in eine kleine Wildnis verwandelt hat.

Jacobi-Kirche

Die dritte **Stadtkirche** ist die Jacobi-Kirche in der Böttcherstraße. Das im 14. Jh. zur Basilika umgebaute Gotteshaus diente zu DDR-Zeiten jahrzehntelang als Baustofflager. 1995 begannen umfangreiche Restaurierungsarbeiten. Heute wird sie als Kulturkirche für wechselnde Ausstellungen benutzt

■ **Jacobi-Kirche,** Jakobiturmstraße, Tel. 79 66 52, www.jakobi-stralsund.de, tägl. 10–18 Uhr.

Hafen

Weiter auf der Fährstraße Richtung Fischmarkt und Hafen durchquert man das älteste Viertel der Stadt. An ihrem Ende tritt man unvermittelt aus der winkligen Altstadt Stralsunds hinaus und steht am Strelasund und den Hafenanlagen. Links sieht man den **Jachthafen** und die Anlegestelle der **Weißen Flotte,** die von hier aus sowohl eine regelmäßige Fährverbindung nach Hiddensee als auch eine Personenfähre nach Altefähr betreibt. Rechts davon ist der alte **Güterhafen,** den man über eine Brücke über den Fährkanal erreichen kann. Hier finden sich ein paar riesige alte **Backsteinspeicher,** in die nach Jahrzehnten des Leerstands nun in Form von Lokalen, Hotels und Läden wieder Leben einzieht, sodass sich das lange von Leerstand und Verfall geprägte Hafengelände nach und nach in eine freundliche, maritime Flaniermeile verwandelt.

Gorch Fock 1

Wenige Schritte vom Anleger der Weißen Flotte erblickt man die am Hansakai vertäute Gorch Fock 1. Der eindrucksvolle historische Dreimaster, der 1933 in der Hamburger Werft Blohm + Voss als **Segelschulschiff der kaiserlichen Marine** vom Stapel lief, ist nicht zu verwechseln mit dem aktiven Segelschulschiff der Deutschen Marine, der Gorch Fock. Die Gorch Fock 1 wurde nach 1945 als Reparation erst in die Sowjetunion und dann als „Towarischtsch“ in die Ukraine verbracht. 2003 erwarb der Verein Tall-Ship Friends e.V. das völlig heruntergekommene, segeluntüchtige Schiff und brachte es nach Deutschland, wo es restauriert wird. Das stolze Schiff kann besichtigt werden, es wird jedoch wohl nie wieder die Meere der Welt befahren können.

■ **Gorch Fock 1,** An der Fährbrücke, Tel. 66 65 20, www.gorchfock1.de, April–Okt. tägl. 10–18 Uhr, Nov.–März 10–16 Uhr.

Museen

Ozeaneum

Inmitten der historischen Hafenkulisse liegt das neue, hypermoderne Ozeaneum, ein Museumsbau der Superlative. Stralsunds neuer Besuchermagnet ist eine Liebeserklärung an die Meere dieser Welt und ihre Bewohner. Der Rundgang durch den Komplex wird zu einer abenteuerlichen Über- und Unterwasserreise, die vom Stralsunder Hafenbecken über

343rh ph

die Nordsee bis ins Nordpolarmeer reicht und dank modernster Technik atemberaubende **Einblicke in die Lebensräume der Meere dieser Welt** bietet. Größtes Einzelaquarium ist das 2,6 Millionen Liter fassende, 9 m tiefe Schwarmfischbecken. Ergänzt wird der Aquarienbereich durch diverse **Ausstellungen** wie z.B. „Die Ostsee – das Meer in unserer Mitte" sowie eine spezielle Ausstellung für Kinder mit vielen Möglichkeiten zum aktiven Mitmachen. In der Ausstellung „Riesen der Weltmeere" werden u.a. ein Blauwal sowie ein Pottwal im Kampf mit einem Riesenkalmar gezeigt – alle in Originalgröße!

■ **Ozeaneum,** Hafenstraße 11, Tel. 2 65 06 10, www.ozeaneum.de. Juni–14. Sept. täglich 9.30–21.30 Uhr, 15. Sept.–Mai 9.30–19 Uhr, Eintritt: 16 €/Erwachsene, 7 €/Kind.

Kombi-Tickets: Das Kombi-Ticket Ozeaneum und Meeresmuseum kostet 21 €/Erw. und 10 €/Kind. Führungen „In 80 Minuten durch das Ozeaneum" tägl. 13 Uhr, Teilnahme 4 €. Ein hilfreicher Begleiter für den Besuch im Ozeaneum ist der Museumsführer, der an den Kassen und im Shop des Ozeaneums für 4,90 € erhältlich ist.

Meeresmuseum

Vor der Eröffnung des Ozeaneums war das Meeresmuseum *die* große Attraktion der Stadt. Auch wenn manches nun ins Ozeaneum verlagert wurde, ist das in einem ehemaligen Dominikanerkloster untergebrachte Museum nach wie vor nicht nur architektonisch eine besonders interessante Adresse. 37 Aquarien mit einem Fassungsvermögen von wenigen hundert bis zum Megabecken mit 350.000 Litern, in denen Meeresschildkröten und Haie gemeinsam leben (**Schaufütterung** Di und Fr 14 Uhr), sind ebenso sehenswert wie die Abteilung „Tropen", ein 16 Meter langes Skelett eines Finnwals oder die regelmäßig wechselnden Spezialausstellungen wie „Der Hai – gejagter Jäger".

◁ Die wahre Gorch Fock ist die Gorch Fock 1 im Hafen von Stralsund

■ **Meeresmuseum,** Katharinenberg 14–20, Tel. 2 65 02 10, www.meeresmuseum.de, Juli–Okt. tägl. 10–17 Uhr, Nov.–Juni Di-So 10–17 Uhr. 9 € Erw., 4 €/Kind.

Nautineum

Auf dem Kleinen Dänholm unterhält das Meeresmuseum das Nautineum, das **Großexponate** wie die legendäre Unterwasserstation „Helgoland" oder die „Stephan Janzen", den größten Eisbrecher Deutschlands, zeigt. Zum Nautineum verkehrt vom Stadthafen stündlich ein Shuttleboot.

■ **Nautineum,** Kleiner Dänholm, Tel. 2 65 03 50, Mai–Okt. tägl. 10–16 Uhr, Nov.–April geschl. Eintritt frei.

Kulturhistorisches Museum

Ebenfalls in Gebäudeteilen des ehemaligen Klosters befindet sich das Kulturhistorische Museum. Dort sind Ausstellungen zur **Geschichte Stralsunds und Vorpommerns,** die von der Frühgeschichte bis in die Moderne reichen, zu sehen. Besonders interessant sind die bei der Öffnung von steinzeitlichen Großsteingräbern gefundenen Grabbeigaben. Wertvollstes und wohl auch bekanntestes Exponat ist der **Hiddenseer Goldschmuck,** um den sich viele Geschichten ranken. Er wurde 1872 nach einer schweren Sturmflut am Strand von Neuendorf auf Hiddensee gefunden.

- **Kulturhistorisches Museum,** Mönchstr. 25/27, Tel. 25 36 17, www.museum.stralsund.de, Di–So 10–17 Uhr.

Marinemuseum Dänholm

Ebenfalls eine Außenstelle des Kulturhistorischen Museums ist das Marinemuseum auf der **Sternschanze,** einer alten Festungsanlage auf der Insel Dänholm, über die der Rügendamm führt. Es pflegt die traditionsreiche **Schifffahrtsgeschichte** der Hafenstadt und widmet sich der Festung Stralsund und der Preußischen Marine, als deren Wiege Dänholm gilt.

- **Marinemuseum,** Sternschanze, Haus 10, Tel. 25 36 17, Mai–Okt. Di–So 10–17 Uhr.

Hanse-Galerie

Die Hanse-Galerie zeigt Arbeiten regionaler Künstler sowie Objekte aus Schmuck- und Töpferwerkstätten. Im Haus findet man auch das ArtCafé.

▷ Das Walskelett
ist eine der Attraktionen des Meeresmuseums

- **Hanse-Galerie,** Heilgeiststr. 30, Tel. 29 28 89, www.hanse-galerie-stralsund.de. Mo–Fr 11–18 Uhr, Sa 11–14 Uhr.

Spielkartenfabrik

Mehr **aktive Werkstatt** als Museum ist die historische Stralsunder Spielkartenfabrik am Katharinenberg 35. 1765 erhielt der Graveur *Johann Kaspar Kern* vom schwedischen Generalgouverneur *Axel Graf von Löwen* die alleinige Konzession zur Errichtung einer Spielkarten-Fabrique, die, ab 1872 unter dem Namen Vereinigte Stralsunder Spielkarten, bis 1931 ebensolche produzierte.

Heute kann der Besucher den Arbeitern über die Schulter schauen oder sich in einer Ausstellung Arbeitsergebnisse und hist. Kartenblätter anschauen. Neben der Spielkartenherstellung werden an Wochenenden Kurse für Typografie und Buchdruck, Druckgrafik, Papierschöpfen, Buchbinden u.a. angeboten.

- **Spielkartenfabrik Stralsund,** Katharinenberg 35, Tel. 70 33 60, Mo–Fr 11–13 und 15–19 Uhr. Jeden 1. Sa. im Monat Linotype-Demo von 11–16 Uhr.

Praktische Tipps

Info

- **Vorwahl:** 03831
- **Tourismuszentrale Stralsund,** Alter Markt 9, 18439 Stralsund, Tel. 2 46 90, www.stralsundtourismus.de. Mai–Okt. Mo–Fr 10–18 Uhr, Sa/So 10–14 Uhr, Nov.–April Mo–Fr 10–17 Uhr, Sa 10–14 Uhr.

396rh ph

Unterkunft

■ **Hotel Hiddenseer**②-④, Hafenstraße 12, Tel. 2 89 23 90, www.hotel-hiddenseer.de. Schöne zentrale Lage im Hafen beim Ozeaneum mit freiem Blick über den Strelasund auf Rügen. 25 moderne im maritimen Stil eingerichtete Zimmer, entweder mit schönem Blick auf die Altstadt oder Hafen. Herausragend das beidseitig voll verglaste Atelierzimmer im obersten Stock (kein Fahrstuhl) mit einmaligem Panoramablick. Einer der schönsten Aussichtspunkte in Stralsund.

Mein Tipp: **Altstadthotel Peiß**②-③, Tribseer Straße 15, Tel. 30 35 80, www.altstadt-hotel-in-stralsund.de. Kleines ebenso einladendes wie fahrradfreundliches Hotel in der Altstadt wenige Schritte vom Neuen Markt. Sehr gastfreundliches und hilfsbereites Besitzerehepaar. 12 individuell und geschmackvoll gestaltete Zi., alle mit kostenlosem WLAN. Gutes Frühstück. Mit Weinstube, in der man sich selbst bedient und – wo gibt es so viel Vertrauen noch – seinen Verzehr selber aufschreibt.

■ **Hotel Norddeutscher Hof**②, Neuer Markt 22, Tel. 29 31 61, www.nd-hof.de. Kleine, gemütliche Herberge an der Marienkirche mit Fischrestaurant und nettem Biergarten.

■ **Hotel Amber**②, Heilgeiststr. 50, Tel. 28 25 80, www.hotel-amber.de. Einladendes Haus mit nur neun Zimmern im historischen Gebäude mitten in der Altstadt; mit Gewölbebar im Keller.

■ **Hotel Kontorhaus,** Am Querkanal 1, Tel. 28 98 00, www.kontorhaus-stralsund.de. Modernes, stilvolles Hotel direkt am Wasser auf der Hafeninsel, dessen schlichte, aber ausgesprochen schöne Zimmer vom bekannten Innenausbau-Spezialisten *Rainer Gehr* gestaltet wurden.

■ **Haus Wullfcrona**②, Heilgeiststraße 30, Tel. 30 39 70, www.haus-wullfcrona.de. Ein echtes Kleinod! Perfekte Symbiose aus Historie und Moderne. Bildschöne und stilvolle Herberge im barocken Gie-

Fischhandel H. Rasmus – der Erfinder des Bismarckherings

Mein Tipp: Der seit 1871 bestehende Fischhandel *H. Rasmus* ist nicht nur für Stralsund eine Institution, sondern auch für alle, die den sauer eingelegten Hering lieben. Bei Rasmus gibt es den **einzig originalen** und wohl auch **besten Bismarckhering der Welt,** denn hier wurde er 1873 vom Urgroßvater *Rasmus* erfunden und wird seither von der Familie nach dem Urrezept hergestellt. Butterzart und einfach köstlich!

■ Heilgeiststr. 19, Stralsund, Tel. (03831) 28 15 38, www.bismarckhering.com

belhaus von 1743 in zentraler Altstadtlage, in dem einst die traditionsreiche „Wullfcronasche Weinhandlung" ihren Sitz hatte. 15 mit viel Gespür für Eleganz und Harmonie individuell gestaltete Zi.

■ **Pension Altstadt-Mönch**②, Mönchstraße 60, Tel. 44 46 71, www.pension-altstadtmoench.de. Denkmalgeschützes, mit viel Liebe zum Detail restauriertes und eingerichtetes Haus in der Altstadt nur 50 m vom alten Markt. 5 freundliche, geschmackvoll möblierte Zi. mit Flair. Sehr gutes Frühstück, familiäre Atmosphäre. Ruhige Lage 10 Gehminuten von der Altstadt.

■ **JH Devin,** Ortsteil Devin, Strandstr. 21, Tel. 49 02 89, www.stralsund.jugendherberge.de. Ca. 8 km südöstlich am Greifswalder Bodden; Straße Richtung Greifswald, bei Teschenhagen links abbiegen. Ü/F inkl. Bettw. ab 20,90 €.

Gastronomie

Mein Tipp: **Nur Fisch,** Heilgeiststraße 92, Tel. 30 66 09 (fast fish vom Feinsten! Tolles kleines Fischbistro, in dem man zu kleinem Preis gekonnt zubereiteten frischen Fisch von der Fischbulette über die Fischsuppe bis zum gebratenen Zander erhält. Besonders hervorzuheben, weil so selten, die ausgezeichneten Bratkartoffeln.

■ **Speicher 8,** Hafenstraße 8, Tel. 2 88 28 98, www.speicher8.de. Das Restaurant gilt vielen als Stralsunds beste Adresse. Gehobene Gastronomie im hist. Speicher. Im distinguiert geschmackvoll gestalteten Gastraum werden Klassiker wie Zanderfilet an Scharlottenjus, getrüffeltem Rahmkraut und Passionsfruchtpolenta, aber auch Mediterranes wie Pasta Toskana, Picatta von der Hähnchenbrust mit Tomaten-Oliven-Tagliatelle serviert.

■ **Wulflamstuben,** Alter Markt 5, Tel. 29 15 33, www.wulflamstuben.de. Regionale Gerichte und Spezialitäten in historischem Giebelhaus.

■ **Braugasthaus Zum Alten Fritz,** Greifswalder Chaussee 84–85 an der B 96 Richtung Greifswald, Tel. 25 52 80, www.alter-fritz.de. Rustikale Küche in den historischen Gemäuern der alten Brauerei. Hausgemachtes Brot, Spezialitäten der Brauerzunft und der Region, großer Biergarten.

■ **Klabautermann,** Am Querkanal 2, Tel. 29 36 28. Eine waschechte Hafenkneipe mit authentischem maritimem Flair und Gorch Fock 1-Traditionsgaststätte, in der es öfter mal seemannsmäßig die Wellen hoch schlagen. Zur obligatorischen Kehlenspülung reicht man handfeste Hausmannsküche, natürlich mit Schwerpunkt Fisch.

■ **Zur Fähre,** Fährstraße 17, Tel. 29 71 96, www.zurfaehre-kneipe.de. Gemütliche Bierkneipe im besten Sinne! Hier wurde schon 1332 das Schankrecht erteilt. Heute geführt von der Stralsunder Kneipenlegende *Hannelore Höpner,* stadtbekannt als „Hanni". Der perfekte Ort für den stimmungsvollen Absacker oder auch zwei oder drei. Täglich ab 18 Uhr.

■ **Knieper-Eck,** Schillstraße 34/Ecke Knieperstraße, Tel. 20 72 54, www.kniepereck.de. Kultivierte Atmosphäre mit klassischer Musik. Kleine gemütliche Wein-und Teestube am Knieper-Tor. Dazu hervorragende Suppen. Mit Teeladen.

Aktivitäten

■ **Theater Vorpommern:** Olof-Palme-Platz 6, Info/Kartenverkauf Tel. 2 64 60, www.theater-vorpommern.de.

■ **Weiße Flotte:** Fährstr. 16, Tel. 2 68 10, www.weisse-flotte.de. Personenfähren nach Altefähr und Rügen, Hafenrundfahrten.

■ **Thematische Stadtführungen,** Treffpunkt jeweils vor der Tourismus-Zentrale, Alter Markt 9, Info-Tel. 24 69 70.

– **Altstadt-Rundgang:** Mai–Okt. tägl. 11 Uhr.

– **Nachtrundgang:** Mai–Okt. Di und Fr 21 Uhr. Mit dem Nachtwächter und allerhand Moritaten über Diebe, Mörder und Huren.

– **Kulinarischer Stadtrundgang:** Eine Tour durch die Altstadt mit 5 kulinarischen Stationen. Dauer: 3 Std. 34 € p./P. Anmeldung erforderlich!

– **Maritime Stadtführung:** Mai–Okt. Mi 16 Uhr. Auf den Spuren der Hanse durch die Meerstadt am Sund. Dauer: 2 Std., 7 € p./P.

■ **Stadtrundfahrten:** *Panoramabus,* Tel. 0172 3 12 65 07, April–Okt. ab 10 bis 17 Uhr alle 30 Min., Nov.–März 11, 12, 13, 14 und 15 Uhr, ab Neuer Markt.

■ **Fahrradverleih:** *Fahrrad-Nagel,* Wasserstraße 18, Tel. 29 41 35, www.fahrrad-nagel.de.

■ **Gokart:** *Kartbahn,* Am Bahnübergang 25, nahe Ostseecenter, Tel. 49 43 29, www.kartbahn-stralsund.de. 280 m lange Hallenbahn.

■ **Kino:** *Cinestar,* Frankenstr. 7, Tel. 28 85 58.

■ **Nightlife:** *8cht Vorne,* An der Fährbrücke 3, Tel. 28 18 88, www.facebook.com/carpe.diem.stralsund So–Do 20–1 Uhr, Fr u. Sa 20–3 Uhr (Studentenclub nicht nur für Studenten, Mi Disco).

Zapfbar, Heilgeiststraße 50, mobil: (0174) 7 61 70 07, www.zapfbar-stralsund.de, Di.–Do. 19.30–0 Uhr, Fr.–Sa. 19.30 Uhr – open end.

■ **Sport/Baden/Vergnügen:** *Hansedom,* Grünhufer Bogen (beim Tierpark), Tel. 3 73 30, www.hansedom.de. Großer Freizeit- und Erholungspark mit Wasser-, Saunawelt, Wellnesscenter und anderen Vergnügungsmöglichkeiten. *Seestern-Therme* So–Do 9.30–21 Uhr, Fr/Sa 9.30–23 Uhr, *Saunawelt* tägl. 9.30–23 Uhr).

■ **Baden:** *Strandbad,* Sundpromenade, Tel. 4 61 20, Mai–Sept. 9–18 Uhr.

■ **Segeln:** *Segelzentrum Dänholm,* Am alten Marinehafen 11, Tel. 29 74 44, www.segelschule-daenholm.de.

■ **Tierpark:** Barther Str., Tel. 25 34 80, www.zoo.stralsund.de (März–Okt. tägl. 9–18.30 Uhr, Nov.–Febr. 10–16 Uhr).

Schwule & Lesben

■ **Regenbogen-Verein für Schwule und Lesben e.V.,** Frankenstraße 61, 18439 Stralsund, www.regenbogen-hst.de. Jeden 1. Fr im Monat im *StiC-er* (Alte Eisengießerei), Frankenstraße 61, Regenbogen Club-Party ab 22 Uhr.

■ **Zapfbar,** Heilgeiststraße 50, mobil: (0174) 7 61 70 07, www.zapfbar-stralsund.de. Mi ab 19.30 Uhr entspanntes Klönen für Lesben und Schwule.

Feste und Veranstaltungen

■ **Segelwoche** (Juni), Regatta rund um Rügen und Hiddensee mit 64-jähriger Tradition, www.ycstr.de.

■ **Sundschwimmen** (Anfang Juli), Langstreckenschwimmen durch den Strelasund nach Altefähr und zur Insel Ummanz, www.sundschwimmen.de.

■ **Wallensteintage** (Ende Juli), großes Volksfest mit abwechslungsreichem Kulturprogramm zum Gedenken an den erfolgreichen Widerstand der Stadt gegen Wallenstein im Jahre 1628, www.wallensteintage.de.

Anreise | 244
Camping | 258
Informationsstellen | 242
Kleidung und Reisegepäck | 265
Klima und Reisezeit | 264
Kurtaxe | 263
Sport und Erholung | 266
Tipps für Kinder | 275
Unterwegs auf Rügen | 248
Unterkunft | 254

346rh ph

4

Praktische Reisetipps

Ehemaliger Fähranleger in Altefähr

Informationsstellen

Alle Urlaubsorte an der Küste betreiben eigene Informationsstellen, die touristische Auskünfte erteilen. Zumeist sind sie gleichzeitig zentrale **Vermittlungsstellen für Unterkünfte,** über deren örtliches Angebot sie jährlich aktualisierte, detaillierte Verzeichnisse bereithalten, in denen neben der Art der Unterkunft auch Lage, Ausstattung und Preis aufgeführt sind.

Das Angebot der kommunalen bzw. privaten Touristinformationen wird durch zusätzliche Stellen ergänzt, die Spezialinformationen wie beispielsweise zu den National- und Naturparks und Biosphärenreservaten bereithalten und ein eigenes, saisonales, von Fachpersonal begleitetes Angebot an Führungen, Tierbeobachtungen u.a. anbieten.

Die Adressen, Telefonnummern und Öffnungszeiten der einzelnen Informationsstellen finden sich im Infoteil der jeweiligen Ortsbeschreibung. Neben den lokalen Informationsbüros existieren Einrichtungen, die über die gesamte Region informieren.

Alle genannten Stellen versenden auf Anfrage aktuelles Infomaterial wie Unterkunftsverzeichnisse etc., mit der Bitte um einen freiwilligen Unkostenbeitrag von 2 bis 5 €. Darüber hinaus kann man bei diesen Adressen auch kostenpflichtiges Material wie Land-, Rad-, Wanderkarten, Reiseführer oder spezielle Verzeichnisse beziehen.

- **Tourismusverband Mecklenburg-Vorpommern e.V.,** Platz der Freundschaft 1, 18059 Rostock, Tel. (0381) 4 03 05 50, www.auf-nach-mv.de, info@auf-nach-mv.de.
- **Tourismuszentrale Rügen (TZR),** Ringstraße 113–115, 18528 Bergen, Tel. (03838) 8 07 70, www.ruegen.de, info@ruegen.de; Tourist-Info mit Buchungscenter u. Ticketshop, Am Markt, Bergen, (Mo–Fr 10–18 Uhr), Tel. (03838) 80 77 80.
- **Insel-Information Hiddensee,** Achtern Diek 18a, 18565 Vitte, Tel. (038300) 60 86 84, www.seebad-hiddensee.de, info@seebad-hiddensee.de.
- **Stralsund-Information,** Alter Markt 9, 18439 Stralsund, Tel. (03831) 2 46 90, www.stralsundtourismus.de, info@stralsundtourismus.de.

Private Touristik-Agenturen

- **Tourismus-Service Agentur,** Dünenstraße 49, 18609 Binz, Tel. (038393) 12 94 12, www.insel-ruegen.com, urlaub@insel-ruegen.com.
- **Rügener Reiselotse,** 18609 Binz, Proraer Chaussee 3f, Tel. (038393) 3 37 89, www.reiselotse.com, mail@reiselotse.com.

Zimmer zu vermieten und Produkte aus der Region zu verkaufen

LANDURLAUB
MECKLENBURG-VORPOMMERN e.V.
LandUrlaub
frei
Echter deutscher
HONIG
Wabenrein und kalt geschleudert
Original vom Imker
Joachim Westphal
Verkauf
gesponnener
Wolle
Pommernhof-Schäferei
038308 - 8294

290rh ph

Anreise

Mit dem Auto

Von Westen

Neue Verkehrsschlagader des Landes ist die **Ostseeautobahn A 20,** die mit der Inbetriebnahme des letzten Teilstücks bei Tribsees seit 2005 auf ihrer ganzen Länge befahrbar ist. Sie verknüpft auf 328 km die A 1 bei Lübeck mit der A 11 bei Prenzlau und entlastet dadurch massiv die Bundesstraßen entlang der Küste. So trägt die zwei Milliarden Euro teure Straße nicht nur zur ökonomischen Wiederbelebung der alten Handelswege nach Polen und ins Baltikum bei, sondern vereinfacht auch die Anreise nach Rügen enorm. Reisende aus Richtung Westen/Hamburg können die A 20 bis Tribsees benutzen und dann auf der ebenfalls neuen Umfahrung Stralsunds direkt zum **Rügendamm** kommen.

Über 70 Jahre lang war der **Rügendamm** der einzige Landzugang zu Deutschlands größter Insel und entsprechend ein Nadelöhr, das dem Besucher- und Warenstrom längst nicht mehr gewachsen war, und in Urlaubszeiten chronisch zu teils chaotischen Staus führte. Mit der Eröffnung der **neuen Rügenbrücke** im Jahr 2007 ist nun auch dieser Engpass beseitigt. Dazu hat die Insel mit dem spektakulären Bauwerk, das den Strelasund parallel zum alten Rügendamm 4 km lang und bis zu 42 m hoch in kühnem Schwung überspannt, sozusagen gleich an der Eingangspforte eine neue eindrucksvolle Sehenswürdigkeit erhalten. Der alte Rügendamm bleibt aber auch weiterhin geöffnet.

Neben diesen beiden Brücken kann man mit der nur vom 1.4. bis 1.11. verkehrenden **Glewitzer Fähre** (ca. 15 km östlich von Stralsund ab Strahlbrode) nach Rügen gelangen.

Schließzeiten des Rügendamms (Ziegelgrabenbrücke)

Jeweils max. 20 Min., tägl. 5.20 Uhr, 8.20 Uhr, 12.20 Uhr, 15.20 Uhr, 17.20 Uhr, 21.30 Uhr.

Fahrzeiten Glewitzer Fähre

Täglich ab 6 Uhr, Mai–Aug. bis 21.30 Uhr, April/Sept.–1.11. bis 20 Uhr, Pkw einfach 4,80 €, Fahrrad 1,20 €, Person 1,20 €. Jeweils im 20- bis 30-Minuten-Takt, bei Bedarf Pendelverkehr. Informationen unter mobil: (0172) 7 52 68 36, www.ruegen-faehre.de.

Von Süden

Reisende aus Richtung Süden/Berlin können bis **Rostock** die A 19 benutzen und dort auf der Ostseeautobahn A 20 bis Abfahrt Stralsund weiterfahren. Die zweite direkte Anbindung an den Berliner Ring und damit an das bundesweite Autobahnnetz ist die A 11 **Berlin – Stettin,** die mit dem Kreuz Uckermark Anschluss an die fertige **A 20** hat und so die bislang nervenzehrenden und zeitraubenden Ortsdurchfahrten auf der B 109 durch Prenzlau, Pasewalk und Neubrandenburg erspart.

292rh ph

Durch die Entlastung der **B 109** wird diese für Reisende mit Muße und Zeit andererseits wieder zu einer überlegenswerten Alternative. Die B 109 führt von Berlin via Wandlitz quer durch das herrliche **Wald- und Seengebiet** des Biosphärenreservats Schorfheide und das vorpommersche Endmoranengebiet. Diese ungemein reizvollen Landschaften machen schon die Anreise zu einem Erlebnis. Ab Greifswald bietet sich dann die Landstraße von Grimmen über Miltzow nach Reinberg an, wobei man mit der **Autofähre von Stahlbrode nach Glewitz** auf Rügen übersetzen kann.

Alternative zu Rügendamm und Rügenbrücke – die Glewitzer Fähre

Nach Hiddensee

Hiddensee ist nur mit dem **Schiff** zu erreichen. Ganzjährig und regelmäßig verkehren nur von **Schaprode** auf Rügen Personenfähren. Von **Stralsund** verkehrt die Hiddensee-Fähre nur von Mai bis September und zum Jahreswechsel. Wegen des Autoverbots auf Hiddensee muss der Wagen für die Zeit des Aufenthalts im Fährhafen abgestellt werden. In Schaprode stehen dafür kostenpflichtige und bewachte Parkplätze zur Verfügung, in Stralsund jedoch nicht. Empfehlenswert ist hier nach Ausladen des Gepäcks am Fähranleger die Benutzung des kostenpflichtigen Parkhauses Weingartenbastion (ca. 15 Min. Fußweg von der Anlegestelle entfernt) oder die Anreise mit der Bahn.

Ebenfalls nur in der Saison und eher für Tagesausflügler gedacht sind die fahrplanmäßig verkehrenden Ausflugsboote von **Wiek/Rügen, Zingst** und **Barth** nach Hiddensee.

Fährgesellschaften

- **Stralsund:** *Reederei Hiddensee,* Fährstr. 16, Tel. (03831) 2 68 10, www.reederei-hiddensee.de.
- **Hiddensee/Vitte:** *Reederei Hiddensee,* Achtern Diek 4, Tel. (038300) 2 10.
- **Wassertaxi** (ab 7 bis max. 20 Personen): *Hiddenseer Taxiring,* Tel. (038300) 2 10; Schaprode – Vitte/Kloster 80 €.

Mit der Bahn

Alle Züge nach Rügen führen über **Stralsund** und den **Rügendamm.** Von Stralsund gibt es eine Bahnverbindung über Bergen nach Sassnitz und zum Seebad Binz.

Alle Angaben gelten für den Tag der Drucklegung. Da die Bahn Preise für Zugtickets möglicherweise anpasst und spezielle Angebote z.T. nur kurzfristig gelten, sind sämtliche Angaben im diesem Kapitel ohne Gewähr. Bitte erkundigen Sie sich deshalb unter www.bahn.de oder im Servicecenter Ihres Heimatbahnhofes unbedingt nach den derzeit aktuellen Angeboten und Preisen.

Mecklenburg-Vorpommern Ticket

Mit dem Mecklenburg-Vorpommern-Ticket für 23 € kann man Mo–Fr ab 9 Uhr bis 3 Uhr des Folgetages (Sa/So schon ab 0 Uhr) das gesamte Nahverkehrsnetz von Mecklenburg-Vorpommern nutzen (bis zu 4 Mitfahrer zahlen jeweils nur 4 €). Über die Landesgrenzen hinaus können folgende Strecken benutzt werden:
– **Brandenburg:** Grabow bis Bad Wilsnack und Pasewalk bis Prenzlau;
– **Hamburg:** Reinbek bis Hamburg Hbf. einschließlich Großraum Hamburg;
– **Schleswig-Holstein:** Lübeck Hbf. über Herrnburg bis Schwanheide, von Grambow nach Stettin (mit Stadtverkehr), auf dem Gesamtnetz der Usedomer Bäderbahn (UBB) sowie der Pressnitztalbahn-Strecke Bergen/Rügen bis Lauterbach.

Ostsee-Ticket

Ganzjährig gibt es das günstige Ostsee-Ticket, mit dem man von festgelegten Bahnhöfen in Berlin und Brandenburg zu zahlreichen Zielbahnhöfen an der Ostseeküste fahren kann. Hin- und Rückfahrt innerhalb von 9 Tagen für bis zu 5 Personen. Die 1. Person zahlt 44 €, alle erwachsenen Mitfahrer nur 34 € (am Automaten und im Internet, sonst 48/38 €). Kinder bis 15 Jahre in Begleitung der Eltern oder Großeltern fahren umsonst mit. Allein reisende Kinder bis 14 Jahre zahlen 39 €. Mit dem Ostsee-Ticket sind Rabatte und Vergünstigungen verknüpft. Achtung: Das Ostsee-Ticket kann **nicht im Zug** erworben werden.

Bernstein-Ticket

Das **Bernstein-Ticket** (Erw. 16 €, Kind 10 €, Gruppe bis max. 5 Pers. mit max. 2 Erw. 30 €) gilt für 1 Tag bis 3 Uhr des Folgetages. Das Ticket gilt jeweils für einen Tag auf den Strecken der DB Regio

Nordost, in den Zügen der Usedomer Bäderbahn und in Zügen der Eisenbahn-Bau- und Betriebsgesellschaft Pressnitztalbahn mbH (alle 2. Klasse). Es gilt nicht für die Bäderbahn „Rasender Roland“!

Das **Bernstein-Ticket auf Rügen** gilt auf allen Buslinien der Rügener Personennahverkehrs GmbH (RPNV). Es gilt außerdem in den Bussen der Verkehrsgesellschaft Vorpommern-Rügen GmbH (VVR).

Hanse-Express

Der HanseExpress verbindet täglich im 2 Std-Takt Hamburg Hbf. mit Rostock (mit Umsteigen in Rostock auch Stralsund und Sassnitz sowie Ostseebad Binz auf Rügen).

Bahn & Bike

Das für einen Tag gültige **Radticket im Regionalverkehr MV** kostet 5 €. Vergünstigungen bei der Fahrradmitnahme gibt es z.B. in Verbindung mit dem Ostsee-Ticket, dem Schönes-Wochenende-Ticket oder dem M-V-Ticket.

■ **Info:** *Radfahrer-Hotline* (01805) 99 66 33 (20 Ct./Min.), www.bahn.de/bahnundbike.

City Night Line

Die City Night Line-Verbindung „Sirius“ führt direkt von Zürich über Frankfurt bis nach Berlin. Im Juli und August verkehrt er durchgehend bis nach Binz.

■ **Info/Fahrzeiten:** Tel. (0180) 6 99 66 33, (20 ct/Anruf aus Festnetz) www.bahn.de/citynightline.

151rh ph

In geschützten Naturzonen sind manchmal Auto und Fahrrad verboten

152rh ph

Unterwegs auf Rügen

Bahn

Deutsche Bahn

Das Eisenbahnnetz der Deutschen Bahn auf Rügen beschränkt sich auf zwei Hauptstrecken und eine Nebenstrecke. Die wichtigste, meist für den Transit nach Skandinavien genutzte Linie führt von Stralsund über die Hauptstadt Bergen quer durch die Insel bis **Sassnitz.** Ebenfalls über Bergen führt die Verbindung zum bedeutendsten Badeort der Insel, dem Seebad **Binz.**

PRESS

Die Pressnitzbahn, die auch die RüBB betreibt, bedient die **Normalspurstrecke Bergen – Putbus – Lauterbach Mole** und stellt so die Schienenverbindung von der Normalspur zur Schmalspur her.

Info: Bahnhofstraße 14, Putbus, Tel. (0180) 1 77 37 71 (20 ct/Anruf), www.bergen-lauterbach.com.

Schmalspurbahn

Die **Rügensche BäderBahn (RüBB)**, kurz auch der „Rasende Roland“ genannt, verkehrt ganzjährig auf der Strecke Putbus/Lauterbach – Göhren mit Halt u.a. in den Seebädern Binz, Sellin und Baabe. Die schmalspurige Traditionsbahn ist weit mehr als nur ein öffentliches Verkehrsmittel. Die museale Puppenstubenbahn wird von historischen Dampfloks gezogen. Mit maximal 30 km/h schnauft die niedliche Bahn durch die landschaftlich reizvolle Granitz direkt zu den Stränden der großen Seebäder (siehe auch Exkurs „Der Rasende Roland – mit 30 km/h durch die Rügenschen Wiesen“).

Info: *Rügensche BäderBahn „Rasender Roland“*, Bahnhofstraße 14, Putbus, Tel. (038301) 8 84 00, www.ruegensche-baederbahn.de.

Bus

Der Rügener Personennahverkehr (RPNV) hat ein gut ausgebautes Busnetz, mit dem praktisch alle Orte auf Rügen zu erreichen sind. Hauptstrecken werden von Mai bis Oktober täglich im 15 Minuten-Takt bedient. Alle RPNV-Linien sowie die Fahrpläne der Kleinbahn Rasender Roland, der Rügenlinien der Deutschen Bahn AG sowie der Reederei Hiddensee, der Autofähren von Glewitz und Wittow und der Personenfähre Stralsund – Altefähr sind in dem Fahrplanheft im Taschenbuchformat enthalten, das beim RPNV als Broschüre oder unter www.rpnv.de als Download erhältlich ist.

Beim Preis gilt das sogenannte **„Wabenmodell“**, das die gesamte Insel in 62 Waben und in 10 Tarifzonen einteilt. Der Fahrpreis berechnet sich nach der Anzahl der durchfahrenen Tarifzonen. So kostet ein Einzelfahrschein innerhalb einer Tarifzone z.B. im Stadtgebiet Stralsund 1,65 €, beim Durchfahren aller Tarifzonen max. 8,30 €. Eine Tageskarte für ganz Rügen kostet 12,10 €, die Wochenkarte 45 €. Das Hiddensee-Ticket, das auch die Fähre einschließt, gibt es für 25 €, das Königsstuhl-Ticket mit Eintritt ins NLP-Zentrum für 18 €.

Das **Bernstein-Ticket Rügen** zu 16 € gilt im Gesamtnetz für beliebig viele Fahrten in allen Bussen der Verkehrsgemeinschaft Nordvorpommern (VGN), des RPNV und der SWS Nahverkehr sowie für die DB-Regio- und PRESS-Strecken auf Rügen und in Stralsund. Alle Tickets erhält man beim Busfahrer.

Fahrräder werden von den sogenannten RADzfatz-Bussen mitgenommen, die mit einem Radanhänger verkehren. Die Fahrradmitnahme im Bus kostet 2 €, es können max. 16 Fahrräder mitgenommen werden. Uneingeschränkte Rad-Mitnahme ist bei der Kleinbahn, bei DB Regio und bei der Weißen Flotte möglich. Die Reederei *Hiddensee* garantiert die Mitnahme nur auf der *MS Vitte*, auf den anderen Hiddensee-Fähren nur je nach Kapazität. Gruppen müssen sich mindestens 24 Std. vorher anmelden!

◁ Mit Volldampf durch die Granitz – der Rasende Roland

Inselbus Hiddensee

Auf der (fast) autofreien Insel Hiddensee verkehrt mehrmals täglich zwischen den Orten ein Inselbus. Die Tageskarte kostet 4,30 € (Kind 1,90 €), die Halbtageskarte 3,10 €. Für das Fahrrad und Hund sind jeweils 1,90 € zu entrichten. Gruppen müssen sich mindestens 24 Stunden vorher anmelden!

■ **Info/Tickets/Fahrplan:** *InfoThek*, Busbahnhof Bergen, Friedenstraße 24, 18528 Bergen/Rügen Tel. (03838) 20 29 55, www.rpnv.de, Mo–Fr 9–12.45 Uhr und 13.15–17 Uhr, Juli/Aug. zusätzlich Sa 9–12 Uhr.

Flug

Regelmäßige Linienflüge nach Rügen gibt es nicht. Der Inselflugplatz Güttin bietet in der Saison täglich ab 10 Uhr verschiedene **Inselrundflüge** von 20 bis 90 Minuten Dauer an.

Der nächstgelegene **Flughafen** mit Liniendienst ist Rostock/Laage (www.rostock-airport.de). Ganzjährige Verbindungen bestehen nach Köln/Bonn, Stuttgart und München, im Sommer auch nach Linz/Österreich.

Abgestimmt auf die Abflug- und Ankunftszeiten verkehrt die Regionalbus-Linie 127 zwischen ZOB Rostock und dem Flughafen. Den genauen Fahrplan findet man unter www.rebus.de/index.php?p=flughafen.htm.

Zum **Inselflugplatz** bei Güttin auf Rügen gibt es keine Linien-Verbindungen. Er dient ausschließlich als Sportflugplatz, von dem man Rundflüge über die Insel und die vorpommersche Küste buchen kann.

■ **Ostsee-Flug-Rügen,** Flughafen Güttin, Tel. (038306) 12 89, www.flugplatz-ruegen.de.

Fahrrad

Aus gutem Grund erfreut sich Urlaub mit dem Fahrrad zunehmender Beliebtheit: Radeln schont die Umwelt und ist gesund.

Doch es spricht noch mehr dafür, sich im Urlaub in den Sattel zu schwingen. Anstatt die Aufmerksamkeit auf den Straßenverkehr richten zu müssen, erlebt man mit dem Fahrrad die Schönheit und Vielfalt der Landschaft unmittelbar. Gerüche, Geräusche, Temperaturunterschiede, Höhendifferenzen, Luftbewegungen, ein Schwätzchen am Wegesrand – der Radfahrer entdeckt Land und Leute weit intensiver und differenzierter als der Autopilot. Ganz praktisch ist das

Rügen per E-Bike

Gemeinsam mit dem Hersteller *movelo* entwickelte die Tourismuszentrale Rügen die Insel zu einer **Modellregion für das E-Bike.** Diese neue Fahrrad-Generation ermöglicht mit seinem unterstützenden Elektromotor ein überaus komfortables Reisen mit dem Rad. Damit man nicht mit leerem Akkus liegen bleibt, gibt es inselweit derzeit 35 Verleih- und Ladestationen, an denen der Akku (Reichweite ca. 80 km) kostenlos aufgeladen werden kann. Problem: die verschiedenen Hersteller haben verschiedene Akkus, die nur in die eigene Ladestation passen. Besser also: stets seine eigene Ladestation mitnehmen. Dann kann man an jeder Steckdose den Akku „volltanken".

Rad dort, wo Autos nicht fahren dürfen. Und da findet sich meist das schönste Picknickplätzchen, die bunteste Blumenwiese, die lauschigste Badestelle.

Wer mit dem Auto anreist und kein Fahrrad mitführen kann, braucht auf die Zweiradwonnen dennoch nicht zu verzichten. In fast allen Ferienorten halten **Verleihstationen** die praktischen, umweltfreundlichen Fortbewegungsmittel bereit. Die Adressen sind im Infoteil der jeweiligen Ortsbeschreibung zu finden.

Radeln auf Rügen und Hiddensee

Hiddensee ist nichts weniger als ein Radlerparadies, denn die schmale, langgezogene Insel ist **für private motorisierte Fortbewegungsmittel gesperrt.** Einzige zugelassene Verkehrsmittel auf dem „söten Länneken" sind die eigenen Beine, Pferdekutschen und eben das Fahrrad. Fast alle Vermieter auf der Insel halten deshalb für ihre Gäste Räder bereit.

Völlig unverständlich ist jedoch, warum eine Insel, die damit wirbt, ein Radlerparadies zu sein, eines ihrer Hauptausflugsziele, den Dornbusch und den Leuchtturm auf demselben, für Radfahrer sperrt. Der verärgerte Radler fragt sich zu Recht, ob es nicht viel naheliegender wäre, für Fußgänger und Radler die entsprechenden Wege anzulegen, statt die arglosen Besucher zu narren und die Gegend mit Verbotsschildern zuzupflastern?

Rügen ist ein reizvolles Fahrradland. Gut 300 km lang ist das **Radwegenetz** der Insel, das stetig weiter ausgebaut wird, aber leider noch immer lückenhaft ist. Die Insel ist überwiegend sanft hüge-

Gefährliche Alleen – wo radelt man sicher?

Streckenweise problematisch und teils auch richtig gefährlich ist auf Rügen das Befahren von belebten Straßen. Auch wenn manch noch so schöne Allee lockt, sollte man **stark befahrene Straßen unbedingt meiden.** Zum einen herrscht unter den Bäumen auch bei Sonnenschein oft Dämmerlicht, so dass man von Autofahrern leicht übersehen wird – immer wieder kommt es zu sehr schweren, oft tödlichen Unfällen. Zum anderen wird die Straße durch die Bäume stark eingeengt, wodurch kaum Raum zum Ausweichen bzw. Überholen bleibt. Und mit einer kilometerlangen Autoschlange hinter sich radelt es sich nicht gerade entspannt.

Dort, wo Straßen neu asphaltiert wurden, lauert auf den Radfahrer eine weitere heimtückische Gefahr: Die **neuen Beläge** sind manchmal derart hoch aufgetragen, dass zum meist unbefestigten Seitenstreifen hin ein sehr hoher Absatz entstanden ist. Stürze sind hier oft vorprogrammiert.

Längere und gefährliche Streckenabschnitte lassen sich am besten **mit den RADzfatz Rad-Linienbussen** überbrücken, die von Mai bis Ende Oktober mit Fahrradanhängern verkehren.

Viel entspannter und sicherer radelt es sich abseits der Autopisten. Neben gut ausgebauten **Radwanderwegen,** deren Netz ständig erweitert wird, eignen sich je nach Witterung auch **Feld- und Waldwege** für beschauliche Radtouren. Auf diesen Strecken ist jedoch mancherorts mit beschwerlichen Streckenabschnitten wie Kopfsteinpflaster, Sandpfaden oder Betonschwellen zu rechnen. Ein stabiles, für leichte Geländefahrten geeignetes Fahrrad mit breiten Reifen ist deshalb empfehlenswert.

153rh ph

lig. Lange Steigungen brauch man nicht zu fürchten. Der Piekberg auf Jasmund ist mit 161 m schon Rügens höchster Berg. Die schönsten Fahrradzeiten sind Frühling und Herbst, wenn auf Rügen und seinen Straßen weitgehend Ruhe herrscht. Durchgehend ausgeschildert, jedoch noch nicht durchgehend als Radweg ausgebaut ist der rund 330 km lange **Fernradweg Rügen-Rundtour.**

Radwanderungen

Neben vielzähligen Tagestouren bietet sich auch die Möglichkeit, auf mehrtägigen Touren die Insel zu entdecken. Hierbei leisten die **Radwanderkarten Rügen** gute Hilfe. Für die Übernachtung wendet man sich am besten an die jeweiligen Tourist-Informationen. In der Hochsaison ist es ratsam, sich rechtzeitig um das Nachtlager zu kümmern, da Rügen dann oft ausgebucht ist. Praktisch ist die vom ADFC herausgegebene Broschüre „Bett & Bike", die bundesweit 5500 besonders radfreundliche Unterkünfte auflistet und für 9,45 € beim ADFC erhältlich ist. Die Regionalliste MV mit 277 Adressen findet man auf der Internet-Seite des ADFC MV.

Wind- und regenfeste Kleidung ist an der Ostsee immer angebracht.

Wer längere Radtouren unternehmen, sich dabei aber nicht mit schwerem Gepäck belasten und um die Unterbringung kümmern will, kann an **organisierten Radtouren** mit Gepäckbeförderung teilnehmen. Diese haben den Vorteil, dass man dabei stets in einer Gruppe Gleichgesinnter und mit orts- und sachkundigen Führern unterwegs ist.

Der Radspezialist von Rügen und für Rügen ist *Josef Renger,* der auf seiner In-

Das Fahrrad ist ein ideales und beliebtes Fortbewegungsmittel auf Rügen

ternet-Seite viele Tipps und Ratschläge zum Thema anbietet und gerne bereit ist, persönlich Auskunft zu geben und als Ihr individueller Radwanderführer bereit steht.

- **Josef Renger,** W.-Pieck-Ring 13, 18528 Bergen/Rügen, Tel. (03838) 25 22 38, www.radfahren-auf-ruegen.de.
- **Information:** *ADFC LV Mecklenburg-Vorpommern*, Hermannstr. 36, 18055 Rostock, Tel. (0381) 37 70 69 76, www.adfc-mv.de, www.bettundbike.de;

  Radsportverein *Tour d'Allée Rügen*, Wiesengrund 73, 18528 Zirkow, Tel. (038393) 3 24 71, www.tda-ruegen.de. Tourenvorschläge für Radwandern auf Rügen.
- **Geführte Radtouren:** *Auf Rügen Radfahren, Kirsten-Susann Wiedenhöft,* Nesebanz 6, 18574 Gustow, Tel. (038307) 4 03 27, www.ruegen-radfahren.de. Die engagierte und ambitionierte Ruganerin bietet mehrtägige geführte und individuelle Touren mit Gepäcktransport und Übernachtung.

Autofahren

Straßenzustand

Die großen **Bundesstraßen** und Hauptverkehrsadern auf Rügen sind sämtlich neu ausgebaut. Auch die meisten Landstraßen und Nebenstrecken wurden in den vergangenen Jahren den Anforderungen an den modernen Individualverkehr angepasst. Dennoch ist das Straßennetz Rügens in der Hauptreisezeit dem Besucheransturm oft nicht gewachsen. Das liegt überwiegend daran, dass auf Rügen rund 350 km und damit fast alle Straßen **von herrlichen Alleen gesäumt** sind, die zwar wunderschön sind, eine wesentliche Verbreiterung der Fahrbahn oder das Anlegen von Seitenstreifen jedoch nicht zulassen. Chronisch überlastet ist deshalb z.B. die Straße von Stralsund und den viel besuchten Ostseebädern der Granitz, die wegen ihrer unter Schutz stehenden Alleen ein Nadelöhr ist und bleiben muss. In abgelegenen Ecken und im Hinterland trifft man jedoch auch noch auf eher einsame Verkehrswege.

Neben uraltem Straßenpflaster, das den Eindruck macht, als wären schon Napoleons Heerwürmer darauf marschiert, trifft man hier auch auf einspurige Betonschwellenwege, die sich ungefähr so komfortabel befahren lassen wie ein Eisenbahndamm. Manchmal sind diese Betonelemente materialsparend schienenartig in Längsrichtung verlegt, so dass der Fahrer sehr konzentriert die Richtung halten muss, um nicht mit den Rädern seitlich in unergründliche Tiefen abzurutschen.

Ortsdurchfahrten sind mancherorts noch Kopfsteinpflasterstraßen, die bei Nässe bekanntlich sehr rutschig werden. Da es in den Dörfern darüber hinaus häufig keine oder nur sehr schmale Bürgersteige gibt, muss verstärkt auf Fußgänger auf der Fahrbahn geachtet werden.

Alleen

Die meisten Straßen werden von prachtvollen Alleen gesäumt, die mit ihren Dächern aus dicht verwachsenen Baumkronen regelrechte grüne Tunnel bilden. Darin herrscht auch bei strahlendem Sonnenschein **diffuses Dämmerlicht.** Der Wechsel von hellen, baumfreien Straßenabschnitten zu dunklen Alleen erfolgt ständig und schnell, was die Au-

010rh ph

gen und damit die Verkehrssicherheit extrem beeinträchtigt. Andere Verkehrsteilnehmer, insbesondere Fußgänger und Fahrradfahrer, werden auf den Alleestraßen deshalb häufig nicht oder zu spät wahrgenommen, was zu dramatisch vielen tödlichen Unfällen geführt hat. Deshalb sollte man zumindest auf Rügen zu jeder Tages- und Jahreszeit unbedingt immer **mit Licht fahren.** Die Kampagne „Auf Rügen mit Licht" hat die Unfallzahlen schlagartig und drastisch um etwa 50 % gesenkt!

Die alten Bäume engen den Fahrweg stark ein, so dass auf den schmalen Straßen bei entgegenkommenden Caravans oder Lkw kaum Ausweichmöglichkeiten bestehen. Im Herbst ist mit viel Laub auf der Fahrbahn zu rechnen, das besonders bei der für diese Jahreszeit typischen feuchten Witterung die Bodenhaftung und Bremswirkung der Räder stark vermindert. Um sich selbst, die anderen Verkehrsteilnehmer und die Umwelt zu schonen, sollte man auf Rügen **grundsätzlich langsam und umsichtig fahren.**

Unterkunft

Hotels und Pensionen

Obwohl sich seit 1993 auf Rügen nicht nur die Besucherzahl von 592.000 auf ca. 1,3 Millionen (2014), sondern auch die Bettenkapazität bald verdreifacht hat und heute fast 57.000 Betten bereitstehen, wächst die Zahl der Übernachtungsmöglichkeiten stetig weiter. Nicht aber die der Übernachtungen, die seit

2004 stagnierte oder teils auch leicht rückläufig war. Erst 2008 konnte mit 6,3 Mio. Übernachtungen das Rekordjahr 2003 fast wieder erreicht werden. Gleichzeitig sank jedoch die Auslastung von 46 % (1994) auf 34% (2014). Was den Hoteliers und Vermietern Sorge bereitet, kommt dem Urlauber zu Gute. War es noch Anfang der 1990er Jahre im Sommer ein unkalkulierbares Wagnis, ohne feste Unterkunft nach Rügen zu reisen, ist heute selbst in Ferienzeiten meist auch **spontan** irgendwo eine Übernachtungsmöglichkeit zu finden. Engpässe gibt es nur noch im August und bei den preislich mittleren bis günstigen Unterkünften. Im gehobenen bis luxuriösen Sektor findet man immer eine freie Suite.

Standard

Alle älteren Hotels und Pensionen sind grundlegend modernisiert worden und bieten, je nach Kategorie, die dem Standard angemessene Ausstattung; für neuerrichtete Hotels und Appartementhäuser gilt dies ohnehin. So sind einfache, preiswerte Hotelunterkünfte inzwischen leider selten geworden. Überhaupt haben sich Rügen und die vorpommersche Ostseeküste rasant zu einer allzu hochpreisigen Ferienregion entwickelt, was sicher auch seinen Teil dazu beiträgt, dass die Besucherzahlen stagnieren.

Alleen – wunderschön, aber auch gefährlich

Preise und Zimmersuche

Traditionsreiche, vielbesuchte Ferienregionen sind nicht gerade die preisgünstigsten Urlaubsorte. Und da Rügen und Hiddensee sich zu mit den begehrtesten Adressen an Deutschlands Ostseeküste entwickelt haben, sind die Preise hier noch etwas höher. Die Mehrzahl der Hotels gehört der Kategorie ② an, ein DZ inkl. Frühstück kostet durchschnittlich ca. 70–80 €. Unterkünfte der Kategorie ① sind eine Rarität und nur in abgelegeneren, weniger besuchten Regionen zu finden. Preisangaben dieser Art sind jedoch relativ und problematisch, weil sich je nach Ort, Lage und Ausstattung günstigere wie wesentlich teurere Zimmer finden lassen. Hinzu kommt, dass die meisten Hotels und Vermieter das System von Hochpreisen in der Saison bzw. deutlich günstigeren Angeboten außerhalb der Hauptreisezeiten eingeführt haben.

Preiskategorien für 1 DZ mit Frühstück

Um schnell feststellen zu können, in welchem Preissegment sich eine bestimmte Unterkunft bewegt, wurden diese im Buch mit Zahlen von ① bis ④ gekennzeichnet:

①	**bis 50 €**
②	**50–100 €**
③	**100–150 €**
④	**ab 150 €**

Diese Kategorien sollen als Orientierungs- und Vergleichsgröße dienen. Es ist unbedingt zu empfehlen, sich vor Antritt der Reise oder Buchung sich nach den jeweils aktuellen Saison- und Tagespreisen zu informieren.

Einen Überblick über das jeweilige Angebot verschaffen die **detaillierten Unterkunftsverzeichnisse** der regionalen und lokalen Fremdenverkehrsämter oder die großen Buchungsportale im Internet.

Privatzimmer und Ferienwohnungen

Neben Hotels und Pensionen steht eine große Anzahl von Privatzimmern und -wohnungen zur Verfügung. Gewöhnlich sind die Zimmer für 2 Personen ausgestattet. Viele verfügen über eine Kochnische. Frühstück ist entweder inklusive oder für etwa 3–5 € zusätzlich zu erhalten. Ferienwohnungen sind meist für 2 bis 4, manchmal für bis zu 6 Personen ausgelegt und mit einem Schlaf- und Wohnzimmer sowie einer separaten Küche ausgestattet. Die Preise schwanken je nach Lage, Ausstattung und Jahreszeit erheblich. Im Mittel bewegen sie sich zwischen 35 und 55 € pro Tag für ein Zimmer. Eine Wohnung kostet etwa zwischen 50 und 100 € pro Tag.

Unterkünfte in Privathäusern haben den Vorteil, dass man durch den **Kontakt zu den Gastgeberfamilien** nicht nur die Menschen vor Ort kennen und verstehen lernt, sondern auch durch ihre Heimatkenntnis wertvolle Tipps und Hinweise erhält, die dem Fremden gewöhnlich verborgen bleiben. Oft finden die Kleinen im Nachwuchs des Vermieters gleich noch Freunde und Spielkameraden und einen Garten dazu, wo sie sich gefahrlos austoben können. Und schließlich entwickelt sich so manches Mal gar eine Freundschaft, die die Urlaubstage überdauert. Private Unterbringung ist also durchaus eine empfehlenswerte Alternative. Bei der Auswahl sind die detaillierten Listen der **Gastgeberverzeichnisse** sehr hilfreich.

Buchen im Internet

Es ist ein weit verbreiteter Irrglaube, dass man beim Buchen einer Unterkunft über die großen Buchungsportale im Internet einen besonders günstigen Preis erhält. Den dort genannten Preis erhalten Sie auch, wenn Sie direkt über die **Internetseite der Hotels** buchen. Die Buchungsportale sind gut und hilfreich, um sich einen Überblick über Angebot und Preise zu verschaffen, aber für die Hotels wird für jede über sie getätigte Buchung eine hohe Provision fällig. Wer möchte, dass sein Geld beim Hotelier seiner Wahl bleibt, der **bucht direkt.**

Appartements und Urlaubsdörfer

Neu im „nachwendischen" Übernachtungsangebot sind reine Appartementhäuser und Urlaubsdörfer, die speziell für die Bedürfnisse des Feriengastes zugeschnitten sind und voll ausgestattete Ferienwohnungen und kleine Ferienhäuser anbieten. Ihre Zahl nimmt auf Rügen stetig zu. Meist werden sie nur **wochenweise** vermietet. Für kleinere Reisegruppen und Familien stellen sie eine Möglichkeit dar, wie im eigenen Haus kostengünstig als **Selbstversorger** zu logieren.

Ferienparks

Eine weitere Variante sind Anlagen, die den Charakter eines eigenständigen Dorfes haben und vom Hotel über Ferienwohnungen und -häuser bis zum eigenen Schwimmbad, Sportareal oder Reiterhof über eine sehr umfangreiche Infrastruktur verfügen. Die allesamt neu auf der Wiese errichteten „Ferienmaschinen“ haben aber den Nachteil, dass Urlauber hier dank des umfangreichen Freizeitangebotes geneigt sind, ihren Ferienpark kaum zu verlassen und somit weitestgehend unter sich bleiben. Außerdem haben die sämtlich neu angelegten Feriendörfer bislang noch oft den wenig charmanten Charakter von **Neubausiedlungen.** Es wird sicher noch so manches Jahr ins Land gehen, bis die Natur sie einladender und gemutlicher gestaltet hat.

Bungalows

Die preisgünstigste Version der festen Unterkunft, die allerdings eher Camping- denn Wohnungs-Charakter hat, sind Bungalows. Dabei handelt es sich um schlichte Hütten, die in Wohn- und Schlafbereich und eine kleine Kochecke unterteilt sind. Sie verfügen nur über eine Mindestausstattung. Sanitäreinrichtungen sind wie auf **Campingplätzen,** denen diese Hütten meist angeschlossen sind, separat. Mangels Heizmöglichkeit sind sie überwiegend nur in der warmen Jahreszeit nutzbar. Bisweilen findet man auf Rügen noch große, eigenständige Bungalowsiedlungen, wie sie einst in der gesamten DDR in großer Zahl anzutreffen waren. Im schönen Wald der Schwarbe auf Wittow versteckt sich gleich eine ganze Reihe dieser Siedlungen, die besonders für naturverbundene Menschen mit schmaler Urlaubskasse und echter Campermentalität geeignet sind.

Urlaub auf dem Lande

Nicht nur, aber **besonders für Stadtkinder** höchst spannend ist es, die Ferien auf einem lebendigen Bauernhof zwischen Tieren und Traktoren zu erleben. Hier können die Kleinen nicht nur sehen und lernen, wo Wurst, Milch und Brot herkommen oder wie man Getreide und Kartoffeln anbaut, sondern auch selbst mit anpacken. Heu ernten, Hühner füttern, mit dem Hofhund spielen und vieles mehr lässt bei Kindern keine Sekunde Langeweile aufkommen. Die Bauernhöfe liegen **ruhig, oft in Einzellage** inmitten der stillen Natur und bieten grenzenlosen Platz zum Spielen und Entdecken. Das Gastgeberverzeichnis „Landurlaub M-V“ und „Reiturlaub M-V“ ist kostenlos erhältlich. Zum kostenlosen Download stehen die Broschüren „Heuherbergentour M-V“ sowie „Hofläden und Hofcafés in M-V“ auf der Internetseite bereit.

- **Landurlaub MV e.V.,** Platz der Freundschaft 1, 18059 Rostock, Tel. (0381) 4 03 06 30, www.landurlaub.m-vp.de.

Jugendherbergen

Die Übernachtung in Jugendherbergen setzt die beitragspflichtige **Mitgliedschaft in einem Jugendherbergsverband** voraus. Diese kann auch direkt in der JH erworben werden. Für Familien und Gruppen ist eine **schriftliche Anmeldung** unbedingt erforderlich. Einzelreisende sollten sich einen Tag vor Ankunft telefonisch ankündigen. Allgemeine Informationen zu den Jugendherbergen in Mecklenburg-Vorpommern erteilt:

- **Deutsches Jugendherbergswerk MV,** Charles-Darwin-Ring 4, 18059 Rostock, Tel. (0381) 77 66 70, www.djh-mv.de.

Auf Rügen selbst gibt es drei Jugendherbergen, auf Hiddensee keine. Neu hinzu gekommen ist die JH Prora in einem Trakt des ehemaligen KdF-Gebäudes. Mit 400 Betten – alle Zimmer mit Meerblick! – ist dies die **längste und größte Jugendherberge der Welt.** Zu ihr gehört der direkt hinter den Stranddünen gelegene Jugendzeltplatz Prora. Eine vierte JH findet man auf dem Festland am Strelasund in Stralsunds Ortsteil Devin.

- **JH Binz,** Strandpromenade 35, Tel. (038393) 3 25 97, http://binz.jugendherbergen-mv.de. Geschlossen: 23.12.–27.12., Ü/F, Junioren ab 22,40 €, Senioren ab 27,40 €.
- **JH Sellin,** Kiefernweg 4, Tel. (038303) 9 50 99. Geschlossen 1.11.–23.3., Ü/F Junioren ab 24 €, Senioren ab 29,50 €.
- **JH Prora,** Mukraner Straße, Gebäude 15, 18609 Prora, Tel. (038393) 6 68 80, http://prora.jugendherbergen-mv.de. Die längste Jugendherberge der Welt! Alle Zimmer haben Meerblick. Junioren ab 24 €, Senioren ab 29,50 €. Geschlossen 1.11.–23.3. Ein großer Zeltplatz in Toplage direkt am Strand mit modernen Sanitäranlagen ist angegliedert. Ü/F Junioren ab 13,90 €, Senioren ab 19,40 €.
- **JH Stralsund-Devin,** Strandstr. 21, Tel. (03831) 49 02 89. Geschlossen: 24.12.–26.12., Ü/F Junioren ab 21,40 €, Senioren ab 25,90 €.

Camping

Auf Rügen stehen, überwiegend an der Küste, zahlreiche **Camping- und Wohnmobilplätze** mit einer Gesamtkapazität für rund 15.000 Personen zur Verfügung. Auf **Hiddensee** dagegen ist **Campen grundsätzlich verboten.**

Die **Campinggebühren** sind sehr unterschiedlich, so dass sie im Einzelfall bei der jeweiligen Verwaltung erfragt werden müssen. Die meisten Plätze sind nur in der Saison, also von **April bis Oktober** geöffnet, immer mehr bieten jedoch auch Wintercamping an. Genaue Angaben zu den einzelnen Plätzen finden sich unter dem Stichwort „Unterkunft“ in der jeweiligen Ortsbeschreibung.

- **Verband der Campingplatzbetreiber M-V (VCFMV):** Pläterstraße 2, 18055 Rostock, Tel. (0381) 4 03 48 55, www.vcwmv.de.

Wohnmobile und Caravans

Während das klassische Zelten und auch der Wohnwagenurlaub ständig rückläufig sind, gewinnt der Urlaub mit dem Wohnmobil Jahr für Jahr neue Anhänger. Die Campingplatzbetreiber haben sich auf diese Klientel eingestellt und die nötigen Ver- und Entsorgungseinrichtungen geschaffen. Einige Plätze erheben für Chemietoiletten jedoch eine zusätzliche Gebühr.

Die Recht- oder Unrechtmäßigkeit des sogenannten „freien Stehens“ ist landesweit ein Dauerstreitpunkt. Grundsätzlich ist in Deutschland **wildes Campen verboten.** Erlaubt ist jedoch zu **parken** und mittels einmaliger Übernachtung seine Fahrtüchtigkeit wiederherzustellen. Dabei dürfen aber keine Campingstühle aufgestellt werden, da dies bereits als Campen zählt.

Rügen ist im Gegensatz zur westdeutschen Ostseeküste noch nicht so sehr mit „WoMo-Verbotsschildern“ zugepflastert und das Stehen auf einem **Parkplatz fast überall möglich.** Viele Gemeinden und private Parkplatzpächter erlauben dies gegen eine angemessene Gebühr von durchschnittlich 5–10 € sogar offiziell.

Neben Park- und Campingplatz gibt es noch eine dritte Variante: die **Wohnmobil-Stellplätze** oder auch Reisemobilhäfen. Sie verfügen neben Stromanschluss auch über Ver- und Entsorgungseinrichtungen und bewegen sich preislich zwischen einfachem Parkplatz und Campingplatz.

Wohnmobil-Stellplätze

■ **Altenkirchen,** *KnausCamp,* Wittkower Weg 30, Tel. (038391) 43 46 48, www.knauscamp.de/ruegen, März–Okt. Überwiegend schattenloser Schotterrasenplatz neben dem Camping für 22 WoMos. Gaststätte mit Sonnenterrasse, Brötchenservice und Frühstück auf Voranmeldung. Clubs sind willkommen. Saison: März–Oktober. WoMo/Nacht 13–16,50 €, direkt am Ufer 16–21,50 €, Strom, 0,70 €/kWh, Dusche 0,40 €, Ver-, Entsorgung 1 €.

■ **Bergen,** *Caravanplatz Rügen,* Tilzower Weg 32, Tel. (03838) 40 42 55, www.wohnmobil-stellplatz-ruegen.de. Ganzjährigt. Ebener Platz für 20 Mobile auf Rasengittersteinen und Betonplatten hinter den Gebäuden eines Gebrauchtwagenhandels. Große, durch Blumenkübel unterteilte Parzellen. Mietwagen. Bushaltestelle 400 m, Stadtzentrum 1,5 km. WoMo/Nacht inkl. 2 Pers. 12 €, Dusche 2 €.

■ **Binz,** *Parkplatz Behrenwolt,* Proarer Chaussee 5, Tel. (038393) 26 61, www.behrenwolt.de. Ganzjährig geöffnet. Großer ebener Platz für etwa 40 WoMos mit Baumreihen am nördlichen Ortsausgang neben Tankstelle, WC/Dusche in der Tankstelle, Ver-/Entsorgung; WoMo/Nacht 24 Std. 17 € inkl. Entsorgung, es ist kein Stromanschluss vorhanden.

■ **Dranske,** *Caravancamp Ostseeblick,* Seestr. 39a, Tel. (038391) 81 96, www.caravancamp-ostseeblick.de; 1.4.–31.10. Großer parzellierter Wiesenplatz ohne Schatten direkt am Wasser, Sanitärhaus mit Du/WC, Strom, Ver-/Entsorgung; WoMo/Nacht 4,90–8,90 € zzgl. 3,70–6,70 p.P., Hund 2 €, Strom 2,50 €.

■ **Dranske/Nonnevitz,** *Wohnmobilhafen Küstencamp,* Nonnevitz 23, Tel. (038391) 93 90 70. Ganzjährig geöffnet. Stellplatz für 15 Mobile auf einem separaten Areal im Campingplatz. Geschotterter Untergrund, beleuchtet. 6 km bis Dranske. WoMo/Nacht inkl. 2 Pers. 13,30–26,80 €, Strom 3,20 €, Ver-, Entsorgung/Dusche frei.

■ **Dranske/Nonnevitz,** *Luigis Caravanserei,* Tel. (038391) 8 94 88, www.ruegen-holiday-fun.de, 15.März–Okt. Ebenes Wiesengelände mit Büschen und Bäumen mit 30 Stellplätzen. 600 m zum Strand. Mit Pizzeria (nur Juni–Aug.) WoMo inkl. 2 Pers. 13,90–24,90 €, Strom 3 €, Chemie-Entsorgung 3,50 €, Dusche 1,20 €.

■ **Gingst,** *Haidhof,* Haidhof 2, Tel. (038305) 3 44, www.rwolf.de. Ganzjährig geöffnet. Kleiner, familiärer Platz für max. 15 WoMos auf ebener Wiese beim Hof, mit Wasch- und Duschraum, Waschmaschine, täglich frische Brötchen, Frischgemüse und Obstverkauf aus eigener Ernte. 1x wöchentlich frischer Räucherfisch; WoMo 5 €, Pers. 4 €, Strom 2 €, Entsorgung 2,50 €, Trinkwasser/Dusche/Hund je 1 €.

■ **Glowe,** Stellplatz am Strand, Waldsiedlung, mobil: (0171) 2 09 32 07. Markierte Schotter-Plätze auf einem Parkplatz für 12 WoMos. Zum Strand 60 m, WoMo/24 Std. 13 € (am Parkscheinautomat) inkl. Strom, Ver- und Entsorgung.

Lauterbach, *Im Jaich,* Tel. (038301) 80 90, www.im-jaich.de. Ganzjährig geöffnet. Ebener Platz für 20 WoMos im Gelände der Wasserwelt direkt am Jachthafen. Sauna, Fitnesscenter, Sanitärhaus mit Waschmaschine, Trockner u.a., die man gegen Gebühr nutzen kann. WoMo/ Nacht 16–18 € inkl. Strom und Wasser, Dusche 0,50 €, Waschmaschine 3 €, Trockner 2 €, Sauna 8 €.

Lauterbach, *Wohnmobilstellplatz Lauterbach,* Chausseestraße 14, Tel. (038301) 88 83 29, www.wohnmobilstellplatz-insel-ruegen.de, 15. März–15. Okt. Platz für ca. 35 Mobile auf unparzellierter Wiese. WoMo/Nacht inkl. 2 Pers. 13–15 €, Strom 0,70 €, Entsorgung 1 €, Dusche 2 €, Trinkwasser 1 €, Hund 3 €.

Lietzow, *Störtebeker-Camp,* Waldstr., Tel. (038302) 21 66, www.lietzow.net. 15.3.–31.10. 60 Stellplätze mit Stromanschluss auf ebenem Gelände mit Baum- und Strauchbewuchs. Gasflaschentausch, Restaurant, Sanitärhaus mit WC/Du. WoMo/Nacht 20,50–35 € , inkl. 2 Erwachsene, 1 Kind. Ver-, Entsorgung, Dusche. Strom/Hund 3 €.

Lohme, *Stellplatz Am Dorfladen*, Arkonastraße 25, Tel. (038302) 88 65 85. Ganzjährig geöffnet. 35 Plätze auf ebenem Grund in ruhiger Lage, Sanitärgebäude mit WC/Dusche, Waschmaschine, Trockner. Im Dorfladen Bistro, Backwaren, Getränke u.a. WoMo/Nacht 12 €, Trinkwasser und Strom 1 €, Dusche 2 €, Toilette 0,50 €.

Lohme/Hagen, *Parkplatz Königsstuhl,* Tel. (038302) 94 12, www.lohme.de/caravan/parkplatz-fahrradverleih.html. Ganzjährig geöffnet. Mit Schotter verdichtete Stellplätze für 40 WoMos auf großem Parkplatz. Sanitärgebäude mit WC/Dusche (1.4.–31.10. 8–19 Uhr, sonst 10–16 Uhr), Gastronomie, kleiner Shop; WoMo 24 Std. 10,50 €, Dusche 1 €, Trinkwasser und Entsorgung 2 €, Strom 2,50 €.

Poseritz, *Gasthaus Lindenkrug,* Tel. (03807) 2 51, www.lindenkrug-poseritz.de. Ganzjährig geöffnet. Bei Besuch der Gaststätte Platz für 10 WoMos am Hotel/ Gasthaus Lindenkrug, WoMo frei, Strom gegen Gebühr, Ver-/Entsorgung von Wasser möglich, keine WC-Entsorgung.

Wohnmobilstellplätze und Campingplätze

20 Ralswiek
21 Lietzow
22 Störtebeker-camp
23 Parkplatz Königslinie
24 Prora
25 Wohnmobil-Oase Rügen
26 Meier
27 Jugendzelt-platz Prora
28 Parkplatz Behrenwolt
29 Reisemobil-hafen
30 Baabe
31 Göhren
32 Lobbe
33 Gager
34 Thiessow
35 Thiessow
36 Im Jaich
37 Pritzwald
38 Stahlbrode
39 Gasthaus Lindenkrug
40 Altefähr
41 An der Rügenbrücke, Caravan-Center Dahnke

Prora, *Wohnmobil-Oase Rügen,* Proraer Chaussee 60, Tel. 01577 4 28 37 15, www.wohnmobilstellplatz-ruegen.de, April–18. Okt. 4 ha großer Platz für ca. 90 WoMos im Wald bei Prora ca. 5 km nördlich von Binz. Hunde ausdrücklich willkommen. 15 Fußminuten zum Strand, gute Bus- und Bahnanbindung nach Binz. Mit Kiosk, Radverleih, WoMo/Nacht 11–14 € inkl. Fahrer, Strom 0,55 €/kWh, Trinkwasser, Entsorgung und Dusche jeweils 1 €.

Putgarten, *Parkplatz Kap Arkona,* Tel. (038391) 41 90, www.kap-arkona.de. Ganzjährig geöffnet. Separierter Teil des riesigen Parkplatzes am Kap Arkona. Ebener, geteerter Parkstreifen ohne Strom für ca. 30 WoMos ohne Baumbestand, nachts ruhig. Sanitäranlagen, Kiosk, Imbiss, Info-Stelle zum Kap Arkona; WoMo/Nacht 5 € inkl. Frischwasser.

Sassnitz/Stadthafen, im alten Hafen, Tel. (038392) 66 15 70 (Hafenmeister), www.stadthafen-sassnitz.de. Ganzjährig geöffnet. Beleuchteter, gepflasterter Stellplatz direkt an der Kaimauer für ca. 10 Wohnmobile auf den Parkplätzen im Stadthafen. Von 8 bis 20 Uhr. Parkgebühr 2 €/Std., max. 12 €, von 21 bis 7 Uhr 8 € (am Parkscheinautomat). Keine Ver-/Entsorgung.

294rh ph

■ **Seedorf,** Stellplatz am Hafen, Am Hafen, Tel. (038303) 9 56 50, www.hafen-seedorf-fewo.de, Ostern–Okt., kleiner Stellplatz für 6 Mobile in idyllischer Lage am Seglerhafen, Restaurant, Fischladen mit Imbiss im Hafengebäude. WoMo/Nacht 10 €, Strom 0,50 €/kWh, Wasser 1 €, Dusche 0,50 €.

■ **Sellin,** *Reisemobilhafen,* Kiefernweg 4b, Tel. (038303) 9 27 70, www.reisemobilhafen-sellin.de. Ganzjährig. Neuer, auf einer Anhöhe zwischen Buchen und Kiefern gelegener Platz mit 50 parzellierten Stellflächen auf Rasen und Split. WoMo/Nacht 12 €, Strom 0,50 €/Kwh, Ver-/Entsorgung frei.

■ **Stralsund,** *An der Rügenbrücke,* Werftstr. 16/17, Tel. (03831) (03831) 6 67 97 77, www.caravanstellplatz-stralsund.de, ganzjährig, Platz für 40 Mobile auf mit Schotterrasen befestigten Parzellen, zu Fuß 15 Min. bis Altstadt. Brötchenservice. WoMo/Nacht inkl. 2 Pers. 15 €, Strom 0,50 €, Wasser, Entsorgung, Dusche 1 €, Waschmaschine 3 €.

■ **Wiek/Lüttkevitz,** *Hof Lüttkevitz,* Tel. (038391) 76 45 86, www.luettkevitz.com. Ganzjährig geöffnet. Kleiner ebener Schotter-, Wiesenplatz für ca. 5 WoMo bei einem Ferienhof. Frühstück, Halb- und Vollpension im Hof mögl. 6 € p.P. inkl. Strom, Wasser, Dusche, keine Entsorgung.

Kurtaxe

Ein Reizthema, das von Urlaubern zu Recht häufig und heftig kritisiert wird. Während manches Ostseebad im Westen die vom preußischen Landtag 1893 erfundene Zwangsabgabe wieder abgeschafft hat, wurde sie auf Rügen und Hiddensee leider neu eingeführt. Dass den zuständigen Gemeindevätern dabei offensichtlich noch nicht einmal selbst ganz wohl ist, zeigen die variationsreichen Erklärungsversuche in den örtlichen Imagebroschüren, in denen dann öfters das eigentlich Wissenswerte, die Höhe der Abgabe, schamhaft versteckt oder gar verschwiegen wird.

^ Allein auf weiter Flur in der Nachsaison

Kurtaxe – Gebühren auf Rügen und Hiddensee

Die hier genannten Preise sollen als Vergleichswert und Richtlinie dienen. Sie zeigen die erhobene Kurabgabe pro Tag für einen Erwachsenen in der Hauptsaison (HS) und Nebensaison (NS)

Ort	Hauptsaison (HS)	Nebensaison (NS)
Baabe	2,30 €	1,80 €
Binz	2,80 €	1,50 € (Hund 0,50 €)
Breege/Juliusruh	1,50 €	1,20 € (Hund 0,50 €)
Dranske	1,00 €	0,50 €
Gager	1,00 €	0,75 €
Glowe	1,50 €	1,00 € (Hund 0,50 €)
Göhren	2,80 €	1,50 € (Hund 0,50 €)
Hiddensee	1,50 €	1,00 € (Hund 0,50 €)
Lancken-Granitz	1,50 €	1,00 €
Lohme	0,75 €	0,50 €
Middelhagen	1,50 €	0,75 €
Prora	2,60 €	1,50 € (Hund 0,50 €)
Putbus/Lauterbach, Wreechen, Neuendorf	1,50 €	1,00 €
Putgarten	1,50 €	1,00 €
Sassnitz	1,50 €	1,00 €
Sellin, Altensien, Neuensien	2,80 €	1,40 €
Thiessow	2,00 €	1,00 € (Hund 0,50 €)
Wiek/Bohlendorf	1,00 €	0,75 €

Gebühren

Die Liste der kurtaxepflichtigen Orte und deren Gebühr ermöglicht es, die Sonderkosten in der Urlaubskasse zu kalkulieren und bei der Auswahl des Urlaubsortes zu berücksichtigen. Genannt ist der **Betrag pro Tag** für einen Erwachsenen. Kinder unter 13 Jahren sind kurtaxefrei, Jugendliche bis 18, Schüler, Studenten, Rentner, Behinderte und andere Gruppen erhalten Ermäßigungen. Bei längerem Aufenthalt gibt es Mengenrabatt.

Klima und Reisezeit

Die Region um Rügen zählt großklimatisch gesehen zum Ostseeküstenklima, was sicher wenig überrascht. Ein wesentliches Merkmal dieses Klimas ist der häufige und schnelle Wechsel zwischen kontinentalen und maritimen Einflüssen, wobei letztere dominieren. Praktisch heißt das, dass **stabile Wetterlagen eher selten** sind und dass sich das Wetter schnell und gründlich ändert, von Trockenheit und Sonnenschein zu Wolken und Regen und umgekehrt. **Wind,** vorwiegend aus Westen, ist in unterschiedlicher Stärke fast immer da, völlig windstill ist es selten. Dafür ist die Luft besonders rein und frisch und durch ihren hohen Jodgehalt, den sie vom Meer mitbringt, auch sehr gesund. Insgesamt nennt man dies alles ein **bekömmliches Reizklima.**

Die **Lufttemperaturen** liegen im Jahresmittel bei 8 °C, wobei der Höchstwert von 19 °C im August, der Tiefstwert von 2 °C im Januar erreicht wird. Im Juli/August gibt es zuweilen heiße Perioden von bis zu 35 °C. Die Sonnenscheindauer beträgt im Jahresdurchschnitt 1850 Stunden (zum Vergleich: Essen 1003 Stunden). Rügen ist also **außerordentlich sonnig** und gehört mit dem Spitzenreiter, der Insel Usedom (1906 Stunden), zu den sonnigsten Regionen Deutschlands. Sonnenreichster Monat ist der Juli mit 271 Stunden (August 260), sonnenärmste sind Dezember und Januar mit je 38 Stunden.

Die durchschnittliche **Wassertemperatur** beträgt im August **18 °C.** Den meisten **Regen** gibt es mit 58 mm im August, den wenigsten im Februar mit 27 mm. Die Verteilung der Niederschläge ist auf Rügen jedoch regional außerordentlich verschieden. Relativ trocken sind z.B. das Mönchgut im Südosten und Hiddensee. Die **beste Reisezeit** sind die Monate Mai bis September.

Wetterinfo

- **Seewetter:** ww.ndr.de/nachrichten/wetter/seewetter101.html
- **Internet:** www.mvwetter.de, www.mv-wetter.info (hier findet man die Wetter-Station auf Hiddensee).

Kleidung und Reisegepäck

Wind und Wetter

Gleich zu welcher Jahreszeit man an die Ostsee reist, es muss stets mit wechselhaftem Wetter gerechnet werden. Deshalb gehört beim sommerlichen Strandurlaub zu Bikini, Sonnenhut und Strandlatschen immer auch **solides Schuhwerk** sowie wärmende, **wind- und regendichte Kleidung** ins Gepäck.

Stärkerer und kühler Wind (meist Westwind) kann auch bei schönem Sommerwetter den Badespaß beeinträchtigen. Er wirbelt den feinen Sand auf, was in den Augen und zwischen den Zähnen als unangenehm empfunden wird. Zur Abwehr dieser Unbill sollte der Strandbesucher stets einen **Windschutz** mit sich führen, den man in zahlreichen Geschäften vor Ort erwerben kann.

Sonnenbrandgefahr

Vorsicht mit Sommersonnenschein am Strand! Durch die häufig wehende, an heißen Tagen als angenehm kühlend wahrgenommene Meeresbrise wird die intensive Strahlung auf der Haut nicht empfunden. **Kopfbedeckung** und **Sonnenschutzmittel** sind daher dringend angeraten.

Sport und Erholung

Aktivitäten am Meer

Der Mensch strebt zum Wasser, gleich, ob in Form von Bächen, Flüssen, Seen oder dem Meer. Von ganz besonderer Magie sind deshalb Inseln. Zu jeder Jahreszeit und bei jedem Wetter sind Strand und Meer der unangefochtene Mittelpunkt des Inselurlaubs. Alle Menschen zieht es dort hin, egal ob zum Baden, Sonnen, Surfen, Segeln, Tauchen, Angeln oder zum stillen Strandspaziergang, zum romantischen Sonnenuntergang, Strandpicknick oder zur lustigen Schiffspartie, die bei keinem Aufenthalt am Meer fehlen sollte. All dies bieten Rügen und Hiddensee, die mit ihren überaus abwechslungsreichen und gegensätzlichen Küstenlandschaften wahre Wasserparadiese sind, in denen jeder seine ganz persönlichen Vorlieben finden und ausleben kann.

295rh ph

> Strandkörbe sind Schutzhütten

Wasserqualität

Rügen und Hiddensee verfügen zusammen über rund **50 Strände und Badestellen,** deren Wasserqualität einer hygienischen Kontrolle unterliegt. Zwischen Mai und September werden alle zwei Wochen Proben entnommen und analysiert. Die Ergebnisse veröffentlicht das Sozialministerium Mecklenburg-Vorpommerns in der jährlich erscheinenden Übersichtskarte „Badewasserqualität Mecklenburg-Vorpommern“,

die beim Landesfremdenverkehrsamt erhältlich ist.

2014 waren Rügens Badestände allesamt **ohne Einschränkung zum Baden geeignet,** die meisten erhielten die **Bestnote.** Nur an den Bodden wurden einige wenige Badestellen „nur" mit „zum Baden geeignet" bewertet. Hiddensee erhielt durchweg die Höchstnote. Die jeweils **aktuellen Messergebnisse** erfährt man in der Badesaison bei den lokalen Tourist-Informationen. Die **Badewasserkarte** gibt es unter www.badewasser-mv.de.

Die schönsten Strände

Granitz und Mönchgut

Die beliebtesten und **meistbesuchten Badestrände** Rügens liegen **im Südosten** an der Außenküste der Granitz und des Mönchguts. Dank ihrer Lage sind sie von den meist vorherrschenden Westwinden geschützt, weshalb sich auch hier die großen Seebäder entwickelten. Die Strände sind **feinsandig und breit** und fallen nur sanft ins Wasser ab, was besonders für Kinder von großem Vorteil ist.

Besonders schön und bei FKK-Freunden beliebt ist der kilometerlange **Große Strand,** der sich von Lobbe bis Thiessow erstreckt und dank seiner Länge auch in der Hochsaison viel Platz bietet.

Die bei den **Seebädern** Göhren, Baabe, Sellin und Binz gelegenen Strände sind im Sommer stark besucht und z.T. von **Strandkörben** belegt. Dennoch gibt es auch für Badetuchgäste genügend Platz.

Schmale Heide

Ein, wenn nicht *das* herausragende Strandparadies Rügens ist der Strand der Schmalen Heide. Die gesamte Nehrung **zwischen Binz und Mukran** ziert ein 10 km langer, sehr breiter und feiner Bilderbuchstrand, hinter lauschigem, schattenspendenden **Kiefernwald** und einem **Dünenstreifen** gelegen.

Schaabe

Mindestens ebenso schön ist dieser Strand an der Außenküste der Schaabe, der 12 km langen Nehrung, die Jasmund mit Wittow verbindet. Durch seine Abgelegenheit **im Nordosten** ist er weniger besucht als die Schmale Heide bei Binz und etwas windreicher, dafür besitzt er aber den schöneren **Wellenschlag.**

Strand am Bakenberg

Versteckt und weniger bekannt, aber ebenfalls wunderbar ist der Strand, der sich **auf Wittow** ganz im Norden hinter dem Wäldchen Schwarbe versteckt. Er ist besonders bei **FKK-Anhängern** beliebt, durch seine Westlage jedoch häufig Wind ausgesetzt (Windschutz!).

Westküste

Im Vergleich zu den Traumstränden bescheiden sind die Strände von **Schaprode** und von **Suhrendorf** auf Ummanz an der Westküste.

Halbinsel Zudar

Klein und schmal, aber hübsch und still sind die beiden Strände auf der Halbinsel Zudar ganz im Süden. Fast nur Einheimische finden den Weg zum **Strand am Gelben Ufer** und **Palmer Ort.**

Boddengewässer

Die oft verschilften Ufer der Boddengewässer eignen sich nur an wenigen Stellen wie am **Großen Jasmunder Bodden** bei **Banselvitz** zum Baden.

Hiddensee

Wunderbar **fein und weiß** ist der Hiddenseer Strand, der sich an der Außenküste nahezu **16 km** hinzieht und damit fast über die gesamte Insellänge reicht.

Segeln

Mit seiner außerordentlich zerfransten, vielgestaltigen Küstenlinie bieten Rügen und Hiddensee hervorragende Bedingungen für Segler, ob in stillen, friedlichen Boddengewässern oder auf der belebten offenen See. Rund **40 Sport-, Jacht- und Anlegerhäfen** bieten mit ihrer Ausstattung nicht nur Zuflucht vor schwerer See, sondern auch Versorgung, Reparatur sowie sonstigen maritimen Service.

Tankstellen sind in den Häfen Stralsund, Breege, Lauterbach, Sassnitz, Schaprode, Seedorf sowie Vitte und Neuendorf auf Hiddensee vorhanden.

Ein breites Angebot von **Bootsverleihstellen** und **Segelschulen** erschließen auch dem Anfänger und Nichtbootseigner die besonders schöne Möglichkeit, die Inseln vom Wasser aus zu entdecken.

Infos zu Wassersport

- Detailierte Informationen zu allen Wassersportarten von Anbietern über Reviere und Angebote bis zu Marinas findet man unter **www.mv-maritim.de.**

Wichtige Rufnummern

- **Wasser- u. Schifffahrtsamt Stralsund,** Wamper Weg 5, Tel. (03831) 24 90, www.wsa-stralsund.de.
- **Wasserschutzpolizei Lauterbach,** Tel. (038301) 6 09 60.
- **Wasserschutzpolizei Sassnitz,** Tel. (038392) 30 80.
- **Wasserschutzpolizei Schaprode,** Tel. (038309) 14 17.
- **Wasserschutzpolizei Stralsund,** Tel. (03831) 2 61 40.

Surfen

Surfer finden auf beiden Inseln ebenso zahlreiche wie unterschiedliche Bedingungen für ihre Leidenschaft. Im ruhigen Bodden lassen sich prima die ersten Versuche machen, in den Starkwindrevieren finden Könner ihre Herausforderung. Die besten, meist windigen und mit gutem Wellenschlag ausgestatteten Surfgrounds liegen an der **Südspitze des Mönchguts** um das Südperd bei Thiessow.

Surfschulen

- **Altefähr:** *Sail & Surf,* Am Fährberg 8, 18573 Altefähr, Tel. (038308) 2 32 53, www.segelschule-ruegen.de.
- **Baabe:** Surf & Sail Baabe, Am Fischerstrand 1, 18586 Baabe, Tel. 0172 3 25 77 62, www.windrider.de.
- **Binz:** *Surf-u. Segelschule Binz,* Tel. (038393) 41 00 72, www.segelschule-binz.de.
- **Dranske:** *Uni Surf Team Rügen,* Am Ufer 14, 18556 Dranske auf Rügen, Tel. (038391) 8 98 98, www.ustruegen.de.
- **Glowe,** *Rügener Segel- und Surfschulen,* 18551 Glowe, mobil: (0174) 3 16 24 71, www.segelschule-ruegen.com.
- **Klein Zicker:** *Surf-Oase Klein Zicker,* Dörpstraat 2, 18586 Klein Zicker, Tel. (038308) 3 01 25, www.thiewaii.de.
- **Suhrendorf:** *Windsurfing,* auf Camping Ostseecamp, 18569 Suhrendorf, Tel. (038305) 8 22 40, www.surfen-auf-ruegen.de.
- **Thiessow:** *Sail & Surf,* 18586 Thiessow, Tel. (038306) 2 32 53, www.segelschule-ruegen.de.
- **Wiek:** *Surf & Kite Camp,* Boddenstraße 1, 18556 Wiek auf Rügen, mobil: (0173) 8 18 48 08, www.surf-kite-camp.de.

Die besten Surfreviere

Altenkirchen	Ostsee	SO-N	Welle 2 m
Dranske	Bodden	alle Richtungen	
Grabow auf Zudar	Bodden	O	keine Brandung
Grahler Fähre	Strelasund	SW-O	Stehrevier
Lobbe	Ostsee	NO-SO	100 m Stehbereich
Mukran	Ostsee	NO	Welle 3 m
Neureddevitz	Bodden	W-O-S	50 m Stehrevier
Nonnewitz	Ostsee	NW-O	Welle über 2,5 m
Polchow	Bodden	N+S	50 m Stehbereich
Rappin/Ralswiek	Bodden	abland. Wind	50 m Stehbereich
Schaprode	Bodden	S-N	Stehrevier & Speed
Suhrend./Ummanz	Bodden	S-N	Stehrevier & Speed
Thiessow	Bodden	NW-S	30 m Stehbereich
Rügen	Bodden	SW-N	Stehrevier & Speed

Kite-Surfen

- **Baabe,** *Kitesurfen Rügen,* Strandstraße 5, 18586 Baabe, mobil: (0157) 51 34 87 57, www.kitesurfen-ruegen.de.
- **Dranske:** *Dr. Kite Surf und Kite Camp,* Am Ufer 14, 18556 Dranske, Tel. (038391) 8 98 98, www.ruegen-piraten.de.
- **Drewoldke,** *Fly a Kite,* 18556 Altenkirchen/ OT Drewoldke, Tel. (038391) 76 08 80, www.fly-a-kite.de, auf Campingplatz Drewoldke.
- **Groß Banselvitz:** *Rügen-Kite,* Am Berg 1, 18528 Groß Banzelvitz, Tel. 0172 6 66 92 00, www.ruegen-kite.de.
- **Suhrendorf,** *Kite-Island,* 18569 Suhrendorf, Tel. (038305) 8 22 40, www.kite-island.de, auf Camping Ostseecamp.
- **Thiessow,** *Kitebase Kascha,* Hauptstraße 4, 18586 Thiessow, Tel. (038308) 3 03 60.

Angeln

Auch Anhänger dieser stillen Sportart finden in den verschiedenen Gewässerarten See, Boddengewässer und Meer auf und um die beiden Inseln ein außerordentlich abwechslungsreiches Betätigungsfeld. Rügens Inselreich zählt zu den **besten Angelrevieren Europas.** Wenigstens elf verschiedene Fischarten von Aal, Barsch, Flunder über Hering

[>] Kite-Surfen bei Thiessow

und Meerforelle bis Plötz, Blei und Zander sind anzutreffen. Auf offener See kann man beim Kutterangeln auch Lachs, Wittling oder Steinbutt an den Haken bekommen.

Für das Angeln ist generell ein gültiger **Fischereischein** und der Erwerb einer **Angelerlaubnis** notwendig. Für das Angeln in Binnengewässern ist zusätzlich der Erwerb einer **Revierkarte** des Landesanglerverbandes erforderlich. Bodden, Wieke, Haffs u.a. gelten als Küstengewässer. Die Angelerlaubnis für Küstengewässer ist beim Landesamt für Fischerei, seinen Außenstellen sowie bei vielen Angelläden, Fremdenverkehrs- und Kurverwaltungen erhältlich. Die Revierkarte bekommt man beim Landes- und Kreisanglerverband sowie in jedem größeren Ort.

Um es den Urlaubern noch einfacher zu machen, gibt es den sogenannten **Touristen-Fischereischein** für alle Personen, die älter als 10 Jahre sind. Er kostet 20 €, wird einmal jährlich für max. 28 Tage vergeben, gilt für Ostsee und Binnengewässer und ist an zahlreichen Stellen erhältlich (erlaubnis.angeln-mv.de).

Informationen zu Bestimmungen, Revieren, Fischarten, Saisonzeiten und vielem mehr findet man auch unter der Internetadresse **www.ruegen.de/aktivitaeten/wassersport/angeln.html** oder im Angelführer Rügen, den es bei den örtlichen Tourist-Informationen gibt.

- **Landesamt für Fischerei,** Thierfelderstraße 18, 18059 Rostock, Tel. (0381) 4 03 50, www.lallf.de.

347rh ph

Außenstellen Landesamt für Fischerei

- **Lauterbach,** Chausseestraße 15, Tel. (038301) 4 68,
- **Sassnitz,** Hafenstraße 12f, Tel. (038392) 3 50 49,
- **Stralsund,** Querkanal 6, Tel. (03831) 29 32 62,
- **Wiek,** Hauptstraße 30, Tel. (038391) 2 38.

- **Landesanglerverband M-V,** Siedlung 18a, 19065 Görslow, Tel. (03860) 5 60 30, www.lav-mv.de.
- **Kreisanglerverband Insel Rügen,** 18586 Seedorf, Tel. (038303) 1 25 18.

Ostsee-Angelfahrten

- **Angelwunder,** 18556 Wiek, im Hafen, mobil: (0170) 2 45 51 05.
- **Sassnitz,** Strandpromenade 12, Tel (038392) 6 74 63 05, www.hochseeangeln-ruegen.de.
- **Reederei Böttcher,** 18556 Breege/Juliusruh, Wittowerstraße 1–2, Tel. (03839) 11 23 57.
- **MS Sundewind,** 18569 Schaprode, Streu 10, Tel. (038309) 14 13, www.sundewind.de.
- **Angelparadies Rügen,** 18556 Dranske, Max-Rietpietsch-Ring 41, Tel.(038391) 9 36 94, www.angelparadies-ruegen.de.
- **Seetouristik Möwe,** 18546 Sassnitz, Wissowerstr. 3, Tel. (038392) 3 33 69, www.ruegen-hochseeangeln-kutter-moewe.de.

Tauchen

Auch Aquanauten und solche, die es werden wollen, finden in den Gewässern um Rügen und Hiddensee interessante Reviere. Das Kreidekliff unterhalb der Wasserlinie besuchen, zu Riffen und Bänken abtauchen oder abenteuerliche Wrack- und spannende Nachttauchgänge unternehmen – das Programm unter Wasser hat einiges zu bieten.

☒ Maritimes Motiv – malerische historische Zeesboote

Tauchschulen

- **Stralsund/Dänholm:** *Taucherbasis,* Tel. (03831) 29 70 90.
- **Altenkirchen:** *Crazy Diving,* Tel. (038391) 4 32 85.
- **Sassnitz:** *Tauchbasis Sassnitz,* mobil: (0173) 2 02 52 36, www.tauchbasis-sassnitz.de.
- **Sellin:** *Schöni's Tauchschule,* mobil: (0174) 9 05 21 80, www.schoenis-tauchschule.de.
- **Prora:** *Taucherbasis Rügen,* Tel. (038393) 24 06, www.tauchen-ruegen.de.

See-Kajak

Seit einigen Jahren gibt es die Möglichkeit, mit dem See-Kajak rings um Rügen unterwegs zu sein. Dafür wurden in Neuhof und Stahlbrode am Strelasund, in Gager, Göhren und Wiek insgesamt fünf See-Kajak-Stützpunkte geschaffen. Geführte See-Kajak-Touren um Rügen bietet:

- **Gager:** *Seekajak-Zentrum Rügen,* 18519 Neuhof, Am Strelasund 6a, Tel. (038328) 65 99 74, www.seekajakzentrum.de.

Schiffsausflüge

Wer an Bord eines Ausflugsdampfers die rügensche Wasserwelt bei Kaffee und Kuchen erleben, eine Butterfahrt nach Polen oder einen Ausflug zur Nachbarinsel Usedom unternehmen möchte, hat saisonabhängig von allen Hafenorten aus zahlreiche Möglichkeiten. Das Angebot reicht von der halbstündigen Hafenbesichtigung über mehrstündige Rundfahrten bis zum großen Tagesausflug. Neben fahrplanmäßigen Rundfahrten bieten die Reedereien auch verschiedene Sonderprogramme wie Lampion- oder Tanzfahrten. Über das aktuelle Angebot informieren die Reedereien und lokalen Tourist-Informationen.

- **Altenkirchen,** *MS Brigitte,* Tel. (038391) 1 21 87.
- **Baabe:** *Masuch Touristik Reederei,* mobil: (0171) 31 32 92.
- **Breege:** *Reederei Kipp,* Tel. (038391) 1 23 06, www.reederei-kipp.de.
- **Gager:** *Boddenreederei Rügen,* Tel. (038328) 83 89, www.boddenreederei-ruegen.de.
- **Lauterbach:** *Reederei Lenz,* Tel. (038301) 6 18 96, www.vilmexkursion.de.
- **Sassnitz:** *Reederei Lojewski,* Tel. (038392) 3 51 36, www.reederei-lojewski.de, *Reederei Ostseetour,* Tel. (038392) 31 50.
- **Stralsund:** *Weiße Flotte,* Tel. (03831) 2 68 10, *Zeese „Schwart Johann",* mobil: (0170) 2 82 23 44, www.schwartjohann.jimdo.com.
- **Vitte/Hiddensee:** *Reederei Hiddensee,* Tel. (038300) 2 10.

Auskunft und **Informationen zu Anbietern,** Linien, Chartermöglichkeiten u.a. findet man im Internet unter **www.ruegen-schifffahrt.de.**

Wandern

Die klassische Variante eines Rügenurlaubs ist es, auf Schusters Rappen und

032rh ph

auf den Spuren von *C. D. Friedrich, J. J. Grümbke, C. G. Carus* und anderen berühmten Rügenbesuchern die Insel zu durchstreifen. Eines der schönsten Wanderreviere sind der **Hochuferweg** im NP Jasmund von Sassnitz zum Königsstuhl und das Biosphärenreservat im Südosten Rügens. Doch auch alle anderen Inselteile und die autofreie Insel Hiddensee bieten zahlreiche sehr schöne Wandermöglichkeiten.

Auskunft zu Routen, Regionen, geführten Wanderungen, Wanderkarten und Sonstigem rund um das Thema „Wandern" findet man im Internet unter **www.wandern-auf-ruegen.de.**

Geführte Touren

Viele Tourist-Informationen und Kurverwaltungen, aber auch die Nationalparkverwaltung und Vereine veranstalten geführte Wanderungen. Die aktuellen Angebote erhält man direkt bei den genannten Einrichtungen. Einige besonders geschützte Naturregionen wie der **Bug** bei Dranske oder die **Insel Vilm** sind nur im Rahmen einer geführten Gruppe zu erleben.

Geführte Wanderungen

- **Wanderfreunde Rügen e.V.,** Siedlung am Wald 23, 18586 Sellin, Tel. (038303) 8 60 88, www.wanderfreunde-ruegen.de.
- **Naturerlebnisverein Rügen,** Zubzow 5a, 18569 Trent, Tel. (038309) 2 01 26, www.naturerlebnis-ruegen.de (vom Nationalparkamt empfohlen).
- **Dietmar Butzlaff,** www.facebook.com/dietmar.butzlaff, Kontakt: Hotel Atrium am Meer, Juliusruh, Tel. (38391) 40 30.
- **René Geyer,** Bäckertrift 13, 18586 Lancken-Granitz, Tel. 0173 9 89 80 31, www.naturgeyer.de.

Reiten und Kutschfahrten

Rügen ist Reiterland, denn die Pferdezucht hat auf der Insel eine lange Tradition. Dies schlägt sich heute in den rund 30 Reiterhöfen, Pferdefarmen, Reit- und Fahrvereinen und ähnlichen Einrichtungen rund ums Pferd nieder, die der Liebhaber auf Rügen vorfindet. Erweitert wird die Möglichkeit, Rügen auf dem Rücken von Pferden zu entdecken, durch die vorhandenen Unterkunftsmöglichkeiten auf Bauernhöfen, die größtenteils für ihre Gäste Pferde halten und Reitmöglichkeiten bieten.

Wem das freihändige „Steuern" eines edlen Rosses zu unbequem oder riskant erscheint, der kann sich mit der Kutsche gemütlich durch die Gegend schaukeln lassen. Adressen der Anbieter finden sich im Infoteil der Ortsbeschreibungen.

Golf

Auch Golffreunde finden auf Rügen ein reiches Betätigungsfeld. Einen **9-Loch Public Course,** einen **18-Loch Challenge Course,** eine Golfschule mit Driving Range, Abschlagboxen und Übungsplatz für jedermann bietet die Golfanlage Schloss Karnitz.

In Alt-Mukran bei Sassnitz findet man einen landschaftlich **sehr schön gelegenen 9-LochPlatz,** dessen Bahnen entlang der Steilküste verlaufen.

Der Golf- und Landclub Wittow unterhält einen **6-Loch-Kurzplatz** am Bakenberg auf Wittow.

Kap Arkona – mit 2 PS zum Leuchtturm

- **Golfanlage Schloss Karnitz,** Dorfstr. 11a, 18574 Karnitz, Tel. (038304) 8 24 70, www.inselgolf-ruegen.de.
- **Golf- und Landclub Wittow,** Am Bakenberg, 18556 Dranske, Tel. (038391) 91 40.
- **Golfclub Sassnitz e.V.,** Marktstraße 2, 18546 Sassnitz, Tel. 0171 1 86 56 46, www.golfaufruegen.de.
- **Golfplatz Schloss Ranzow,** Schlossallee 1, 18551 Lohme, Tel. (038302) 8 89 10, www.schloss-ranzow.de.
- **Golfzentrum Granitzhof,** Jasmunder Str. 7, Binz, Tel. (038393) 4 36 99 12, www.golfzentrum-binz.de.
- **Dünengolf,** Nordstrand 4, 18586 Göhren, mobil: (0172) 4 12 97 91, www.abenteuergolfnord.de.

Tipps für Kinder

Bei schönem Wetter zählt für die Jüngsten das Buddeln, Backen und Plantschen am Strand zu den höchsten Vergnügungen im Urlaub. Doch die Ostsee ist nun mal nicht das Mittelmeer, und es muss auch im Sommer mit Tagen gerechnet werden, an denen der Wettergott allen den Strandspaß vermiest. Hier ein paar Tipps für Ausflüge und Unternehmungen, zu denen sich in den jeweiligen Ortskapiteln nähere Erläuterungen finden.

155rh ph

Noch mehr Tipps findet man auf der Internetseite **www.ruegen.de/familie-ruegen.html.**

Ozeaneum

Mit Ozeaneum besitzt Stralsund das größte und eindrucksvollste Spezialmuseum im gesamten Ostseeraum, das 2010 als Europas Museum des Jahres ausgezeichnet wurde. Ob die 50 teils gigantischen, bis zu 2,6 Millionen Liter fassenden **Aquarien,** die nachgebildete Kabine eines Forschungstauchboots, die Ausstellung „Riesen der Meere" mit Kolossen in Originalgröße oder das speziell für die Kleinen konzipierte „Meer für Kinder" mit **Spiel- und Erlebnisstationen** – das Ozeaneum bietet so viel Spektakuläres, dass man sich problemlos tagelang darin aufhalten kann.

Schmalspurbahn

Die Fahrt auf der 24 km langen Strecke mit der über 100 Jahre alten romantisch-nostalgischen Dampflokbahn **Rasender Roland** ist für Jung und Alt ein ganz besonderer Spaß und geradezu ein Muss, egal wie das Wetter ist (siehe auch Exkurs „Der Rasende Roland – mit 30 km/h durch die Rügenschen Wiesen").

☒ In die Unterwasserwelt mit der Tauchglocke oder eine Schiffsfahrt – beides möglich an der Seebrücke Sellin

Historische Handwerkerstuben

In Gingst gibt es interessant gestaltete **historische Werkstätten** traditioneller Handwerke vom Schuster über den Schneider und Frisör bis zum Weißnäher und Sattler zu besichtigen.

Aquamaris

Wer auch bei schlechtem Wetter nicht von den Schwimmflügeln lassen kann, ist in dem neuen **Erlebnisbad** in Juliusruh gut aufgehoben.

Tierpark

Der schön im Grünen gelegene **Zoo in Stralsund** zeigt auf 9 ha über 150 verschiedene Arten. Neben zahlreichen einheimischen Tieren kann man auch Exoten wie Löwen oder Affen beobachten. Infos unter www.freizeitpark-stralsund.de/zoo-stralsund.

Naturerlebniscamp

Wie die Indianer: Fernab der Zivilisation direkt an der Grenze zum Nationalpark können Gruppen und Familien bei zahlreichen Aktivitäten und Angeboten der Natur ganz nah sein.

Eisenbahnmuseum

Das Eisenbahn- und Technikmuseum in Prora zeigt eine Sammlung von **alten Lokomotiven,** Feuerwehrautos und sonstigem mobilen Großgerät.

Museumshof

In einer sehr malerischen **historischen Hofanlage** in Zirkow kann man viel über das bäuerliche Leben auf Rügen zu Großvaters Zeiten erfahren.

Grümbke-Turm

Von der zurzeit wegen Baufälligkeit geschlossenen Plattform des **hölzernen Aussichtsturms** bei Neuendorf bietet sich ein unbeschreiblich schöner Panoramablick.

Pirateninsel

Spielen und toben im Warmen und Trockenen auch bei Sturm und Regen kann man in dem **Indoor-Spielplatz** Pirateninsel bei Putbus. Ob Riesen-Wabbelberg, Elektrokart, Trampolin, Hüpfburg und vieles mehr – in der großzügigen Halle findet sich für jeden etwas.

Saurierland

Schon immer übten die Urechsen eine ganz besondere Anziehungskraft auf Jung und Alt gleichermaßen aus. Hautnah sind Tyrannosaurus Rex und Co. nun im **Dinosaurierland beim Schloss Spyker** zu bestaunen, das Kinder und Erwachsene zum aktiven Mitmachen animiert.

Störtebeker-Festspiele

Die spektakuläre Masseninszenierung in Ralswiek mit Schiffen, Pferden, Feuer-

379rh ph

werk und Stunts unter freiem Himmel um den **legendären Piraten** *Klaus Störtebeker* ist ein unvergessliches Erlebnis für die ganze Familie.

Schiffstour

Rügen vom Wasser aus erleben kann man bei einer 11-stündigen, erlebnisreichen Tagesfahrt **rund um die Insel** ab Sassnitz jeden Sonntag in der Hochsaison.

Rügen Park

Ganz Rügen im Kindermaßstab 1:25 bietet der 40.000 m² große Rügen Park bei Gingst. Neben **über 100 Modellen weltbekannter Bauwerke** gibt es auch die Parkeisenbahn „Emma", einen Streichelzoo, ein SB-Restaurant sowie 15 weitere Fun- und Fahrattraktionen.

Schmetterlingspark

Wie im **Tropenparadies** fühlt man sich im Sassnitzer Schmetterlingspark. Aberhunderte filigrane bunte Flugwesen, die Jung und Alt gleichermaßen faszinieren, erfüllen mit ihren schillernden Flügeln die **große Freiflughalle** dieses außergewöhnlichen Ausflugsziels.

Seepark

Eine **wunderbare Wasserwelt** mit mehr als 650 m² Wasserfläche, 100-m-Rutsche, Kinderparadies mit 3 Becken, Rutschen und Schiffchenkanal, Kinderanimation, Gastronomie und allerlei feuchtfröhliche Spaßgelegenheiten mehr bietet auch bei Schnee und Frost der Seepark im Inselparadies Sellin.

Rodelbahn

Auch ohne Schnee lässt es sich auf der **700 m langen Strecke** am Rugard in Bergen mit sieben Steilkurven, einer Dreierwelle, einem Jump und einem Aktionskreisel allerbestens rodeln. Die Schlitten sind bremsbare Zweisitzer, es können also auch die ganz Kleinen mit Papa hinabsausen.

Puppen- und Spielzeugmuseum

Nicht nur die Herzen kleiner Mädchen und Jungs lässt das Puppen- und Spielzeugmuseum **in Putbus** höher schlagen.

Seilgarten Prora

Wie Tarzan durch die Baumgipfel schwingen, können Kinder ab 5 Jahren im 40.000 m² großen Seilgarten von Prora. Neun Höhenparcours mit 80 Übungen bieten abwechslungsreiche Kletterabenteuer in freier Natur. Für die ganz Kleinen steht ein schöner 100 m² großer Spielplatz mit Betreuung zur Verfügung.

Kindertheater

Das Theater Putbus bietet spezielle Vorstellungen für Kinder. *Birgit Schuster* betreibt in Teschwitz bei Gingst ein **Kinderpuppen-Theater.**

296rh ph

Familienhotel Villa Sano

Das Familienhotel Villa Sano in Baabe ist ganz auf die spezifischen Bedürfnisse von jungen Familien eingestellt. Zwei ausgebildete Betreuerinnen stehen für die Kleinsten und Kleinen ständig bereit. Das Freizeit-Team gestaltet täglich ein kindgerechtes Abenteuer. Zum Spielen und Toben gibt es einen Spielplatz und für Schlechtwetter ein Spielzimmer.

Tauchglocke Sellin

Bei Schlechtwetter einfach abtauchen. Eine spannende Expedition trockenen Fußes auf den Grund der Ostsee bietet die Tauchglocke an der Seebrücke Sellin. Auf der **45-minütigen Tauchfahrt** kann man die Unterwasserwelt erleben und viel Interessantes über die Ostsee, ihre Bewohner, Besonderheiten und ihre Schutzbedürftigkeit erfahren.

Wasserbombe von der Seebrücke Sassnitz – für Jugendliche der allergrößte Spaß

Rügen – ein Überblick | 282

Die Geschichte Rügens | 293

Die Inselbewohner | 296

Die Küche der vorpommerschen Küste | 298

Die Ostseeküste Mecklenburg-Vorpommerns | 284

298rh ph

5 Land und Leute

Hochufer bei Klein Zicker

Rügen – ein Überblick

Oh Land der dunklen Haine,
Oh Glanz der blauen See,
Oh Eiland, das ich meine,
Wie tut's nach Dir mir weh!
Nach Fluchten und nach Zügen,
Weit übers Land und Meer,
Mein trautes Ländchen Rügen,
Wie mahnst du mich so sehr!

E.M. Arndt, 1. Vers von „Heimweh nach Rügen", 1842

Wie soll man Rügen beschreiben? Rügen ist mit 974 km² Fläche die **größte Insel Deutschlands.** Die Gesamtlänge ihrer Küstenlinie misst 574 km. Die größte Ausdehnung von Nord nach Süd beträgt 51,4 km, die von Ost nach West 42,8 km. Kein Ort der Insel ist mehr als 7 km von der Küste entfernt. Insgesamt leben in vier Städten und 38 Gemeinden rund **70.000 Menschen** auf Rügen. Größte Stadt ist die Hauptstadt Bergen (14.240 Einwohner). Es gibt 56 km Sandstrand, 100 km Schiene, 53 Häfen, 7 Seebäder, 2 Nationalparks ...

Wohl alles wahr, aber man merkt sofort, dass man mit nüchternen Zahlen und Daten der Insel in ihrer Vielfalt alles andere als gerecht werden kann. Rügen ist einfach mehr, soviel mehr, dass es sich in seiner Ganzheit nur sehr ungenügend durch ein paar Fakten einfangen lässt.

Rügen, das ist ein großer Wurf der Schöpfung, dem man sich eigentlich nur poetisch nähern kann. Was hier die Natur im Zusammenspiel von Wind, Wasser, Gezeiten und Strömungen unter der Leitung des Meisters Zeit hervorgebracht hat, ist in seiner **großartigen Schönheit** ein wahres Meisterstück. Wild zerklüftete Küsten, stille Buchten und dunkle alte Wälder, endlose schneeweiße Bänder feinsten Sandstrandes, weiße Felsen im grünen Wasser, abgeschiedene Seen und tosende Brandung, urwüchsige Moore und sumpfige Wiesen, sanfte Hügel, schattige Haine, geschützte Täler und sturmumtoste kahle Kliffe, üppige Flora und karge Steinmeere ...

Und vom Menschen hinzugefügt: prähistorische Großsteingräber aus mächtigen Findlingsblöcken, prachtvolle Alleen, die grünen Tunneln gleichen, mittelalterliche Dorfkirchen, slawische Burgwälle, geduckte Fischerkaten, stolze Schlösser, einsame Leuchttürme, mondäne Seebäder, und eine kleine Dampflokomotive, die auf Gleisen im Puppenstubenformat die schönsten Gegenden durchschnauft.

Nicht umsonst ist Rügen geradezu zum **Synonym für die deutsche Romantik** geworden, die ihre Sehnsucht nach dem Einfachen und Reinen, dem Bäuerlichen und Heimatverbundenen hier stillen konnte. Die Natur als innige religiöse Empfindung, in der sich eine ungeheure Wahrheit offenbart, in der der Mensch schicksalhaft seinen Lebenszyklus durchschreitet.

Untrennbar ist der Name **Caspar David Friedrich** mit der Insel verbunden, dessen Landschaftsbilder in jedem deutschen Schulbuch zu finden sind. Den Spuren des großen Meisters folgten unzählige Kollegen, deren Strom bis heute nicht versiegt ist. In den 1920er Jahren avancierte Rügen und vor allem das benachbarte Hiddensee geradezu zum **Mekka der deutschen Geisteswelt.**

297rh ph

Kaum einer der Säulenheiligen der deutschen Kultur, der nicht hierher gepilgert wäre und dieser von den Göttern geküssten Insel nicht in großen oder kleinen Hymnen gehuldigt hätte.

Zu DDR-Zeiten war Rügen das mit Abstand beliebteste **Wunsch-Reiseziel** neben Hiddensee, das aber für Normalsterbliche praktisch nicht zu erreichen war. Vielen galt es geradezu als Lebensziel, einmal auf Rügen Urlaub machen zu können.

Auch im vereinten Deutschland rangiert Rügen unter den beliebtesten Reisezielen wieder ganz oben. Dies wird aber nur so bleiben, solange der breite Besucherstrom den Charme der Insel nicht beschädigt oder zerstört. Die **Tourismusindustrie** steht Gewehr bei Fuß, alle wirklichen oder durch sie geweckten Kundenwünsche nach normierten Freizeitvergnügungen sofort in Beton zu gießen. Jeder Rügenbesucher sollte sich darüber im Klaren sein, dass auch er Verantwortung dafür trägt, was mit diesem Kleinod in Zukunft geschieht. Denn werden normierte Urlaubsghettos nicht gebucht, werden sie auch nicht gebaut. Helfen Sie also mit, dass das Inselreich bleibt, was es heute noch ist – eine Perle der deutschen Ostseeküste.

⌃ Ein Postkartenidyll – die Blaue Scheune in Vitte

Landschaftsformen

Entstanden ist das pittoreske Schmuckstück in seiner heutigen Erscheinung vor rund 14.000 Jahren, als sich am **Ende der letzten Eiszeit** die Gletscher zurückzogen. Durch ihr Abschmelzen stieg der Wasserspiegel der Ostsee an und bildete eine Reihe voneinander getrennter Inseln.

Im Laufe der Jahrtausende wuchsen diese durch Sandanschwemmungen zusammen und bildeten zusammen das, was man heute Rügen nennt.

Auch heute ist die Ausformung noch nicht abgeschlossen. Würde der Mensch nicht eingreifen, Hiddensee wäre keine Insel mehr, sondern ein Teil Rügens wie Wittow und Jasmund.

Durch seine **stark zerfurchte Küstenlinie** sind Land und Meer aufs Innigste miteinander verflochten. Landzungen, Halbinseln, Bodden, Buchten, Randseen, Wieke, Wälle, Haken und Nehrungen formen die 570 km lange Küstenlinie, deren Umriss der Insel das Aussehen eines kleinen, flatternden Gespenstleins verleiht.

Ähnlich vielgestaltig wie die Küste sind die Landschaftsformen. Im Süden flach und landwirtschaftlich genutzt, steigt das Land langsam an, und sanfte Hügel prägen das Relief. Bis zu 16 m hoch erhebt es sich im Nordosten und fällt dann in schroffen Klippen steil zum Meer hin ab. Dazwischen haben Sandablagerungen Landbrücken gebildet und in sanftem Schwung kilometerlange, feinsandige Badeparadiese geformt. Lichte Kiefernwälder sichern das Schwemmland und bieten den Badegästen willkommenen Schatten.

Rügens Osten, die **Granitz,** ist stark hügelig und von großen Wäldern bestanden. Auf **Jasmund** hat sich eine mächtige Kreideschicht an die Oberfläche geschoben und die weltbekannten Felsen am Königsstuhl geformt. Im Windland **Wittow** kann derselbe ungehindert über die baumlose Hochfläche pfeifen.

Eine Besonderheit ist der südöstliche Zipfel. Das **Mönchgut** ist die niederschlagsärmste Region auf Rügen. Sanfte Hügel, überzogen mit Heidelandschaften, ein endloses Band herrlichen Sandstrandes entlang der gesamten Außenküste und schilfbestandene Buchten am stillen Bodden prägen das Gesicht der Region. Der Zipfel gehörte einst dem Zisterzienserkloster Eldena bei Greifswald, was ihm seinen Namen verlieh. Durch die freiwillige Isolation der Klosterbrüder war das Mönchgut über Jahrhunderte vom *Muttland,* wie die Einwohner die Kerninsel nennen, abgeschnitten und entwickelte eine eigene Kultur und Tradition.

Die Ostseeküste Mecklenburg-Vorpommerns

Küstengeografie

Die Ostseeküste Mecklenburg-Vorpommerns ist außerordentlich vielgestaltig und abwechslungsreich. Über rund 350 km erstreckt sich die Außenküste zwischen der Lübecker Bucht und Ahlbeck auf Usedom. Doch zusammen mit der stark gegliederten **Innenküste,** also den zahlreichen, Bodden, Buchten, Achterwassern, Wieken, Haffs, Nehrungen und Inseln ergibt sich eine Küstenlänge von **fast 1500 km.**

Die Herausbildung der vorpommerschen Küstenlandschaft, so wie wir sie heute kennen, begann erst vor rund 7000 Jahren und dauert bis heute fort. Erst damals erreichte der Meeresspiegel seinen heutigen Stand. In dieser Zeit bildeten sich auch die Steilufer heraus, die sich allerdings seither wesentlich verändert haben. Der Grund dafür sind die komplexen Abläufe, die man unter dem Begriff **Küstenausgleich** zusammenfasst: Die Steilufer werden abgetragen, das Material wird vom Meer weggespült, kilometerweit transportiert und an der Flachküste wieder abgelagert.

Der Sommerurlauber merkt hiervon nur wenig, aber der Strandwanderer im zeitigen Frühjahr ist oft erstaunt, welche **Zerstörungen** in nur wenigen Wintermonaten von den **Stürmen** angerichtet worden sind. Manchmal stürzen von den Kliffen am Kap Arkona auf Rügen oder dem Dornbusch auf Hiddensee über 100.000 Kubikmeter Landmasse ins Meer, die vom Wasser (Gezeiten gibt es an der Ostsee kaum) dann „aufgearbeitet" werden. Feines Material wird mit den Strömungen fortgespült, und vor den Kliffen bleibt nur der typische Geröllstrand zurück. Durch besonders heftige Stürme können aber auch größere Steinbrocken abtransportiert und an anderer Stelle am Ufer aufgeworfen werden. Auf diese Art und Weise sind beispielsweise die 3000 bis 4000 Jahre alten „Feuersteinfelder" auf der Schmalen Heide auf Rügen entstanden.

Kleine Kiesel und Sand werden über längere Strecken parallel zur Küste transportiert. Wo sich das Material ablagert, bilden sich sogenannte **Sandhaken** wie z.B. Gellen und Bessin auf Hiddensee, die mehrere Meter pro Jahr weiter ins Meer hinauswachsen. Wachsen sie bis zum nächsten Landvorsprung oder bis zu einer Insel, so entsteht eine **Nehrung.** Bilderbuchhafte Beispiele dafür sind die Schaabe und die Schmale Heide auf Rügen. An anderer Stelle sind auf diese Weise ganze Inseln untereinander und mit dem Festland verwachsen, wie etwa die Halbinsel Fischland-Darß-Zingst, die einst aus drei einzelnen Inseln bestand. Vom Strand treibt Wind den feinen und trockenen Sand landeinwärts, wo er sich an den ersten Hindernissen ablagert und in Wällen zu **Dünen** aufhäuft.

Ein ganz anderes Bild bietet sich an den vor Wind und Wellen geschutzten Binnenküsten der **Bodden und Achterwassern.** Hier dehnen sich lange Schilfgürtel aus, ein Paradies für seltene Vogelarten und Materialressource für die hübschen Rohrdächer der Häuser und Fischerkaten.

Küstenschutz

Seit Jahrhunderten bemühen sich die Küstenbewohner, die **Außenküste vor Abtragung und Zerstörung zu schützen.** Mit Steinwällen, Buhnen, Deichen, Wellenbrechern oder Aufspülungen versuchen sie, ihre Heimat vor den Urkräften der See zu bewahren. Doch trotz aller Anstrengungen sind zwei Drittel der Außenküste Mecklenburg-Vorpommerns Abtragungsküste. Die Strömungen, insbesondere aber winterliche Sturmfluten nagen unaufhaltsam an den Ufern und spülen kontinuierlich Landmasse mit sich fort. Auch die mühevolle Bepflanzung der Stranddünen mit Strandhafer und das Anlegen von Küstenschutzwäldern können den Landverlust nur bedingt aufhalten.

Alle diese Maßnahmen dienen aber nicht nur dazu, Küstenrückgang zu vermeiden, sondern schützen auch die Bewohner vor Tod und Verderben. Verheerende Überschwemmungen forderten in der Vergangenheit immer wieder zahlreiche Menschenleben und zerstörten Haus und Hof. Darüber hinaus sind die verschiedenen Uferzonen wichtiger Lebensraum für vielerlei **seltene Tier- und Pflanzenarten.**

Um die Menschen zu schützen und die einzigartige Küstenlandschaft für die kommenden Generationen zu erhalten, ist es unerlässlich, die Schutzbestimmungen zu beachten.

299rh ph

Naturschutz

Mecklenburg-Vorpommern konnte sich als schwach besiedeltes und weitgehend industriefreies Bundesland seine Natur großflächig bewahren. Allein seine **13 ausgewiesenen Großschutzgebiete** nehmen über 15 % der gesamten Landesfläche ein. Nicht berücksichtigt sind dabei die vielen kleineren und kleinen Landschafts- und Naturschutzgebiete. Deutschlands nördlichstes Bundesland ist also ein Naturparadies, wie man es in Deutschland sonst nicht mehr findet.

Nationalpark Vorpommersche Boddenlandschaft

Praktisch die gesamte vorpommersche Boddenküste und die ihr vorgelagerten Inseln sind wegen ihrer naturräumlichen Einzigartigkeit und ihrer übergeordneten Bedeutung als Brut- und Rastplatz unzähliger Wasser-, Wat-, und Zugvogelarten unter besonderen Schutz gestellt. Flächenmäßig das größte Schutzgebiet ist der Nationalpark Vorpommersche Boddenlandschaft, der sich auf einer Fläche von mehr als 800 km² von der Halbinsel Darß/Zingst bis zur Westküste Rügens erstreckt und die Insel Hiddensee und die Halbinsel Bug auf Rügen ein-

> Naturstrand bei Sassnitz

schließt. Die ständig sich verändernde Abtragungs- und Anlandungsküste mit ihren Strandseen, Lagunen, Steilküsten, Haken, Nehrungen und Windwatten wie die Moore und Brüche sind **Brutgebiet unzähliger Vogelarten** und einer der bedeutendsten Rastplätze für Zugvögel. Über 50.000 Kraniche versammeln sich hier im Frühling und Herbst und bieten ein überwältigendes Naturschauspiel.

Naturpark Rügen

Der noch immer leider nur im Aufbau befindliche Naturpark Rügen nimmt mit 770 km² von insgesamt 926 km² Inselfläche **nahezu die gesamte Insel** ein. Er soll die landschaftliche Perle vor weiterer hemmungsloser Zersiedelung bewahren.

Nationalpark Jasmund

Strengen Schutz genießt der flächenmäßig kleine Nationalpark Jasmund. Er bedeckt zwischen den Orten Sassnitz und Lohme eine Fläche von 30 km² und schließt die weltberühmte Steilküste mit ihren **Kreidefelsen** ein. In dem alten Rotbuchenwald, der über das gesamte **Stubnitzplateau** sein grünes Dach spannt, finden sich zahlreiche steinzeitliche Großsteingräber. Im Juni 2011 ver-

Die „Zehn Gebote" des Küstenschutzes

1. Benutzen Sie nur die gekennzeichneten Strandzugänge und übersteigen oder beschädigen Sie keine Einzäunungen.

2. Bauen Sie keine Sandburg näher als 2 m am Dünenfuß.

3. Keine Äste von Büschen u. Bäumen abbrechen.

4. Benutzen Sie Steilufer nicht für Klettereien oder als Rutschbahnen.

5. Kein Feuer oder Rauchen im Küstenschutzwald.

6. Überqueren Sie Deiche nur an den gekennzeichneten Stellen.

7. Fangen oder beunruhigen Sie keine Tiere.

8. Pflücken Sie keine Blumen und Pflanzen.

9. Entsorgen Sie Ihren Abfall sachgerecht.

10. Befahren Sie nur die erlaubten Wege und parken Sie nur auf den ausgewiesenen Plätzen.

lieh die **UNESCO** den Buchenwäldern im Nationalpark Jasmund den Status des **Weltnaturerbes.**

Biosphärenreservat

Einen besonderen Status besitzt der südöstliche Inselteil. Das Biosphärenreservat Südost-Rügen erstreckt sich zwischen Putbus und dem **Mönchgut** und schließt die **Granitz,** den **Rügischen Bodden** und die **Insel Vilm** ein. Das fast 23.500 ha große Schutzgebiet ist eines von weltweit 440 großflächigen Arealen, die dem UNESCO-Programm „Der Mensch und die Biosphäre" angehören.

Info/Führungen

Alle Großschutzgebiete unterhalten vor Ort **Informationszentren,** teilweise auch **Ausstellungen.** Über alle Schutzgebiete gibt es praktische Faltblätter, die neben einer genauen Karte des Territoriums auch wichtige Kurzinformationen über die Besonderheiten des Gebietes enthalten. Dass die darauf eingezeichneten Totalreservate und vermerkten Beschränkungen und Verhaltensweisen unbedingt respektiert werden sollten, versteht sich von selbst. Ergänzt wird das umfangreiche Informationsmaterial durch thematische Faltblätter z.B. zu bestimmten Natur- und Lebensräumen, Lehrpfaden und Wanderwegen. Die einzelnen Verwaltungen bieten auch eigene Programme wie Führungen, Fahrradexkursionen, Tierbeobachtungen und Vorträge an. Unter Führung und Anleitung eines Experten die Naturparadiese zu durchstreifen, ist für den Laien sicherlich ungleich lehr- und aufschlussreicher, als auf eigene Faust und ahnungslos durch die Natur zu wandern. Die jeweiligen, nach Jahreszeit verschiedenen Angebote erfährt man bei:

> Über allen Wipfeln. Der Adlerhorst des Baumwipfelpfads beim Naturerbezentrum auf Prora ist in mehrfacher Hinsicht ein Höhepunkt

165rh ph

Naturschonung und Naturschutz

Natur pur

Jeder Westbürger, der schon einmal in den Neuen Bundesländern unterwegs war, wird überrascht festgestellt haben, dass hier noch **großflächige, unberührte Naturparadiese** bestehen, wie man sie im „umweltbewussten" Westen nur selten oder gar nicht mehr antrifft.

Schon ein Blick auf eine Karte mit den Nationalparks macht deutlich, dass **in Sachen Natur der Osten dem Westen um Längen voraus ist** und das Land Mecklenburg-Vorpommern auf der Liste der naturnahesten und -reichsten Länder mit Abstand Platz 1 gebührt. Von insgesamt 13 ausgewiesenen Großschutzgebieten, die den strengen internationalen Kriterien eines **Nationalparks** entsprechen, liegen allein sieben auf dem relativ kleinen Gebiet der **Neuen Bundesländer.** Drei davon kann Mecklenburg-Vorpommern sein eigen nennen.

Viele **Tier- und Pflanzenarten,** die äußerst selten geworden oder gänzlich ausgestorben sind, haben in den unberührten, naturbelassenen Regionen Zuflucht gefunden. Biber und Adler, Kranich, Fischotter, Weiß- und Schwarzstorch, Kormoran und Kolkrabe sind nur einige der Tiere, die der moderne Mensch nur noch aus dem Fernsehen kennt.

Man fragt sich natürlich, wie es denn dazu kommen konnte, dass die arme DDR viel mehr intakte Naturräume besitzt als der reiche Westen, der doch seit vielen Jahren von Schlagworten wie „Ökologie" und „Umweltschutz" beherrscht wird und dafür auch erkleckliche Summen ausgibt. Die Antwort ist einigermaßen überraschend: Es war im wesentlichen jenes System selbst, das doch ohne den Protest von Bürgerinitiativen fürchten zu müssen, die Landschaft grässlich ruinieren konnte und dies auch tat, das aber an einer großen Schwäche der sozialistischen Planwirtschaft zu leiden hatte: **Geldmangel.** Es fehlte schlicht an den notwendigen Finanzen, um Flüsse zu begradigen oder das Straßennetz auszubauen und den letzten Winkel dem Menschen ökonomisch untertan zu machen, kurz – die Natur so intensiv zu erschließen und auszubeuten, wie dies im Westen geschah.

Außerdem fehlte die kapitalistische Profitgier der **Freizeitindustrie,** die im Westen nicht weniger skrupellos als die SED-Gerontokratie die schönsten Landschaften mit Hotelkomplexen, Freizeitparks, Golfplätzen und Jachthäfen zubetonierte.

So säumen im Osten Deutschlands noch herrliche uralte Alleen die Straßen, haben die großen Flussläufe **Elbe** und **Oder** noch ihre natürlichen Auen. Große Staatsjagden und Privatrefugien der Nomenklatura wie das Ostufer der **Müritz** oder die **Schorfheide,** einst von der Stasi streng bewacht und dem Volke versperrt, konnten sich so ihre Urwüchsigkeit bewahren.

Schließlich, auch wenn es fast pervers klingen mag, verdanken einige Großschutzgebiete ihre Existenz der menschenverachtenden Grenzenpolitik. Innerhalb des gesperrten **innerdeutschen Grenzstreifens** war die Natur über Jahrzehnte vor menschlichen Eingriffen geschützt und sich selbst überlassen. Diesem Umstand verdanken beispielsweise der Nationalpark um den Brocken oder der Naturpark Elbtal ihre Existenz.

Rettung in letzter Minute

Vor allen Dingen aber, und das kann gar nicht genug betont und gelobt werden, verdanken wir die herrlichen Großschutzgebiete auf dem Gebiet der ehemaligen DDR dem selbstlosen Engagement und Einsatz weitsichtiger Menschen vor Ort. Bis zur letzten Sekunde bemühten sich **Naturschützer und Bürgerkommitees,** die politischen Freiräume zwischen Honeckersturz und Wiedervereinigung zu nutzen, um, ohne von den allmächtigen Wirtschaftslobbys des Westens be- und gehindert werden zu können, so viele Gebiete wie möglich vor den Übergriffen des großen Geldes in Sicherheit zu bringen. Nur wenige Wochen vor der Wiedervereinigung, am 12.9.1990, also buchstäblich in letzter Minute, gelang es, zumindest die wichtigsten und größten Refugien unter gesetzlichen Schutz zu nehmen. Fünf Nationalparks, sechs Biosphärenreservate und drei Naturparks konnten so gesichert werden.

Aber auch unsere Unterstützung ist gefordert! In die Gebiete, die früher nicht betreten werden durften, strömen jetzt **Besucherscharen.** Das Straßennetz soll im Hauruck-Verfahren ausgebaut werden. Neue Betonschneisen wie die **Ostseeautobahn A 20** werden durch die Landschaft getrieben. **Golf-Areale** werden in derartig schwindelerregender Zahl beantragt.

Aus Fehlern lernen

Es ist nicht zu leugnen, dass es einen massiven und berechtigten **Interessenskonflikt** zwischen **Ökonomie und Ökologie** gibt. Doch Bürger wie Planer sollten nicht kurzsichtig nach dem schnellen Geld schielen, sondern aus Fehlern lernen. Wie eifrig hat man anderswo alles „Alte" abgerissen, aus den Dörfern seelenlose Siedlungen gemacht. Wie gründlich hat man alle Alleen dem Verkehr geopfert, für wie viel teures Geld Flüsse und Bäche in zementierte Kanäle gezwungen, die nun regelmäßig mit verheerenden Folgen über die Ufer treten. Sie werden oftmals für noch mehr Geld wieder „krumm" gebaggert, es wird versucht, den Dörfern mit Umgestaltungsprogrammen wieder ein wenig Charme und Leben einzuhauchen.

Behutsamer Tourismus

Auch wir Besucher können helfen, dass nicht eben das unwiederbringlich zerstört wird, was wir vorgeben zu lieben. Denn ist es einmal verloren, ist es für immer verloren. Unsere Ansprüche und unser Verhalten haben einen wesentlichen Einfluss auf die weitere Entwicklung. Werden die künstlichen Plastikwelten der **industriellen Ferien- und Freizeitparks** nicht gebucht, dann werden sie auch nicht gebaut. Und wer es als unzumutbare Einschränkung empfindet, nicht in jeden Winkel mit seinem lärmenden Motorboot fahren zu dürfen, trägt dazu bei, dass die letzten ursprünglichen Naturräume zu pompösen **Wassersportzentren** mit Disco und Pommesbude umfunktioniert werden und Tiere wie Adler und Biber endgültig verschwinden.

Tragen Sie deshalb dazu bei, dass die herrlichen Naturlandschaften mit ihren gefährdeten Tier- und Pflanzenarten eine reelle Chance haben, auch noch von Ihren Enkeln besucht werden zu können!

Klein Zicker 7,3km
Thiessow 4,5km
Lobbe 3,7km
Zicker Höft 2,6km
Pfarrwitwenhaus 0,3 km
Bushaltestestelle 0,3km
Rundwanderweg
Zicker Berge 7,8 km
Rundwanderweg
Zicker Berge 7,8 km
Fusswanderweg
Aussichtspunkt-Bakenberg 1,0km
Gager 1,8 km
kein Radweg

300rh ph

5

- **Nationalparkamt Vorpommersche Boddenlandschaft,** Im Forst 5, 18375 Born, Tel. (038234) 50 20, www.nationalpark-vorpommersche-boddenlandschaft.de.
- **Nationalpark Jasmund,** Stubbenkammer 2a, 18546 Sassnitz, Tel. (038392) 3 50 11 22, www.nationalpark-jasmund.de.
- **Nationalparkhaus Hiddensee,** Vitte, Norderende 2, Tel. (038300) 6 80 41, April–Okt. täglich 10–16 Uhr, Nov.–März täglich 10–15 Uhr.
- **Amt für das Biosphärenreservat Südost-Rügen,** Circus 1, 18581 Putbus, Tel. (038301) 8 82 90, www.biosphaerenreservat-suedost ruegen.de.
- **Nationalpark-Zentrum Königsstuhl,** Am Königsstuhl, Tel. (038392) 66 17 66, www.koenigsstuhl.com, Ostern–31. Okt. täglich 9–19 Uhr, sonst 10–17 Uhr.
- **Naturerlebnisverein Rügen,** Zubzow 5a, 18569 Trent, Tel. (038309) 2 01 26, www.naturerlebnis-ruegen.de, individuell gestaltete Exkursionen und Vorträge, von der NLP-Verwaltung empfohlen.
- **NABU-Informationszentrum Rügen,** Rugardstraße 9c, 18528 Bergen, Tel. (03838) 20 97 10, www.nabu-ruegen.de.

Literatur

- **„Die Ostsee – eine Natur- und Kulturgeschichte",** *Verlag Ch. Beck.* Sehr informatives Werk, mit der *Hansjörg Küster,* Professor für Pflanzenökologie an der Uni Hannover, den Ostseeraum von seiner Entstehung über seine Besiedlung bis zu seiner touristischen Erschließung in allen Facetten erklärt und beleuchtet. 357 Seiten, 100 Abbildungen, 7 Karten.

◁ Durch die Inselnatur führen zahlreiche Rad- und Wanderwege

Die Geschichte Rügens

Offensichtlich hatten auch schon die Urbewohner Rügens ein Faible für schönes Wohnen. Wirft man einen Blick auf eine Ferien- und Freizeitkarte „Rügen", entdeckt man darauf Symbole, die in großer Zahl über die ganze Insel verteilt sind. Sie zeigen die Standorte steinzeitlicher Großsteingräber, bronzezeitlicher Hügelgräber und slawischer Burgwälle an.

Steinzeit

Rügen war schon in prähistorischer Zeit **stark besiedelt.** Die ältesten gefundenen Zeugnisse menschlichen Wirkens reichen bis in die **Altsteinzeit,** das Paläolithikum, zurück. Sie sind jedoch noch relativ spärlich. Das ändert sich schlagartig mit der **Jungsteinzeit,** dem Neolithikum, das vor rund 5.000 Jahren begann. Einen wahren Bevölkerungsboom muss die Insel damals erlebt haben. An Fundorten auf ganz Rügen konnten Archäologen Zeugnisse der damaligen Kultur in Fülle bergen. Allein im Grabungsfeld bei Lietzow am Jasmunder Bodden fand man über 20.000 Einzelstücke in der Erde. Sie waren so bedeutend, dass die Wissenschaftler sie nach dem Fundort **Lietzowkultur** tauften. Sie stellt den entwicklungsgeschichtlichen Übergang von der Jäger-und-Sammler-Zeit zur sesshaften Ackerbau-Zeit dar.

Aus dieser Kultur stammen die **Großsteingräber** oder Dolmen, von denen heute 54 erhalten sind. 1829 zählte der

Heimatforscher *Hagenow* noch 236 dieser „Hünengräber" auf Rügen. Leider wurden sie von den Bewohnern häufig zerstört, die mit den Findlingsblöcken Häuser und Straßen bauten. Einige der schönsten und besterhaltenen Dolmen auf Rügen findet man im Gräberfeld nahe des Dorfes Lancken-Granitz.

Bronzezeit

Aus der Nachfolgekultur haben sich etwa 1000 Grabstätten erhalten. Gewaltige, bis zu 10 m hohe und im Durchmesser 50 m messende **Erdhügel** schütteten die Menschen damals für ihre Toten auf. Überall ragen sie als baumbestandene Inseln aus den Feldern auf. Die eindrucksvollste Hügelgrabanlage sind die sogenannten **Woorker Berge** beim Dorf Woorke, wo **14 mächtige Grabhügel** einen regelrechten Friedhof bilden.

Rugier

Im **2. Jh. v. Chr.** landeten **Ostgermanier** vom Stamme der Rugier auf der Insel und nahmen sie in Besitz. Von ihnen blieben bis auf den Inselnamen kaum Zeugnisse erhalten.

Die meisten der auf Rügen geborgenen prähistorischen Fundstücke sind im **Kulturhistorischen Museum** in Stralsund gesammelt und in Ausstellungen zu bestaunen.

Slawen

Im Laufe des 6. und 7. Jh. besiedelten slawische Stämme die Gebiete östlich von Elbe und Oder. Auf Rügen nahm der Stamm der **Ranen** den Platz der abwandernden germanischen Rugier ein.

Aus der slawischen Besiedlungszeit stammen die **Wallburgen.** 28 dieser ringförmigen Erdwälle liegen über die Insel verstreut. Innerhalb der Wälle lagen die slawischen Verwaltungszentren, Häuptlingspaläste und Tempel. Nach dem Fall ihres zentralen Heiligtums auf dem Festland im Jahre 1066 wurde die **Arkonaburg** auf Rügen, in der der Tempel ihres Hauptgottes Swantevit stand, religiöser Mittelpunkt der slawischen Stämme. Neben den Wallburgen erinnern zahlreiche **Orts- und Flurnamen** mit den Endungen *-ow, -itz, -in* und *-gast* an die Slawenzeit.

Dänen

Nach jahrzehntelangen, erfolgreichen Abwehrkämpfen gegen die **andrängenden Christen** fiel mit der Eroberung der Burg Arkona durch die Dänen am 15. Juni 1168 auch das letzte Rückzugsgebiet der Slawen, die Insel Rügen. Die anderen Burgen ergaben sich kampflos und die Bewohner unterwarfen sich widerstandslos den neuen Herren. Sofort begannen diese mit der Christianisierung der Insel. Der erste Rügenfürst unter dänischer Lehenshoheit, *Jaromar I.*, ließ Kirchen bauen und gründete das Kloster Eldena bei Greifswald.

Ab Mitte des 12. Jh. wurde die bis dahin rein slawische Bevölkerung von **deutschen Zuwanderern** nach und nach verdrängt: Die slawische Sprache verschwand im Laufe des 15. Jh. Das Mönchgut als klösterlicher Besitz wurde rein deutsch.

Pommern

Mit dem Tode des letzten Slawenfürsten, *Witzlaw III.,* im Jahre 1325 endete die Slawenzeit endgültig. Rügen fiel bis zu deren Aussterben 1637 an die Herzöge von **Pommern-Wolgast.**

1628 erreichte der **30-Jährige Krieg** Rügen und Hiddensee und verwüstete es schwer. Deutsche, dänische und schwedische Truppen besetzten und plünderten nacheinander die Inseln. So ließ *Wallenstein* die beiden damals sehr waldreichen Inseln praktisch kahlschlagen.

Schweden

1648 fiel im **Westfälischen Frieden** Rügen zusammen mit Stralsund und Vorpommern vertraglich an Schweden. Da ganz Pommern nach einem Erbvertrag eigentlich an Brandenburg hätte fallen müssen, versuchte Preußen mehrfach, aber erfolglos, sich sein Erbe gewaltsam anzueignen. 1678 landete der brandenburgische Kurfürst *Friedrich Wilhelm* auf Rügen und besetzte es, musste es aber bereits 1679 nach dem Frieden von St. Germain wieder an Schweden zurückgeben.

Im nächsten Krieg, dem sogenannten Nordischen, okkupierten **Sachsen und Preußen** die Insel, die aber wiederum, diesmal nach dem Friedensvertrag von Frederiksborg, 1720 zurück an Schweden fiel und bis zum Beginn des 19. Jh. unter schwedischer Herrschaft blieb.

Steinzeitliches Relikt – Großsteingrab bei Lancken-Granitz

301rh ph

Preußen

Im Zuge der napoleonischen Eroberungszüge wurde Rügen auch französisch beherrscht. Mit der Neuordnung Europas nach der endgültigen Niederlage Napoleons wurde auf dem **Wiener Kongress 1815** Rügen schließlich endgültig Preußen zugeschlagen.

20. Jahrhundert

Von 1945 bis 1952 gehörte Rügen zu **Mecklenburg,** dann zum Bezirk Rostock und im Zuge der Wiedervereinigung seit 1990 zum Bundesland **Mecklenburg-Vorpommern.**

Die Inselbewohner

„Hei! Kuck enmal drin! Hei! Kuck enmal drin!
Noch Oele, noch Oele, veel Oele noch drin!
Bist'n Super, sup ut, du Lumpenhund,
Bist'n Super, sup ut bett up den Grund!
Hei! Kuck he mal hin! Hei! Kuck he mal hin!
Nicks Oele, nicks Oele, nicks Oele mehr drin!"

(altes Hiddenseer Trinklied)

Vom **rauen Norden** sind sie geprägt, die Menschen auf den vorpommerschen Inseln. Von der gefahrvollen See und den kargen Böden, denen sie jahrhundertelang tagtäglich ihre Existenz abrangen. Von den dichten Wäldern und dunklen Sümpfen, die früher große Flächen bedeckten. Nordisches Klima und unbezähmbare Naturgewalten, **Abgeschiedenheit und Einsamkeit,** aber auch die harte Fron der Leibeigenschaft formten ihre Seelen, förderten Einsilbigkeit und kantig sture Charaktere. *„Das Ringen in harter Arbeit mit dem Boden und Wasser hat sie ruhig und bedächtig gemacht, zu einem fleißigen und kraftvollen Geschlecht, das lieber im Wirken als in Worten sich äußert"*, stellt der Historiker *Rudolf Pechel* fest.

Als wild, grausam und gewalttätig schildert der Geschichtsschreiber *Helmhold* (1125–1177) die Inselbewohner im hohen Mittelalter. Auch *Thomas Kanzow* sieht – wie er im 16. Jahrhundert in seiner „Pomerania oder Ursprunk, Altheit und Geschichte der Völker im Lande Pomern" bemerkt – nicht viel Gutes im Charakter der Insulaner: *„Es seint die Einwohner diese landes ein sehr zenckisch und mortisch folk, das es eben an jenen schyr wahr ist, wie das lateinische sprichwort lawtet: omnes insulares mali. Den im gantzen lande zu Pomern werden kein jahr so viel vom adel und anderen erslagen, als allein in diser kleinen insul. Wo die Rhugianer gehen oder reißen, haben sie einen schweinspies an der Seiten"*.

☐ Ranengott Swantevit an der Jarmarsburg (Kap Arkona)

Andere schildern sie als *„mehr gutherzig und mehr simpel, nicht sehr fröhlich, sondern schwermütig"*. Ein *„aufgerichtet, trewe, verschwiegen Folck, das die Lügen und Schmeicheleien hasset"*, wird bemerkt. *E. M. Arndt*, selbst ein Rügianer, charakterisiert seine Landsleute als *„etwas träge und bequem, aber durchaus gutmütig und gerade"* und hebt *„ihre Fröhlichkeit, Tapferkeit und Treue"* hervor. Als *„treu wie Gold"* schätzt auch *Friedrich Wilhelm I.* seine pommerschen Untertanen ein.

Untertan waren sie länger und „Unrecht dahn" wurde ihnen mehr als anderen, wurde in diesem Winkel doch die **Leibeigenschaft später als anderswo** in Deutschland **abgeschafft.** *„In diesem Lande ist die Verteilung des Grundbesitzes ein trauriges Unverhältnis, ja, die Insel Rügen hat in dieser Hinsicht nicht ihresgleichen"*, schreibt *E. M. Arndt*, der die Leibeigenschaft noch selbst erlebte, in seinen „Erinnerungen aus dem äußeren Leben".

Eduard Duller charakterisiert das Inselvolk 1807 wie folgt: *„Wenig geneigt, sich von Höheren was gefallen zu lassen, dabei emsig in Land- und Seearbeit; am alten Volksglauben noch mit großer Anhänglichkeit behaftet, und von der neueren Kultur wenig berührt, ja sogar nicht ohne Misstrauen und Abneigung dagegen"*. Bodenständig, gerade und unerschütterlich in Zuneigung wie in Abneigung, heimatverbunden und sesshaft seien sie, sagt man. Obwohl sie als **Seeleute** alle Meere dieser Welt befuhren, kehrten sie fast immer zurück in die vertraute und geliebte Heimat.

Beeindruckt von der ausgeprägten Heimatverbundenheit schreibt *Grümbke* 1805 in seinen „Streifzügen": *„Bei den Hiddenseern zeigt sich aber diese Vorliebe für ihr süßes Ländchen in einem so hohen Grad, dass sie es nirgendwo aushalten können, sondern immer wieder nach ihrer Insel zurückkehren. Man hat Beispiele, dass alte Seeleute nach vielen Jahren sich einfanden, um in die väterliche räucherige Torfhütte einzukriechen"*.

Sind auch diese Beschreibungen nunmehr über 200 Jahre alt, grundlegendes hat sich daran bis heute nicht geändert.

Mit dem **Einsetzen des Fremdenverkehrs** drang in das bis dahin karge und ärmliche Leben der Inselbewohner eine **neue Einnahmequelle,** die ihnen heute einen relativen Wohlstand sichert. Ihr Verhältnis zu den „Berlinern", wie sie die Badegäste nennen, ist etwas distanziert und abwartend, aber keinesfalls unfreundlich oder gar ablehnend. Sie wissen sehr wohl, dass sie diesen Gästen Arbeit und Einkommen verdanken.

158rh ph

Zu **DDR-Zeiten,** als chronischer Mangel an Übernachtungsmöglichkeiten herrschte, mögen manche die Situation auch etwas ausgenutzt und schmerzhaft deftig zugelangt haben. Jedenfalls war das Verhältnis zwischen den Insulanern und den „Sachsen", wie die Feriengäste damals mit abfälligem Unterton auch tituliert wurden, oft wenig freundschaftlich. So mancher „Sachse" schilderte die Inselbewohner als Halsabschneider und grobe Bauern und laut Berichten von Zeitzeugen kam es nicht ganz selten sogar zu handfesten Auseinandersetzungen und Schlägereien.

Ich persönlich habe auf meinen zahlreichen ausgedehnten Erkundungsreisen auf Rügen verwurzelte, **hilfsbereite Menschen** kennengelernt, die mir stets zuhörten, Fragen beantworteten und freundlich Auskunft gaben. Und wer sie respektiert, der wird in ihnen Menschen kennen lernen, deren bedächtige und gelassene, ernsthafte und geradlinige Mentalität in diesen hektischen und neurotischen modernen Zeiten wohltuend und entspannend ist und von der mancher sicher etwas lernen kann. Wie der alte „Lüüd'snack" sagt: *„Die knarrenden Wagen gahn am allerlängsten"*.

159rh ph

Die Küche der vorpommerschen Küste

Traditionelle Ess- und Trinkgewohnheiten

„Sup die full und frätt die dick und hol din Mul von Politik".

Der Ruf, ausgesprochen starke Esser und Trinker zu sein, eilt den Einwohnern des Landes Mecklenburg-Vorpommern seit alters voraus. *„Das Charakteristische an seiner Küche"*, so der Kulturhistoriker *L. Fromm* 1860, *„ist nicht das Leckere und Zarte, sondern das Schwere und Massenhafte."* Ihre Zubereitung und Zutaten wurden von der Armut der Bewohner und vom rauen Klima geprägt.

Die Ruganer – geprägt von harter Arbeit und bedächtig im Gemüt

Frisch vom Bauern – regionale Esskultur auf Rügen

In den vergangenen Jahren ist das Genießen regionaler Produkte ein wichtiger und wesentlicher Bestandteil des Urlaubsvergnügens geworden. Nicht nur das klassische Souvenir steht als Mitbringsel im Mittelpunkt. Immer mehr ersetzen Geruch und Geschmack der Urlaubsregion die bekannten Andenken.

Das ist eine ganz wunderbare Entwicklung, zeigt sie einerseits doch, dass das **Bewusstsein für gute Nahrungsmittel** steigt und eine zunehmend breiter werdende Protestfront gegen Industriekost entsteht, andererseits fördert und unterstützt sie die Erzeuger vor Ort in ihrem Bestreben, möglichst Gutes und Gesundes zu produzieren und direkt an den Endverbraucher zu verkaufen.

Auf Rügen und Hiddensee bieten sich dem Verbraucher mittlerweile zahlreiche Möglichkeiten, regionale Produkte zu beziehen: Um wie viel erlebnisreicher und schöner ist es doch, den geräucherten Aal direkt aus dem Ofen beim Fischer zu kaufen. Und wer einmal den Obstbrand nicht im Discounter, sondern beim Besuch der kleinen Dorfdestille mit Verkostung erlebt hat, der wird neben dem qualitativ viel besseren Brand auch viele schöne Erinnerungen mit nach Hause nehmen.

Auch in der Gastronomie gewinnt der Gedanke und die Bewegung des **„slow food"** aus regionalen Produkten immer mehr Anhänger – auch auf Rügen und Hiddensee. Wer hier in diesem Buch bei den Restauranttipps oder unterwegs den Hinweis „Regionale Esskultur" entdeckt, der kann sicher sein, dass hier nur qualitativ Hochwertiges auf den Tisch kommt. Neben dem Label „Regionale Esskultur", das derzeit 42 Adressen zu tragen berechtigt sind, haben sich Hersteller und Anbieter in dem Verein **„Rügen Produkte"** zusammengeschlossen, um die regionalen Produkte vom Honig über Fisch, Likör, Eier, Milch, Käse, Wurst und Geflügel, bis hin zu Spargel, Obstsäften oder auch die Kartoffel regional zu vermarkten. Die unter dem Gütesiegel **„Das Beste von Rügen"** zusammengeschlossenen Hersteller verkaufen nicht nur selbst und direkt, sondern organisieren auch inselweit spezielle Bauern- und Fischermärkte, auf denen ihre Spezialitäten erworben werden können.

Wo welcher Markt wann zu finden ist, zeigt die von dem Verein herausgegebene „Spezielle Rügenkarte".

- **Rügen Produkte e.V.,** Industriestr. 7, 18528 Bergen, Tel. (03838) 20 36 60, www.ruegenprodukte.de.
- **Regionale Esskultur,** www.culinary-heritage.com.

Hauptnahrung waren **Kartoffeln und Kohl,** andere Gemüse waren wenig beliebt. Die dritte wichtige Zutat waren die verschiedenen Produkte aus **Getreide,** das auf großen Flächen angebaut wurde.

Das Frühstück bestand meist aus **Milchsuppe.** Ein typisches Mittagessen, das stets aus einem Topf mit Holzlöffeln gegessen wurde, wobei die Kinder stehen mussten, waren beispielsweise geschnittener Kohl mit Gerstengrütze oder Pellkartoffeln mit Pökelsoße. Nachmittags wurde zu aus Gerste gebranntem Kaffee **Brot mit Schmalz** verzehrt, abends Pellkartoffeln mit Gerstensuppe und **Salzhering.** *„Dass die Menschenclasse weit stärker arbeitet, als vielleicht in jedem andren Staat, ist unleugbar,"* bemerkte 1801 ein Herr *Suckow. „Aber ebenso gewiss ist auch, dass er noch einmal so viele Speisen zum Unterhalt braucht als seine Mitbrüder in anderen Ländern."*

So spielte neben den pflanzlichen Produkten Fleisch eine wichtige Rolle, insbesondere **Geflügel** aller Art. Eine traditionsreiche Delikatesse ist die **Spickgans,** denn *„das Land hat sonst nichts Namhaftiges allein dass es viele und große Gänse gibt,"* wie *Thomas Kantzow* bereits 1537 feststellte. Es wurden aber auch wilde Gänse, Krickenten, Brachvögel oder andere der in großer Zahl vorkommenden Vogelarten gejagt.

Hinweis für Restaurantbesuche

Wer mit Muße Essen gehen möchte, sollte relativ frühzeitig aufbrechen. Viele Restaurants schließen unverständlicherweise, auch in der Saison, ihre Küchen bereits **um 22 Uhr,** außerhalb der Saison sogar noch früher. Am besten erfragt man vorher telefonisch die Öffnungszeiten und erspart sich die Erfahrung, den Heimweg frustriert und hungrig antreten zu müssen, weil schon um halb zehn nirgends mehr etwas zu bekommen war.

Vor allem aber waren es die zahlreichen **Früchte des Meeres,** die die Inselküche ausmachten und bereicherten: Fisch aller Arten und nach allen Arten zubereitet. Ob Aal, Dorsch, Hering, Karpfen, Hecht oder Scholle, ob geräuchert, gegart, gebraten oder gedünstet, bei Fisch entwickelte jeder Inselteil seine eigenen Kreationen und Rezepte.

Wichtigstes flüssiges Nahrungsmittel ist **Alkohol,** vor allem in seiner hochprozentigen Form. Welchen Stellenwert er einnimmt, wird allein schon an der außerordentlich fantasiereichen Fülle der Ausdrücke für das Trinken deutlich: „kilken, bäkern, biknüllen, ünnerkröseln, antuten, inknöpen, störken, kniepen, bäkeln, bülgen, koemen, antüdern, ströpen". Dies ist nur eine Auswahl der mundartlichen Bezeichnungen für die allseits beliebte Kehlenspülung. Beklagt wurde dieser bedenkliche **Hang zum Hochprozentigen** seit jeher. Schon 1856 stellte der Ökonom *Vehse* bei seiner Untersuchung der wirtschaftlichen Verhältnisse des Landes resigniert fest, dass *„... man sich der Industrie noch nirgends genähert hat, es sei denn, unglücklicherweise in den zahlreichen Branntweinbrennereien."* Auch der industrielle Aspekt hat bis heute wenig an Aktualität verloren.

Essen und Trinken auf Rügen und Hiddensee

Leicht und erlesen ist die Inselküche sicher nicht. Kartoffeln und Fleisch sind noch immer wichtige Bestandteile, und Vegetarier werden es auf Rügen und Hiddensee nicht eben einfach haben. Doch wer die **handfeste, deftige Küche**

304rh ph

liebt, wird feststellen, dass auch aus einfachen Zutaten schmackhafte und leckere Gerichte bereitet werden können. In Restaurants mit einheimischer Küche wird häufig auch eine breite Palette von **Wildgerichten** angeboten.

Lukullischer Höhepunkt der Inselküche ist jedoch zweifellos **Fisch,** der in zahlreichen Arten und Variationen immer frisch zubereitet wird. Praktisch jedes Restaurant, von der einfachen Gaststätte bis zum Gourmettempel, führt eine Auswahl an Fischgerichten. Wem weder Fisch noch die traditionelle Bauernküche mundet, für den steht heutzutage an jedem Ort das übliche „internationale" Angebot zur Verfügung, das vom Hamburger über Pizza bis zum Döner Kebab reicht.

⌃ Fisch satt – das bietet die Rügener Küche

Der Autor | 312
Literaturtipps | 304
Register | 307

6 Anhang

< Bei jedem Wetter schön –
eine Strandwanderung unter den Kreidefelsen
im Nationalpark Jasmund

Literaturtipps

Allgemeines

■ **Die Ostsee – eine Natur- und Kulturgeschichte,** Verlag Ch. Beck. Sehr informative Retrospektive, mit der Prof. *Hansjörg Küster* den Ostseeraum in all seinen Facetten erklärt und beleuchtet. 357 Seiten, 100 Abbildungen, 7 Karten.

Rad- und Wanderführer

■ **Die schönsten Radtouren auf Rügen,** BVA. 11 familienfreundliche Tagestouren jeweils mit Routenplan, Kilometerangabe, Tipps und Hinweisen zur Tour und Sehenswürdigkeiten.

■ **Wanderführer Rügen mit Hiddensee und Fischland-Darß-Zingst,** Bergverlag Rother, handliches Taschenbuch mit 50 auch für Ungeübte und Ältere geeignete Touren. Mit jeweiligen Tourenkarte 1:50.000 bis 1:75.000, dazu genaue Wegbeschreibung und ein Höhenprofil.

■ **Bikeline-Radkarte Rügen/Stralsund/ Hiddensee,** Verlag Esterbauer, 1:75.000 Zentrums- und Ortsplänen von Binz, Bergen, Putbus, Sassnitz, Putgarten, GPS-tauglich mit UTM-Netz.

Lesebücher

■ **Rügen, Ein Lesebuch,** Ullstein Verlag. Buntes Lesebuch mit vielen Texten berühmter Rügenreisender aus Vergangenheit und Gegenwart.

■ **Hiddensee, Ein Lesebuch,** Ullstein-Verlag. Buntes, gebundenes Lesebuch mit Texten berühmter Hiddenseereisender von *Asta Nielsen* bis *Carl Zuckmayer* aus Vergangenheit und Gegenwart.

■ **Rügen, Sagen und Geschichten,** Edition Temmen. Einblick in die Mythen- und Sagenwelt der Insel.

■ **Elizabeth auf Rügen,** Ullstein-Verlag. Von *Elizabeth von Armin* 1897 verfasster historischer Reiseroman.

■ **Eine Fahrt nach Pommern und der Insel Rügen,** Edition Temmen. Historischer Reisebericht des Rügenfahrers *Heinrich Laube* von 1837.

Natur

■ **Rügen Strand & Steine,** Demmler Verlag. Beantwortet in 22 kurzen Texten Fragen wie „Woher kommt der Sand am Strand?" oder „Was ist eigentlich Schreibkreide?" und sonstigem, was man am Strand so findet. Gut für Eltern, die von ihren Kindern ständig gelöchert werden.

■ **Mit Ringelnatz auf Hiddensee,** Verlag Jena 1800. Ein poetischer Spaziergang. Kurioses, Gedichte & Geschichten, Bilder & Dokumente, die die Verlegerin *Ute Fritsch* gesammelt hat. Ein sehr schönes, interessantes und auch lustiges Buch.

■ **Naturführer Insel Rügen und Insel Hiddensee,** Verlag E. Hoyer, Galenbeck.

Maritim

■ **Küstenhandbuch Mecklenburg-Vorpommern,** Delius Klasing Verlag. Handbuch mit Informationen zu allen Häfen an der Küste von M.-V. Mit jeweiliger Hafenskizze und Infos zu Lage, Ansteuerung, Liegeplätzen, Service, Versorgung und Sehenswertem.

Geschichte, Architektur, Kultur

■ **Paradiesruinen – Das KdF-Seebad auf Rügen,** Ch. Links Verlag, 140 S., 132 Fotos, Karten und Pläne. Die Geschichte des fast vergessenen „längsten Hauses der Welt", das auf Hitlers Befehl Rügen die größte Baustelle des Reiches bescherte und nie vollendet wurde. Jedem zu empfehlen, der sich für den im Wald der Prora verborgenen, gigantomanischen Kolossalbau interessiert.

- **Rügens geheime Landzunge – Die Verschlusssache Bug,** Ch. Links Verlag, 176 Seiten, 178 Fotos und Pläne. Die unbekannte Geschichte der 80 Jahre hermetisch verschlossenen Halbinsel von der Schwedenzeit über den kaiserlichen Seefliegerstützpunkt und DDR-Torpedoboothafen bis heute, gelüftet und detailliert erzählt vom in Dranske aufgewachsenen Kenner und Gründungsmitglied der BI Bug *Marten Schmidt.*
- **Dorf- und Stadtkirchen auf Rügen und Hiddensee.** Edition Temmen. Ein illustrierter Führer zu alten und neuen Sakralbauten.
- **Hünengrab und Opferstein – Bodendenkmale auf der Insel Rügen,** Hinstorff Verlag. Sehr gute, detaillierte Beschreibung zahlreicher Bodendenkmale aller Epochen auf Rügen im Taschenbuchformat, von Hünengrab über Opferstein bis Wallburg, vorgestellt von der Ethnografin und ehemaligen Museumsdirektorin in Bergen *Ingrid Schmidt.* Für Interessierte ein Muss.

Hörbücher

- **Mien Rügen** und **Überfahrt nach Hiddensee,** Edition Albatros, Goldmund-Hörbücher, www.audiamo.com. Ein ebenso bunter wie interessanter Kessel Buntes mit Liedern und Texten zu den Inseln, Spieldauer je ca. 60 Minuten.

Reiseführer

- **Ostseeküste Mecklenburg Vorpommern,** Reise Know-How Verlag, Bielefeld. Dieser kompakte Reiseführer hilft dabei, die Ostseeküste Mecklenburg-Vorpommerns zu erleben und die Schönheit ihrer Strände, Orte und Landschaften zu entdecken. Die aktuelle Auflage wurde 2016 mit dem **ITB Buch Award** ausgezeichnet.
- **Wohnmobil-Tourguide Ostseeküste Mecklenburg-Vorpommerns,** Reise Know-How Verlag, Bielefeld. Dieser Wohnmobil-Tourguide ist der ideale Begleiter, um die schönsten Regionen an der Ostseeküste Mecklenburg-Vorpommerns zu erkunden. Er ist speziell auf die Interessen und Bedürfnisse von Wohnmobil-Reisenden zugeschnitten.

Register

A

Alleen 251, 253
Alt Reddevitz 103
Altefähr 20
Altenkirchen 147
Angeln 270, 272
Anreise 244
Appartements 256
Aquamaris 276
Arkonabahn 149
Arkonaburg 294
Arndt, Ernst Moritz 27
Asta-Nielsen-Haus 206
Ausflugsschiffe 191
Auto 244, 253

B

Baabe, Seebad 93
Baaber Bollwerk 93
Badehaus Goor 39
Badekultur 78
Badestrand 141
Bahn 246
Bahn & Bike 247
Bakenberg 105, 144, 156
Bakenberg, Strand am 268
Bauernhof, Urlaub auf dem 257
Bauhausarchitektur 160
Bergen 48
Bernstein 209
Bernstein-Ticket 246
Bessin 190, 197
Binnenküste Westrügen 176
Binz, Seebad 74
Biosphärenreservat 288
Blaue Scheune 207
Bobbin 135
Bodden, Jasmunder 176
Boddengewässer 268
Boddenlandschaft 286
Breege 146
Breetzer Bodden 142, 161
Bronzezeit 294
Bungalows 257
Bunker 154
Bus 249

C

Camping 258
Caravans 258

D

Dänen 294
Dänholm, Insel 19, 219
DDR-Zeiten 298
Dinosaurierland 137, 277
Dobberworth 138
Dokumentationszentrum Prora 85
Dornbusch-Wanderung 204
Dornbusch,
Naturschutzgebiet 189, 198
Dranske 158
Drigge 23
Dünenheide, Hiddensee 190, 209

E

E-Bike 250
Eisenbahnmuseum 276
Ernst-Moritz-Arndt- Museum 25
Ernst-Moritz-Arndt-Geburtshaus 26
Ernst-Moritz-Arndt-Turm 55
Essen 298
Ettenburg, Alexander 20, 194
Experimenta 88

F

Fähre, Hiddensee 165, 190, 245
Fährhafen Sassnitz 115
Fahrrad 192, 250
Ferienparks 257
Ferienwohnungen 256
Feuersteinfelder,
Naturschutzgebiet 89

Fisch 270, 300
Fischereimuseum, Hiddensee 212
FKK 78, 268
Flug 250
Freesenort 172
Fremdenverkehrsämter 242
Friedrich, Caspar David 282

G

Gager 107
Garz 24
Gebühren, Kurtaxe 264
Gell-Ort 154
Gellen 214
Gellen, Naturschutzgebiet 190, 214
Gellenkirche 213
Gepäck 265
Gepäcktransport, Hiddensee 192
Geschichte, Hiddensee 193
Gingst 168
Glewitz 28
Glewitzer Fähre 244
Glowe 140
Göhren 64
Göhren, Seebad 96
Golchaschlucht 127, 130
Golf 274
Granitz 60, 64, 267
Grieben 196
Groß Schoritz 26
Groß Stresow 63
Groß Zicker 106
Großsteingräber 132, 293
Grote Vitte 152
Grümbke-Turm 177, 277
Gustow 22
Gut Liddow 179
Gutshof Arkona 149

H

Halbinsel Drigge 23
Halbinsel Jasmund 112
Halbinsel Prosnitz 23
Halbinsel Wittow 142
Halbinsel Zudar 26, 268
Handwerkerstuben, Gingst 168
Hanse 220, 231
Hanse-Express 247
Hauptmann, Gerhart 199
Hausmarken, Hiddenseer 206, 213
Having 69
Heimatmuseum, Hiddensee 202
Henny-Porten-Haus 206
Heringe 152
Herthaburg 131
Herthasee 131
Herzogsgrab 98
Hiddensee 185, 268
Hiddensee-Fähre 165, 190, 245
Hiddensee, Anreise 245
Hiddensee, Inselbus 250
Hiddenseer Goldschatz 202
Hiddenseer Goldschmuck 236
Hiddenseer Hausmarken 206, 213
Historische Handwerkerstuben 276
Hoch Hilgor 177
Hochuferweg 124, 204
Hotels 254
Hünengräber 64
Hüttendörfer, Bakenberg 156

I

Informationsstellen 242
Insel Dänholm 19, 219
Insel Öhe 167
Insel Ummanz 170
Insel Vilm 42
Inselbus Hiddensee 250

J

Jagdschloss Granitz 66
Jaromarsburg 155
Jasmund, Halbinsel 112
Jugendherbergen 257
Juliusruh, Seebad 145

K

Kap Arkona 143, 154
Kinder 275
Kindertheater 278
Kite-Surfen 270
Kleidung 265
Klein Zicker 111
Kleinbahn 64, 249, 276
Kleine Stubbenkammer 127
Klima 264
Kloster 198
Königsstuhl 113, 128, 129
Kosegarten, Ludwig Theobul 150, 152
Kraniche 175
Kreide 116
Kreidebrüche 114
Kreidefels 113
Kreidemuseum Gummanz 137
Kreuzotter 141, 210
Kruse, Käthe 203
Küche, Vorpommersche 298
Kulturhistorisches Museum 294
KulturKunstStatt Prora 85
Kurtaxe 263
Küstengeografie 284
Küstenschutz 285
Kutschfahrten 274

L

Lancken-Granitz 64
Landschaftsformen 284
Lauterbach 38, 64
Lebbin 176
Liddower Haken 179
Lieschow 174
Lietzenburg 203
Lietzow 139
Literarische Führungen, Hiddensee 201
Literaturtipps 304
Lobbe 104
Lobber Ort 104
Lohme 133
Losentitz 28
Luchte 213

M

Märzenbecherwiesen 101
Mecklenburg-Vorpommern Ticket 246
Middelhagen 100
Mönchgut 64, 90, 267
Mönchgut-Museen 97
Moritzdorf 69
Museumshof 277

N

Nationalpark Jasmund 125, 287
Nationalpark Vorpommersche Boddenlandschaft 171, 286
Naturpark Rügen 287
Naturschutz 286, 290
Naturschutzgebiet Dornbusch 189
Naturschutzgebiet Dünenheide 190
Naturschutzgebiet Feuersteinfelder 89
Naturschutzgebiet Gellen 190, 214
Naturschutzgebiet Zickersches Höft 105
Nebelsignalstation 154
Nehrung 285
Neu Mukran 115
Neuendorf 212
Nielsen, Asta 206
Nipmerow 132
Nonnensee 57
Nordperd 97

O

Öhe, Insel 167
Opferstein 131
Ostsee-Ticket 246
Ozeaneum 276

P

Patzig 181
Peilturm 155
Pensionen 254
Pfarrwitwenhaus 106

Pfenniggrab 132
Pirateninsel 277
Plogshagen 212
Pommern 295
Porten, Henny 206
Poseritz 23
Preise 255
PRESS 248
Preußen 296
Privatzimmer 256
Prora 83, 86
Prosnitz 23
Puppen- und Spielzeugmuseum 278
Putbus 30
Putgarten 149

Q
Quoltitzer Opferstein 137

R
Radwanderungen 252
Ralswiek 181
Rambin 21
Rappin 179
Rasender Roland 64, 249, 276
Rauchkaten 207
Reddevitzer Höft 103
Reisezeit 264
Reiten 274
Robben-Watching 41
Rodelbahn 278
Rugard 55
Rügen Park 168, 278
Rügen Safari 276
Rügen, Geschichte 293
Rügenbrücke 19, 244
Rügendamm 19, 223, 244
Rügensche BäderBahn 64, 249, 276
Rugier 294

S
Sagard 138
Salzwiesen 101
Samtens 22
Sandhaken 285
Sassnitz 117
Saurierland 137, 277
Schaabe 141, 268
Schaprode 165, 191
Schiffsausflüge 272, 278
Schill, Ferdinand Baptista von 222, 232
Schinkel-Turm 154
Schloss Karnitz 29
Schloss Libnitz 165
Schloss Ralswiek 183
Schloss Semper 139
Schloss Spyker 135
Schloss Üselitz 23
Schlosspark Dwasieden 120
Schmale Heide 82, 268
Schmalspurbahn 64, 249, 276
Schmetterlingspark 120, 278
Schulmuseum, Middelhagen 100
Schwanenstein 134
Schweden 295
See-Kajak 272
Seebad Baabe 93
Seebad Binz 74
Seebad Göhren 96
Seebad Juliusruh 145
Seebad Sellin 68
Seebad Thiessow 108
Seedorf 69
Seekrankheit, Mittel gegen 154
Seenotrettung 154
Seepark 278
Segeln 268
Seilgarten Prora 87, 278
Sellin, Seebad 68
Siebenschneiderstein 154
Slawen 294
Sonnenbrand 265
Speckbusch 97
Sport 266
Steinzeit 293
Störtebeker-Festspiele 164, 182, 277

Störtebeker, Klaus 182
Stralsund 217
Strände 267
Strände, Mönchgut 96
Südperd 109
Südrügen 16
Surfen 269
Surfschulen 269
Svantevitstein 147

T
Tauchen 272
Tauchglocke Sellin 279
Tauchschulen 272
Tempelberg, Bobbin 137
Thiessow, Seebad 108
Tierpark, Stralsund 276
Tipper Ort 126
Touristeninformation 242
Trent 165
Trinken 298

U
Ummanz, Insel 170
Unterkunft 192, 254
Urlaub auf dem Bauernhof 257
Urlaubsdörfer 256

V
Viktoria-Sicht 127, 128
Vilm 42
Vilmnitz 41
Vitt 151
Vitte 206
Vogelinsel Ummanz 164, 170

W
Waase 172
Waldpark Semper 139
Wandern 273
Wanderrouten, Binz 81
Wanderrouten, Hiddensee 205
Wanderung, Dornbusch 204
Wanderung, Hochuferweg 124
Wanderung, Lohme 134
Waschstein 130
Wasserqualität 266
Wassertaxis 191
Westfälischer Frieden 295
Westküste 268
Westrügen 162
Wetter 265
Wetterstudio Hiddensee 204
Wiek 159
Wissower Klinken 126
Wittow, Halbinsel 142
Wittower Fähre 161
Wohnmobil-Stellplätze 259
Wohnmobile 258
Woorke 181, 294
Woorker Berge 181, 294

Z
Zickersches Höft 105
Ziegelgrabenbrücke 244
Zimmersuche 255
Zirkow 63
Zoo, Stralsund 276
Zudar, Halbinsel 26, 268
Zudar, Ort 26
Zug 246
Zugvögel 170

Der Autor

AUTIOR.TIF

Peter Höh, Jg. 1956, studierte nach handwerklicher Berufsausbildung Kommunikations- und Informationswissenschaften. Seit er als Schwabe im Berliner Exil im Herbst 1989 den Fall der Mauer miterlebte und unmittelbar danach seine erste große Rundreise duch den unbekannten deutschen Osten unternahm, ist er von der Unberührtheit und Schönheit Mecklenburg-Vorpommerns fasziniert.

Obwohl als Reisejournalist und Buchautor viel in der weiten Welt unterwegs, bereist er seither beruflich und in seiner Freizeit regelmäßig das stille Seenland und seine zauberhafte Küste. Denn warum in die Ferne schweifen, wenn man ein solches Naturidyll vor seiner Haustür hat. Als damaliger Student der Publizistik verfasste er 1990 bei Reise Know-How über die Neuen Bundesländer sein erstes Reisebuch. Seither sind von ihm neben dem vorliegenden Band bei Reise Know-How folgende Titel zu Mecklenburg-Vorpommern erschienen: „Ostseeküste Mecklenburg-Vorpommern" und „Usedom mit Wolin". Insgesamt hat er zahlreiche Reisebücher in verschiedenen Verlagen veröffentlicht. Daneben entstanden diverse Reisereportagen, die in namhaften Reisezeitschriften, Zeitungen und Fachpublikationen gedruckt wurden.